Garantias
Fundamentais
na Área Criminal

Garantias Fundamentais na Área Criminal

Heráclito Antônio Mossin

Advogado criminalista. Mestre em Direito Processual Penal.
Professor de Direito Processual Penal da Universidade de
Ribeirão Preto (Unaerp-SP), da Faculdade de Direito de São Carlos
(Fadisc), do Centro Universitário de Rio Preto (Unirp), da Escola
Superior de Advocacia (ESA) e da Fundação Armando Alvares
Penteado (Faap), no setor de pós-graduação. Membro titular da
Academia Ribeirão-pretana de Letras Jurídicas e da Academia
Brasileira de Direito Criminal (ABDCrim).

© Editora Manole Ltda., 2014, por meio de contrato com o autor.

EDITOR-GESTOR Walter Luiz Coutinho
EDITORA RESPONSÁVEL Sônia Midori Fujiyoshi
PRODUÇÃO EDITORIAL Luiza Bonfim, Rodrigo Botelho
EDITORA DE ARTE Deborah Sayuri Takaishi
CAPA Ricardo Ozaki Barbosa
PROJETO GRÁFICO Departamento Editorial da Editora Manole
EDITORAÇÃO ELETRÔNICA Luargraf Serv. Gráficos Ltda.

Dados Internacionais de Catalogação na Publicação (CIP)
(Câmara Brasileira do Livro, SP, Brasil)

Mossin, Heráclito Antônio
Garantias fundamentais na área criminal/Heráclito Antônio
Mossin. – Barueri, SP: Manole, 2014.

Bibliografia.
ISBN 978-85-204-3860-2

1. Direito constitucional 2. Direito penal 3. Direito processual penal
4. Direitos fundamentais I. Título.

13-13026	CDU-343

Índices para catálogo sistemático:
1. Direitos fundamentais: Área criminal Direito penal 343

Todos os direitos reservados. Nenhuma parte deste livro poderá ser
reproduzida, por qualquer processo, sem a permissão expressa dos
editores. É proibida a reprodução por fotocópia.

A Editora Manole é filiada à ABDR – Associação Brasileira de Direitos
Reprográficos.

Editora Manole Ltda.
Av. Ceci, 672 – Tamboré
06460-120 – Barueri – SP – Brasil
Fone: (11) 4196-6000 – Fax: (11) 4196-6021
www.manole.com.br
juridico@manole.com.br

Impresso no Brasil
Printed in Brazil

Aos meus pais, Adélio e Claudia, com respeito.
À minha esposa, Eunice, com carinho.
Aos meus filhos, Júlio César e Joice,
esperança para o dia de amanhã.

*Homenagem de destaque aos Professores Doutores
Sebastião Sérgio da Silveira, Ricardo dos Reis Silveira
e Jair Aparecido Cardoso pelos relevantes serviços no campo
do Direito prestados à USP e à Unaerp de Ribeirão Preto.*

Sumário

Introdução XI

Capítulo 1 Garantias fundamentais, princípios e cidadania............. 1
1. Garantias fundamentais..1
2. Princípios...9
3. Cidadania...13

Capítulo 2 Garantias processuais penais – devido processo legal
(*due process of law*)...15
1. Contraditório 22
2. Ampla defesa 29
3. Juiz natural 37
4. Fundamentação das decisões judiciais...56
5. Sistema acusatório...74
6. Presunção de inocência..98
7. Justa causa...107
8. Tratamento paritário dos sujeitos processuais.................................110
9. Prazo razoável de duração do processo..116
10. Silêncio e não autoincriminação 122

Capítulo 3 Outras garantias constitucionais 144
1. Publicidade..144
2. Oficialidade e ação penal privada subsidiária da pública 154
3. Julgamento pelo Tribunal do Júri..169
4. Inadmissibilidade no processo das provas obtidas por meios ilícitos 191
5. Liberdade provisória e fiança 204

6. Prisão em flagrante ou por ordem escrita e fundamentada da autoridade judiciária competente 212

7. Duplo grau de jurisdição 222

8. Direitos humanos e suas implicações...230

Capítulo 4 Garantias penais 244

1. Reserva legal 244

2. Retroatividade, irretroatividade e ultra-atividade em matéria penal.............263

3. Individualização da pena 292

4. Intranscendência ou pessoalidade..327

5. Inviolabilidade do domicílio 333

6. Inviolabilidade da correspondência e de outras comunicações.....................346

Considerações finais.. 357

Bibliografia 372

Índice alfabético-remissivo... 380

Introdução

A matéria científica subordinada ao título *Garantias fundamentais na área criminal* visa a estabelecer um relacionamento legislativo e dogmático entre a Magna Carta da República, o direito processual penal e o direito penal.

O ponto de origem do estudo levado a efeito é o Título II da Constituição Federal, sob a rubrica "Dos Direitos e Garantias Fundamentais", tendo como centro de interesse seu art. 5º, que cuida "Dos Direitos e Deveres Individuais e Coletivos", no que diz respeito às normas que guardam pertinência com os direitos penal e processual penal.

O fim último colimado pelo presente trabalho é verificar o estreito relacionamento que têm as garantias fundamentais com as normas penais e de processo penal, na qualidade de regulamentadoras do texto constitucional, uma vez que, como regra, os preceitos infraconstitucionais é que culminam em estabelecer o mecanismo capaz de fazer com que sejam cumpridas essas garantias.

Também assume relevo no presente estudo, a adoção de pactos ou convenções internacionais no âmbito da legislação pátria, notadamente na qualidade de emenda constitucional.

Assim sendo, com a integração das garantias constitucionais com os dispositivos ordinários no campo criminal e com as convenções internacionais, pode ser formada uma doutrina capaz de propiciar uma inteligência conjunta entre todas essas fontes normativas que são bastante úteis na defesa dos direitos essenciais do cidadão no âmbito de um Estado democrático de direito, o que se mostra indeclinável à própria existência da dignidade humana.

XII GARANTIAS FUNDAMENTAIS NA ÁREA CRIMINAL

Na abordagem inicial, a título de estudo introdutório, procura-se definir o que se deve entender por garantia fundamental, por princípio, e a incidência da cidadania.

No campo específico das garantias fundamentais, o que se verifica é a defesa dos direitos da pessoa humana e da dignidade perante os poderes do Estado, na ótica de J. J. Gomes Canotilho, o que se mostra de importância axiológica.

Nesse amplo aspecto protetivo, alinham-se todas as liberdades, não só físicas como também a honra, a dignidade, entre outros.

Do que está sendo exposto, resulta um vínculo muito estreito entre as liberdades fundamentais e os direitos humanos, que atualmente se revelam como cerne do Estado democrático de direito.

Enfim, no decurso desta matéria, constatar-se-á que as garantias abordadas visam à proteção individual e à própria personalidade do indivíduo.

No que tange aos princípios, muito embora se reconheça que há posições doutrinárias os diferenciando das garantias fundamentais, reconhece-se que eles integram essas garantias. Ademais, define-se o que se deve compreender como princípio (etimologia), na qualidade de origem de determinada norma.

Concernentemente à cidadania, o que se consegue observar é que a doutrina constitucionalista a concentra quase em sua inteireza no aspecto político. Porém, está ela também relacionada com as garantias fundamentais, no que diz respeito às liberdades individuais e aos direitos de defesa.

Vencida essa parte preambular, o trabalho passa a ingressar no propósito último buscado.

Em primeiro lugar, será feita uma incursão nas denominadas "garantias processuais" e, após, nas "garantias penais".

É importante deixar assentado de forma genérica, a título de metodologia utilizada para a confecção deste livro, que houve uma preocupação muito especial em torno dos requisitos adotados.

Houve atenção precisa em torno de demonstrar as normas constitucionais de garantia e as infraconstitucionais para atender ao aspecto legislativo da obra.

De outro lado, esmerou-se, dentro do possível, na escolha da bibliografia utilizada, sem o que é impossível a dissertação de temas jurídicos diante dos aspectos qualidade e profundidade. Entretanto, como não bastam para efeito de aferição do nível de qualidade da exposição, unicamente autores nacionais, buscou-se, também, bibliografia internacional. O direito comparado é o norte ideal de qualquer trabalho jurídico.

Houve também, outrossim, preocupação bastante acentuada no encontro dos passos históricos dos vários institutos comentados, porquanto é por meio deles que se consegue compreender a evolução a eles inerente. Sem a exposição dos antecedentes históricos, nenhum trabalho científico, principalmente no campo do Direito, é capaz de atingir o seu ideal.

Ademais, também se dispensou atenção especial aos pactos e às convenções, que se revelam direito internacional, com abrangência a todos os povos, normalmente civilizados, e que muito contribuem para o surgimento de normas constitucionais ou o emprego de suas próprias regras quando recepcionadas por outro país, a exemplo do que acontece com o Brasil, integrando-as à legislação nacional, até mesmo a título de emenda constitucional.

O assunto inicial das garantias processuais diz respeito ao **devido processo legal** (*due process of law*). Procurou-se demonstrar a importância universal que gravita em torno dessa garantia. Esse processo, que é próprio e específico do Estado democrático de direito, utilizado com bastante abrangência em vários países, acaba formando um sistema em torno dele, porquanto outras garantias dele decorrem.

É de se deixar anotado que o devido processo legal é a essência dos processos penais modernos. Sem dúvida, atualmente, nos países democráticos e, por conseguinte, civilizados, é inconcebível a privação da liberdade do cidadão sem a garantia do mencionado processo.

De forma mais direta, promanam do *due process of law*, na ordem estabelecida neste trabalho, o **contraditório**, a **ampla defesa**, o **juiz natural**, a **fundamentação das decisões judiciais**, o **sistema acusatório**, a **presunção de inocência**, a **justa causa**, o **prazo razoável de duração do processo**, o **silêncio** e a **não autoincriminação**.

Objetivamente, não haveria o devido processo legal se não se oportunizasse ao acusado contrariar, contestar a acusação (imputação) contra ele lançada e produzir todas as provas autorizadas legislativamente em prol de sua defesa.

Também integra o processo sob consideração, a garantia de o acusado ser julgado por um juiz precedentemente estabelecido, com isso evitando-se a incidência de qualquer juízo de exceção.

A fundamentação das decisões judiciais decorre de uma exigência do sistema acusatório. É direito das partes, ativa e passiva, saber o motivo pelo qual o magistrado julgou de determinada forma, com base em quais elementos probatórios formou seu livre convencimento, principalmente para efeito de impugnação de seu *decisum*.

No sistema acusatório, que também se eleva como fator preponderante e incindível do devido processo legal, no Estado democrático de direito, é imprescindível que cada sujeito que integra a relação jurídico-processual tenha

XIV GARANTIAS FUNDAMENTAIS NA ÁREA CRIMINAL

sua função definida, distinta. Há assim um órgão acusador, um defensor e o juiz que irá compor o litígio. Com esse tipo de sistema, fica afastado de forma definitiva o denominado sistema inquisitorial.

A presunção de inocência é também de essencial importância, pois não se pode admitir consideração prévia da culpabilidade do acusado. Isso somente será possível após o trânsito em julgado do pronunciamento jurisdicional condenatório.

A justa causa, por seu turno, está intimamente ligada à persecução criminal. Assim é que o devido processo legal pressupõe que exista causa *secundum ius* que permita não só o exercício da ação penal, bem como a regular formação da relação jurídico-processual.

O tratamento paritário entre as partes é imposição que deve ser prestigiada. Não existe processo legal, nem sistema acusatório, sem que os sujeitos processuais, autor e réu, sejam ouvidos, tenham a oportunidade de se manifestar em termos de atos processuais. A bilateralidade no campo processual vincula-se, inclusive, ao Estado democrático de direito.

No que tange ao prazo razoável de duração do processo, como defluência do *due process of law*, significa que o acusado não pode ficar à mercê da persecução estatal. Isso implica arbitrariedade, gerando graves inconvenientes na sua vida social e familiar, além do prejuízo em torno de seu *ius libertatis*, que sempre se revela ameaçado enquanto estiver fluindo a lide penal.

O silêncio e a não autoincriminação, postulados do processo penal moderno e civilizado, são garantias de o indiciado ou acusado não produzir prova contra si mesmo e também meios de exercício de sua ampla defesa e contraditório. É sua reserva constitucional fazer pronunciamento quando melhor lhe aprouver.

O trabalho doutrinário sob consideração faz incursão em "outras garantias constitucionais", partindo da premissa de que não existe uma decorrência direta delas em relação ao devido processo legal, sendo certo, contudo, que sempre há, mesmo que de maneira indireta, um reflexo desse processo em qualquer outra garantia. Nesse tópico são analisadas as garantias da publicidade, oficialidade e ação penal privada subsidiária da pública, julgamento pelo tribunal do júri, inadmissibilidade no processo das provas obtidas por meios ilícitos, liberdade provisória e fiança, prisão em flagrante ou por ordem escrita e fundamentada da autoridade judiciária competente, duplo grau de jurisdição e direitos humanos e suas implicações.

A publicidade dos atos processuais, das audiências e sessões partiu do pensamento liberal. É meio de controle externo da Justiça pelo povo. Não se encontra em seu seio somente a possibilidade de fiscalização da atividade do

INTRODUÇÃO **XV**

juiz no processo, bem como se constitui uma garantia relacionada com o direito de defesa, o que não ocorria com os denominados processos secretos.

A vigente Magna Carta da República conferiu, de maneira privativa, a titularidade da ação penal pública ao Ministério Público. Trata-se de função institucional. Entretanto, o mesmo legislador constituinte previu que se houver desídia do encimado órgão em prover a *actio*, o particular, ofendido ou seu representante legal, pode substituir esse órgão oficial promovendo a ação penal privada a título de supletiva da pública.

Quanto à inadmissibilidade no processo das provas obtidas por meios ilícitos, somente pode ter validez a prova para a formação do livre convencimento do juiz quando for ela conseguida de forma lícita, conforme o Direito permite. Trata-se de garantia fundamental. Sem dúvida, não se pode ter como justa uma decisão que tenha por suporte prova que o Direito não permite, que seja contrária aos costumes, à moral e ao próprio Direito.

Concernentemente à liberdade provisória e fiança, pela atual dicção constitucional, a prisão do indivíduo ou sua manutenção, antes da sentença condenatória transitada formalmente em julgado, constitui-se exceção. Assim, desde que seja legalmente possível, deverá ser concedida ao indivíduo que foi preso em flagrante liberdade provisória com fiança ou sem ela. A fiança também pode ser arbitrada em sede de sentença de pronúncia.

No que diz respeito à prisão em flagrante ou por ordem escrita e fundamentada da autoridade judiciária competente, o legislador constituinte autoriza a prisão de qualquer pessoa que for encontrada em situação de flagrância delitiva. Porém, em outras situações que envolvem a prisão individual, esta somente poderá ser determinada por ordem escrita do juiz competente. É que o legislador constituinte previu o controle da liberdade ou mesmo da prisão do indivíduo unicamente ao Poder Judiciário. Trata-se de garantia constitucionalmente assegurada.

Em torno do duplo grau de jurisdição, este também se alinha à garantia da ampla defesa, que não somente tem incidência no correr do processo penal em instância originária, mas também quando houver recurso impugnando a decisão *a quo*.

Pertinentemente aos direitos humanos e suas implicações, o que se divisa e constata é que há longos anos no direito internacional tem havido uma preocupação muito intensa e contundente com a proteção da dignidade, personalidade e da própria espiritualidade do indivíduo. Na verdade, quer seja ele criminoso, quer não o seja, devem ser preservadas sua moral, sua integridade subjetiva e física.

XVI GARANTIAS FUNDAMENTAIS NA ÁREA CRIMINAL

A terceira fase deste trabalho científico se concentra nas "garantias penais", tendo sido objeto de pesquisa e análise os temas envolvendo **reserva legal, retroatividade, irretroatividade e ultra-atividade em matéria penal, individualização da pena, intranscendência ou pessoalidade, inviolabilidade do domicílio, inviolabilidade da correspondência e de outras comunicações.**

A reserva legal ou legalidade é garantia universal do indivíduo para efeito de ser responsabilizado criminalmente. Somente será viável sua punição se o seu comportamento tiver sido anteriormente previsto como delituoso.

De outro lado, em deferência ao direito adquirido, a lei é irretroativa, exceto se ela, de qualquer forma, beneficiar o acusado ou condenado. Além disso, por questão de política criminal, se a lei revogada for mais benéfica ao indivíduo do que a nova, aquela terá ultra-atividade, continuando, dessa forma, a incidir sobre a situação ocorrida quando de sua vigência.

Por seu turno, a individualização da pena também se eleva à condição de garantia fundamental. Está vinculada ao princípio da justiça, que se insere na correspondência entre a responsabilização da conduta do agente e a sanção aplicada. É forma de individualização da culpabilidade.

No que diz respeito à intranscendência ou pessoalidade, com as conquistas modernas do direito penal, somente poderá ser responsabilizado penalmente aquele que tiver praticado o crime (autor ou coautor) ou que com ele tenha contribuído (partícipe). Não mais se admite a punição de qualquer pessoa estranha ao fato delituoso.

Quanto à inviolabilidade do domicílio, da correspondência ou de outras comunicações, a Constituição Federal estabeleceu normas de proteção à inviolabilidade pessoal, à própria personalidade humana, reserva à sua intimidade, à vida privada e familiar, incluindo sua própria liberdade pessoal. Por isso a correspondência e outras comunicações não podem ser objeto de devassa, sendo somente permitida a quebra do sigilo telefônico em situações previamente determinadas por lei.

CAPÍTULO 1

Garantias fundamentais, princípios e cidadania

1. GARANTIAS FUNDAMENTAIS

A Magna Carta da República, em seu Título II, cuida dos "Direitos e Garantias Fundamentais". A expressão "fundamentais" equivale ao termo "constitucionais", já que o direito fundamental, em sua origem, é aquele de fundo constitucional.

O vocábulo francês *garant*, derivado ao alemão *gewähren–Gewährleistung*, cujo significado é *Sicherstellung* (salvaguarda), implica afirmar a segurança e pôr cobro à incerteza e à fragilidade. Em sentido amplo, a garantia significa a segurança ou o poder de usar, fruir ou obter tudo aquilo que se constitui em um direito individual ou coletivo. Do ponto de vista constitucional, a garantia é a denominação dada aos múltiplos direitos assegurados ou outorgados aos cidadãos de um país pelo texto constitucional.

Em conformidade com a lição posta por Paulo Bonavides,

> foi basicamente por via doutrinária e forense que as garantias constitucionais, extraídas da Carta e da interpretação de seus princípios, entraram no idioma jurídico de nosso Estado liberal, tornando-se uma das expressões diletas de Rui Barbosa ao promover, escudado nos artigos da Constituição, a defesa da liberdade do cidadão contra os abusos e as violências do Estado[1].

---

1   *Curso de direito constitucional*, p. 545.

2 GARANTIAS FUNDAMENTAIS NA ÁREA CRIMINAL

Tendo como ponto de partida a doutrina exposta, as garantias sob referência se constituem no mecanismo de tutela dos direitos fundamentais do cidadão; tornam efetivo qualquer um dos direitos individuais que formam o conjunto das liberdades em termos gerais, não obstante, também projetam sua proteção no que tange ao funcionamento de todas as instituições estatais.

No âmbito constitucional, que é o centro de interesse deste trabalho científico, os direitos fundamentais, de maneira ampla, revelam os bens e as vantagens previstos no Diploma Magno, que se traduzem nas liberdades nele expostas como regra básica e fundamental, indeclinável à própria existência da dignidade humana.

Diante disso, é forçoso convir, e isso é uma realidade intransponível, que a Constituição Federal alberga em seu seio uma gama imensa de direitos que visam à proteção individual e à própria personalidade do indivíduo.

Por seu turno, as garantias fundamentais exercem função de segurança, ostentando o caráter de instrumentalidade, cujo fim é fazer com que os precitados direitos sejam devidamente gozados pelos indivíduos que deles são destinatários.

Assim é que, de maneira mais clara e objetiva, as garantias compõem os meios constitucionais de proteção dos bens e das liberdades fundamentais.

Entretanto, sob outra ótica e análise, é possível assentar que as garantias também são direitos fundamentais, embora, teoricamente, seja preciso distinguir o sentido linguístico entre direito e garantia, consoante lições doutrinárias a seguir trasladadas.

O magistério de Paulo Roberto de Figueiredo Dantas se expressa no sentido da separação mencionada entre direito e garantia:

> Os direitos fundamentais surgiram com a necessidade de proteger o homem do poder estatal, a partir do Iluminismo dos séculos XVII e XVIII, mais particularmente com o surgimento das constituições escritas. É imperioso ressaltar, contudo, que os direitos e garantias fundamentais não se limitam àquela função de limitar a atuação estatal, de modo a proteger [o homem] contra eventuais arbitrariedades cometidas pelo Poder Público, hipóteses em que são conhecidos como liberdades negativas[2].

No mesmo sentido e com maior clareza aduz Luigi Ferrajoli:

---

2 *Curso de direito constitucional*, p. 266.

É claro que se confundirmos direitos e garantias resultam desqualificadas, sobre o plano jurídico, aquelas que são as duas mais importantes conquistas do constitucionalismo dos novecentos: a internacionalização dos direitos fundamentais e a constitucionalização dos direitos sociais, reduzidas uma e outra, na ausência de adequadas garantias, a simples declarações retóricas, ou melhor, a vagos programas políticos juridicamente irrelevantes. Bastaria isso para desaconselhar [a paridade] e para justificar a distinção, no plano teórico, entre direitos e garantias: as definições teóricas são definições estipulativas, cuja aceitação depende de sua idoneidade para satisfazer às finalidades explicativas e operativas com elas perseguidas[3].

Não bastasse isso, e para o Direito é de virtual importância, no fundo, na prática, direitos e garantias fundamentais são relevados no sentido de um direito conferido ao cidadão.

Discorrendo sobre a "função de defesa ou da liberdade" como uma das vertentes dos direitos fundamentais, explicita J. J. Gomes Canotilho:

> A primeira função dos direitos fundamentais – sobretudo dos direitos, liberdades e garantias – é a defesa dos direitos da pessoa humana e da sua dignidade perante os poderes do Estado (e de outros esquemas políticos coativos). Os direitos fundamentais cumprem a função de direitos de defesa do cidadão sob dupla perspectiva: (1) constituem, num plano jurídico-objetivo, normas de competência negativa para os poderes públicos; (2) implicam, num plano jurídico-subjetivo, o poder de exercer positivamente direitos fundamentais (liberdade positiva) e de exigir omissões dos poderes públicos, de forma a evitar agressões lesivas por parte dos mesmos (liberdade negativa)[4].

Não se deve perder de horizonte, tendo por escopo o que está sendo alvo de considerações doutrinárias em torno dos direitos fundamentais, que estes

> são normas jurídicas intimamente ligadas à ideia de dignidade da pessoa humana e de limitação do poder, positivadas no plano constitucional de determinado Estado Democrático de Direito, que, por sua importância axiológica, fundamentam e legitimam todo o ordenamento jurídico[5].

---

3 *Por uma teoria dos direitos fundamentais e dos bens fundamentais*, p. 35-6.
4 *Direito constitucional e teoria da constituição*, p. 407.
5 MARMELSTEIN, George. *Curso de direitos fundamentais*, p. 20.

Entretanto, seguindo as diretrizes do que está sendo estudado, não é suficiente a existência dos direitos básicos de proteção da pessoa humana, de sua própria dignidade, principalmente no que interessa, no sentido de liberdade, se não houver um instrumento de garantia de preservação, respeito e aplicação desse direito.

Ademais, como um todo, que será marcado no fluir desta monografia jurídica,

> podemos perceber, ainda, que os diretos fundamentais estão diretamente relacionados com o denominado Estado Democrático de Direito, ou seja, com aquele modelo de ente estatal não só submetido ao império da lei, como também à denominada soberania popular [...]. Podemos constatar, ademais, que os direitos e garantias fundamentais, em razão de sua importância, devem todos estar fundamentados (ou, ao menos, deveriam) no chamado princípio da dignidade humana, apontado pela doutrina como fonte primordial de todo o ordenamento jurídico, e, sobretudo, dos direitos e garantias fundamentais[6].

Cabe acentuar, de forma bastante destacada, que o Estado democrático de direito é o berço, nas nações civilizadas, de todas as garantias fundamentais da pessoa humana, de suas liberdades de forma geral, não só física, assim como de sua intimidade, honra e dignidade, a título de exemplos. Em razão disso, inexoravelmente, sempre deve haver um instrumento de garantia e um mecanismo de proteção em torno desses direitos.

No campo do direito e das garantias essenciais, também merecem consideração mais específica os chamados direitos humanos, porquanto apresentam vínculo e pertinência com o assunto jurídico que está sendo tratado. Seu envolvimento com a área criminal é bastante contundente.

Assim é que Antônio Alberto Machado salienta que:

> Essa dialética, ou esse dilema, na verdade, está latente ainda hoje nos sistemas processuais que oscilam entre a ideia do processo como instrumento de persecução criminal e as concepções que o encaram como instrumento de afirmação das liberdades públicas e de todos os direitos básicos da pessoa, os chamados direitos humanos. O processo penal opera justamente nessa intersecção da repressão estatal com os direitos fundamentais do homem[7].

---

6 DANTAS, Paulo Roberto de Figueiredo. *Curso de direito constitucional*, p. 267.
7 *Teoria geral do processo penal*, p. 183.

Embora a doutrina procure fazer distinção entre direitos do homem, direitos humanos e direitos fundamentais, tendo por norte as fontes legislativas dos primeiros e dos demais, é essencial que se afirme que, no cerne, existe em torno deles uma unidade incindível, que é o homem, na qualidade de sujeito de direitos naturais. E, como decorrência dessa constatação, verifica-se um liame muito estreito entre as liberdades fundamentais e os direitos humanos.

Nessa linha de consideração, como não poderia deixar de ser, os direitos humanos são direitos fundamentais e essenciais, razão pela qual devem ser objeto da mesma garantia atribuída a outros direitos tidos como estruturais. Assim, na realidade, o instrumento de garantia aplicado a outros direitos para eles também deve ser adotado, por se cuidar de assunto jurídico de interesse e conveniência que gira em torno da dignidade humana, o que deve ter amparo primário em termos normativos.

Outrossim, quando se aponta o fator dignidade humana, ele deve ser visto sempre em sentido lato, assim entendido tudo aquilo que diz respeito ao homem como sujeito natural de direitos. Indiscutivelmente, se não existisse o homem, também não existiria o direito. São fatores naturais e concorrentes.

É de constatação evidente que as legislações atuais, notadamente em termos constitucionais e de tratados ou pactos, têm papel relevante em relação aos textos magnos; preocupam-se sobremaneira em estabelecer normas tuteladoras de direitos básicos do homem, a exemplo do que acontece com o art. 5º da Magna Carta da República e com o Tratado dos Direitos Humanos.

Os direitos humanos são informados pelos seguintes caracteres:

Inerência: significa que os direitos humanos são direitos inatos, que já nascem com o homem, independentemente de qualquer previsão formal ou reconhecimento pelo direito positivo estatal. Essa característica bem revela a origem jusnaturalista da teoria dos direitos humanos; *universalidade*: indica que esses direitos são válidos em todo tempo e em qualquer lugar, onde quer que esteja o homem, revelando também que devem ser observados na sua totalidade, em todas as suas manifestações; *indivisibilidade*: quer dizer que os direitos humanos devem ser garantidos na sua totalidade, em todas as suas gerações (direitos civis, políticos, sociais, econômicos, culturais, difusos etc.), já que essas gerações são independentes e não faz sentido assegurar apenas um desses grupos de direitos com a sonegação dos demais; *transnacionalidade*: indica que tais direitos têm validade e vigência para além das fronteiras dos Estados nacionais, os quais devem protegê-los independentemente da nacionalidade e cidadania da pessoa, vale dizer, os direitos do homem devem acompanhá-lo esteja este onde estiver; *inalienabilidade*: impede que o titular dos direitos humanos venha a dispor dos seus próprios direitos, despojando-se deles ou tolerando qualquer tipo de violação, uma vez que tais direitos, no fundo, pertencem à humanidade toda e não apenas ao indivíduo singularmente considerado; *irrevogabilidade*: garante aos direitos humanos uma vigência, por assim dizer, *ad aeternum*, ou seja, uma vez assegurados pelas cartas de direitos ou pelos tratados internacionais, os direitos do homem passam a constituir uma conquista definitiva, daquelas que não podem experimentar nenhum retrocesso; *caráter protetivo*: significa que os direitos humanos devem proteger o indivíduo e não o Estado, significando ainda que essa proteção se refere sempre ao indivíduo mais fraco, hipossuficiente, frágil ou de alguma forma vitimizado numa dada situação concreta; *conteúdo ético-político*: revela que os direitos do homem encerram mesmo uma forte carga política, com evidente potencial transformador, na medida em que são direitos cuja implementação pode resultar na mudança das relações sociais, nas condições de vida das pessoas e até mesmo no padrão da democracia em determinada sociedade. É realmente óbvia essa intensa carga política contida nas normas de direitos humanos, porquanto tais normas conduzem interesses gerais de comunidades inteiras, de nações e até mesmo da própria humanidade[8].

A legislação *mater* dos direitos humanos, como regra, é de origem internacional, mesmo porque deve congregar em seu bojo a proteção de qualquer pessoa humana, independentemente de sua nacionalidade, cor, raça, religião, sexo, língua, opinião. Trata-se de um conjunto de prerrogativas que deve ser adotado para qualquer pessoa, não possuindo, por conseguinte, caráter de exclusividade.

O símbolo do que está sendo exposto encontra escora no Tratado Internacional de Declaração Universal dos Direitos Humanos, de 1948, e na Convenção Americana sobre Direitos Humanos, de 1969.

Essa modalidade de diploma de cunho internacional formula regras provenientes do reconhecimento da dignidade inerente a todos os membros da família humana e de seus direitos, iguais e inalienáveis, que constituem o fundamento da liberdade, da justiça e da paz no mundo.

O pressuposto básico e fundamental da proteção do ser humano reside em não permitir que nenhuma pessoa seja objeto da tirania, do desmando e da barbárie que preponderaram durante largo espaço temporal, quando então não se reconhecia nenhum direito, mínimo que fosse, ao ser humano, desca-

---

8 Ibidem, p. 186-97.

racterizando, como consequência, sua própria formação natural. O homem não era sujeito de direitos, mas, unicamente, objeto de deveres. Essa forma de agir era a completa negativa da liberdade natural que deveria ser reconhecida ao indivíduo, que, além de nascer livre, teria de ser tratado com equidade e igualdade em termos de dignidade e de direitos.

É importante considerar e revelar que nesses denominados direitos humanos são encontradas regras de proteção que acabaram sendo fundidas em diplomas constitucionais, a exemplo do que acontece com a Carta Política Federal do Brasil, o que leva a entender que os direitos humanos se integram, de modo geral, com os direitos e as garantias fundamentais. Há perfeito e congruente entrelaçamento dessas normas internacionais contidas nos pactos e tratados com aquelas de nível nacional.

Com foco na dissertação que está sendo realizada e no seu objetivo, cumpre dizer que se encontram na Declaração Universal precedentemente nominada inúmeras garantias que se mostram presentes na Magna Carta da República.

Assim é que se leem do diploma:

> Artigo V – Ninguém será submetido à tortura, nem a tratamento ou castigo cruel, desumano ou degradante; [...] Artigo IX – Ninguém será arbitrariamente preso, detido ou exilado [veda a prisão arbitrária]; Artigo X – Toda pessoa tem direito, em plena igualdade, a uma audiência justa e pública por parte de um tribunal independente e imparcial, para decidir de seus direitos e deveres ou do fundamento de qualquer acusação criminal contra ela [juiz natural]; Artigo XI – 1. Toda pessoa acusada de um ato delituoso tem o direito de ser presumida inocente até que a sua culpabilidade tenha sido provada de acordo com a lei, em julgamento público no qual lhe tenham sido asseguradas todas as garantias necessárias à sua defesa [presunção de inocência, publicidade e ampla defesa]. 2. Ninguém poderá ser culpado por qualquer ação ou omissão que, no momento, não constituam delito perante o direito nacional ou internacional. Também não será imposta pena mais forte do que aquela que, no momento da prática, era aplicável ao ato delituoso [legalidade ou reserva legal]; Artigo XII – Ninguém será sujeito a interferências na sua vida privada, na de sua família, no seu lar ou na sua correspondência, nem a ataques à sua honra e reputação. Toda pessoa tem direito à proteção da lei contra tais interferências ou ataques [inviolabilidade de correspondência].

Na esteira do que será mencionado de forma iterativa e constante neste livro, é oportuno deixar assentado que tratados ou pactos, a exemplo do que acontece com a Declaração Universal dos Direitos Humanos, podem se agregar

8 GARANTIAS FUNDAMENTAIS NA ÁREA CRIMINAL

à legislação nacional, conforme se encontra previsto no art. 5º, § 2º, da Constituição Federal ("os direitos e garantias expressos nesta Constituição não excluem outros decorrentes do regime e dos princípios adotados, ou dos tratados internacionais em que a República Federativa do Brasil seja parte"). Logo, desde que tenha sido recepcionado pelo Brasil, o pacto de caráter internacional fará parte da legislação nacional.

De outro lado, no que diz respeito aos direitos humanos, a legislação constituinte reservou preceito específico: "Os tratados e convenções internacionais sobre direitos humanos que forem aprovados, em cada Casa do Congresso Nacional, em dois turnos, por três quintos dos votos dos respectivos membros, serão equivalentes às emendas constitucionais" (art. 5º, § 3º, da CF).

Por oportuno, o processo legislativo em torno do assunto jurídico abordado tem seu cerne no art. 84, VIII, da Magna Carta da República, que trata "Das Atribuições do Presidente da República", a quem compete privativamente "celebrar tratados e atos internacionais, sujeitos a referendo do Congresso Nacional".

Havendo a celebração pertinente, a matéria deverá ser encaminhada ao Congresso Nacional, que tem a atribuição de referendá-la, para que possa gerar seus efeitos jurídicos, fazendo-o por intermédio de decreto legislativo.

Deve-se entender, outrossim, que, mesmo os pactos ou tratados celebrados antes da entrada em vigência do § 3º, acima descrito, que foi incorporado à Constituição Federal por intermédio da EC n. 45/2004, devem ser tidos como emendas à Magna Carta da República.

Sem dúvida, todo assunto legislativo que se mostra atrelado aos direitos humanos, que por sinal soma uma imensa gama, constitui garantia individual.

Em se tratando do art. 5º da CF, que é o cerne, o espírito e a razão de ser deste livro, exorta, de forma correta, José Afonso da Silva que tal enunciado "arrola o que ela denomina 'direitos e deveres individuais e coletivos'. Não menciona, aí, as *garantias dos direitos individuais*, mas estas também estão lá"[9].

De outro lado, em uma visão macro, o fim colimado das garantias postas em estudo, tendo por norte o tema jurídico discursado, é a proteção dos direitos individuais que se encontram insculpidos no art. 5º da Carta Política Federal. É a maneira mais íntima e precisa de assegurar o gozo e o respeito dos preditos direitos previstos no Diploma Maior. De forma indubitável, as garantias tutelam e protegem o exercício dos direitos individuais.

---

9 *Comentário contextual à Constituição*, p. 62.

2. PRINCÍPIOS

Sem embargo de eventual debate sobre a diferença entre "princípio" e "garantia constitucional", posto que despiciendo, uma vez que os princípios se integram no rol das garantias constitucionais, a elas, por conseguinte, se equivalendo, revela-se aqui profunda semelhança semântica entre uma e outra terminologia.

Do ponto de vista etimológico, o vocábulo *princípio* deriva do latim *principium, principii* – de *princips, principis* (o primeiro), forma sincopada de *princeps*, de *primus* (adjetivo superlativo de *prae* ou *pro*, por intermédio de *pris*, advérbio que significa *antes, primeiramente, antigamente,* o mesmo que *prius*) e de *capres* (captar, tomar, segurar, prender, conceber), cujo significado vulgar se mostra na origem, começo, início de qualquer coisa. É o que considera Rogério Lauria Tucci.[10]

O princípio ou a origem no campo do direito é o indicativo de espécie de norma jurídica de conteúdo genérico, contrapondo-se à regra ou ao preceito, que é mais específico, podendo ou não dele derivar.

Observa com precisão José Afonso da Silva:

> a palavra *princípio* é equivocada. Aparece em sentidos diversos. Apresenta a acepção de *começo,* de *início. Norma de princípio* (ou *disposição de princípio*), por exemplo, significa norma que contém o início ou esquema de um órgão, entidade ou programa, como são as *normas de princípios institutivos* e as *de princípios programáticos.* Não é nesse sentido que se acha a palavra *princípios* da expressão *fundamentais* do Título I da Constituição. *Princípio* aí exprime a noção de mandamento nuclear de um sistema[11].

É exatamente no contexto dessa dicção que se deve entender o trabalho doutrinário em desenvolvimento, quer em sede de direito processual penal, quer em termos de direito penal, uma vez que os princípios, em qualquer que seja o ramo do Direito, são implicativos de início, de origem, constituindo-se na causa primária de qualquer norma de regência. Em sentido amplo, são eles os elementos de sustentação de qualquer sistema jurídico, principalmente em função de garantia.

Com efeito, consoante magistério provindo de Celso Bandeira de Mello,

---

10 *Princípios e regras orientadoras do novo processo penal brasileiro*, p. 4.
11 *Curso de direito constitucional positivo*, p. 93.

10 GARANTIAS FUNDAMENTAIS NA ÁREA CRIMINAL

princípio é, por definição, mandamento nuclear de um sistema, verdadeiro alicerce dele, disposição fundamental que se irradia sobre diferentes normas compondo-lhes o espírito e servindo de critério para sua exata compreensão e inteligência, exatamente por definir a lógica e a racionalidade do sistema normativo no que lhe confere a tônica e lhe dá sentido harmônico [...][12].

À luz da doutrina posta por José Cretela Júnior, "princípios de uma ciência são as proposições básicas, fundamentais, típicas que condicionam todas as estruturações subsequentes. Princípios, nesse sentido, são os alicerces da ciência"[13].

Expondo sobre a ideia de princípio, exorta Antônio Alberto Machado o seguinte:

Num sentido propriamente jurídico, o princípio encerra também essa mesma noção de síntese, na medida em que configura uma espécie de diretriz capaz de condensar normas, condutas, valores e fins a partir de fórmulas singulares, que dão ao sistema jurídico determinada unidade e coerência, garantindo-lhe a funcionalidade em quaisquer circunstâncias, mesmo diante das multivariadas possibilidades de manifestação das condutas humanas e dos fenômenos jurídicos, no tempo e no espaço[14].

De maneira que pode ser considerada um pouco vaga, Robert Alexy afirma que:

Princípios exigem que algo seja realizado na maior medida possível dentro das possibilidades jurídicas e fáticas existentes. Nesse sentido, eles não contêm *mandamento definitivo*, mas apenas *prima facie*. Da relevância de um princípio em determinado caso não decorre que o resultado seja aquilo que o princípio exige para esse caso. Princípios representam razões que podem ser afastadas por razões antagônicas. A forma pela qual deve ser determinada a relação entre razão e contrarrazão não é algo determinado pelo próprio princípio. Os princípios, portanto, não dispõem da extensão de seu conteúdo em face dos princípios colidentes e das possibilidades fáticas[15].

---

12 *Elementos de direito administrativo*, p. 230.
13 *Revista de Informação Legislativa*, v. 97, p. 7.
14 *Teoria geral do processo penal*, p. 149.
15 *Teoria dos direitos fundamentais*, p. 103-4.

CAPÍTULO 1 – GARANTIAS FUNDAMENTAIS, PRINCÍPIOS E CIDADANIA   11

Os princípios são as pilastras de qualquer ciência, independentemente de sua área de concentração. Basicamente, é por intermédio deles que se plasmam os vários preceitos tidos como estruturais na construção de qualquer segmento no campo jurídico.

Na área do Direito, principalmente, os princípios se mostram imprescindíveis, porquanto há a necessidade premente de que exista integração, interação, uma relação íntima e harmônica entre as várias regras normativas que, em última análise, compõem o mesmo sistema geral, independentemente do campo de incidência. A ciência jurídica, indubitavelmente, embora repartida em espaços distintos, é una e indivisível.

Na esteira da ensinança da lavra de José Frederico Marques, a Constituição Federal "contém em si os fundamentos institucionais, políticos e ideológicos da legislação ordinária, notadamente quando se situa, com normatividade rígida, no ponto da hierarquia das fontes do Direito"[16].

Nessa mesma área de incidência leciona Celso Ribeiro Bastos:

Os princípios constitucionais são aqueles que guardam os valores fundamentais da ordem jurídica. Isso só é possível na medida em que estes não objetivam regular situações específicas, mas sim lançar a sua força sobre todo o mundo jurídico. Alcançam os princípios essa meta à proporção que perdem o seu caráter de precisão de conteúdo, isto é, conforme vão perdendo densidade semântica, eles ascendem a uma posição que lhes permite sobressair, pairando sobre uma área muito mais ampla do que uma norma estabelecedora de preceitos. Portanto, o que o princípio perde em carga normativa ganha como força valorativa a espraiar-se por cima de um sem-número de outras normas[17].

O direito processual penal, tendo em linha de consideração sua finalidade instrumental, que é tornar uma realidade o direito penal, é o que sofre uma influência maior de tutela normativa da Constituição, uma vez que se constitui no diploma fundamental, do qual se irradiam os preceitos gerais e básicos de obediência obrigatória para informar e orientar as normas que gravitam em torno da aplicação do direito em espécie no campo do processo. O mesmo pode ser afirmado em torno do direito penal.

Indiscutivelmente,

---

16 MARQUES, José Frederico. *Elementos de direito processual penal*, v. 1, p. 71.
17 *Curso de direito constitucional*, p. 143-4.

a administração da justiça em matéria penal é regulada por normas e regras legais que se inspiram, como atrás se disse, em princípios gerais, sobretudo os de conteúdo político, a fim de que a tutela penal atenda a seus objetivos e a jurisdição penal à sua finalidade precípua de dar a cada um o que é seu, de maneira, como disse Roux, a não deixar impunes os crimes cometidos e impedir que inocentes sejam punidos[18].

A Justiça penal, em toda a sua inteireza, como órgão da tutela penal, deve indeclinavelmente se fundar em princípios cardeais, em garantias fundamentais contidas na Magna Carta da República, que se elevam à condição de indispensáveis não só para o exercício jurisdicional (*narra mihi factum dabo tibi ius*) como para o indivíduo que é objeto da persecução criminal por ter transgredido a *praeceptum legis*. Não obstante o fato de ele estar sujeito à reprimenda abstratamente prevista, como forma retributiva de sua conduta *contra legis*, também é constitucionalmente sujeito de direitos.

Em linhas gerais, é forçoso convir que a própria evolução histórica da Justiça penal, em termos de administração e dos fins coletivos a que se destina, quais sejam a proteção da sociedade e do cidadão quando é maculado e transgredido o preceito primário da norma sancionatária, não se podendo também deixar de considerar o infrator, tendo em vista seu *ius libertatis,* exige que haja princípios gerais encravados em diplomas como a Constituição, que compõe a célula *mater* de qualquer legislação, posto que estes se tornam de adoção e aplicação cogentes.

Restringindo os princípios ao alcance colimado por este trabalho jurídico, faz-se oportuna a lição trazida à colação por J. J. Gomes Canotilho, *verbum ad verbum*, em torno dos princípios que envolvem garantias:

> Há outros princípios que visam a instituir direta e imediatamente uma garantia dos cidadãos. É-lhes atribuída uma densidade de autêntica norma jurídica e uma força determinante, positiva ou negativa. Refiram-se, a título de exemplo, o princípio do *nullum crimen sine lege* e de *nulla poena sine lege* [...], o princípio do juiz natural [...], os princípios de *non bis in idem* e *in dubio pro reo* [...]. Como se disse, esses princípios traduzem-se no estabelecimento direto de garantias para os cidadãos e daí que os autores lhes chamem princípio sem forma de norma jurídica (Larenz) e considerem o legislador estritamente vinculado na sua aplicação[19].

---

18 MARQUES, José Frederico. *Tratado de direito processual penal,* v. 1, p. 80.
19 *Direito constitucional e teoria da constituição,* p. 1.167.

Na esteira do que foi precedentemente expresso, as garantias fundamentais têm por objeto primário tutelar os direitos fundamentais do cidadão e, embora a rigor haja diferença conceitual entre elas e os princípios, nada impede que estes sejam denominados garantia, porquanto, a teor do que foi mencionado na precitada doutrina, os "princípios traduzem-se no estabelecimento direto de garantias para os cidadãos". Por esse motivo, a nomenclatura utilizada nos títulos desta monografia será garantia.

3. CIDADANIA

De modo geral e incompleto, em termos de teoria, principalmente em nível pátrio, cidadania, palavra que deriva de *cidade*, não indica somente a qualidade daquele que habita a cidade, mas, mostrando a efetividade dessa residência, o direito político que lhe é conferido, para que possa participar da vida política do país em que reside.

Entretanto, no campo constitucional, o supradito direito político deve ter uma compreensão melhor e mais abrangente, principalmente em torno das denominadas garantias fundamentais, em que o cidadão se mostra como sujeito de direitos, em especial quando diz respeito às suas liberdades.

O doutrinador Paulo Thadeu Gomes da Silva dissertou sobre a teoria dos quatro *status* de Georg Jellinek. Os *status* em referência gravitam em torno dos direitos fundamentais e, por conseguinte, das próprias garantias fundamentais, a exemplo do que acontece com o rol contido no art. 5º da *Lex Maxima* nacional.

No norte de tal teoria há o *status positivo* (*status civitates*), que permite aos cidadãos exigirem uma ação positiva do Estado em matéria de proteção do corpo e da alma, propriedade e liberdade. Em linhas gerais, o estado abordado implica a possibilidade de o indivíduo exigir atuações positivas do Estado em seu favor. O *status negativo* (*status libertatis*) garante que o Estado não deve intervir contra os direitos humanos de seus cidadãos. Proporcionando uma interpretação mais liberal desse estado, implica ele compreender que o indivíduo tem certa liberdade de agir livre da atuação do Estado, conferindo-lhe, portanto, autodeterminação sem ingerência estatal. O *status ativo* (*status activus civitatis*) se revela como aquele que dá direito a todos os cidadãos de participar do governo, o que significa, em *ultima ratio*, o poder do cidadão de interferir na formação da vontade do Estado, o que se mostra concretizado, principalmente, pelo exercício do direito de voto. O *status passivo* (*status subjectionis*) implica a obrigação de todo cidadão obedecer e se subordinar aos mandamentos e às proibições emanadas do Estado.

Independentemente de procurar estabelecer o alcance constitucional de todos os *status* apontados, posto que é dispensável para os fins buscados no presente trabalho jurídico, é de suma importância deixar cristalizado que o *status* negativo se relaciona, em sentido amplo, aos direitos de defesa.

Sem dúvida, os direitos fundamentais enquadráveis nesse tipo se referem àqueles que detêm o *status* negativo, negativo aqui endereçado ao Estado, pois que este fica impedido de interferir em uma determinada esfera de liberdade do cidadão. São os chamados direitos de defesa, pois o indivíduo, na relação vertical que mantém com o Estado, se utiliza desses direitos fundamentais para se defender da intromissão indevida estatal em seu âmbito de proteção.[20]

Partindo-se do primado de que as garantias fundamentais se relacionam diretamente com as liberdades, *in casu* individuais, e a cidadania guarda íntima relação com o direito de defesa, nada mais lógico e coerente que exortar que o aspecto cidadania se mostra pertencente às mencionadas garantias, sendo delas parte integrante.

---

20 SILVA, Paulo Thadeu Gomes da. *Direitos fundamentais*: contribuição para uma teoria, p. 99.

CAPÍTULO 2

Garantias processuais penais – devido processo legal (*due process of law*)

A história segundo a qual se atribui ao cidadão o papel de destinatário de normas jurídicas percorreu décadas, e essas normas sempre foram direcionadas no sentido de aprimorar o poder estatal sobre ele. O cidadão, inexoravelmente, deve ser sujeito de direitos e não somente de obrigações e submissões impostas pelos órgãos públicos.

O contrato social, obra elaborada por Jean-Jacques Rousseau, foi um instrumento de grande valia para procurar o equilíbrio, principalmente em termos de liberdade, entre o indivíduo e o Estado na qualidade de ente político, sempre inclinado para a superposição do interesse coletivo em relação ao particular ou individual, mesmo cuidando-se das denominadas liberdades públicas. O interesse comum em face de sua objetividade deve se sobrepor àquele de cunho pessoal. O bem coletivo é mais essencial que o singular.

Em consonância com o magistério advindo do mencionado autor,

> por esse contrato, o homem cede ao Estado parte de seus direitos naturais, criando assim uma organização política com vontade própria, que é a vontade geral. Mas, dentro dessa organização, cada indivíduo possui uma parcela do poder, da soberania, e, portanto, recupera a liberdade perdida em consequência do contrato social[1].

Não se pode perder de horizonte que o aspecto da liberdade lembrado e consagrado nesse "contrato social" se afina com o devido processo legal (*due process of law*, em inglês), porquanto sua finalidade última não é somente

---

1   *O contrato social*, p. 24.

16 GARANTIAS FUNDAMENTAIS NA ÁREA CRIMINAL

propiciar o poder punitivo estatal em relação ao cidadão que cometeu uma infração típica, mas também tutelar a liberdade do mesmo indivíduo quando a lei não autoriza sua condenação, a exemplo da ocorrência das causas excludentes de antijuridicidade (art. 23 do CP) que legitimam sua ação, que fazem com que seu comportamento esteja em conformidade com aquilo que o Direito autoriza ou quando o acervo probatório colacionado nos autos por intermédio de instrução própria não permite o acolhimento da pretensão punitiva pública ou privada.

O devido processo legal encontra seu berço, na nota de historiadores, no direito anglo-saxão, sendo certo que algum ato praticado por autoridade, para ser considerado válido, eficaz e completo, deve seguir todas as etapas previstas em lei.

O surgimento da garantia enfocada ocorreu na Inglaterra com a Magna Carta de 1215, em que os barões do país impuseram ao monarca João Sem--Terra a promulgação de uma *lei de terras* (*per legem terrae*), cuja cláusula 39 estava redigida da seguinte maneira:

> Nenhum homem livre será capturado, ou levado prisioneiro, ou privado dos bens, ou exilado, ou de qualquer modo destruído, e nunca usaremos da força contra ele, e nunca mandaremos que outros o façam, salvo em processo legal por seus pares ou de acordo com as leis da terra[2].

Sob outro ângulo de consideração, lembra Paulo Fernando Silveira que a Carta de 1225 alterou o § 39, que passou a ter a seguinte redação:

> Nenhum homem livre será detido ou sujeito a prisão, ou privado de seus direitos ou seus bens, ou declarado fora da lei, ou exilado, ou reduzido em seu *status* de qualquer outra forma, nem procederemos nem mandaremos proceder contra ele senão mediante um julgamento legal pelos pares ou pelo costume da terra[3].

---

2 "*Nullus liber homo capiatur, vel imprisonetur, aut disseisiatur, aut utlagetur, aut exuletur, aut aliquo modo destruatur, nec super eum ibimus, nec super eum mittemus, nisi per legale judicium parium suorum vel per legem terre.*"

3 "*No free man shall be seized or imprisoned, or stripped of his rights or possessions, or outlawed or exiled, or deprived of his standing in any other way, nor will we proceed with force against him, or send other to do so, except by the lawful judgement of his equals or by the law of the land.*" *Devido processo legal – Due process of law*, p. 18.

CAPÍTULO 2 – GARANTIAS PROCESSUAIS PENAIS – DEVIDO PROCESSO LEGAL   17

Procede do supradito doutrinador, tendo em vista os passos históricos que estão sendo percorridos, que

> a história revela que as conquistas do homem, no sentido de sua libertação da tirania de seu semelhante, são obtidas aos saltos. Constantemente, a par de se conseguirem outros, hão de se reavivar os direitos já adquiridos. Foi o que aconteceu na Inglaterra, onde, a fim de se protegerem os direitos individuais, foram obtidas do rei, depois da Magna Carta (1215), várias declarações de direito: *The Petition of Rights*, em 1628, o *Habeas Corpus Act*, em 1679, e, finalmente, o *Bill of Rights*, em 1689[4].

Nas cercanias do direito americano, conforme consta da história, dissidentes protestante ingleses, ao se deslocarem para a Virgínia, no ano de 1607, levaram com eles o princípio do devido processo legal, integrante da *common law*.[5]

No contexto do direito americano, revela-se de suma importância a Emenda n. 5, que, em 1971, foi adicionada à *Bill of Rigths*, consagrando de forma expressa o devido processo legal. *Integrum*:

---

4   Ibidem, p. 19.
5   *Common law* (expressão em inglês para "direito comum") é o direito que se desenvolveu em certos países por meio das decisões dos tribunais, e não mediante atos legislativos ou executivos. Constitui, portanto, um sistema ou uma família do direito, diferente da família romano-germânica do direito, que enfatiza os atos legislativos. Nos sistemas de *common law*, o direito é criado ou aperfeiçoado pelos juízes: uma decisão a ser tomada num caso depende das decisões adotadas para casos anteriores e afeta o direito a ser aplicado a casos futuros. Nesse sistema, quando não existe um precedente, os juízes possuem a autoridade para criar o direito, estabelecendo um precedente. O conjunto de precedentes é chamado de *common law* e vincula todas as decisões futuras. Quando as partes discordam quanto ao direito aplicável, um tribunal idealmente procuraria uma solução entre as decisões precedentes dos tribunais competentes. Se uma controvérsia semelhante foi resolvida no passado, o tribunal é obrigado a seguir o raciocínio usado naquela decisão anterior (princípio conhecido como *stare decisis*). Entretanto, se o tribunal concluir que a controvérsia em exame é fundamentalmente diferente de todos os casos anteriores, decidirá como "assunto de primeira impressão" (*matter of first impression*, em inglês). Posteriormente, tal decisão se tornará um precedente e vinculará os tribunais futuros com base no princípio do *stare decisis*. Na prática, os sistemas de *common law* são consideravelmente mais complexos do que o funcionamento idealizado já descrito. As decisões de um tribunal são vinculantes apenas numa jurisdição em particular e, mesmo dentro de certa jurisdição, alguns tribunais detêm mais poderes que outros. Por exemplo, na maior parte das jurisdições, as decisões de um tribunal de recursos são obrigatórias para os juízes inferiores daquela jurisdição e para as futuras decisões do próprio tribunal de recursos, mas as decisões dos juízes inferiores são apenas "persuasivas", não vinculantes. Ademais, a interação entre o *common law*, o direito constitucional, o direito legislado e os regulamentos administrativos causam considerável complexidade. Todavia, o *stare decisis*, o princípio de que os casos semelhantes devem ser decididos conforme as mesmas regras, está no cerne de todos os sistemas de *common law*. Os sistemas de *common law* foram adotados por diversos países do mundo, especialmente aqueles que herdaram da Inglaterra o seu sistema jurídico, como o Reino Unido, a maior parte dos Estados Unidos e do Canadá e as ex-colônias do Império Britânico.

18 GARANTIAS FUNDAMENTAIS NA ÁREA CRIMINAL

Nenhuma pessoa será detida para responder por crime capital ou hediondo, a menos que apresentada ou indiciada por um Grande Júri, exceto em casos levantados perante as forças terrestres e navais, ou Milícia, quando em efetivo serviço em tempo de Guerra ou perigo público; nem será pessoa alguma sujeita à mesma ofensa, colocando duplamente em risco sua vida ou parte do corpo; nem será compelida em qualquer caso criminal a ser testemunha contra si mesma, nem privada de sua liberdade ou propriedade, sem o devido processo; nem a propriedade privada será tomada para uso público sem justa compensação[6].

Esclarecem, de outro lado, Luiz Alberto David Araujo e Vidal Serrano Nunes Júnior que, "com o fim da Guerra da Secessão, foram aprovadas três emendas. As de número 13, 14 e 15. A de número 13 destinava-se a colocar na Constituição a abolição da escravatura, e a de número 14 consignou, mais uma vez, o princípio ora estudado"[7].

O fragmento transcrito a seguir corresponde àquilo que foi afirmado anteriormente:

Todas as pessoas nascidas ou naturalizadas nos Estados Unidos, e sujeitas a sua jurisdição, são cidadãos dos Estados Unidos e do Estado onde tiver residência. Nenhum Estado poderá fazer ou executar leis restringindo os privilégios ou as imunidades dos cidadãos dos Estados Unidos; nem poderá privar qualquer pessoa de sua vida, liberdade, ou bens sem o devido processo legal, ou negar a qualquer pessoa sob sua jurisdição igual proteção das leis.

Em termos nacionais, desde a Constituição Imperial outorgada por D. Pedro I, passando pela legislação reinol – Ordenações Afonsinas (1446), Manuelinas (1521) e Filipinas (1603), bem como o Código Criminal Imperial (1830) e o Código de Processo Criminal de 1832 –, não se tem notícia do emprego do devido processo legal. Somente com a edição da Carta Política em vigor é que o legislador constituinte de forma expressa fez menção à expressão "devido processo legal".

---

6 *"No person shall be held to answer for a capital, or otherwise infamous crime, unless on presentment or indictment of a Grand Jury, except in cases arising in the land or naval forces, or in the Militia, when in actual service in time of War or public danger; nor shall any person be subject for the same offense to be twice put in jeopardy of life or limb; nor shall be compelled in any criminal case to be a witness against himself, nor be deprived of life, liberty, or property, without due process of law; nor shall private property be taken for public use, without just compensation."*

7 *Curso de direito constitucional*, p. 237.

Essa garantia, como será observado no curso da presente redação, tem sentido muito abrangente, compreendendo em seu bojo outros institutos que dela decorrem. Assim, a garantia objeto de considerações doutrinárias pode ser tida como a célula *mater* de outros direitos que dela são verdadeiros desdobramentos, consequência lógica do ponto de vista estritamente processual dessa garantia constitucional (*procedural due process*), assim como de sua parcela substantiva (*substantive due process*).

O que está sendo objeto de dissertação não escapou à ótica de Nelson Nery Júnior:

> Bastaria a norma constitucional haver adotado o princípio do *due process of law* para que daí decorressem todas as consequências processuais que garantissem aos litigantes o direito de um processo e uma sentença justa. E, por assim dizer, gênero do qual todos os demais princípios constitucionais do processo são espécies[8].

Não escapa do que está sendo alvo de constatação a lição lançada por Antônio Alberto Machado:

> Os princípios fundantes são aqueles que se desdobram a partir da cláusula do *due process of law* dos americanos, ou do *law of the land* dos ingleses, como regras que sustentam aquele que é, por assim dizer, a cláusula pétrea ou a matriz dos processos penais modernos: o devido processo legal[9].

Tendo por causa subjacente o caráter de gênero da garantia do devido processo legal, as espécies que são dele escoam como base de sua própria sustentação e serão agrupadas e analisadas com ele. Essa postura se mostra imprescindível e sustentável até mesmo por questão de metodologia.

Vencidas essas considerações de ordem preliminar, insta deixar assentado que a previsão da garantia sob comento encontra esteio no inciso LIV do art. 5º da Constituição Federal, com as seguintes letras: "Ninguém será privado de sua liberdade ou de seus bens sem o devido processo legal".

Sem o menor resquício de dúvida, é inconcebível a privação da liberdade individual sem que haja, para usar as palavras de E. J. Couture, "um processo desenvolvido na forma que a lei estabelece, lei essa dotada de todas as garantias do processo legislativo"[10].

---

8   *Princípios do processo civil na Constituição Federal*, p. 27.
9   *Teoria geral do processo penal*, p. 158.
10 *Las garantías constitucionales del proceso civil*. Estudios de derecho procesal civil, t. 1, p. 51.

20   GARANTIAS FUNDAMENTAIS NA ÁREA CRIMINAL

O *due process of law* ou o *law of the land* pressupõem, para sua existência, não só sua efetivação ou seu desenvolvimento conforme norma estabelecida por lei processual penal (procedimento) como também que sejam conferidas à parte todas as garantias previstas constitucionalmente ou, se for o caso, na legislação ordinária.

De outro lado, é importante deixar assentada a inteligência que deve ser emprestada à privação de liberdade a que faz alusão o legislador constituinte. Isso porque nem todo o cerceamento da liberdade física individual pode ter por suporte o devido processo legal.

Assim sendo, o processo em referência é aquele denominado conhecimento de natureza condenatória, ou seja, que tenha por meta a imposição de uma *sanctio legis* àquele que transgrediu o preceito primário da norma sancionatória. Esse tipo de processo tem por escopo tornar realidade o direito penal.

Não bastasse o que está sendo exposto, a rigor, a privação da liberdade individual não fica somente na dependência do devido processo penal, mas sim de o pronunciamento que acolheu a pretensão punitiva pública ou privada estar acobertado pelo trânsito em julgado formal, o que acontece com a preclusão das vias recursais. Qualquer prisão anterior à ocorrência da mencionada preclusão, em face do princípio da presunção de inocência, é plenamente inconstitucional e, por conseguinte, amplamente injurídica, ressalvado o que será em seguida abordado.

O legislador, quer constitucional, quer ordinário, a título de exceção, permite que haja o encarceramento daquele que cometeu delito, na qualidade de indiciado, investigado ou acusado, independentemente de processo judicial.

Trata-se daquilo que doutrinariamente se denomina medida cautelar pessoal, que "poderá ser imposta pelo juiz competente quando houver necessidade para a aplicação da lei penal; para a adoção da cautelar voltada à instrução ou investigação criminal; [...] para evitar a prática de infrações penais"[11].

As aludidas medidas cautelares podem ser traduzidas em prisão temporária (Leis ns. 7.960/89 e 8.072/90), cuja natureza é precipuamente investigatória, porquanto é somente utilizável pela autoridade policial para os fins colimados na *informatio delicti*, visando à comprovação da prática do crime, bem como sua autoria ou participação.

Outrossim, há, também, a medida cautelar de ordem pessoal de índole processual, a exemplo da prisão preventiva (arts. 312 e 313 do CPP), que tem, pre-

---

11 MOSSIN, Heráclito Antônio. *Comentários ao Código de Processo Penal*: à luz da doutrina e da jurisprudência – doutrina comparada, p. 640.

CAPÍTULO 2 – GARANTIAS PROCESSUAIS PENAIS – DEVIDO PROCESSO LEGAL   21

cipuamente, a função de garantia, e da prisão domiciliar (arts. 317 e 318 do CPP), e a medida cautelar diversa da prisão (art. 319 do CPP).

Sem o menor resquício de dúvida, para efeito de melhor aclaramento, as prisões supraditas, tendo em vista os fins buscados pelo legislador, quer no âmbito da investigação, quer nos termos do processo penal, não ofendem o princípio constitucional da presunção de inocência, porquanto ele somente guarda pertinência com o processo de conhecimento condenatório em termos de decisão de mérito, não tendo nenhuma incidência quando se cuida de encarceramento decorrente de medida cautelar pessoal, que, invariavelmente, se mostra plenamente adequada para os fins persecutórios, tanto no nível do inquérito policial, como no da ação penal, notadamente no campo da prova, na preservação de interesse coletivo e na própria garantia da eficácia do julgado.

Ademais, ao deixar insculpido no art. 5º, LXI, da Constituição Federal que "ninguém será preso senão em flagrante ou por ordem escrita e fundamentada da autoridade judiciária competente [...]", o legislador constituinte evita, a princípio, qualquer tipo de ilegalidade de prisão que não decorra de *pronuntiatio iudicis* acobertada pelo manto da *res iudicata*, porquanto a medida cautelar pessoal somente pode ser imposta pela autoridade judiciária competente mediante fundamentação (art. 93, IX, da CF). É de indubitável clareza, observando-se a dicção de preceitos constitucionais, que o legislador constituinte, escorreitamente, deixou a cargo do Poder Judiciário, de forma exclusiva, o controle sobre a liberdade inerente a qualquer cidadão, presumindo que ela será respeitada e protegida, somente sendo coarctada diante de norma que a autorize.

Na expressão doutrinária de Rogério Lauria Tucci, a efetivação do devido processo legal pressupõe as seguintes regras:

> a) processo legislativo de elaboração previamente definida e regular, bem como razoabilidade e senso de justiça de seus dispositivos, necessariamente enquadrados nas preceituações constitucionais (*substantive due process of law*), segundo o desdobramento da concepção norte-americana: "a face substancial do devido processo legal mostra-se na aplicação, ao caso concreto, de normas preexistentes, que não sejam desarrazoadas, portanto intrinsecamente injustas"; b) aplicação de normas jurídicas, sejam do *ius positium*[12], sejam de qualquer outra forma de expressão do direito[13], por meio de instrumento hábil à sua interpretação

---

12   A lei considerada em *stricto sensu*.
13   Diz respeito às fontes do Direito.

22 GARANTIAS FUNDAMENTAIS NA ÁREA CRIMINAL

e realização, que, como visto, é o processo (*judicial process*): o denominado *substantive due process of law*, para sua plena efetivação, um instrumento hábil à determinação exegética das preceituações disciplinadoras dos relacionamentos jurídicos entre os membros da comunidade; e c) asseguração, no processo, de paridade de armas entre as partes que o integram como seus sujeitos parciais, visando à determinação de igualdade substancial: esta somente será atingida quando ao equilíbrio de situações, preconizado abstratamente pelo legislador, corresponder à realidade processual[14].

1. CONTRADITÓRIO

Seguindo a tradição brasileira, o princípio discorrido continuou merecendo foro constitucional: "Aos litigantes, em processo judicial ou administrativo, e aos acusados em geral são assegurados o contraditório e ampla defesa [...]" (art. 5º, LV, da CF).

A garantia do contraditório tem sua sede de expressão na parêmia romana do *audiatur et altera pars*, segundo a qual a parte contrária também deve ser ouvida: "O juízo penal, devendo desenvolver a própria atividade à verificação da verdade real, deve ouvir assim a acusação como a defesa (*audiatur et altera pars*)"[15].

O processualista luso Jorge de Figueiredo Dias, após fazer algumas colocações doutrinárias sobre a investigação, assenta que o juiz

> não pode levar a cabo a sua atividade solitariamente, mas deve para tanto ouvir quer a acusação quer a defesa. É este, *prima facie*, o sentido e o conteúdo do princípio do contraditório, tradução moderna das velhas máximas *audiatur et altera pars* e (com especial atenção ao papel da defesa, historicamente o que mais vezes foi esquecido e aviltado) *nemo potest inauditu damnari*[16].

Ainda, no âmbito do que está sendo discursado, o magistério de Romeu Pires de Campos Barros se revela bastante eficiente e esclarecedor:

> A ciência processual penal moderna construiu um processo em termos de colaboração entre os sujeitos que o compõem. Assim, entende-se o contraditório penal como um "colóquio" ou como um "diálogo" entre as partes na presença do juiz. Aliás, isso representa a fase de evolução porque passou a construção

---

14 *Direitos e garantias individuais no processo penal brasileiro*, p. 64-7.
15 MANZINI, Vincenzo. *Istituzioni di diritto processuale penale*, p. 46.
16 *Direito processual penal*, v. 1, p. 149.

CAPÍTULO 2 – GARANTIAS PROCESSUAIS PENAIS – DEVIDO PROCESSO LEGAL   23

científica do processo penal, onde o princípio *audiatur et altera pars* ou *nemo potest inauditu damnari* sempre representou garantia máxima do contraditório. Desde que as pessoas que participam do processo nele se entendem como sujeito do processo, e não são consideradas objeto processual, todas participando da construção do processo, manifesta se torna a observância do contraditório. Nesta conformidade a declaração do direito, no caso concreto, é tarefa comum de todos os participantes, atendendo a uma concepção "democrática" da declaração processual, e desaparecendo a antiga concepção "carismática"[17].

Nunca é demais deixar assentado que, na concepção hodierna do processo de partes, os sujeitos que nele intervêm não se mostram inertes, principalmente quando se cuida do acusado, mas têm participação ativa porquanto no fundo é exigido o debate entre eles, cada qual defendendo o direito que melhor lhe aprouver. Esse confronto entre os sujeitos processuais serve de lastro para o magistrado formar seu livre convencimento, mesmo porque é também por intermédio do debate que surgem elementos substanciais para que a lide seja composta conforme o melhor direito que deve ser aplicado na espécie. No aspecto posto em consideração, embora de modo estreito, a prova produzida diante do contraditório é que, indeclinavelmente, servirá para o *diretor litis* solucionar com qualidade e eficiência o conflito intersubjetivo de interesses.

O direito de ser ouvido legalmente ante os tribunais (expressão de uso no direito processual penal alemão) "significa que no procedimento penal, e especialmente no debate, o acusado, precisamente, deve ser ouvido sempre e que pode defender-se sempre e na forma que pareça adequada"[18].

Indubitavelmente, o contraditório, a "ciência bilateral dos atos e termos processuais e a possibilidade de contrariá-los, é a alma do devido processo legal. Sem ele inexiste o processo"[19].

A garantia do contraditório implica o direito do acusado de contestar a acusação que lhe é endereçada pelo *dominus litis* ou pelo querelante, nas ações penais públicas ou privadas, procurando assim resguardar seu *status libertatis* seriamente ameaçado com a *persecutio criminis in iudicio*.

Mostra-se imperioso, não somente em decorrência do *due process of law*, mas também em face do sistema acusatório, que os atos do procedimento se efetuem com a intervenção da parte contrária, que deste modo tem o direito e a oportunidade de opor-se a eles e controlá-los.[20]

---

17   *Sistema do processo penal brasileiro*, v. I, p. 28-9.
18   BAUMANN. *Derecho procesal penal*: conceptos fundamentales y principios procesales, p. 114.
19   ALMEIDA, J. Canuto Mendes de. *Princípios fundamentais do processo penal*, p. 82.
20   LEVENE (h.), Ricardo. *Manual de derecho procesal penal*.

Deixe-se ressaltado, posto que oportuno, que, havendo a prática de um crime, nasce para o Estado o direito de punir (*ius puniendi in concreto*), entretanto não pode a *sanctio legis* ser imposta de imediato em razão do *ius libertatis* do infrator da norma punitiva. Isso significa que o indivíduo, do ponto de vista constitucional, pode, no âmbito dialético do devido processo penal, demonstrar por todos os meios de prova em direito admitidos que não merece ser objeto de sanção penal. Portanto, o contraditório impede, de início, a imposição da reprimenda legal.

Observa de modo oportuno Germano Marques da Silva que

> este princípio traduz o direito que têm a acusação e a defesa de se pronunciarem sobre as alegações, as iniciativas, os atos ou quaisquer atitudes processuais de qualquer delas [...]. Este princípio traduz-se na estruturação da audiência em termos de debate ou discussão entre a acusação e a defesa. Cada um destes sujeitos é chamado a aduzir as suas razões de fato e de direito, a oferecer suas provas, a controlar as provas contra si oferecidas e a discretear sobre o resultado de umas e outras. O princípio tem grande importância. Desde logo porque, se as provas hão de ser objeto de apreciação e apreciação em contraditório na audiência, fica excluída a possibilidade de decisão com base em elementos de prova que nela não tenham sido apresentados e discutidos[21].

De forma indubitável,

> a legitimidade e a eficácia do procedimento penal dependem diretamente das possibilidade que os litigantes, autor e réu, têm de participar de todos os atos processuais, sobretudo os instrutórios, influenciando no resultado final do processo. Este último será tanto mais legítimo quanto maior for a possibilidade de participação dos interessados. Nesse sentido, pode-se lembrar aqui a lição de Niklas Luhmann, para quem a legitimidade de obter decisões satisfatórias é conferida àqueles que serão atingidos pelas decisões ao final do procedimento. Assim, processo legítimo é processo com participação em contraditório[22].

Mostra-se significantemente importante e até mesmo para efeito de uma análise mais abrangente em torno da garantia objeto de considerações doutrinárias o magistério da lavra de Vincenzo Manzini em torno daquilo que ele denomina "regra do contraditório", *in integrum*:

---

21 *Curso de processo penal*, v. I, p. 68.
22 MACHADO, Antônio Alberto. *Teoria geral do processo penal*, p. 160.

CAPÍTULO 2 – GARANTIAS PROCESSUAIS PENAIS – DEVIDO PROCESSO LEGAL   25

o juiz penal, devendo dirigir sua atividade à comprovação da verdade real, deve ouvir tanto a acusação como a defesa (*audiatur et altera pars*). O princípio do contraditório, ademais, não significa que, posto o imputado no mesmo nível do Ministério Público, tenha o juiz que limitar-se passivamente a escutar o debate, senão que toda a investigação processual deve realizar-se de forma a resultar não só as razões da acusação como também as da defesa, a saber: mediante o concurso do Ministério Público e do imputado[23].

Sem dúvida, no processo penal moderno, em que predomina o sistema acusatório principalmente puro, como ocorre em nível pátrio, o fim colimado pela instrução contraditória é a busca da verdade real, ou seja, como efetivamente o fato delituoso, considerado imputação na peça acusatória pública ou privada, aconteceu, assim como a determinação de quem foi seu autor e, sendo o caso, seu partícipe.

Na lição professada por Eugenio Florian,

no processo penal se agita e se patenteia um esforço que o estimula e o impulsiona incessantemente, desde seus começos até a última decisão; é o esforço dirigido a comprovar a verdade real a respeito de determinado fato, que se revela com características de delito, e em realidade com determinada pessoa, indicada e reconhecida como autor ou partícipe daquele. É este um esforço vigoroso e dominador, que submete a si mesmo toda a atividade processual, pois que a comprovação da verdade real constitui, a um mesmo tempo, não só um método para a condução do processo e seu fim imediato e específico, ao que converge o múltiplo conteúdo processual, senão o meio e o caminho para conseguir um fim mais alto e geral, qual seja a aplicação ou não aplicação da lei penal no caso concreto[24].

O estabelecimento da verdade precitada é o ponto essencial e fulcral para que o magistrado forme sua persuasão racional, contabilizando para essa finalidade judicante a discussão havida entre a acusação e a defesa no âmbito da relação processual, mesmo porque, insista-se, é por meio dela que surge a produção da prova que servirá de suporte para a solução da pendência judicial, eis que o livre convencimento deve estar vinculado à prova produzida mediante contraditório judicial: *quod non est in actis non est in mundo.*

---

23 *Tratado de derecho procesal penal*, t. 1, p. 280.
24 *De las pruebas penales*, v. 1, p. 41.

26 GARANTIAS FUNDAMENTAIS NA ÁREA CRIMINAL

A propósito do que está exposto, o art. 155, *caput*, do Código de Processo Penal contém o seguinte dispositivo:

> o juiz formará sua convicção pela livre apreciação da prova produzida em contraditório judicial, não podendo fundamentar sua decisão exclusivamente nos elementos informativos colhidos na investigação, ressalvadas as provas cautelares, não repetíveis e antecipadas.

Outrossim, não se pode perder de vista que, no seio do sistema acusatório, o magistrado não é um órgão inerte, plenamente passível, porquanto na busca da verdade real pode ele, *ex officio*, produzir provas além daquelas colacionadas aos autos pelas partes, com isso trazendo para o bojo dos autos novos elementos para a formação de sua livre convicção, porém essa sua atividade deve ser limitada:

> Como pode ser concluído com base no que está sendo dissertado, a autorização legislativa da prova de ofício se subordina à situação de urgência e relevância. Portanto, há limitação de cunho normativo que, por sinal, é plenamente justificável. Com efeito, no sistema acusatório puro, devido ao contraditório e à necessidade de o juiz permanecer equidistante em relação às partes e devido à sua imparcialidade, o julgador não pode de qualquer maneira colocar de lado a iniciativa das partes, determinando prova não requerida, para não se tornar acusador ou defensor. Sempre que possível, não deve o magistrado envolver-se na atividade pertinente à acusação e à defesa[25].

Em termos de doutrina, tem-se conferido espécies de contraditório: *real* e *diferido*.[26]

O *real* é aquele que se verifica no exato momento em que se está fazendo a coleta da prova oral em juízo, oportunidade em que as partes envolvidas no processo têm o direito de inquirir a pessoa ouvida, quer se cuide de vítima, quer se trate de testemunha. Deve-se compreender que o interrogatório do acusado não se integra no sistema do contraditório, muito embora legislativamente seja permitido às partes pedir esclarecimentos (art. 188 do CPP).

---

25 MOSSIN, Heráclito Antônio. *Comentários ao Código de Processo Penal*: à luz da doutrina e da jurisprudência – doutrina comparada, 402.

26 BONFIM, Edílson Mougenot. *Curso de processo penal*, p. 86.

Por seu turno, a espécie *diferido*, consoante dedução firmada por Carlos Frederico Coelho Nogueira, dá-se em momento posterior à produção de prova, que pode situar-se em sede de alegações, debates, requerimentos e impugnações.[27]

A garantia do contraditório, inserta na Magna Carta da República, tem sua complementação em norma infraconstitucional, que constitui mecanismo para que o preceito erigido na Lei Máxima tenha sua aplicação efetiva no campo prático do processo. Serve o preceito em espécie de regulador na norma constitucional.

Nessa ordem de consideração, pode-se afirmar com toda a certeza que o momento mais importante do contraditório é a indeclinabilidade da citação (chamamento em juízo) do acusado para defender-se, com isso proporcionando a formação da relação jurídico-processual (*actum trium personarum*).

Na esteira do magistério de José Frederico Marques,

para que as partes e demais pessoas tenham conhecimento dos atos que se desenrolam no processo, outros atos são praticados de intercâmbio e comunicação processual, a fim de que, para as partes, o contraditório se desenvolva normalmente, e também para que outras pessoas, que participam do procedimento, possam exercer as tarefas que a lei lhes atribui, no fluir da instância[28].

É de indiscutível constatação no plano processual que

o ato de comunicação ou de movimento é aquele por intermédio do qual se chama ou se convoca para vir em juízo, a fim de participar de todos os atos e termos da demanda intentada, a pessoa contra quem é ela promovida. A citação (*vocatio in iudicium* ou *inius vocatio*) válida conduz à formação da relação jurídico-processual (*actum trium personarum*) e propicia a ampla defesa e o contraditório (art. 5º, LV, da CF)[29].

De modo singelo e claro, Julio Fabbrini Mirabete exorta que a "citação é o chamado a juízo para que o acusado se defenda na ação"[30].

Extrai-se da doutrina de Francesco Carnelutti que a garantia do contraditório se concretiza pela ciência da ação penal que é comunicada ao imputa-

---

27 *Comentários ao Código de Processo Penal*, v.1, p. 133.
28 *Elementos de direito processual penal*, v. 2, p. 219.
29 MOSSIN, Heráclito Antônio. *Compêndio de processo penal*, p. 500.
30 *Código de Processo Penal interpretado*, p. 878.

28 GARANTIAS FUNDAMENTAIS NA ÁREA CRIMINAL

do. Isso significa que o réu não pode ser processado sem citação e sem termo para contestá-la.[31]

Não bastasse isso,

> a verdade atingida pela justiça pública não pode e não deve valer em juízo sem que haja oportunidade de defesa ao indiciado. É preciso que seja o julgamento precedido de atos inequívocos de comunicação ao réu; de que vai ser acusado; dos termos precisos dessa acusação; e de seus fundamentos de fato (provas) e de direito. Necessário também é que essa comunicação seja feita a tempo de possibilitar a contrariedade: nisso está o prazo para conhecimento exato dos fundamentos probatórios e legais da imputação e para a oposição da contrariedade e seus fundamentos de fato (provas) e de direito. É preciso, também, que efetivamente compareça e tome parte nos debates o réu. Isso mostra um característico diferencial curioso do contraditório criminal: o acusado não pode, salvo as exceções da lei, ser julgado a revelia [...][32].

Em obediência à garantia constitucional invocada, o legislador ordinário, como tônica da regra geral, estabeleceu no art. 396 do Código de Processo Penal que "nos procedimentos ordinário e sumário, oferecida a denúncia ou queixa, o juiz, se não a rejeitar liminarmente, recebê-la-á e ordenará a citação do acusado para responder à acusação, por escrito, no prazo de 10 (dez) dias". Os mesmos termos normativos se encontram encampados no art. 406, *caput*, que trata do procedimento do júri: "O juiz, ao receber a denúncia ou queixa, ordenará a citação do acusado para responder à acusação, por escrito, no prazo de 10 (dez) dias".

Deixe-se consignado que a relevância estabelecida pelo legislador constituinte, bem como pelo ordinário consistente na garantia do contraditório, é tão expressiva que, sendo o réu citado e deixando de oferecer a resposta escrita no espaço temporal legalmente previsto, prevê o § 2º do art. 396-A do Código de Processo Penal que "o juiz nomeará defensor para oferecê-la, concedendo-lhe vista dos autos por 10 (dez) dias". O mesmo preceito se encontra inserto no art. 408 do supra referido diploma legal.

Nesse passo, é importante deixar assentado que, se o procedimento prosseguir sem que tenha havido a resposta escrita, a nulidade será absoluta, por-

---

31 *Lezione di diritto processuale civile*, v. II, p. 355-6.
32 ALMEIDA, Joaquim Canuto Mendes de. *Princípios fundamentais do processo penal*, p. 107-8.

quanto se cuida de formalidade essencial prevista no art. 564, IV, do Código de Processo Penal.

Embora com fundamento diferente, sustentam Eugênio Pacelli e Douglas Fischer que "é-nos hipótese de nulidade absoluta, porque relacionada diretamente com a (não) realização (efetiva) de procedimento intrinsecamente relacionado com a ampla defesa"[33]. O descumprimento dessa regra, que serve de sustentáculo a todo processo, implica nulidade absoluta da relação jurídico--processual, nos cânones do art. 564, III, *e*, do Código de Processo Penal: "A nulidade ocorrerá por falta da citação do réu para ver-se processar".

Entretanto, não basta somente a citação inicial válida para que o contraditório seja observado em sua inteireza. Também é imprescindível que o sujeito passivo da instância penal seja notificado para todos os atos do processo a que deva comparecer (*v.g.*: oitiva de testemunhas, participação em geral de audiências, incluindo aquelas levadas a efeito na sessão do júri), bem como intimado das decisões que lhe gerem sucumbência, em primeiro grau de jurisdição (p. ex.: sentença condenatória, pronúncia), mesmo porque, uma vez tendo conhecimento desse *decisum*, tem ele, pessoalmente, a faculdade de interpor recurso ordinário, por termo nos autos (art. 577 do CPP).

Tanto se constitui em verdade insofismável o que está sendo objeto de considerações que o art. 370, *caput*, do Código de Processo Penal deixa patentemente clara tal necessidade ao aduzir: "nas intimações dos réus, das testemunhas e demais pessoas que devam tomar conhecimento de qualquer ato [...]".

Por outro lado, está inscrito no art. 251 do Código de Processo Penal que "ao juiz incumbirá prover à regularidade do processo [...]".

Por essa regra, não só incumbe ao magistrado velar pela observância do contraditório como também verificar a igualdade dos sujeitos que se defrontam dentro da relação jurídico-processual, dando ensejo a eles de apresentar por igual as provas para a demonstração daquilo que alegaram, porquanto acusado e acusador devem encontrar-se em igualdade na instância penal.

2. AMPLA DEFESA

Reza o texto constitucional que "aos litigantes, em processo judicial ou administrativo, e aos acusados em geral são assegurados o contraditório e ampla defesa, com os meios e recursos a ela inerentes" (art. 5º, LV, da CF).

Ao lado do contraditório, alinha-se outra garantia que é a ampla defesa, para também integrar o devido processo legal.

---

33 *Comentários ao Código de Processo Penal e sua jurisprudência*, p. 846.

30   GARANTIAS FUNDAMENTAIS NA ÁREA CRIMINAL

No aspecto posto em consideração, principalmente no âmbito de garantia individual ligada à própria liberdade de qualquer acusado, é necessário deixar enfatizado que:

> o direito de defesa, em uma visão individualista, privilegia o interesse do próprio imputado, ao passo que, de uma ótica mais publicista da defesa, passa ela a ser concebida não como um direito do indivíduo, mas como uma garantia também da correta atividade jurisdicional, *i.e.*, do *far trial*. Vista, portanto, como um direito do imputado. "A defesa se concretiza no exercício dos poderes processuais necessários para agir ou defender-se em juízo, entendida como '*o direito do acusado à tutela de sua liberdade*', ou seja, o direito a que se observem as normas que evitam a lesão ao próprio direito de liberdade" [o autor menciona aqui a obra de Nicola Carulli]. Prosseguindo, "sob diverso enfoque, a defesa constitui não propriamente um direito, mas uma garantia para '*o correto desenvolvimento do processo*', em face de um interesse público que supera o interesse do acusado e que, portanto, tendo como premissa a paridade de armas, não transige com a ausência de um justo contraditório efetivo. Cuida-se, pois, de assegurar-se um julgamento justo, que se concretiza, em geral, com a presença em juízo do defensor" [o autor cita Vittorio Denti][34].

É de indubitável clareza que, se somente fosse concebido o contraditório, os interesses processuais do acusado, em termos de sua liberdade corpórea direta ou indireta, decorrente do processo crime, não seriam integralmente resguardados, pois poderia ocorrer limitação, notadamente, no que tange à produção de prova. Sem nenhuma espécie de dúvida, a ampla defesa oportuniza ao acusado produzir todos os meios de prova em direito admitidos, expor os argumentos que entender mais cabíveis para a solução da causa em litígio, bem como fazer uso de procedimento impugnativo (instância recursal).

Assim é que

> a ampla defesa corresponde a uma garantia constitucional conferida ao réu para que este possa se valer, sem qualquer espécie de embaraço, de todos aqueles mecanismos processuais indispensáveis à salvaguarda de seus direitos. Isto é, a possibilidade de produzir todo tipo de prova, de fazer quaisquer alegações que se-

---

34   CRUZ, Rogério Schietti Machado. *Garantias processuais nos recursos criminais*, p. 131.

CAPÍTULO 2 – GARANTIAS PROCESSUAIS PENAIS – DEVIDO PROCESSO LEGAL   31

jam, de interpor todos os recursos cabíveis e, enfim, de demonstrar a pertinência de suas pretensões no processo[35].

Outrossim, revela-se de indeclinável importância nos pórticos da ampla defesa a intervenção do advogado, do representante postulatório do acusado, sem o que o sujeito passivo da relação processual ficaria indefeso, totalmente à mercê da pretensão punitiva.

A indispensabilidade do advogado reside na singular circunstância de que deve haver profissional que tenha condições para efeito de paridade de armas, em termos de conhecimentos jurídicos, com o órgão acusatório, seja ele público ou privado. Isso porque, *ex abundantia*, o direito, quer processual penal, quer penal, é uma ciência social por sinal bastante complexa, cujo domínio não se encontra à disposição do acusado, salvo se for ele bacharel em direito, devidamente inscrito nos quadros da Ordem dos Advogados do Brasil, o que lhe permite o patrocínio da própria defesa, ou seja, da defesa em causa própria.

Nos dizeres de Giovana Maria Ubertazzi[36] e de Giuseppe Tarza[37], deve haver a igualdade de armas entre as partes. Sem dúvida, o equilíbrio entre órgão acusatório e defensório, que deve ficar a cargo do advogado, é indispensável. A ausência de paridade leva à consagração da falta de defesa e, como consequência, gera a injustiça, o que não se mostra adequado ao Estado democrático de direito. O processo como instrumento da aplicação do direito material (penal) em toda a sua latitude pressupõe a isonomia e a equidade, o que será tratado de forma mais específica e abrangente em item próprio no fluir deste trabalho jurídico. Assim é que os sujeitos que integram a relação jurídico-processual (partes) devem ter tratamento igualitário. Não há, a rigor, superposição entre uma e outra parte.

Compatível com o que está sendo discursado, preceitua o art. 261 do Código de Processo Penal, *ipsis verbis et virgulis*: "nenhum acusado, ainda que ausente ou foragido, será processado ou julgado sem defensor".

Interpretando literalmente o texto ordinário transcrito, tem-se que o tempo verbal que o integra ("será") é implicativo de obrigatoriedade, de compulsoriedade. Isso significa, em outros termos, que nenhum réu poderá ser objeto de persecução criminal em juízo, incluindo o julgamento dela derivado, sem que ele tenha assistência jurídica prestada por causídico.

---

35 MACHADO, Antônio Alberto. *Teoria geral do processo penal*, p. 161.
36 "Divieto di discriminazione e uguaglianza delle armi nel processo civile", p. 552 e segs.
37 "Parità delle armi tra le parti e poteri del giudice nel processo civile", p. 353 e segs.

32 GARANTIAS FUNDAMENTAIS NA ÁREA CRIMINAL

De outro lado, nos termos normativos estampados no art. 263 do predito Estatuto, ainda concernentemente ao defensor, inserta está a seguinte norma, *verbo ad verbo*: "Se o acusado não tiver, ser-lhe-á nomeado defensor pelo juiz, ressalvado o seu direito de, a todo tempo, nomear outro de sua confiança, ou a si mesmo defender-se, caso tenha habilitação".

Provêm do ensinamento de Guilherme de Souza Nucci as seguintes considerações interpretativas do texto legal copiado:

> é da livre escolha do juiz o defensor apto a promover a defesa do acusado. O processo penal é regido pelo princípio da prevalência do interesse do réu, bem como pelo devido processo legal, que envolve a ampla defesa como seu corolário obrigatório. Por isso, o juiz deve zelar pelo fiel exercício da ampla e eficaz defesa, cuidando de garantir ao acusado todos os meios possíveis e legítimos para tanto[38].

É importante destacar, para efeito de sistema, que o preceito legal abordado se mostra flexível, porquanto,

> mesmo tendo sido nomeado pelo magistrado defensor dativo ao réu, este poderá constituir defensor de sua confiança mediante a outorga de mandato para tal finalidade. Indubitavelmente, o réu tem o direito de escolher seu próprio defensor tendo em linha de consideração o postulado da amplitude de defesa que tem agasalho constitucional (art. 5º, LV). Pelas mesmas razões invocadas, pode o réu defender-se quando tiver habilitação de cunho legal, o que acontece quando for ele bacharel em Direito inscrito nos quadros da Ordem dos Advogados do Brasil[39].

Por seu turno, o art. 564, III, *c*, do Código de Processo Penal estabelece que haverá nulidade por falta de "nomeação de defensor ao réu presente que o não tiver, ou ao ausente [...]".

Com efeito,

> do exposto verifica-se com absoluta certeza que ao acusado presente sem defensor ou ausente ou foragido será nomeado defensor, em obediência ao princípio da ampla defesa e do contraditório com sede constitucional. Exatamente para

---

38 *Código de Processo Penal comentado*, p. 568.
39 MOSSIN, Heráclito Antônio. *Comentários ao Código de Processo Penal*: à luz da doutrina e da jurisprudência – doutrina comparada, p. 614.

a garantia do cumprimento desses direitos individuais, o legislador erigiu, como nulidade absoluta do processo ou da relação processual, a falta de nomeação de defensor ao réu ausente, foragido ou ao presente que não o tenha[40].

Como deixam claro os dispositivos precedentemente mencionados, a expressão "defensor" é implicativa de defesa técnica do acusado, quer exercida por ele, caso tenha habilitação para tal, e isso somente ocorrerá se for ele advogado, quer por um bacharel inscrito na Ordem dos Advogados do Brasil. Isso se torna necessário, recordando o que já foi expresso, porque deve haver paridade de armas, devem ser respeitadas a isonomia e a equidade dentro da relação processual, o que se obtém com a defesa técnica do acusado.

Por oportuno, em termos de defesa técnica, há a Súmula n. 523 do Pretório Excelso, lavrada nos seguintes termos: "No processo penal, a falta de defesa constitui nulidade absoluta, mas sua deficiência só o anulará se houver prova de prejuízo para o réu". Logo, é forçoso convir que, nos lindes da deficiência de defesa, foi consagrada a nulidade relativa (art. 563 do CPP).

Na esteira do assentado por Alfredo Vélez Mariconde,

> a defesa técnica do imputado é geralmente obrigatória, pois a seu lado atua um defensor que o assiste e representa durante a sustentação do processo. A regra tem duas exceções: o caso antes referido de autodefesa, em que o imputado assume também a condição e exerce os poderes jurídicos do defensor, e o juízo por falta, onde a defesa é facultativa (ante a leveza e a simplicidade do fato delituoso atribuído, a lei estima que o imputado pode defender-se eficazmente)[41].

Diante dos argumentos expostos e dos regramentos legais apontados, merece como arremate o magistério de Rogério Lauria Tucci, *in integrum*:

> realmente – tivemos já oportunidade de asseverar – para serem asseguradas a liberdade e, sobretudo, a *igualdade das partes*, faz-se imprescindível que, durante todo o transcorrer do processo, [os acusados] sejam assistidos e/ou representados por um *defensor*, dotado de conhecimento técnico especializado, e que, com sua inteligência e domínio dos mecanismos procedimentais, lhes propicie o estabelecimento ou o restabelecimento do equilíbrio do contraditório. Trata-se, por certo, de *garantia* que, assecuratória de efetiva *paridade de armas* entre

---

40   Idem. *Nulidades no direito processual penal*, p. 145.
41   *Derecho procesal penal*, v. 2, p. 391.

34 GARANTIAS FUNDAMENTAIS NA ÁREA CRIMINAL

as partes, adquire maior transcendência e importância no âmbito do processo penal, sendo objeto, inclusive, de regras de caráter universal, inseridas nos textos internacionais sobre direitos humanos, e infraconstitucionais[42].

Ainda no âmbito do tema jurídico tratado, o legislador constituinte, de forma especial e insulada, criou norma legal específica sobre a plenitude de defesa no campo do procedimento do júri: "é reconhecida a instituição do júri, com a organização que lhe der a lei, assegurados: *a)* a plenitude de defesa [...]" (art. 5º, XXXVIII).

Fazendo cotejo analítico entre o inciso XXXVIII e o LV, constata-se que, enquanto o primeiro, acima copiado, faz menção ao termo "plenitude de defesa", o outro somente se refere à "ampla defesa." Disso resulta, a título de discussão doutrinária, a questão sobre se há diferença de tratamento processual entre as expressões "plenitude" e "ampla", partindo-se inclusive da premissa de que o texto legal não contém palavras ou termos inúteis.

Do ponto de vista etimológico, o termo "ampla" significa espaçosa, extensa, longa e vasta; enquanto "plenitude" significa completude, inteireza e totalidade.

Em princípio, "plenitude" sugere um alcance maior do que "ampla". Isso traz como conclusão, *ex abundantia,* que a defesa levada a efeito no plenário do júri se mostra mais abrangente do que aquela que é realizada diante do juízo singular.

Entender em sentido oposto seria admitir, errônea e equivocadamente, que os vocábulos "ampla" e "plenitude" teriam sido usados pelo legislador constituinte como sinônimos, o que se apresenta como insustentável na ótica léxica.

É de evidência solar, em um primeiro momento analítico, que o comportamento do causídico se mostra bastante diferenciado, tendo por norte e objeto o procedimento ordinário, que se desenvolve diante do juiz de direito, e o procedimento do júri, considerado na sessão popular de julgamento, ficando afastada a incidência do sumário de culpa.

Sem o menor resquício de dúvida, a discussão da lide penal diante do magistrado togado é trilhada por aspectos mais científicos e técnicos no campo do direito; o que, evidentemente, não acontece diante da magistratura popular, porquanto esse colegiado é constituído, como regra, de cidadãos que se mostram leigos quanto ao conhecimento do direito, motivo pelo qual o advogado tem de, obrigatoriamente, assumir uma conduta defensiva compatível com o órgão co-

---

42 *Direitos e garantias individuais no processo penal brasileiro,* p. 110.

CAPÍTULO 2 – GARANTIAS PROCESSUAIS PENAIS – DEVIDO PROCESSO LEGAL

legiado que possui a competência natural ou constitucional para julgar os crimes dolosos contra a vida, consumados ou tentados. É exatamente em defluência disso que o legislador constituinte previu a plenitude de defesa.

O que está sendo exposto pode ser sustentado por diversas vertentes.

O juiz togado quando de sua prestação de mérito deve fundamentar sua decisão, sob pena de nulidade (art. 93, IX, da CF). O jurado, na votação do questionário, não precisa fundamentar sua convicção, simplesmente decide optando pelo "sim" ou pelo "não", o que poderá ser feito livremente, acolhendo tese sustentada pelo defensor ou, unicamente, pelo próprio acusado, que tem essa prerrogativa em face da plenitude de seu direito de defesa. Aliás, faz-se necessário deixar patenteado que, em virtude da plenitude a que se está fazendo alusão, o legislador processual penal insculpiu a seguinte regra em torno da elaboração dos quesitos: "o presidente levará em conta os termos da pronúncia ou das decisões posteriores que julgarem admissíveis a acusação, o interrogatório e as alegações das partes" (art. 384, parágrafo único). Verifica-se, claramente, que o interrogatório do acusado constitui fonte para o questionário.

Na ampla incidência da plenitude dissertada se incluem também as denominadas recusas peremptórias, que não existem na jurisdição ordinária. São assim denominadas porquanto a defesa pode excluir o jurado sem expor o motivo pelo qual não permite que ele participe do conselho de sentença (art. 468, *caput*, do CPP).

Outra situação que pode ser debatida em torno da plenitude de defesa diz respeito à tréplica. Por ocasião dos debates na sessão plenária, vencida a discussão obrigatória, pode, em seguida, ocorrer a réplica e a tréplica (art. 477, *caput*, do CPP).

A réplica está a cargo da acusação. Ela consiste em rebater tudo aquilo que foi objeto de tese da defesa. A tréplica, por seu turno, é a ressustentação de tudo aquilo que foi oralmente dissertado pela defesa. A rigor, a tréplica pressupõe a réplica. Assim, se não houve a réplica não deverá haver a tréplica. Entretanto, há doutrina, sem a necessidade de apontar a fonte, posto que dispensável, que lavra inteligência no sentido de que, em face da plenitude de defesa, a tréplica pode ser feita independentemente da existência precedente da réplica.

Outrossim, tendo havido a réplica, em virtude da plenitude de defesa, o causídico pode apresentar tese nova, desde que a prova contida nos autos a autorize, sem que isso constitua surpresa para a parte acusatória ou negação ao direito do contraditório. Ora, se a prova se mostra encartada nos autos, presume-se, em princípio, que a acusação dela tenha conhecimento, não havendo, portanto, óbice para que ela seja explorada pela defesa em qualquer momento da discussão oral na sessão popular.

36 GARANTIAS FUNDAMENTAIS NA ÁREA CRIMINAL

De outro lado, embora censurável no campo do Direito, em homenagem à plenitude de defesa, não há óbice à apresentação de teses contraditórias, a exemplo de negativa de autoria e excludente de antijuridicidade ou de privilégio.

Portanto, bastam as hipóteses que foram agrupadas para conceber, em linhas gerais, que a plenitude de defesa tem uma incidência maior em termos de dimensão relativamente à ampla defesa.

Assente-se, outrossim, que a ampla defesa, pela dicção constitucional, não compreende unicamente o procedimento penal diante do juízo de primeira instância até a sentença de mérito, por meio da qual o litígio se mostra resolvido, ou em termos de ação penal originária (competência por prerrogativa de função) até quando do pronunciamento jurisdicional levado a cabo pelo colegiado competente.

Sua incidência alcança o procedimento recursal, provocado em virtude do duplo grau de jurisdição, cuja existência

> se torna bastante benéfica em torno da administração da justiça, pois obriga o órgão julgador a ter maior zelo na composição do litígio afeto à sua competência e também conduz a um juízo de maior certeza sobre o julgado, porquanto, normalmente, o reexame sempre é feito por magistrados mais experientes, notadamente, cuidando-se de recurso de primeiro para segundo grau de jurisdição, aumentando a efetiva chance de uma sentença mais justa[43].

Sem o menor resquício de dúvida, o acusado, quando condenado, tem o amplo e irrestrito direito de procurar em grau superior de jurisdição ou no mesmo grau (p.ex.: embargos infringentes e de nulidade) uma decisão que lhe afigure mais justa, mais compatível com o seu direito. Para que essa situação se colime, tem ele a faculdade de impugnar e de recorrer da prestação jurisdicional que lhe causou gravame, sucumbência.

Em sede do procedimento recursal, oportunidade em que o réu impugnante procura alterar o *decisum* que lhe foi desfavorável, a ampla defesa que foi exercida no primeiro momento da jurisdição se propaga para o juízo superior ou para o mesmo juízo, se for o caso, porquanto é direito seu não se conformar com o julgado, desde que o meio impugnativo se mostre adequado e também que não tenha havido a preclusão da instância recursal (sentença formalmente transitada em julgado). Assim, em homenagem à ampla defesa, a matéria decidida, devidamente impugnada, é transferida para efeito de ree-

---

43 MOSSIN, Heráclito Antônio. *Compêndio de processo penal*, p. 723.

CAPÍTULO 2 – GARANTIAS PROCESSUAIS PENAIS – DEVIDO PROCESSO LEGAL   37

xame ao órgão incumbido de realizá-lo e proferir uma nova decisão que substitua aquela que foi objeto de impugnação.

É importante ressalvar que a ampla defesa se mostra ainda mais substanciosa em termos de recurso ordinário, a exemplo da apelação e do recurso em sentido estrito, uma vez que o mesmo pode ser fortalecido por nova matéria de caráter probatório, o que é plausível, mesmo porque o juízo *ad quem* tem amplo poder de reexaminar matéria de cunho fático.

De outro lado, não se pode deixar de explicitar que o procedimento recursal deve ser compreendido em sentido amplo, incidindo consequentemente sobre ele, notadamente, os recursos especial e extraordinário, que também, à evidência, estão compreendidos no elástico conceito da ampla defesa, porém de maneira mais estreita, porquanto em sede desses meios impugnativos excepcionais não se examina matéria de fato, mas exclusivamente de direito.

Em nível recursal, que é o tema objeto de abordagem, a ampla defesa se mostra tão significativa que a Excelsa Corte editou a Súmula n. 705, lavrada com o seguinte teor: "a renúncia do réu ao direito de apelação, manifestada sem assistência do defensor, não impede o conhecimento da apelação por este interposta". Isso se justifica, porquanto a defesa técnica é imperiosa no campo da ampla defesa, cabendo dessa maneira ao advogado, de forma exclusiva, examinar a conveniência ou não da interposição de qualquer recurso.

3. JUIZ NATURAL

O juiz natural, que também se insere no amplo campo do devido processo penal, é uma figura tradicional no direito brasileiro, posto que tem seu reconhecimento e sua aplicabilidade desde os tempos da Constituição Imperial de 1824. Isso significa, em outros termos, que o legislador constituinte sempre mostrou preocupação com esse tema, mesmo porque é ele de suma importância para o livre exercício da jurisdição no âmbito da garantia do Estado democrático do direito.

Antes de se fazer o alinhamento histórico da garantia do juiz natural na legislação nacional, é recomendável que se tracem alguns dados de seu surgimento na legislação internacional.

De maneira bastante acanhada, a garantia em tela incipientemente surgiu na Magna Carta de 1215, cujo nome completo em latim é *Magna Charta seu Concordia inter Regni Angliae et Barones Preconcessione Libertatum Ecclesiae et Regni Angliae* (Grande Carta das Liberdades, ou Concórdia entre o Rei João e os Barões para a Outorga das Liberdades da Igreja e do Rei Inglês). Trata-se de um documento que limitou o poder dos monarcas da Inglaterra, especialmente o do

38 GARANTIAS FUNDAMENTAIS NA ÁREA CRIMINAL

Rei João, que o assinou, extinguindo assim o exercício do Poder Absoluto. A "Grande Carta" resultou de desentendimentos entre o Rei João, o papa e os barões ingleses acerca das prerrogativas do soberano. Segundo os termos do documento, João deveria renunciar a certos direitos e respeitar determinados procedimentos legais, bem como reconhecer que a vontade do rei estaria sujeita à lei. Considera-se a Magna Carta o primeiro capítulo de um longo processo histórico que levaria ao surgimento do constitucionalismo. No aspecto que interessa, em seu âmago estava previsto "o julgamento legítimo de seus pares pela lei da terra", o que induzia a uma ideia primária de juízo natural.

Entretanto, no acurado magistério de Ada Pellegrini Grinover, "na *Petition of Rights* e no *Bill of Rights* o princípio do juiz natural realmente assume a dimensão atual, de proibição de juízos *ex post facto*"[44].

Na França, mais precisamente no art. 17 do Título II da Lei Francesa de 24 de agosto de 1790, tendo sido repetida no texto constitucional de 1791, é que de forma expressa surgiu a expressão juízes naturais: "A ordem constitucional das jurisdições não pode ser perturbada, nem os jurisdicionados subtraídos de seus juízes naturais, por meio de qualquer comissão, nem mediante outras atribuições ou evocações, salvo nos casos determinados pela lei".

A já lembrada Constituição Imperial datada de 25 de março de 1824 contempla os seguintes dizeres normativos:

> Art. 179. A inviolabilidade dos direitos civis e políticos dos cidadãos brasileiros, que tem por base a liberdade, a segurança individual e a propriedade, é garantida pela Constituição do Império, pela seguinte maneira: [...] XI. Ninguém será sentenciado senão pela autoridade competente, por virtude de lei anterior, e na forma por ela escrita. [...] XVII. À exceção das causas que por sua natureza pertencem a juízes particulares, na conformidade das leis, não haverá foro privilegiado, nem comissões especiais nas causas cíveis e criminais.

A Constituição da República dos Estados Unidos do Brasil editada em 24 de fevereiro de 1891 contém os seguintes dispositivos em torno do assunto jurídico dissertado:

> Art. 72. A Constituição assegura a brasileiros e a estrangeiros residentes no país a inviolabilidade dos direitos concernentes à liberdade, à segurança individual e à propriedade, nos termos seguintes: [...] § 15. Ninguém será sentenciado senão pela autoridade competente, em virtude de lei anterior e na forma por ela

---

44 "O princípio do juiz natural e sua dupla garantia". *Revista de Processo*, v. 29, jan./mar., 1983, p. 13.

CAPÍTULO 2 – GARANTIAS PROCESSUAIS PENAIS – DEVIDO PROCESSO LEGAL   39

regulada. [...] § 23. À exceção das causas que, por sua natureza, pertencem a juízos especiais, não haverá foro privilegiado.

Por seu turno, a Carta Política de 16 de julho de 1934 contém em seu bojo as seguintes diretrizes legais em torno do juiz natural:

Art. 113. A Constituição assegura a brasileiros e a estrangeiros residentes no país a inviolabilidade dos direitos concernentes à liberdade, à subsistência, à segurança individual e à propriedade, nos termos seguintes: [...] 25) Não haverá foro privilegiado nem tribunais de exceção; admite-se, porém, juízos especiais em razão da natureza das causas. 26) Ninguém será processado, nem sentenciado senão pela autoridade competente, em virtude de lei anterior ao fato, e na forma por ela prescrita.

A Constituição dos Estados Unidos do Brasil promulgada em 18 de setembro de 1946 está configurada pelos seguintes dispositivos inerentes à garantia objeto do estudo:

Art. 141. A Constituição assegura aos brasileiros e aos estrangeiros residentes no país a inviolabilidade dos direitos concernentes à vida, à liberdade, à segurança individual e à propriedade, nos termos seguintes: [...] § 26 – Não haverá foro privilegiado nem juízes e tribunais de exceção. § 27 – Ninguém será processado nem sentenciado senão pela autoridade competente e na forma de lei anterior.

A Carta Magna de 24 de janeiro de 1967 normatiza que:

Art. 150. A Constituição assegura aos brasileiros e aos estrangeiros residentes no país a inviolabilidade dos direitos concernentes à vida, à liberdade, à segurança e à propriedade, nos termos seguintes: [...] § 15 – A lei assegurará aos acusados ampla defesa, com os recursos a ela inerentes. Não haverá foro privilegiado nem tribunais de exceção.

Mesmo em período de exceção democrática, a Emenda Constitucional n. 1, de 17 de outubro de 1969, repetiu em seu art. 153, *caput* e § 15, os preceitos do art. 150, *caput* e § 15, da Carta de 1967.

A Constituição da República Federativa do Brasil promulgada em 5 de outubro de 1988, hoje em vigor, seguindo a tradição constituinte, disciplina o instituto discursado da seguinte forma:

40 GARANTIAS FUNDAMENTAIS NA ÁREA CRIMINAL

> Art. 5º Todos são iguais perante a lei, sem distinção de qualquer natureza, garantindo-se aos brasileiros e aos estrangeiros residentes no país a inviolabilidade do direito à vida, à liberdade, à igualdade, à segurança e à propriedade, nos termos seguintes: [...] XXXVII – não haverá juízo ou tribunal de exceção; [...] LIII – ninguém será processado nem sentenciado senão pela autoridade competente.

Para efeito de registro, inexplicavelmente a Carta Política de 1937, abandonando a tradição legislativa nacional, deixou de consignar em seu texto o princípio do juiz natural.

Vencidos os passos históricos mencionados, que registram em letras garrafais a dimensão da garantia fundamental que está sendo esquadrinhada, do ponto de vista conceitual, entende-se por juiz natural o órgão do Estado que, por previsão constitucional, esteja investido de jurisdição e que exerça esse poder de julgar (*iurisdictio*) dentro das atribuições fixadas por lei (competência), segundo as prescrições constitucionais. Portanto, para que um órgão se eleve à categoria de juiz natural, podendo assim exercer validamente a função jurisdicional, necessário se torna que esse poder de julgar esteja previsto na Magna Carta.

Ademais, mesmo que haja previsão constitucional para a atuação jurisdicional, o órgão dela incumbido somente será tido como juiz natural ou constitucional quando exercer seu poder de julgar dentro dos limites previamente fixados por lei (competência), consoante, aliás, ficou precedentemente exposto e registrado.

É importante sempre deixar lembrado que a garantia objeto de abordagem tem liame derivado do devido processo legal, dando-lhe, inexoravelmente, mecanismo de garantia da própria aplicação do mencionado processo:

> o acesso do membro da coletividade à justiça criminal reclama, também, como garantia inerente ao *due process of law* (devido processo penal), a pré-constituição de órgão jurisdicional competente, sintetizada, corrente, na dicção do juiz natural [...][45].

Não bastasse isso,

> dessa maneira, vê-se que o juiz natural consiste em um dos elementos indispensáveis para a consumação do devido processo legal. Aliás, oportuna a lição de Vigoritti ao afirmar que: a igualdade e o contraditório das partes perante o juiz;

---

45 TUCCI, Rogério Lauria. *Direitos e garantias individuais no processo penal brasileiro*, p. 120.

CAPÍTULO 2 – GARANTIAS PROCESSUAIS PENAIS – DEVIDO PROCESSO LEGAL   41

pré-constituição por lei do juiz natural; sujeição do juiz somente à lei; proibição de juízos extraordinários ou especiais; e, finalmente, a independência e imparcialidade dos órgãos jurisdicionais consistem nos principais elementos do *due process of law*[46].

Por outro lado, o princípio do juiz natural, ao mesmo tempo em que veda o exercício da jurisdição por qualquer órgão não investido constitucionalmente do poder de julgar, não permite a criação de tribunais ou juízos de exceção (art. 5º, XXXVII, da CF), ou seja, aqueles gerados após a ocorrência de fato determinado e com função precípua e isolada de julgar tal feito. Esse é o ponto fulcral e de esteio nos lindes da garantia do juiz natural.

Trata-se de questão de sistema. Há de se expor, inclusive com tintas vivas, que a garantia da não criação de juízo de exceção reforça a garantia do juízo natural e lhe confere maior firmeza. De forma indubitável, o juízo natural se mostraria enfraquecido, vulnerável, sujeito à ineficácia, se não houvesse a norma proibitiva que está sendo examinada.

Ademais, é imprescindível deixar assentado que o órgão investido de jurisdição em sentido amplo deve estar constituído antes da prática da infração típica, o que permite àquele que será objeto da *persecutio criminis* ter conhecimento antecipado sobre qual ente do Estado desatará o litígio decorrente da prática delitiva.

De modo claro, sintético e objetivo, Alfredo Vélez Mariconde deixa sublinhado que

> deste princípio resulta, em primeiro lugar, que a organização judicial deve ser regulada por lei (em sentido formal); é dizer que o Poder Executivo não pode criar tribunais ou ditar normas de competência. Com uma *formulação negativa* – se observa em segundo lugar –, a Constituição proíbe a intervenção de juízes ou comissões especiais designadas *post facto* para investigar um fato ou julgar uma pessoa determinada, de modo que, com uma *formulação positiva*, exige-se que a função jurisdicional seja exercida por magistrados *instituídos previamente* por lei para julgar uma classe de assuntos ou uma categoria de pessoas[47].

Adicionando argumentos à doutrina transcrita, o controle sobre o juízo natural é de incumbência exclusiva da Constituição Federal. Somente ela pode

---

46 PORTO, Sérgio Gilberto; LONGO, Luís Antônio et al. *As garantias do cidadão no processo civil*: relações entre Constituição e processo, p. 41.

47 *Derecho procesal penal*, p. 49.

editar norma a respeito, ficando, dessa forma, vedado ao legislador infraconstitucional, incluindo resoluções, provimentos baixados pelos tribunais, bem como legislação de organização judiciária, estabelecer preceito instituindo órgão com poder jurisdicional, ressalvada autorização magna expressa. Sem dúvida, o *iurisdictio* somente pode emanar da Lei Maior, o que evita, certamente, a criação de juízes ou tribunais de exceção.

Assim é que, na esteira do magistério de José Frederico Marques,

> a jurisdição pode ser exercida apenas por órgão previsto na Constituição da República: é o princípio do juiz natural ou juiz constitucional. Considera-se investido de funções jurisdicionais, tão só, o juiz ou tribunal que se enquadrar em órgão judiciário previsto de modo expresso ou implícito, em norma jurídico-constitucional. Há previsão expressa quando a Constituição exaure a enumeração genérica dos órgãos a que está afeta determinada atividade jurisdicional. Há previsão implícita, ou condicionada, quando a Constituição deixa à lei ordinária a criação e a estrutura de determinados órgãos[48].

Retomando o tema jurídico que gravita em torno do denominado tribunal de exceção, há de se ter certa acuidade e atenção na definição do que seja esse colegiado para que não se incida em erro e equívoco de interpretação, notadamente com relação a órgãos jurisdicionais regularmente criados. Nesse diapasão se mostra oportuno o magistério provindo de Nelson Nery Júnior, *verbis*:

> Assim como o poder do Estado é um só (as atividades legislativa, executiva e judiciária são formas e parcelas do exercício desse poder), a jurisdição também o é. E para a facilitação do exercício dessa parcela de poder é que existem as denominadas justiças especializadas. Portanto, a proibição da existência de tribunais de exceção, *ad hoc*, não abrange as justiças especializadas, que são atribuição e divisão da atividade jurisdicional do Estado entre vários órgãos do Poder Judiciário. Juízo especial, permitido pela Constituição e não violador do princípio do juiz natural, é aquele previsto antecedentemente, abstrato e geral, para julgar matéria específica prevista na lei[49].

Outrossim, diante de outro ângulo analítico, não se pode perder de vista que na tradição pátria não existe a mínima contradição entre a garantia do juiz

---

48 *Manual de direito processual civil*, v. 1, p. 74.
49 *Princípios do processo civil na Constituição Federal*, p. 68.

natural e a instituição constitucional de juízos especiais, desde que pré-constituídos, a exemplo do que acontece com os Juizados Especiais instituídos pelo inciso I do art. 98 da Magna Carta da República.

Aproveita-se, no âmbito do tema jurídico que está sendo esquadrinhado, a lição plantada por Rui Portanova, no sentido de "não confundir juízos e tribunais de exceção com juízos e tribunais especiais ou especializados no processo e julgamento de determinados litígios, segundo sua natureza"[50].

O denominado foro por prerrogativa de função também deve ser palco de análise no campo de incidência do juízo natural.

Para que se possa fazer uma incursão mais precisa, objetiva e jurídica em torno do assunto cotejado, deve-se ter conhecimento prévio do mecanismo legal e normativo que gravita sobre aquilo que a doutrina de forma iterativa batiza de foro privilegiado.

A competência por prerrogativa de função ou *ratione materiae* do STF e dos outros colegiados mencionados no regramento legal abordado será examinada posteriormente.

A preocupação analítica nesse momento verte sobre explicações que envolvem essa forma de competência, que levam em consideração o aspecto hierárquico e que se inserem na denominada competência funcional vertical.

A competência *ratione personae* ou por prerrogativa de função decorre do privilégio de foro que algumas pessoas ostentam, tendo em consideração o cargo ou a função que ocupam no cenário político e jurídico nacional. Portanto, o foro especial é estabelecido levando-se em conta o cargo ou a função que a pessoa exerce. Logo, o que objetiva essa modalidade de competência é um privilégio imanente ao cargo ou à função, e não à pessoa propriamente dita, como ser componente da coletividade.

Nessa ordem de consideração, o STF exortou que "a prerrogativa de foro não visa a beneficiar o cidadão, mas proteger o cargo ocupado"[51].

Assim, em defluência do cargo ou da função que o indivíduo desempenha nos vários segmentos da sociedade, tem ele garantido o foro especial, ou seja, o de ser processado e julgado por órgão de jurisdição superior. Como colocado por Bento de Faria, "a jurisdição em virtude de prerrogativa do cargo, sendo instituída não em atenção às pessoas a ela sujeitas, mas em razão da dignidade da função, não constitui privilégio"[52].

---

50 *Princípios do processo civil*, p. 65.
51 Inq.-QO n. 2.010/SP, Pleno, rel. Min. Marco Aurélio, *Ementário* v. 2.322-01, p. 7.
52 *Código de Processo Penal*, v. 1, p. 196.

44 GARANTIAS FUNDAMENTAIS NA ÁREA CRIMINAL

Ainda nesse quadrante, tem inteiro cabimento o magistério provindo de Julio Fabbrini Mirabete, *in integrum*:

> Há pessoas que exercem cargos e funções de especial relevância para o Estado, devendo ser julgadas por órgãos superiores da justiça, como medida de utilidade pública. A competência, nesse caso, é fundada no princípio da ordem e da subordinação e na maior independência dos tribunais[53].

Convém ponderar, em consideração preliminar, que a consagração do foro privilegiado ou especial, ou mesmo por prerrogativa de função, é medida constitucional salutar sob o ponto de vista de direito, uma vez que atende ela ao princípio da hierarquia imposta em razão do cargo ou da função exercida por determinada pessoa.

Indubitavelmente, não se conceberia que um ministro do Supremo Tribunal Federal fosse julgado por um juiz de direito. Se isso fosse possível e viável, haveria uma subversão da hierarquia, uma vez que o ministro integra o maior órgão judicante da nação, enquanto o juiz compõe o menor órgão judicante do país. Como se isso não bastasse, nenhuma conveniência traz para a própria administração da justiça essa subversão hierárquica, visto que dificilmente um juiz de direito teria condições de promover um julgamento imparcial se o réu fosse um ministro daquela Excelsa Corte. Enfim, para não citar exemplo outro, posto que dispensável, corretamente houve por bem o legislador constitucional ao prever o foro privilegiado nas hipóteses taxativas que enumera, uma vez que razões de ordem político-administrativa assim o recomendam em nome da própria administração da Justiça.

A matéria sobre competência originária *ratione personae* tem sua fonte na Constituição Federal e na estadual. Pondere-se, outrossim, que o privilégio a que se está fazendo menção somente guarda pertinência com a autoridade previamente estabelecida pela Constituição Federal ou pelo diploma constituinte dos Estados e do Distrito Federal. Cuida-se de situação tarifária. E, inclusive, como reforço daquilo que está sendo exposto, pessoa que não figura na relação dessa forma de prerrogativa não pode ser julgada diretamente, originariamente por tribunal, posto que haveria ofensa ao juízo natural ou constitucional.

Não obstante o que restou exposto, e que se mostra em harmonia e simetria com o Código de Processo Penal e a Magna Carta da República, a Excelsa Corte editou a Súmula n. 704, aduzindo que "não viola as garantias do juiz

---

53 *Código de Processo Penal interpretado*, p. 328.

CAPÍTULO 2 – GARANTIAS PROCESSUAIS PENAIS – DEVIDO PROCESSO LEGAL   45

natural, da ampla defesa e do devido processo legal a atração por continência ou conexão do processo do corréu ao foro por prerrogativa de função de um dos denunciados".

Sob outro ângulo analítico, a garantia do foro por prerrogativa de função se dá com o uso da denominada ação penal originária, ou seja, aquela que é proposta diretamente ao tribunal em que a autoridade se encontra jurisdicionalizada.

O diploma básico que estabelece as regras processuais no campo da ação penal originária para o Supremo Tribunal Federal e para o Superior Tribunal de Justiça é a Lei n. 8.038, de 28.05.1990.

Por força da Lei n. 8.658, de 26.05.1993, as regras contidas na lei supracitada aplicam-se às ações penais de competência originária dos Tribunais de Justiça dos estados e do Distrito Federal e dos Tribunais Regionais Federais.[54]

Pelo que restou delineado, não há como se sustentar eventual incompatibilidade entre o foro por prerrogativa de função e a garantia do juiz natural.

Tanto isso se mostra incontente que o próprio legislador constituinte no mesmo diploma consagrou a competência *ratione personae* e a do juiz constitucional. Ademais, o fator primário determinante do juiz natural é não permitir a criação do tribunal de exceção após a prática do fato típico. Essa figura excepcional de judicatura não existe porque as pessoas que gozam do foro por prerrogativa de função, ou privilegiado, já têm de modo predeterminado o colegiado judicante que desatará a lide que as envolve.

Outrossim, é importante deixar consignado que o agente que goza do foro privilegiado, uma vez não mais ocupando o cargo que lhe conferiu a prerrogativa constitucional e processual, independentemente do motivo que lhe tenha dado ensejo, se o processo não tiver sido encerrado no tribunal togado com decisão definitiva de mérito, terá o julgamento ultimado pelo juízo de primeiro grau de jurisdição, levando-se em conta o local onde o delito foi consumado ou, no caso da tentativa, onde foi realizado o último ato de execução, nos termos do art. 70, *caput*, do Código de Processo Penal. Afirme-se, também, que essa não é situação que permite derrogar a garantia do juiz natural, posto que, como é de luzidia evidência, a regra de competência de foro já existia quando da prática delitiva, que somente não foi utilizada pela excepcional situação informada pelo foro por prerrogativa de função.

Numa visão prática em termos legislativos sobre o assunto discursado, a Carta Política Federal, ao dispor sobre o Poder Judiciário, estabelece quais são os órgãos jurisdicionais que o compõem (art. 92).

---

54   Os arts. 556 a 562 do CPP foram revogados pela Lei n. 8.658, de 26.05.1993.

46 GARANTIAS FUNDAMENTAIS NA ÁREA CRIMINAL

Com base em seu art. 102, começa o precitado diploma a determinar a competência do Supremo Tribunal Federal, passando pela do Superior Tribunal de Justiça (art. 105), dos Tribunais Regionais Federais e dos juízes federais (art. 108), até chegar à dos tribunais e juízes militares (art. 124), só para enumerar os órgãos jurisdicionais com competência para julgar matéria de cunho penal.

No que concerne aos tribunais e juízes dos estados, diz a Constituição Federal que a sua competência "será definida na Constituição do Estado, sendo a lei de organização judiciária de iniciativa do Tribunal de Justiça" (art. 125, § 1º).

Em sede de crimes dolosos contra a vida, o juízo natural para conhecer e julgar esses delitos é o tribunal do júri (art. 5º, XXXVIII, da CF), matéria essa que será dissertada de maneira mais ampla quando do exame do mencionado inciso.

Quanto aos Juizados Especiais Criminais, devidamente regulamentados pela Lei n. 9.099, de 26 de setembro de 1995, a Constituição Federal, em seu art. 98, I, *in fine*, prevê que o julgamento dos recursos derivados de suas decisões é pertinente às "turmas de juízes de primeiro grau", que é seu juiz natural, não podendo tal competência ser delegada a nenhum órgão colegiado de segundo grau.

Não basta para assegurar a garantia do juiz natural, em cumprimento ao devido processo penal, somente sua instituição constitucional; outros atributos de ordem normativa também devem agregá-lo, visando a assegurar seu pleno funcionamento jurisdicional de interesse voltado ao sistema acusatório puro e à própria administração da justiça.

Assim é que, conforme as orientações normativas traçadas pelo art. 95, I a III, da Magna Carta da República, os juízes, de forma geral, devem gozar da vitaliciedade, que passa a ser conseguida após o vencimento do estágio probatório, que é de dois anos após o ingresso no cargo de magistrado; da inamovibilidade, ressalvado motivo de interesse público; assim como da irredutibilidade de vencimentos.

Outrossim, é também imposição básica e fundamental, a título de sustentáculo e de suporte da garantia discursada, que a magistratura seja exercida com independência e imparcialidade. Sem dúvida, não pode em torno dela haver nenhum tipo de mecanismo ou de influência que impeça o órgão julgador de decidir conforme seu livre convencimento, em consonância com sua persuasão racional, mesmo dentro do próprio Poder Judiciário. Assim, o magistrado é livre para julgar, porém deve ficar ressaltado que deverá fazê-lo em conformidade com as regras do direito que o orientam, inclusive com supedâneo nas provas coligidas nos autos por intermédio de instrução própria.

Assim é que a própria Declaração Universal dos Direitos Humanos, de 1948, deixou inscrito em seu art. X: "Todo homem tem direito, em plena igualdade, a uma justa e pública audiência por parte de um tribunal independente e imparcial, para decidir de seus direitos e deveres ou do fundamento de qualquer acusação criminal contra ele".

Provém do Superior Tribunal de Justiça a primorosa emenda lavrada com as seguintes palavras:

> A imparcialidade do magistrado, um dos pilares do princípio do juiz natural, que reclama juiz legalmente investido na função, competente e imparcial, se inclui dentre os pressupostos de validez da relação processual, que reflete na ausência de impedimento nos termos do art. 134 do Código de Processo Civil[55].

Mostra-se também no sentido da exposição levada a efeito a expressiva inteligência lavrada pelo Colendo Supremo Tribunal Federal, *verbum pro verbo*:

> A consagração constitucional do princípio do juiz natural (CF, art. 5º, LIII) tem o condão de reafirmar o compromisso do Estado brasileiro com a construção das bases jurídicas necessárias à formulação do processo penal democrático. O princípio da naturalidade do juízo representa uma das matrizes político-ideológicas que conformam a própria atividade legislativa do Estado, condicionado, ainda, o desempenho, em juízo, das funções estatais de caráter penal-persecutório. A lei não pode frustrar a garantia derivada do postulado do juiz natural. Assiste, a qualquer pessoa, quando eventualmente submetida a juízo penal, o direito de ser processada perante magistrado imparcial e independente, cuja competência é predeterminada, em abstrato, pelo próprio ordenamento constitucional[56].

De maneira bastante simples, porém contendo rara significação, Eduardo J. Couture deixa enfatizado o seguinte:

> Tratando de ordenar, em um sistema de ideias, os princípios basilares, radicais, aqueles em torno de que se agrupa toda experiência acerca da função e da incumbência do juiz, eu me permiti reduzi-los a três ordens necessárias: a de independência, a de autoridade e a de responsabilidade. A de independência, para que suas decisões não sejam uma consequência da fome ou do medo; a de autoridade, para que suas decisões não sejam simples conselhos, divagações acadêmicas que o Poder Executivo possa desatender segundo seu capricho; e a de responsabilidade,

---

55 REsp n. 230.009/RJ, 4ª T., rel. Min. Sálvio de Figueiredo Teixeira, *DJU* 27.03.2000, p. 113.
56 *HC* n. 73.801/MG, 1ª T., rel. Min. Celso de Mello, *DJU* 27.06.1997, p. 30.226, *Ement.* v. 1.875-03, p. 574.

48 GARANTIAS FUNDAMENTAIS NA ÁREA CRIMINAL

para que a sentença não seja um ímpeto da ambição, do orgulho ou da soberbia, e sim da consciência vigilante do homem frente ao seu próprio destino[57].

Tendo por esteio o amplo campo de incidência do *due process of law*, do qual se irradia a garantia discorrida, que é a liberdade, também merece transcrição o seguinte julgado provindo do Supremo Tribunal Federal, *in integrum*:

> O princípio da naturalidade do juízo representa uma das mais importantes matrizes político-ideológicas que conformam a própria atividade legislativa do Estado e condicionam o desempenho, por parte do Poder Público, das funções de caráter penal-persecutório, notadamente quando exercidas em sede judicial. O postulado do juiz natural reveste-se, em sua projeção político-jurídica, de dupla função instrumental, pois, enquanto garantia indisponível, tem por titular qualquer pessoa exposta, em juízo criminal, à ação persecutória do Estado, e, enquanto limitação insuperável, representa fator de restrição que incide sobre os órgãos do poder estatal incumbidos de promover, judicialmente, a repressão criminal. É irrecusável, em nosso sistema de direito constitucional positivo – considerado o princípio do juiz natural –, que ninguém poderá ser privado de sua liberdade senão mediante julgamento pela autoridade judicial competente. Nenhuma pessoa, em consequência, poderá ser subtraída ao seu juiz natural. A nova Constituição do Brasil, ao proclamar as liberdades públicas – que representam limitações expressivas aos poderes do Estado –, consagrou, agora de modo explícito, o postulado fundamental do juiz natural. O art. 5º, LIII, da Carta Política, prescreve que "ninguém será processado nem sentenciado senão pela autoridade competente"[58].

Sob outra vertente, se por um lado, como discursado, há dispositivos que fortalecem o emprego da garantia do juízo constitucional, por outro, o legislador, de forma correta e até mesmo sábia, previu situação de ordem normativa integralmente capaz de desconstituir o precitado juízo.

Dentro desse contexto, é imprescindível deixar consignado que a garantia do juiz natural não só se configura pela singular circunstância de o órgão jurisdicional estar constituído para julgar determinado litígio penal. É necessário que essa sua competência seja plena e não contenha nenhum vício capaz de pôr em dúvida sua parcialidade, já que a garantia constitucional em apreço, em seu íntimo, exige que o juízo seja independente.

---

57 *Introdução ao estudo do direito processual civil*, s.d.p., p. 88
58 *HC* n. 79.865/RS, 2ª T., rel. Min. Celso de Mello, DJU 06.04.2001, p. 68, *Ement*. v. 02026-5, p. 963.

Em circunstâncias desse matiz, não basta que o juízo esteja investido do poder de julgar, mas é preciso que sua competência, que deriva em sentido estrito da *iurisdictio*, seja plena e induvidosa. Se isso não se verificar no caso concreto, a figura do juiz constitucional no plano processual deixa de existir, pois haverá óbice ao exercício da jurisdição.

O que está sendo objeto de asserção encontra guarida no art. 252 do Código de Processo Penal:

> o juiz não poderá exercer jurisdição no processo em que: I – tiver funcionado seu cônjuge ou parente, consanguíneo ou afim, em linha reta ou colateral até o terceiro grau, inclusive, como defensor ou advogado, órgão do Ministério Público, autoridade policial, auxiliar da justiça ou perito; II – ele próprio houver desempenhado qualquer dessas funções ou servido como testemunha; III – tiver funcionado como juiz de outra instância, pronunciando-se, de fato ou de direito, sobre a questão.

No quadrante doutrinário, as situações elencadas na norma processual penal abordada dizem respeito ao impedimento que, do ponto de vista léxico-legal, implica a proibição ou a determinação contida em lei para que não se pratique ou não se realize um ato, notadamente pelas pessoas. O impedimento priva o juiz da *jurisdictio* e torna inexistentes os atos por ele praticados.[59] Juiz impedido é um não juiz.

Ainda às cercanias do que está sendo exposto, tem inteira pertinência o escólio de Hélio Tornaghi: "Impedido está o juiz que tem relação com o objeto da causa. O impedimento o inabilita para o exercício de suas funções *na causa* (*iudex inhabilis*). Os atos por ele praticados são, *de jure*, inexistentes"[60].

Guardando simetria com o assunto jurídico que está sendo alvo de apreciação, o art. 253 do Código de Processo Penal contém em seu cerne o seguinte preceito: "Nos juízos coletivos, não poderão servir no mesmo processo os juízes que forem entre si parentes, consanguíneos ou afins, em linha reta ou colateral até o terceiro grau inclusive".

O legislador constitucional, no regramento legal trasladado, prevê o impedimento levando em consideração o parentesco existente entre os magistrados que compõem os órgão judicantes togados (tribunais). Nessa situação, há também incompatibilidade com o exercício da magistratura, ficando o juiz vedado a exercer seu poder de julgar.

---

59 MARQUES, José Frederico. *Elementos de direito processual penal*, v. 2, p. 407.
60 *Curso de processo penal*, v. 1, p. 475.

Também merece ser evidenciado o que se encontra vertido no art. 254 do Código de Processo Penal, que cuida da denominada suspeição:

> O juiz dar-se-á por suspeito, e, se não o fizer, poderá ser recusado por qualquer das partes: I – se for amigo íntimo ou inimigo capital de qualquer deles; II – se ele, seu cônjuge, ascendente ou descendente, estiver respondendo a processo por fato análogo, sobre cujo caráter criminoso haja controvérsia; III – se ele, seu cônjuge, ou parente, consanguíneo, ou afim, até o terceiro grau, inclusive, sustentar demanda ou responder a processo que tenha de ser julgado por qualquer das partes; IV – se tiver aconselhado qualquer das partes; V – se for credor ou devedor, tutor ou curador, de qualquer das partes; VI – se for sócio, acionista ou administrador de sociedade interessada no processo.

Como anotado com precisão por Antônio Luiz da Camara Leal,

> a imparcialidade é a primeira condição para a boa administração da justiça. É necessário que o juiz ofereça todas as garantias de isenção de ânimo para que julgue serenamente, procurando averiguar com verdade os fatos e aplicar-lhe o direito instituído pelo legislador. Se alguma dúvida pode pairar contra a imparcialidade do juiz, com fundamentos plausíveis, basta essa dúvida para tornar o juiz suspeito, impedindo-o de funcionar na causa[61].

Lembra Borges da Rosa que:

> são causas, situações, estado social ou fatos que geram a suspeição. Esses fatores dão lugar à suspeição em consequência da existência de um interesse de natureza moral ou material que impede que o juiz funcione com isenção de ânimo ou com imparcialidade no processo. Há no caso a presunção legal, embora o juiz, por sua superioridade moral e elevação de caráter, se superpusesse à causa de suspeição e pudesse, malgrado a existência da dita causa, funcionar imparcialmente no processo[62].

À eloquência, a suspeição, a exemplo do impedimento, também constitui motivo relevante para negar o poder de julgar do juiz, para retirar, pelo menos momentaneamente, ou seja, em determinado processo, sua jurisdição, tornando-o *iudex inhabilis.*

---

61 *Comentários ao Código de Processo Penal brasileiro,* v. 2, p. 128.
62 *Comentários ao Código de Processo Penal,* p. 377.

CAPÍTULO 2 – GARANTIAS PROCESSUAIS PENAIS – DEVIDO PROCESSO LEGAL 51

Outrossim, *ad argumentandum*, restou precedentemente assinalado que o tribunal do júri também constitui juízo natural, tendo competência constitucional para julgar as pessoas envolvidas em crimes dolosos contra a vida, quer consumados, quer tentados. Logo, esse colegiado popular também ostenta, pelo menos de forma eventual, o poder de julgar.

Em circunstâncias desse matiz, os mesmos motivos que determinam a perda de jurisdição dos juízes togados deverão alcançar a magistratura popular, mesmo porque em termos de *iurisdictio* não há diferença entre um e outro instituto. Os dois têm a finalidade primária de, em nome do Estado, promover a composição da lide.

Partindo-se dessa premissa, o jurado também está sujeito aos impedimentos, à suspeição e às incompatibilidades dos juízes togados.

Com efeito, normatiza o art. 448 do Código de Processo Penal que "são impedidos de servir no mesmo conselho":

I – marido e mulher; II – ascendente e descendente; III – sogro e genro ou nora; IV – irmãos e cunhados, durante o cunhadio; V – tio e sobrinho; VI – padrasto, madrasta ou enteado. § 1º O mesmo impedimento ocorrerá em relação às pessoas que mantenham união estável reconhecida como entidade familiar. § 2º Aplicar-se-á aos jurados o disposto sobre os impedimentos, a suspeição e as incompatibilidades dos juízes togados.

Por sua vez, o art. 449 do supradito Diploma contém o seguinte preceito:

Não poderá servir o jurado que: I – tiver funcionado em julgamento anterior do mesmo processo, independentemente da causa determinante do julgamento posterior; II – no caso do concurso de pessoas, houver integrado o Conselho de Sentença que julgou o outro acusado; III – tiver manifestado prévia disposição para condenar ou absolver o acusado.

No amplo aspecto abrangido pela garantia do juiz natural, como regra, tudo aquilo que concerne ao exercício da judicatura está naturalmente preso ao mencionado juiz. Isso porque, em qualquer vertente em que se examine o desempenho da *iurisdictio*, ela deve ser concebida de maneira plena. Se isso não ocorrer, induvidosamente, a garantia constitucional invocada pode perder sua eficácia de modo integral ou restrito.

Nessa ordem de consideração, está expresso no inciso XXXV do art. 5º da Carta Política Federal que "a lei não excluirá da apreciação do Poder Judiciário lesão ou ameaça de direito".

O preceito copiado consagra a garantia da proteção judiciária ou da inafastabilidade do controle jurisdicional, que tem por meta a garantia dos direitos subjetivos. Assim, o direito à jurisdição é garantido pela Magna Carta da República, o que retrata sua real importância.

Assim é que, em um Estado democrático de direito, todas as pessoas, quer jurídicas, quer físicas, bem como as instituições, têm o direito subjetivo de provocar a atividade judicante do Estado na busca de proteção de seus direitos, quer quando tenham sido transgredidos, quer quando estão sendo ameaçados de sê-lo. O direito à jurisdição é inerente a qualquer cidadão na busca de uma solução a direito seu por intermédio da atuação do Poder Judiciário, já que sua missão se concentra, exclusivamente, em conhecer e decidir pretensões, regularmente deduzidas.

Considere-se, posto que relevante, que na esfera de Constituições estrangeiras a garantia em questão se mostra inscrita em vivas cores. Assim é que no art. 24 do diploma italiano está expresso que "todos podem agir em juízo para a tutela do próprio direito e interesse legítimo"; na Alemanha, o art. 103, 1, dispõe que: "Todos têm o direito de ser ouvidos legalmente perante os tribunais"; em Portugal, no art. 20, 1, lê-se: "A todos é assegurado o acesso ao direito e aos tribunais para a defesa dos seus direitos e interesses legítimos, não podendo a justiça ser denegada por insuficiência de meios econômicos"; na Espanha, o art. 24, I, normatiza que: "Todas as pessoas têm direito de obter a tutela efetiva dos juízes e tribunais no exercício de seus direitos e interesses legítimos, sem que, em nenhum caso, possa produzir-se desamparo".

Na Declaração Universal dos Direitos Humanos, em seu art. 10, está estabelecido o seguinte: "Toda pessoa tem direito, em plena igualdade, a uma audiência justa e pública por parte de um tribunal independente e imparcial, para decidir de seus direitos e deveres ou do fundamento de qualquer acusação criminal contra ela".

Ademais, em consonância com o art. 14 do Pacto Internacional de Direitos Civis e Políticos, aliado que seja ao art. 18 da Declaração Americana dos Direitos e Deveres do Homem: "Toda pessoa pode recorrer aos tribunais para fazer respeitar os seus direitos". A mesma igualdade de cunho protecionista vem sublinhada pelo art. 8º da Convenção Americana sobre Direitos Humanos, conhecida como Pacto de San José da Costa Rica.

Na observação feita por José Afonso da Silva,

a segunda garantia consiste no direito de invocar a atividade jurisdicional sempre que se tenha como lesado ou simplesmente ameaçado um direito, individual ou não, pois a Constituição já não mais o qualifica de individual – o que andou bem, porquanto a interpretação sempre era a de que o texto anterior já amparava direitos, por exemplo, de pessoas jurídicas ou de outras instituições ou entidades não individuais, e agora hão de levar-se em conta os direitos coletivos também[63].

Em decorrência da doutrina lavrada por Alexandre de Moraes,

> o princípio da legalidade é basilar na existência do Estado de Direito, determinando a Constituição Federal sua garantia, sempre que houver violação do direito, mediante lesão ou ameaça (art. 5º, XXXV). Dessa forma, será chamado a intervir o Poder Judiciário, que no exercício de sua jurisdição deverá aplicar o direito no caso concreto. Importante, igualmente, salientar que o Poder Judiciário, desde que haja plausibilidade da ameaça ao direito, é obrigado a efetivar o pedido de prestação judicial requerida pela parte de forma regular, pois a indeclinabilidade da prestação judicial é um princípio básico que rege a jurisdição (*RTJ* 99/970), uma vez que toda violação de um direito responde a uma ação correlativa, independentemente de lei especial que a outorgue[64].

Decorre do enunciado trasladado e comentado que a lei não pode impedir que o Judiciário estime qualquer lesão (atuação efetiva) ou ameaça a direito (atuação preventiva), muito menos tal instituição poderá abster-se de apreciá-la quando invocada. Trata-se de imposição constitucional cogente. Dessa maneira, avesso ao texto magno seria qualquer tipo de norma que impedisse ou limitasse o Poder Judiciário de verificar, quando provocado pela parte, a transgressão efetiva de um direito ou sua ameaça.

Sendo isso verdade inconteste, é forçoso concluir que nenhum juiz, havendo iniciativa das partes, em homenagem ao princípio do *ne procedat iudex ex officio*, pode negar-se à sua função jurisdicional. Isso implica exortar que a jurisdição é indeclinável.

Em circunstâncias desse matiz, impondo-se que o magistrado, salvo nos casos em que não poderá exercer sua jurisdição por óbice previamente determinado em lei, assunto jurídico esse precedentemente tratado, tem o dever de se curvar às garantias constitucionais vinculadas ao exercício da jurisdição a ele confiado, nada mais lógico e evidente que se ele se negar a decidir a lide posta para efeito de solução estará de modo inarredável maculando a garantia do juiz natural, que, de fundo, não admite a concorrência, em único feito, de mais de um magistrado singular ou de juízo colegiado.

---

63 *Comentário contextual à Constituição*, p. 132.
64 *Constituição do Brasil interpretada*, p. 237.

54 GARANTIAS FUNDAMENTAIS NA ÁREA CRIMINAL

Igual mácula à encimada garantia haveria se o juiz tido como constitucional delegasse a terceiros sua jurisdição, seu poder natural de dizer o direito, de equacionar o conflito subjetivo de interesse.

Em razão da garantia do juiz natural, o exercício da jurisdição é personalíssimo, significando isso que ele não pode ser transferido a terceiros: *delegatus iudex non potest subdelegare.*

Considere-se, de outro lado, que deve haver um limite interpretativo em torno da jurisdição indelegável a que se está fazendo alusão, mesmo porque no âmbito da relação jurídico-processual o magistrado tem a seu cargo o desenvolvimento de uma série de atos processuais, próprios e específicos da necessidade de um regular procedimento, que deve obedecer a regras de direito ordinário e constitucional.

Assim sendo, o juiz pratica atos **instrutórios** (coletar provas, determinar diligências, ouvir testemunhas de ofício, quando necessário, intervir nos exames periciais); **disciplinares** (fiscalizar as reperguntas das partes, zelar pela disciplina da audiência, proceder ao policiamento no plenário do júri); de **coerção** (exigir o comparecimento da vítima, de testemunhas e do acusado nas audiências, decretar a prisão preventiva); de **nomeação** (de advogado para o querelante pobre [art. 32 do CPP], de curador especial para incapaz sem representante legal ou quando colidirem os interesses de um e de outro [art. 33 do CPP], de advogado dativo ao acusado que não tiver defensor ou quando estiver ausente ou foragido [arts. 261 e 263 do CPP]); de **economia processual** (sustação do processo crime no caso de prejudicial [art. 94 do CPP], suscitação do conflito de competência [arts. 115 e 116]); **anômalos** (recurso de ofício, concessão de *habeas corpus* de ofício); de **movimentação processual** (despachos ordinatórios ou de expediente); e **decisórios** (proferir decisão ou sentença).

No âmbito da cooperação judicial, que se mostra indispensável para o exato cumprimento das necessidades processuais ou procedimentais, é que se deve estabelecer qual é o limite para a subdelegação da jurisdição.

Assim é que o caráter absolutista da subdelegação enfocada se prende exclusivamente ao ponto culminante da atividade judicante, que é o *decisum*, qualquer que seja sua natureza, principalmente a *pronuntiatio iudicis* de mérito, aquela que compõe o litígio. Em linhas gerais, somente o juiz natural, que é aquele do processo, pode decidir matéria a ele inerente.

Em outro ângulo analítico, para ser bastante pedagógico, nada obsta que, de modo excepcional, o juiz subdelegue a outro magistrado a feitura de determinados atos do processo, como citatórios e probatórios, por meio de carta precatória (arts. 177, 222, 230, 353 etc.), carta rogatória (arts. 783 e segs. do CPP) ou carta de ordem.

CAPÍTULO 2 – GARANTIAS PROCESSUAIS PENAIS – DEVIDO PROCESSO LEGAL   55

Impõe-se considerar que, além de haver expressa disposição normativa a respeito dessa modalidade de subdelegação, que serve de suporte ao que está sendo sustentado no sentido de que essa transferência para a confecção de ato processual não fere a garantia do juiz natural, ela é integralmente necessária, porquanto o juiz não pode se deslocar para outra comarca para a prática de ato de comunicação processual ou instrutório, mesmo porque, em princípio, ele é territorialmente incompetente para a realização de qualquer ato fora da sede da lide (competência de foro).

Ademais, até mesmo por força de economia processual, devem sempre existir os atos de cooperação judicial nos limites precedentemente expostos, posto que isso proporciona mais velocidade na execução dos atos procedimentais, o que contribui para a maior eficiência na distribuição da justiça, que, dentro do possível, não pode ser morosa.

Sob outro quadrante de considerações, se o juiz, como assentado, não pode declinar de sua jurisdição nem subdelegá-la, também não pode prorrogá-la, posto que isso também desnatura a garantia do juiz constitucional, uma vez que acaba ele por invadir a jurisdição natural de outro magistrado. Como se observa e vê, a garantia do juiz natural é muito rigorosa e restritiva, não podendo, por conseguinte, admitir indevida ocupação nos lindes do exercício da magistratura.

Entretanto, convém deixar esclarecido que, por expressa admissão de ordem normativa, a prorrogação abordada não se revela absoluta, mas também se mostra relativa.

Assim é que, excepcionalmente, pode ser prorrogado o campo de atuação do juiz além dos limites legais nos seguintes casos: a) quando houver conexão ou continência (arts. 76, 77 e 79 do CPP), situação típica da *prorrogatio fori*; b) quando o querelante, nos casos de exclusiva ação privada, preferir o foro do domicílio ou da residência do réu, ainda quando conhecido o lugar da infração, também doutrinariamente denominado foro especial facultativo (art. 73 do CPP); c) quando houver desaforamento, o que constitui causa de modificação excepcional da competência territorial ou de foro, pelo que o réu é julgado fora do distrito da culpa (art. 427 do CPP); d) quando, na hipótese de desclassificação de um crime de competência do júri para a de um juiz singular, o juiz da pronúncia tem sua competência prorrogada para decidir o delito desclassificado, se sua jurisdição for mais graduada relativamente à do juiz singular a quem deveria ser remetido o processo (art. 74, § 2º, última parte, do CPP).

A identidade física do juiz foi adotada pelo legislador processual penal, consoante dizeres normativos encartados no § 2º do art. 399 do Diploma de regência: "o juiz que presidiu a instrução deverá proferir a sentença".

GARANTIAS FUNDAMENTAIS NA ÁREA CRIMINAL

Sem dúvida,

o regramento esquadrinhado tem sua justificativa plena, pois o juiz que preside a instrução do feito paulatinamente aprecia o que acontece na coleta da prova. Não só pela versão dada pelas testemunhas e vítima, bem como pelas próprias palavras do acusado, forma um juízo de valor mais correto e mais objetivo, o que, efetivamente, não acontece com aquele que não participou dessa modalidade de audiência.

A identidade física abordada também se posiciona como sustentabilidade da garantia do juiz natural. Ora, de pouca relevância seria a aludida garantia se o magistrado que coletou a prova e realizou a instrução probatória não proferisse a sentença, não resolvesse a lide.

A imperatividade do que está sendo discursado se apresenta bastante saliente, tendo em consideração que o legislador ordinário usa no texto respectivo o verbo "dever" (deverá), que tem natureza compulsória, impositiva. Usando outros termos, o juiz que presidiu a instrução, obrigatoriamente, deverá julgar o *meritum causae*. É um princípio que somente poderá não ser cumprido em situações excepcionais previamente demarcadas pelo legislador ordinário.

Todavia, deve-se levar em conta que poderá ocorrer situação que não permita, de maneira absoluta, que o magistrado que tenha presidido a instrução encerre sua atividade processual por intermédio da *pronuntiatio iudicis*.

Isso somente será viável quando o magistrado for convocado, licenciado, afastado por qualquer motivo, promovido ou aposentado, situações que exigirão que os autos passem para seu sucessor. É o que decorre da aplicação extensiva do art. 132 do Código de Processo Civil, conforme autoriza o art. 3º do Código de Processo Penal.

Em arremate, não se verificando nenhuma das circunstâncias apontadas, em obediência à garantia do juiz constitucional, o magistrado que tiver presidido a instrução processual deverá proferir a sentença de mérito.

4. FUNDAMENTAÇÃO DAS DECISÕES JUDICIAIS

A garantia sob consideração se encontra vertida no inciso IX do art. 93 da Constituição Federal: "Todos os julgamentos dos órgãos do Poder Judiciário serão públicos, e fundamentadas todas as decisões, sob pena de nulidade [...]".

O legislador processual penal, no art. 381, traçou as formalidades que devem ser obedecidas pelos magistrados na oportunidade da sentença:

A sentença conterá: I – os nomes das partes ou, quando não possível, as indicações necessárias para identificá-las; II – a exposição sucinta da acusação e da defesa; III – a indicação dos motivos de fato e de direito em que se fundar a decisão; IV – a indicação dos artigos de lei aplicados; V – o dispositivo; VI – a data e a assinatura do juiz.

Embora o preceito transcrito seja regra-piloto, que deverá nortear todas as decisões judiciais, o legislador processual penal preferiu repetir a regra em dispositivos diversos.

É o que se verifica em sede de sentença processual de pronúncia: "O juiz, fundamentadamente, pronunciará o acusado, se convencido da materialidade do fato e da existência de indícios suficientes de autoria ou participação" (art. 413, *caput*, do CPP), devendo ser observada a seguinte limitação: "A fundamentação da pronúncia limitar-se-á à indicação da materialidade do fato e da existência de indícios suficientes de autoria ou de participação [...]" (art. 413, § 1º, do CPP).

O mesmo ocorreu em termos de sentença processual terminativa de impronúncia: "Não se convencendo da materialidade do fato ou da existência de indícios suficientes de autoria ou de participação, o juiz, fundamentadamente, impronunciará o acusado" (art. 414, *caput*).

É o que se vislumbra da mesma maneira na sentença de absolvição sumária: "O juiz, fundamentadamente, absolverá desde logo o acusado [...]" (art. 415, *caput*).

Cuidando-se da denominada sentença desclassificatória de crime de competência originária do júri para o juízo singular, o legislador foi omisso quanto à previsão de fundamentação: "Quando o juiz se convencer, em discordância com a acusação, da existência de crime diverso dos referidos no § 1º do art. 74 deste Código e não for competente para o julgamento, remeterá os autos ao juiz que o seja" (art. 419, *caput*). *In casu*, no cânone da legislação processual penal, deverá ser aplicada a regra contida no art. 381, anteriormente transcrito.

Em inúmeras passagens dissertativas, foram inseridas menções à imperatividade de fundamentação de todas as decisões do Poder Judiciário impostas pelo legislador ordinário, a exemplo das prisões temporária e preventiva.

Esse comportamento se deu em virtude da premente necessidade de emprestar a devida inteligência e integração ao assunto jurídico que estava sendo explanado.

Essas menções isoladas, entretanto, não afastam o exame mais acurado desse tema constitucional, mas, pelo contrário, tendo por suporte sua importância e magnitude, principalmente porque ele integra o devido processo legal (*due process of law*), reforçam-no e, por via de consequência, atingem de maneira magistral o sistema acusatório puro.

Deve ficar concebido, *ab initio*, que, muito embora a necessidade da fundamentação de qualquer pronunciamento judicial tenha sido colocada topograficamente no capítulo que trata do Poder Judiciário (art. 93, IX) e não no art. 5º do Diploma Maior, essa exigência não deixa de ter a natureza de autêntica garantia de cunho magno.

A propósito do que está sendo exposto, o § 2º do art. 5º da Constituição Federal, ao normatizar que "os direitos e garantias expressos nesta Constituição não excluem outros decorrentes do regime e dos princípios por ela adotados [...]", deixa explícito que a fundamentação cuidada assume a condição de garantia, embora, repita-se, não se encontre arrolada no mencionado preceito, cujas situações encampadas não são taxativas, não são indicativas de *numerus clausus*.

A exigência de ser exposto o motivo pelo qual o magistrado decide é parte integrante da própria história do direito, principalmente a partir do iluminismo, quando foram afastados de vez sistemas processuais de caráter inquisitorial.

Em nível nacional, as Ordenações Filipinas, que constituíram a última compilação da legislação reinol, dispunham em seu Livro III, Título LXVI, § 7º, primeira parte, o seguinte:

> E para as parte saberem se lhes convém apelar, ou agravar das sentenças definitivas, ou vir com embargos a ellas, e os Juízes da mór alçada entenderem melhor os fundamentos, por que os Juízes inferiores se movem a condenar, ou absolver, mandamos que todos os nossos Desembargadores, e quaisquer outros Julgadores, oram sejam Letrados, ora não o sejam, declarem especificamente em suas sentenças definitivas, assim na primeira instância, como no caso de apelação, ou agravo ou revista, as causas em que se fundaram a condenar, ou absolver, ou a confirmar, ou revogar.

Por sua vez, o Regulamento n. 737, de 25 de novembro de 1850, de cunho civilista, em seu art. 232, deixou disciplinado que: "a sentença deve ser clara, sumariando o juiz o pedido e a contestação com os fundamentos respectivos, motivando com precisão o seu julgado, e declarando sob sua responsabilidade a lei, uso ou estylo em que se funda".

De acordo com a Constituição Republicana de 1891, houve a repartição legislativa em matéria processual, quer em nível civil, quer em criminal, entre a União e os estados, sendo certo que nesses estatutos houve a previsão de fundamentação das sentenças. Exemplo típico do que está sendo dissertado é mostrado no art. 689 do Código de Processo Penal do Distrito Federal:

CAPÍTULO 2 – GARANTIAS PROCESSUAIS PENAIS – DEVIDO PROCESSO LEGAL 59

As sentenças e acórdãos serão fundamentados, sob pena de nulidade. Considera-se não fundamentado, e incurso em nulidade, o acórdão ou sentença que somente se reportar às alegações das partes, ou se referir a outra decisão, não constante dos autos.

De outro lado, dispositivo idêntico se encontra inserido no art. 659 do Código de Processo Penal de Minas Gerais.

Em linhas gerais, é importante deixar deduzido que os códigos estaduais se preocuparam de forma bastante precisa em torno de conferir formalidades às sentenças, a exemplo daqueles do Paraná (art. 279) e do Maranhão (art. 668).

Tendo em vista o largo propósito de evidenciar que na legislação pátria, desde há muito sempre houve a preocupação, por sinal indispensável, em torno da fundamentação do pronunciamento jurisdicional, cumpre também lembrar que o Código de Processo Civil de 1939, em seu art. 118, parágrafo único, deixou normatizado que "o juiz indicará na sentença ou despacho os fatos e circunstâncias que motivaram o seu convencimento". Por seu turno, no art. 280, II, restou expresso que a sentença deve conter, além do relatório, "os fundamentos de facto e de direito".

Ademais, o Código de Processo Civil de 1973, seguindo a tradição legislativa deste Diploma, consubstanciou em seu art. 173 o seguinte comando legal: "o juiz apreciará livremente a prova, atendendo aos fatos e circunstâncias constantes dos autos, ainda que não alegados pelas partes; mas deverá indicar, na sentença, os motivos que lhe formaram o convencimento".

Na visão constitucionalista,

> a legitimidade democrática do Poder Judiciário baseia-se na aceitação e respeito de suas decisões pelos demais poderes por ele fiscalizados e, principalmente, pela opinião pública, motivo pelo qual todos os pronunciamentos devem ser fundamentados e públicos[65].

Vê-se pelo excerto transcrito que a justificação da decisão judicial se prende ao aspecto da opinião pública, porquanto, em última análise, cumpre a ela aceitar ou repudiar a atitude do Poder Judiciário. Assim, a rigor, o destinatário da fundamentação em apreço deve ser a comunidade à qual, no amplo aspecto da cidadania, cumpre avaliar a atuação dos órgãos judicantes, o que é feito tendo por norte a exposição dos motivos utilizados para equacionar as situações de direito a eles submetidas. Trata-se de uma exigência em prol da defesa do Estado de direito.

---

65 MORAES, Alexandre de. *Constituição do Brasil interpretada*, p. 1.346.

60   GARANTIAS FUNDAMENTAIS NA ÁREA CRIMINAL

Não há dúvida, como será posto, analisado e explicado nos lindes processuais à eloquência, de que as razões de convencimento de qualquer órgão do Poder Judiciário, seja ele monocrático ou togado, têm outra finalidade, que, porém, não afasta, absolutamente, aquela que se mostra defendida pela ótica precipuamente constitucionalista, já que, no fundo, a Magna Carta da República, na reunião das garantias por ela própria enunciadas, sempre se converge no sentido público, da sociedade, da comunidade, por ser uma função política do Estado, que, em certos casos, é desenvolvida e praticada pelo Poder Judiciário. Trata-se de transferência de soberania.

Ainda,

> a exigência de que as decisões judiciais sejam fundamentadas é decorrência lógica do Estado Democrático de Direito, uma vez que permite o efetivo controle daquelas decisões, impedindo que um magistrado, no julgamento do caso concreto, decida de maneira arbitrária[66].

A Constituição Federal no texto de regência faz alusão aos "julgamentos", enquanto o Código de Processo Penal menciona a "sentença".

Etimologicamente, ambos os vocábulos se equivalem. *Julgado*, derivado de *julgar*, do latim *judicare*, é aquilo a que foi dada uma *sentença*; exprime, desse modo, o próprio *decisório* ou o *decreto judiciário*, dado pelo juiz, em sentido amplo, em solução à demanda, ao conflito submetido a seu juízo. Enfim, é a própria sentença ou decisão.

Superadas essas considerações, agora insulado na expressão sentença, o que se deve estabelecer é qual o seu alcance e sua pertinência no âmbito da atividade judicante do magistrado singular e colegiado togado.

Com a palavra *sententia* os romanos designavam exclusivamente o que o juiz sentia acerca das questões propostas pelo autor, nos limites de seu pedido e da contestação do réu.[67]

Conforme ensinança de José Frederico Marques,

> em sentido amplo, porém, a palavra *sentença* indica qualquer pronunciamento de autoridade judiciária, no curso de um processo, abrangendo, destarte, em seu significado, não só as sentenças definitivas como ainda as de caráter interlocutório[68].

---

66 DANTAS, Paulo Roberto de Figueiredo. *Curso de direito constitucional*, p. 393.
67 TORNAGHI, Hélio. *Curso de processo penal*, v. 2, p. 147.
68 *Elementos de direito processual penal*, v. 3, p. 19.

Para Antônio Luiz da Camara Leal,

em sentido amplo, todo ato do juiz contendo qualquer determinação é uma sentença, compreendendo, assim, também os despachos; mas, em sentido restrito, só recebe a denominação de sentença a decisão pela qual fica decidida a questão principal, ou se resolve algum incidente pondo termo à instância[69].

Nos dizeres de Vincenzo Manzini,

sentença, em sentido *formal*, é o ato processual escrito emitido por um órgão jurisdicional que decide sobre uma pretensão punitiva, fazendo valer contra um imputado ou sobre outro negócio penal para ele que está prescrito desta forma. Sob o aspecto *material* é a sentença a decisão com que aplica o juiz a norma jurídica no caso concreto[70].

Na ótica de Giovanni Leone, "sentença é a decisão do juiz que esgota a relação processual ou uma fase dela: entendendo-se por fase a instrução, o conhecimento e, dentro do âmbito de ambas, os distintos graus de jurisdição"[71].

No rigor da técnica jurídica, *sententia* implica decisão (*decisum*), resolução ou solução dada à questão suscitada, que provém da pretensão das partes, cujo nascimento está na imputação posta em juízo por meio da ação penal. A palavra "decisão" também tem sido usada pelo legislador processual penal para fazer referência à sentença, conforme pode ser observado nos arts. 592 e 609, parágrafo único. Na acepção de um julgamento ou decisão, a sentença, em sentido amplo, é a pronunciação da autoridade sobre fato que lhe é submetido. *Hodie quaevis judicis pronuntiatio sententia dicitur* (hoje, qualquer pronunciamento do juiz chama-se sentença).[72]

Em tribunais togados, a sentença recebe a denominação "acórdão", palavra que provém do verbo "acordar". Designa resolução ou decisão tomada coletivamente por esses colegiados, quer em nível recursal, quer cuidando-se de ação penal originária. Essa denominação vem do fato de serem todas as sentenças ou decisões proferidas pelos tribunais, em sua conclusão definitiva e final, precedidas do termo "acordam" (3ª pessoa do plural do verbo acordar), que bem representa a vontade superior do poder, ditando seu veredicto.

---

69 *Comentário ao Código de Processo Penal brasileiro*, v. 3, p. 8.
70 *Tratado de derecho procesal penal*, v. 3, p. 536.
71 *Tratado de derecho procesal penal*, v. 1, p. 630.
72 SILVA, De Plácido e. *Vocabulário jurídico*, v. 3-4, p. 201.

62 GARANTIAS FUNDAMENTAIS NA ÁREA CRIMINAL

Do ponto de vista conceitual, sentença é o ato pelo qual o juiz decide a lide. Também pode-se conceituar a sentença como o ato processual por meio do qual o juiz aprecia as pretensões punitiva e de liberdade, aplicando o direito positivo material na situação concreta a ele submetida no exercício jurisdicional.

Nas palavras doutrinárias de Ferdinando Puglia, a expressão "sentença" tem sentido abrangente, compreendendo em sua configuração o ato pelo qual, finalizando o juízo penal, o magistrado decide a causa levada ao seu conhecimento. Trata-se, sem dúvida, de sentença de mérito. Entretanto, o encimado doutrinador lhe dá emprego de significado mais amplo, conferindo-lhe tríplice distinção: sentenças *preparatórias*, *interlocutórias* e *definitivas*. As *preparatórias* são aquelas em que o magistrado toma deliberações úteis ao desenvolvimento e ao encaminhamento da causa. As *interlocutórias* são assim entendidas como aquelas em que o magistrado determina certos atos que influem sobre o mérito da causa. As *definitivas* são aquelas que incidem sobre o mérito da causa.[73]

Embora com inclinação mais acentuada para o direito processual civil, Sérgio Nojiri procura conceituar, no seu entendimento, o que seja decisão judicial:

> Qualquer pronunciamento judicial (sentença) que ponha termo ao processo [...], apreciando ou não o mérito da causa, deverá vir devidamente fundamentado, nos termos da norma constitucional acima referida [...]. A decisão interlocutória, como o próprio nome diz, possui conteúdo decisório e, sendo assim, deve, necessariamente, ser motivada. Essa espécie de pronunciamento judicial caracteriza-se por decidir questão incidente no curso da demanda, sem colocar fim ao processo. Além disso, a lei processual menciona uma terceira espécie de pronunciamento judicial que não extingue o processo, nem decide questão incidental, que é o chamado despacho. Este, por não possuir conteúdo decisório, não é passível de recurso [...].[74]

A rigor, as razões de convencimento do magistrado somente podem ser exigidas de decisão, em sentido amplo ou estrito, que possa acarretar prejuízo às partes. É exatamente em torno delas que surge a plausibilidade de impugnação. A adequação recursal sempre encontra arrimo no tipo de decisão.

Nessa ordem de consideração, a "decisão judicial" a que faz menção a Carta Política Federal é aquela que encerra em seu bojo uma manifestação decisória

---

73 *Manuale di procedura penale*, p. 331.
74 *O dever de fundamentar as decisões judiciais*, p. 35.

capaz de propiciar um gravame à parte e que pode ser objeto de reexame por intermédio do duplo grau de jurisdição.

Diante do que está sendo exposto, a rigor, o despacho, por não possuir conteúdo decisório, não necessita ser fundamentado. Normalmente se presta para promover o andamento do procedimento. Cuida-se de ato simplesmente ordinatório.

O próximo passo de análise gira em torno do ponto fulcral da abordagem, que é a fundamentação de decisão judicial.[75]

A motivação sobre os fatos consiste em o magistrado dar sua convicção acerca deles. Daí, embora sendo livres as razões de seu convencimento, o julgador não poderá deixar de motivá-las.

Os fundamentos dos fatos são a indicação física do ocorrido e o apurado na instrução probatória ou antes dela, o que poderá ser encontrado em declarações, depoimentos e provas documentais ou técnicas, como as perícias de modo geral.

Uma vez apreciadas as *quaestiones facti*, passa o magistrado a sopesar as *quaestiones iuris*, ou seja, os fundamentos jurídicos que deverão ser aplicados na hipótese vertida nos autos, que poderão ser extraídos ou não das alegações das partes. Nisso consistirão os fundamentos de direito, do juízo lógico, premissa maior do silogismo final, do qual o juiz extrairá sua decisão. Com efeito, deve o magistrado examinar os fatos deduzidos na acusação e aqueles provindos dos debates; bem como deve ele expor as razões jurídicas da aplicação da lei, o que será feito na parte dispositiva.[76]

Usualmente, a indicação dos motivos de fato e de direito em que o juiz funda sua decisão é conhecida simplesmente como motivação, que, por sinal, é o momento fulcral da decisão. Implica "explicitar as razões pelas quais o *julgador* chega a determinada conclusão"[77]. Não existe sentença sem motivação, já que, embora fundado no livre convencimento, se impõe ao juiz que demonstre sua convicção mediante a análise da prova constante dos autos.[78] Como explicado por Vincenzo Manzini, "o requisito da motivação se exige para se ter controle sobre o processo lógico mediante o qual tem chegado o juiz ao momento do juízo, isto é, da decisão"[79].

---

75 MOSSIN, Heráclito Antônio. *Comentários ao Código de Processo Penal*: à luz da doutrina e da jurisprudência – doutrina comparada, p. 851 e segs.

76 MANZINI, Vincenzo. *Istituzioni di diritto processuale penale*, p. 251.

77 AQUINO, José Carlos C. Xavier; NALINI, José Renato. *Manual de processo penal*, p. 247.

78 MIRABETE, Julio Fabbrini. *Código de Processo Penal interpretado*, p. 965.

79 *Tratado de derecho procesal penal*, v. 4, p. 488.

64 GARANTIAS FUNDAMENTAIS NA ÁREA CRIMINAL

Em linhas gerais, na expressão de Franco Cordero, a motivação não é uma fenda aberta na alma do juiz em termos de pensamento e sentimento, a lei impõe um laborioso exercício dialético, como um produto de bom raciocínio para satisfazer a justiça dos afiliados.[80]

Na observação feita por D. Siracusano, A. Galati, G. Tranchina e E. Zappalá,

em respeito ao princípio consagrado pelo art. 111 da Constituição, pelo qual "todas as medidas jurisdicionais devem ser motivadas", o art. 225, § 3º, do CPP prescreve que a sentença e ordenanças sejam motivadas, sob pena de nulidade. A base da prescrição está na exigência elementar de conhecer a razão de fato e de direito que tenha feito o juiz assumir uma decisão. Porque o juiz chega a essa decisão na condição de maior serenidade, o código prevê que a deliberação da sentença ocorra na câmara de conselho, sem a presença da parte, nem do auxiliar designado para assistir o juiz[81].

Ad argumentandum, seria inconcebível admitir, *verbi gratia*, como existente uma sentença sem motivação. A fundamentação da *pronuntiatio iudicis* é a vida da sentença como ato processual, uma vez que é nela que o magistrado desenvolve seu raciocínio, demonstra como estabeleceu sua convicção e como valorou as provas carreadas aos autos.

Sem dúvida, "a obrigação de fundamentação da sentença", nas palavras de Eduardo Espínola, "é imposta com tal rigor que sua falta acarreta a nulidade dessa peça, por omissão de formalidade que constitui elemento essencial do ato (art. 564, IV)"[82]. Aliás, a motivação dos atos jurisdicionais de cunho decisório é tão indeclinável que a própria Constituição Federal arrolou essa exigência no art. 93, IX, da Carta Política da República, quando trata do Poder Judiciário, sob pena de nulidade.

Nessa ordem de consideração, e diante da importância fundamental de o magistrado expor as razões de fato e de direito que o conduziram àquela decisão, o legislador constituinte elevou a dogma constitucional essa exigência de ordem processual, que por sinal sempre deve ser indeclinável em processo de partes edificado sob o prisma do sistema acusatório com vigência na legislação pátria.

Mesmo em segundo grau, como é de constatação evidente, o acórdão deve ser fundamentado. A decisão colegiada, que substitui a sentença de primeiro grau recorrida, tem de analisar com acuidade e zelo as provas dos autos e mi-

---

80 *Procedura penale*, p. 964-5.
81 *Diritto processuale penale*, v. 1, p. 261.
82 *Código de Processo Penal brasileiro anotado*, v. 2, p. 57-8.

CAPÍTULO 2 – GARANTIAS PROCESSUAIS PENAIS – DEVIDO PROCESSO LEGAL 65

nistrar, justificadamente, o direito aplicado, sob pena de nulidade manifesta.[83] A jurisprudência sempre entendeu, de forma uníssona, que não basta ao magistrado simplesmente aduzir em sua sentença que existe prova suficiente para responsabilizar criminalmente o acusado, mas que ele deve mostrar sua convicção, o que se faz por intermédio da análise ou do cotejo das provas inseridas nos autos.[84]

Na esteira do anotado por Basileu Garcia,

> a motivação da sentença constitui, efetivamente, uma garantia para as partes, que nas considerações aduzidas pelo magistrado se instruem acerca das razões que o orientaram num ou noutro sentido e auferem elementos para aquilatar a resistência dos esteios da decisão. Não se pretende que esta as convença. Têm o direito, contudo, de saber aquilo em que se baseou o juiz na solução do litígio em que intervieram. Cumprindo o dever correlativo a esse direito, o magistrado demonstrará ter feito justo uso, sem demasia, do poder jurisdicional que lhe é entregue pelo Estado[85].

Como devidamente anotado por Ada Pellegrini Grinover et al.,

> a necessidade de motivação é imperiosa no sistema de livre convencimento. Abandonados os sistemas de prova legal e da íntima convicção do juiz, tem o magistrado liberdade na seleção e valoração dos elementos de prova para proferir a decisão, mas deve, obrigatoriamente, justificar o seu pronunciamento. A motivação surge como instrumento através do qual as partes e o meio social tomam conhecimento da atividade jurisdicional; as partes para, se for o caso, impugnarem os fundamentos da sentença, buscando seja reformada; a sociedade, a fim de que possa formar opinião positiva ou negativa a respeito da qualidade dos serviços prestados pela Justiça[86].

Nessa ordem de consideração, a motivação deve traduzir sempre a certeza, evitando as proposições problemáticas.[87] Ademais, seria praticamente impossível deduzir razões recursais em torno de uma sentença que não contivesse fundamentação ou motivação.

---

83 *RT* 534/457 e 553/465.
84 *RT* 610/412, 625/379-80, 626/352, 684/302 e 694/354.
85 *Comentários ao Código de Processo Penal*, v. 3, p. 474.
86 *As nulidades no processo penal*, p. 211-2.
87 FARIA, Bento de. *Código de Processo Penal*, v. 2, p. 107.

66 GARANTIAS FUNDAMENTAIS NA ÁREA CRIMINAL

Como judiciosamente assentado por José Frederico Marques,

> é que a sentença definitiva, como ato que encerra e consubstancia o juízo de primeiro grau, deve resumir todo o processo. Daí, as exigências da lei processual, discriminando os requisitos formais da sentença, todos eles indeclináveis e imperativos, porquanto imprimem juridicidade ao ato decisório e constituem modo de ser essencial à consecução de seu escopo e função[88].

No campo do princípio lógico e racional – e, sem dúvida, a livre convicção nele encontra embasamento –, não pode existir fundamentação da sentença sem que se exponham sucintamente as razões da acusação e da defesa, embora, rigorosamente, o magistrado possa não se servir dos argumentos das partes para justificar sua convicção, posto não se mostrarem úteis ou suficientes para, no campo jurídico e até mesmo fático, fundar sua persuasão racional. Isso não significa, de outro lado, que o prolator da decisão não examine o que foi discursado pelas partes da relação jurídico-processual, porquanto deve haver também resposta precisa no que tange às suas pretensões.

Dando-se um elastério maior àquilo que está sendo exposto, merece ser trazido à colação, por sua coerência e judiciosidade, que deve servir de espelho e de diretriz a todo magistrado que quer ser útil ao direito, o seguinte aresto:

> Ainda que se admita ao juiz, no relatório da sentença, mencionar de forma sucinta as razões da acusação e de defesa, na sua fundamentação deve, entretanto, abordar as questões relevantes trazidas pelas partes, enfrentando toda a matéria alegada e discutida. Ignorá-la, relegá-la ao omisso, constitui indubitável cerceamento de defesa e implica nulidade da mesma, por ausência de consideração do exame sobre os pontos debatidos nos autos[89].

A falta de apreciação das razões finais das partes é integralmente inconcebível. Se é com base no relatório da sentença que o magistrado prepara a decisão e nele deve constar a exposição sucinta da acusação e da defesa, é porque o legislador impõe ao julgador a análise da matéria fática e de direito exposta pelas partes. Se isso não ocorrer, a função dialética do processo perde integralmente sua finalidade. E, como se isso não bastasse, ficariam comprometidos a ampla defesa e o contraditório, mesmo porque a oposição feita pela parte no correr do processo por intermédio de produção de prova pertinente, que deve

---

88 *Elementos de direito processual penal*, v. 3, p. 22.
89 *RT* 608/353.

CAPÍTULO 2 – GARANTIAS PROCESSUAIS PENAIS – DEVIDO PROCESSO LEGAL   67

ser cotejada nas alegações finais, e de matéria de direito buscada na doutrina e na jurisprudência para integrar o fato ao direito, perderia parcialmente sua razão de ser, sua relevância, se o magistrado, quando da decisão, não a levasse em consideração.

Nessa linha de raciocínio, como desdobramento dos princípios do contraditório e da ampla defesa, é dever indeclinável do magistrado examinar as razões finais da defesa. O mesmo deve ocorrer tangentemente com as alegações finais da acusação. O livre convencimento do juiz não lhe permite ignorar os argumentos derradeiros da acusação e da defesa, o que seria mais próprio de um sistema inquisitório, ou mesmo misto, porém incompatível com o acusatório. É imperioso que isso ocorra, repetindo o que foi precedentemente exposto, mesmo que o magistrado não venha nelas encontrar elementos para formar sua persuasão racional.

Há quem afirme, e isso merece consideração elevada em função da construção da sentença, tendo em vista a prova amealhada nos autos, que ela não pode consistir em um raciocínio silogístico, posto que isso poderia implicar um pronunciamento jurisdicional que não conduz a uma certeza absoluta.

Recaséns Siches, verdadeiro opositor da utilização da lógica formal do Direito, sob outro ângulo, afirma enfaticamente que: "O trabalho do órgão jurisdicional não consiste meramente em subsumir debaixo de uma norma geral o caso particular formulado, e em extrair, de pronto, em forma de conclusão silogística, a sentença ou a pertinente resolução". Esse autor está tão convencido da insuficiência dos métodos de dedução lógica na solução dos problemas jurídicos que afirma: "Na verdade, não é exagero afirmar que na quase totalidade do pensamento jurídico contemporâneo a concepção mecânica da função judicial, entendida em silogismo, caiu em definitivo descrédito"[90].

Ainda, levando-se em conta o que até agora foi discursado, deve haver justificativa plausível de como o magistrado chegou à sua razão de decidir, como ordenou e formou sua persuasão racional, para aplicação do direito na situação litigiosa concreta. Essa exigência não é somente fator de ordem pública e até mesmo política dentro do processo, mas também se revela imprescindível para que o destinatário da sentença tenha conhecimento de como foi aplicado o direito no caso submetido a julgamento, o que é de importância relevante, principalmente no procedimento recursal, porquanto as razões do inconformismo, buscando a reforma do pronunciamento jurisdicional *a quo*,

---

90   NOJIRI, Sérgio. *O dever de fundamentar as decisões judiciais*, p. 77.

somente pode ocorrer quando se tem ciência exata sobre a motivação que conduziu ao desate da lide.

É de evidência solar que o juiz, no exercício de sua jurisdição, não pode proceder com arbítrio ao elaborar seu livre convencimento. Isso porque, no sistema acusatório, o processo é de partes, que na relação pertinente têm suas pretensões perfeitamente definidas. Assim sendo, na oportunidade do *decisum*, seu prolator tem o indeclinável dever de apontar aos sujeitos processuais não somente qual foi a diretriz adotada e acolhida (pretensão), mas, principalmente, o motivo da escolha, o que somente pode ser feito quando consubstanciado nas provas dos autos, um dos arcabouços do princípio do livre convencimento e também do direito, que deve ser adotado para a solução da questão posta em juízo.

A exigência noticiada encontra plena valia no exercício da *iurisdictio*, uma vez que o juiz é aplicador da norma que deve incidir relativamente sobre os interesses das partes em litígio, razão pela qual os destinatários do *decisum* devem ter conhecimento pleno dos motivos que o levaram a decidir da maneira exposta no ato jurisdicional básico.

A sentença não serve para uma satisfação íntima e pessoal daquele que a prolatou, mas se presta a terceiros e, como não poderia deixar de ser, também à administração da justiça.

O que está sendo objeto de dissertação serve, em primeiro lugar, de elemento para que aquele que sofreu sucumbência possa, no pedido de reexame (duplo grau de jurisdição), apontar motivadamente por qual razão pleiteia a reforma do *decisum*. De maneira indubitável, se o ato jurisdicional básico não fosse feito de maneira a demonstrar como o julgador chegou à persuasão racional, ficaria um vazio irreparável para se procurar alterar o julgado.

Segundo, porque é de grande valia para os órgãos superiores que vão apreciar o pedido de reexame. Assim é que, sendo feito um cotejo analítico entre a sentença guerreada e os argumentos utilizados pelo recorrente, o juízo colegiado tem elementos seguros para manter a *pronuntiatio iudicis* ou de reformá-la.

Outrossim, é importante deixar consignado que o livre convencimento do juiz na oportunidade da fundamentação da sentença não pode ser ilimitado. Assim, o fator exposição das razões de decidir não autoriza o magistrado a extrapolar os limites do razoável na apreciação dos elementos de prova postos à sua disposição, bem como sobre a interpretação do direito que deve ser aplicado na espécie litigada. A fundamentação, aliada que seja à persuasão racional, exige equilíbrio, equidade e responsabilidade.

É oportuno salientar que a *pronuntiatio iudicis* é uma operação lógica, sensata e precisa, pois somente dessa maneira ela se mostra compatível com o

CAPÍTULO 2 – GARANTIAS PROCESSUAIS PENAIS – DEVIDO PROCESSO LEGAL   69

direito que está sendo objeto de avaliação. O raciocínio do realizador do ato processual em espécie tem de ser reto e objetivo.

Assim é que Rogério Lauria Tucci deixa patenteado o seguinte:

> Desembaraçado e desvinculado das alegações dos sujeitos parciais do processo, incumbe ao órgão jurisdicional, segundo preciso ensinamento de José Alberto dos Reis, fazer incidir sobre os fatos levados à sua cognição a norma jurídica que entender a eles aplicar livremente a lei. Todavia, essa liberdade, sobretudo de apreciação dos fatos da causa, ou seja, de formação do seu convencimento, não é ilimitada, como anota já agora Arruda Alvim, a saber: "a liberdade do juiz no seu julgar, conforme o direito, encontra na necessidade de fundamentação (justificação) o seu preço". É, portanto, mediante a motivação que o magistrado pronunciante de ato decisório mostra como apreendeu os fatos e interpretou a lei que sobre eles incide, propiciando, com as indispensáveis clareza, lógica e precisão, a perfeita compreensão da abordagem de todos os pontos questionados e, consequente e precipuamente, a conclusão atingida. Para isso que, segundo opinião doutrinária generalizada, ela se presta para: a) no plano subjetivo, evidenciar ao órgão jurisdicional monocrático ou coletivo que o profere, e antes mesmo que às partes, a *ratio scripta* que legitima o ato decisório, cujo teor se encontrava em sua intuição; b) objetivamente, persuadir as partes, especialmente aquela desfavorecida pelo ato decisório, de que este se ateve à realidade fática e jurídica retratada nos autos do processo, com a correta aplicação da lei aos fatos, devidamente comprovados, de sua perfeita especificação no caso concreto; c) no campo da hierarquia funcional, no exercício da jurisdição, permitir o controle crítico do decidido, delimitando o conteúdo da vontade de seu prolator, e, consequentemente, dos limites objetivos do julgado, e propiciando ao órgão recursal rigorosa análise, tanto no aspecto formal, como no material, do pronunciamento recorrido; e d) servir, quando correta e justamente proferido o ato decisório, para o aprimoramento da aplicação do direito, e, reflexivelmente, para o aperfeiçoamento das instituições jurídicas e da orientação da jurisprudência[91].

No quadrante da exposição da razão que conduziu o magistrado a proferir a decisão, pela dicção constitucional, tem ela de ser feita do modo mais completo possível, para não ensejar dúvida, incerteza ou imprecisão do direito que deve ser conferido ao órgão acusatório público ou privado, assim como ao acusado.

Esse comportamento jurisdicional pode, inclusive, ser mecanismo de obstáculo ao uso do procedimento recursal, que muitas vezes é provocado ten-

---

91   *Direitos e garantias individuais no processo penal brasileiro*, p. 263-4.

70 GARANTIAS FUNDAMENTAIS NA ÁREA CRIMINAL

do por consideração o descontentamento determinado pelo ato decisório. A partir do momento em que o órgão do Poder Judiciário, quer singular, quer colegiado togado, compuser o litígio com melhor adequação ou, de modo geral, proferir seu *decisum* conforme o direito exige e a prova autoriza, a quantidade de inconformismo será reduzida de forma significativa.

Todavia, mister se faz deixar aclarado que não é em todas as sentenças que o livre convencimento pode ser empregado de maneira ampla, uma vez que, se for extrapolado determinado limite, a decisão perderá sua eficácia, sua finalidade de cunho processual.

Nessa ordem de consideração, embora o texto constitucional não use nenhum elemento normativo limitativo da decisão judicial, não há óbice a que o faça o legislador ordinário.

O que está sendo dissertado encontra ressonância no já reproduzido § 1º do art. 413 do Código de Processo Penal, que diz respeito à sentença de pronúncia, em que o livre convencimento do pronunciante deve limitar-se à indicação da materialidade do fato e da existência de indícios suficientes de autoria ou de participação.

Nos dizeres irretorquíveis de Borges da Rosa, a pronúncia

> deve ser fundamentada, porque se trata de decisão que respeita diretamente a honra e a liberdade dos cidadãos e, assim, se faz mister que direitos tão relevantes não sejam objeto de decisões superficiais, proferidas sem motivos certos, claros, positivos e ponderados[92].

Entretanto, convém estabelecer a forma de motivação que pode ser imprimida pelo magistrado. Se, para a sentença que julga o mérito da causa, cumpre ao juiz motivar de forma ampla sua convicção, não só fazendo o cotejo das provas encontradas nos autos, mas também apreciando as alegações finais das partes e da matéria de direito que guarde pertinência com a pretensão punitiva posta em juízo, para a sentença de pronúncia essa exigência, por questão peculiar do processo penal do júri, deverá ser menos ampla.

É de indubitável constatação que o juiz, para motivar sua convicção sobre os indícios da autoria ou participação e sobre a existência do *corpus delicti*, deve adentrar no exame das questões fáticas pertinentes ao *meritum causae*.

Nesse passo, o magistrado, ao externar sua decisão, deve fazê-lo de maneira sóbria e comedida, evitando colacionar elementos de convencimento capazes de influir na consciência dos jurados quando da votação dos quesitos

---

92 *Comentários ao Código de Processo Penal*, p. 504.

CAPÍTULO 2 – GARANTIAS PROCESSUAIS PENAIS – DEVIDO PROCESSO LEGAL   71

pertinentes. A pronúncia deve ser redigida em linguagem que não extravase os limites da sobriedade, em face da possibilidade de causar prejuízo à defesa do réu em plenário, por ser apta a influenciar a opinião dos jurados.[93]

Inexoravelmente, a sentença de pronúncia não deve proclamar um *juízo de certeza*, uma vez que isso levaria essa decisão de caráter processual a adentrar na análise profunda do mérito, o que não lhe é permitido. Dessa forma, deve o magistrado deixar em seu *decisum* um juízo de suspeita, com a devida fundamentação, oportunizando aos jurados julgar a pretensão punitiva e de liberdade em conformidade com os argumentos das partes no plenário do júri.

Ao se pronunciar, o juiz não pode, absolutamente, externar prejulgamento, na esteira do que restou exposto por Margarino Torres:

> Não obstante, é bem de ver que o *teor da pronúncia*, mandando o réu a júri, deverá evitar prejulgamento; e será, quanto possível, limitado à apuração do fato, pelos indícios, sem caráter dogmático, o que constrangeria os julgadores leigos, de maneira abusiva e indevida. Irrisório seria submeter ao tribunal o crime que o juiz da pronúncia declarasse *provadíssimo dos autos*; ou o réu, cuja autoria afirmasse *indiscutível e evidente em face das provas*. Menos cabível ainda é que se antecipem qualificativos sobre a *perversidade do réu* ou sobre *as circunstâncias definidoras de um crime monstruoso*[94].

A propósito, o seguinte aresto:

> Processual penal. *Habeas corpus*. Homicídio. Pronúncia: nulidade, uma vez que o juiz pronunciante, em vez de deixar um "juízo de suspeita" para os jurados, acabou por levar um autêntico "juízo de certeza". Contaminação da cláusula do devido processo legal. Recurso provido[95].

Do mesmo teor pretoriano: "É nula a sentença de pronúncia que extravasa seus limites de apreciação, com indevida incursão no mérito da causa, levando a um autêntico juízo de certeza da culpabilidade do réu"[96].

Sem o menor resquício de dúvida, o controle sobre a linguagem da pronúncia deve ser significantemente rigoroso, uma vez que o corpo de jurados no dia da sessão do júri recebe cópia dessa decisão ou daquela que a confirmou

---

93 STJ, *HC* n. 2.948/GO, 6ª T., rel. Min. Anselmo Santiago, *DJU*, 06.03.1995, p. 4.388.
94 *Processo penal do jury no Brasil*, p. 188.
95 STJ, RHC n. 4.941/SP, 6ª T., rel. Min. Vicente Leal, *DJU* 06.05.1996, p. 14.476.
96 *RT* 777/605.

para efeito de conhecimento e de leitura. Logo, havendo linguagem indevida, esta, indubitavelmente, acaba influenciando a formação do convencimento do juiz de fato, o que não se mostra conveniente à administração da justiça.

Embora a motivação na sentença de pronúncia deva ser mais amena, não se dispensa o exame das teses da defesa colocadas em termos de alegações finais, principalmente no que concerne à eventual desclassificação do crime, ao afastamento de qualificadora, à impronúncia ou à absolvição sumária. Se isso ocorrer, o magistrado decidirá *citra petita*.[97]

O legislador, no regramento jurídico comentado, procurando evitar que o juiz da pronúncia se exceda quanto ao exame das provas, com isso contaminando o convencimento dos jurados quando da votação dos quesitos pertinentes, afirma que "a fundamentação da pronúncia limitar-se-á à indicação da materialidade do fato e da existência de indícios suficientes de autoria ou de participação".

No pertinente à constatação dos elementos sensíveis do crime, basta somente que se indique na decisão declaratória o exame pericial elaborado, que se encontra inserido nos autos, sem tecer considerações em torno dele capazes de formar um juízo de valor sobre a autoria ou participação ou qualquer outro elemento integrante do crime, a exemplo do dolo. Por outro lado, quanto à autoria ou participação, é suficiente que o magistrado indique, dentro do contexto probatório, os elementos capazes de convencê-lo sobre sua plausibilidade.

Nesse ponto da sentença de pronúncia é que se deve ter mais precaução, mais prudência ao decidir. Não pode o magistrado, *permissa concessa venia*, fazer exame aprofundado da prova, analisar de maneira profunda a conduta do autor ou partícipe, com isso induzindo os juízes de fato sobre eventual responsabilidade criminal de um ou outro.

Como pode ser observado, é indispensável que a sentença de pronúncia seja motivada, porém esta deve ser suave, amena, contentando-se o legislador somente com a indicação da materialidade delitiva e com os elementos de prova capazes de apontar os indícios suficientes da autoria ou da participação.

Enfim, o que se constata, *ex abundantia*, é que o legislador procurou estabelecer critérios para a efetivação da pronúncia capazes de reduzir a influência que a motivação possa exercer sobre os jurados.

O excesso de linguagem como causa geradora da nulidade da pronúncia, na ótica do Superior Tribunal de Justiça, tem de ser suscitado em momento oportuno, sob pena de preclusão.[98] Trata-se, por conseguinte, de nulidade relativa. Diante desse entendimento, o excesso de linguagem deve ser combatido, a rigor,

---

97 *RJTJRGS* 137/79; *RT* 511/359.
98 *HC* n. 202.140/PA, 6ª T., rel. Min. Maria Thereza de Assis Moura, *DJe* 27.06.2012.

como preliminar do recurso em sentido estrito. Entretanto, nada impede que seja a matéria ventilada em ação penal originária de *habeas corpus* (art. 648, VI), na qualidade de substituta do referido meio impugnativo ordinário.

O fator fundamento, como requisito formal de qualquer ato decisório que reclama seu emprego, também deve ser entendido e interpretado de acordo com o espírito do legislador contido naquela norma de regência, pois, se assim não ocorrer, a formalidade da razão pertinente acaba não sendo cumprida e o ato decisório poderá até não gerar nenhum efeito.

O ato processual, qualquer que seja ele, incluindo, como é de notória evidência, a *pronuntiatio iudicis*, deve se curvar àquilo que determina o regramento legal que o previu.

A fundação a que alude a Magna Carta da República não implica sentença complexa, ininteligível, prolixa, própria de magistrado que não tem o completo domínio daquilo que está decidindo, quer no campo da análise do acervo probatório, quer em torno do direito que deve ser aplicado na situação litigiosa concreta.

A concisão basta, desde que o *diretor litis*, de maneira simples porém embasado nas provas dos autos e no direito vertente na hipótese, externe sua *pronuntiatio iudicis*. Pelo contrário, invariavelmente as sentenças menos longas têm-se revelado mais perfeitas como ato jurídico processual e mais úteis à imperiosa necessidade da justiça que a distribuição do direito. Assim, a circunstância de a decisão conter fundamentação concisa ou deficiente não a invalida.[99]

Não se deve perder de norte que a sentença é prolatada para as partes em litígio. Assim é que o réu, principalmente, e independentemente de sua assistência por intermédio de advogado, tem o indeclinável direito pessoal de entender, sobretudo quando foi condenado, o motivo que determinou que o prolator da decisão acolhesse o pedido de pretensão punitiva do órgão acusatório. Essa é uma situação que, por si só, justifica a asserção segundo a qual esse ato processual básico não pode ser confeccionado de forma complexa, com uma erudição jurídica além daquela que se mostra útil e necessária para o magistrado justificar a causa de decidir.

Sob outro enfoque analítico, devem ser insulados os dispositivos constitucional e processual penal que se elevam à categoria de requisitos formais da sentença. Na primeira situação, o legislador constituinte, no inciso IX do art. 93, faz uso dos seguintes termos: "[...] os julgamentos serão públicos, e fundamentadas todas as decisões [...]". Pela oração, o tempo verbal futuro do verbo

---

99   *RTJ* 73/220; *JTARS* 88/125.

74 GARANTIAS FUNDAMENTAIS NA ÁREA CRIMINAL

"ser" ("serão"), indiscutivelmente, também abrange as decisões. Na segunda situação, que diz respeito ao art. 381 do Código de Processo Penal, o legislador ordinário faz alusão a "conterá".

Tendo em linha de consideração a magnitude desse ato processual, os legisladores fizeram uso, respectivamente, dos termos "serão" e "conterão", o que é implicativo, no direito processual penal, de a motivação da sentença ser obrigatória, impositiva. Logo, o magistrado ao proferir o *decisum* deverá fazê-lo de maneira fundada, demonstrando, por conseguinte, o que o levou a julgar de determinada maneira.

Diante disso, inexoravelmente, vê-se que a motivação é formalidade essencial ou estrutural da prestação jurisdicional. Constitui pressuposto de validez do ato jurisdicional básico. Portanto, uma sentença sem motivação é uma não sentença; é um ato processual inexistente, que produz, como consequência, a nulidade absoluta do julgado.[100]

Sem dúvida, "a obrigação de fundamentação da sentença", nas palavras de Eduardo Espínola, "é imposta com tal rigor que sua falta acarreta a nulidade dessa peça, por omissão de formalidade que constitui elemento essencial do ato (art. 564, IV)"[101].

Sem necessidade de outras considerações, posto que dispensáveis, sensível a essa essencialidade de formalidade da sentença ou do julgado, o próprio legislador constituinte deixou enfatizado que sua ausência implica nulidade, que deve ser absoluta, ou seja, insanável, em que o prejuízo se presume. O *decisum* sem motivação é um nada jurídico na qualidade de ato processual. Não gera nenhuma eficácia.

Nessa ordem de consideração, *ad argumentandum*, a ausência de exposição dos motivos que levaram o magistrado a sentenciar atinge, consequentemente, o próprio dispositivo, que constitui a sede do pronunciamento jurisdicional, que deve ocorrer com a exigida fundamentação, sem a qual ele se torna completamente imprestável, sem a menor eficácia.

5. SISTEMA ACUSATÓRIO

Ab initio, embora a doutrina procure separar os conceitos de princípio acusatório e de sistema acusatório, que pelo menos de modo tênue abrigam alguma diferença, na prática ambos acabam convergindo para um mesmo curso e desaguando naquilo que pode ser chamado de processo de partes, em

---

100 *RT* 563/298, 604/384, 610/412, 625/379-80 e 626/352.
101 *Código de Processo Penal brasileiro anotado*, p. 57-8.

que se distinguem as funções de acusar, defender e julgar, próprias e específicas dentro do que se define como sistema acusatório puro.

O sistema em apreço também se mostra integrado ao âmbito do devido processo legal (*due process of law*), mesmo porque seus atributos se combinam com o espírito e a função do precitado processo.

Os sistemas que gravitam em torno do processo penal são bastante antigos e sofreram um avanço ou uma progressão em conformidade com as próprias conquistas legislativas e sociais obtidas pelo homem em torno de sua liberdade e da edição de garantias que se mostram eficazes e capazes de tutelá-la quando houver ameaça concreta e injurídica no sentido de coarctá-la, mesmo porque no campo penal sempre está em jogo o insopitável direito de liberdade física individual.

O que se nota e observa em torno de tais sistemas é que sempre se procurou, numa visão mais presente e moderna, um meio mais eficaz, lúcido e justo para solucionar os conflitos de interesse no campo penal. Essa seara já se mostrou distante dos primitivos grupos humanos e de tribos, que se encontravam muito arraigados nos costumes, na moral, nos hábitos, nas crenças e nas magias, ficando o direito afastado de sua esfera, mesmo porque eles não tinham uma noção mais abalizada do que seria o Direito.

Embora os sistemas tenham começado a despontar a partir do direito romano, quando surgiram o inquisitivo, o acusatório e o acusatório misto ou formal, recomenda-se que se façam também breves considerações em torno do tema jurídico tratado.

Com efeito,

> entre as primeiras sociedades politicamente mais organizadas, temos o Egito, onde, na Antiguidade, o exercício do Poder Judiciário estava concentrado nas mãos dos sacerdotes, sendo que Mênfis, Tebas e Heliópolis eram as cidades que forneciam os juízes para os tribunais supremos, encarregados de julgar os crimes mais graves. Nas províncias, por seu turno, havia um juiz, espécie de prefeito, ao qual eram delegados o processo e o julgamento dos crimes leves, dispondo também o mencionado juiz de delegados, incumbidos de repressão penal, até mesmo com o emprego de violência, se se tratasse de infração de menores consequências[102].

Verifica-se pelo texto transcrito um início, porém bastante empírico, do sistema inquisitivo, o que era plenamente natural naquela época, já que o princípio da persecução criminal era colocado nas mãos de sacerdotes, que tinham, por conseguinte, a iniciativa do procedimento e seu julgamento. Esta é uma

---

102 PRADO, Geraldo. *Sistema acusatório*: a conformidade constitucional das leis processuais penais, p. 80.

76 GARANTIAS FUNDAMENTAIS NA ÁREA CRIMINAL

característica inquisitorial: a concentração em uma única mão da acusação e do julgamento.

Esse tipo de comportamento processual levou João Mendes de Almeida Junior a distinguir no processo egípcio os seguintes princípios: 1º – A acusação como um dever cívico das testemunhas do fato criminoso; 2º – Polícia repressiva e auxiliar da instrução, a cargo das testemunhas; 3º – Instrução pública e por escrito; 4º – Julgamento secreto e decisão simbólica.[103]

No processo criminal dos hebreus, havia na Palestina três espécies de tribunais, que constituíam três graus de jurisdição: os tribunais do Três, o tribunal dos Vinte e Três e o Sinédrio.

A respeito deles, João Mendes de Almeida Junior destaca que:

> Os tribunais do *Três,* instituídos às portas de cada cidade (*Deuteronômio* XVI, 18), se compunham de três juízes chamados *schophetim* e tinham sob suas ordens oficiais que citavam as partes, assistiam às audiências e procediam à execução das sentenças. Conheciam de alguns delitos e de todas as causas de interesse pecuniário. As suas decisões eram apeláveis para o tribunal dos *Vinte e Três.*
>
> *Havia um tribunal dos Vinte e Três em todas as vilas cuja população passasse de cento e vinte famílias. Em Jerusalém havia dois. Além das apelações, esses tribunais conheciam em primeira instância, ou por ação nova, dos processos criminais relativos a crimes puníveis com a pena de morte.*
>
> A magistratura suprema era o *sinédrio* (assembleia) [...]. Era uma corporação política e judiciária. [...] Competia-lhe interpretar as leis, sempre que os outros tribunais o consultassem ou as partes o requeressem. Julgava os senadores, os profetas, os chefes militares, as cidades e tribos rebeldes[104].

Em sentido amplo, o processo dos hebreus se assentava nas seguinte situações: havia um princípio fundamental; uma só testemunha jamais valerá contra alguém; qualquer decisão deverá apoiar-se sobre o dito de duas ou três testemunhas[105]; as leis eram uniformes e invariáveis; os juízes eram os antigos da cidade; a justiça era pronta; havia uma apelação; não havia prisão preventiva nem instrução concreta e prolongada.

A rigor, no processo criminal dos hebreus não havia um sistema definido, muito embora houvesse o reconhecimento de recurso, que constituía um di-

---

103 *O processo criminal brasileiro,* v. I, p. 18.
104 Ibidem, p. 18.
105 *"Non stabit testis unus contra aliquem, quidquid illud peccati et facinoris fuerit: sed in ore duorum aut trium testium stabit omne verbum"* (*Deuteronômio* XIX, 15).

CAPÍTULO 2 – GARANTIAS PROCESSUAIS PENAIS – DEVIDO PROCESSO LEGAL   77

reito sagrado, em que o acusado e os litigantes, em todos os casos, podiam recorrer a uma jurisdição superior, para escapar às penas por influência de localidade.

Conforme anotação provinda de João Mendes de Almeida Junior, a legislação Mosaica se estribou nos seguintes princípios:

> 1º Não havia prisão preventiva; fora do caso de flagrante delito, o acusado hebreu não era preso senão depois de conduzido ao tribunal para defender-se e ser julgado; 2º não era o acusado submetido a interrogatórios ocultos: segundo os rabinos, ninguém podia ser condenado somente pela confissão; 3º a instrução e os debates eram públicos e os julgamentos conferidos e acordados em segredo; 4º o recurso era um direito individual sagrado[106].

Verifica-se, portanto, a não existência de um sistema processual definido, havendo vestígios de um sistema acusatório e inquisitivo, para utilizar uma definição atual.

Posteriormente, vê-se o ingresso no sistema processual penal havido entre os gregos.

Em linhas gerais, havia a Assembleia do Povo, contendo em seu seio o Poder Judiciário, que era acionado raramente, para intervir unicamente nas acusações de crimes políticos mais graves. Na maioria das vezes, limitava-se a determinar, por intermédio de decreto, que o tribunal dos Heliastas tomasse conhecimento de crime noticiado à Assembleia e procedesse a ele.

O Areópago, que, como é cediço, foi o tribunal mais conhecido de Atenas, tinha, inicialmente, competência para conhecer e julgar todos os crimes. Posteriormente, sua competência ficou restrita aos homicídios premeditados, aos envenenamentos, aos incêndios e a alguns outros delitos punidos com pena de morte.

No direito romano, seguindo a tradição grega, havia os delitos privados e os públicos, os quais deram nascimento, respectivamente, ao processo penal privado (*iudicium privatum*) e ao público (*iudicium publicum*), sendo certo que o Estado em cada um deles assumia determinada função.

Assim é que

> no processo penal privado o órgão do Estado colocava-se como árbitro entre as partes litigantes, julgando diante do que fosse exposto por elas. Já, o processo

---

106 Ibidem, p. 21-2.

78 GARANTIAS FUNDAMENTAIS NA ÁREA CRIMINAL

penal público se caracterizava pela função do órgão jurisdicional, que não ficava adstrito ao resultado do contraditório formado pelas partes, podendo tomar iniciativa para as necessárias averiguações de cada caso, sendo essa característica a responsável pela prevalência sobre o processo penal privado[107].

De maneira breve e prática, basicamente o processo penal romano se distinguiu em três períodos:

(a) – a *cognitio*, desde logo, na idade arcaica, através da *inquisitio*, e vivificada novamente, sob contornos outros, no período da *cognitio extra ordinem*, com a restauração do procedimento penal *ex officio*; (b) – a *inquisitio*, em seguida à situação anterior, e até quando do surgimento e estabilização das *quaestiones*; e (c) – simultaneamente com estas, a *accusatio*, ou inculpação provocatória, que se prolongou desde o último século da República até o processo penal extraordinário, pelo qual se estendeu[108].

Nesse rol pode ser acrescentado o processo penal extraordinário (*cognitio extra ordinem*).

A ***cognitio*** (cognição espontânea) foi a forma primária dos procedimentos em Roma, sistema primitivo este que surgiu durante a monarquia e se estendeu até os tempos da República, principalmente com a *Lex Valeria de provocatione*, do ano 509 a.C., a qual permitia o recurso de apelo para o povo reunido em comício (sistema da *provocatio ad populum*), exceto se o crime fosse político ou militar. Como devidamente assinalado por Rogério Lauria Tucci, a *cognitio*,

não obstante sensivelmente modificada na época republicana, correspondia a um sistema inquisitorial primitivo, que – concedidos poderes ilimitados ao *rex* e aos magistrados, cujo arbítrio, como antes ressaltamos, era basificado no *imperium*, revelando-se pela *coertio* – se caracterizava, sobretudo, pela inexistência de formalidades legalmente estabelecidas[109].

Efetivamente, não havia a observância de nenhuma formalidade por parte do magistrado no que tange aos atos do procedimento, bem como relativamente às medidas cautelares penais. Assim é que o interrogatório do imputado, a produção das provas e sua prisão preventiva eram feitos conforme o arbítrio

---

107 BARROS, Romeu Pires de Campos. *Sistema do processo penal brasileiro*, v. 1, p. 51-2.
108 TUCCI, Rogério Lauria. *Lineamentos do processo penal romano*, p. 104.
109 Ibidem, p. 109.

do magistrado, não podendo o acusado, em hipótese alguma, negar a imputação nem produzir meios de prova.

E, como se isso não bastasse, por ausência de norma legal que disciplinasse a cognição, o magistrado instaurava a instância quando quisesse (procedimento *ex officio*) e a encerrava quando melhor lhe aprouvesse, sem o julgamento da acusação, podendo, ulteriormente, reabri-la.

O julgamento era feito pelo rei, por ser uma manifestação do poder público, que em alguns casos atuava sozinho e em outros era assistido por um conselho composto de senadores ou de comissários *duúnviros* ou *quaestores*, os quais mais tarde por delegação, em determinados casos, promoviam por si sós os julgamentos.

Nessa ordem de raciocínio, os *duúnviros* tinham por meta a repressão dos crimes de lesa-pátria e lesa-majestade (*perduelliones*); enquanto aos *quaestores* competia inquirir os acusados sobre os crimes de homicídio.

A atenuação desse sistema somente se verificou porque em caso de condenação poderia haver apelação para a Assembleia do Povo, o que tinha um colorido mais voltado à revisão criminal, em que o condenado poderia produzir sua defesa; ou então "a *provocatio ad populum* mais se assemelha a um recurso de graça do que propriamente de apelação, visto que o magistrado que condenava era o mesmo que promovia a *anquisitio*, ou seja, a citação e demais formas de instrução do recurso"[110].

Conforme a *Lex Valeria*, como decorrência da apelação,

> a última palavra sobre cada caso criminal passaria a pertencer não só ao magistrado sentenciador, mas ao próprio povo, reunido em assembleia – cúrias, centúrias e tribos – na qual o magistrado que proferia a sentença assumia o estatuto de parte acusadora, apresentando a esta os dados que obtivera mediante a *inquisitio*[111].

Cumpre registrar que a apelação não era propriamente um recurso à superior instância. Não havia ali uma espécie de sistema de duplo grau de jurisdição. Era mais uma reclamação de jurisdição, com matizes revisionais.

Os traços de unilateralidade e de coerção prevalentes na *cognitio* lhe dão, inexoravelmente, os contornos de um procedimento precipuamente inquisitório.[112]

---

110 BARROS, Romeu Pires de Campos. *Sistema do processo penal brasileiro*, v. 1, p. 52.
111 BARREIROS, José Antônio. *Processo penal*, p. 18.
112 MOSSIN, Heráclito Antônio. *Compêndio de processo penal*, p. 11.

Em termos da *accusatio*, no fluir da República romana, houve um processo de transição entre a *cognitio* e ela, que foi a justiça *centurial*. As centúrias eram integradas por patrícios e plebeus, havendo nelas o predomínio do procedimento oral e público.

Como sublinhado por Vincenzo Manzini, a *accusatio*, que surgiu no último século da República, aparece como

> um procedimento subsidiário próprio para garantir o interesse repressivo contra a incúria ou a incapacidade do magistrado. De fato a função do acusador não era cumulada com aquela do juiz ou confiada a outro oficial público, mas vinha assumida por uma pessoa qualquer, na representação da coletividade[113].

Induvidosamente, o sistema da *accusatio* modificou sobremaneira o processo romano, eis que nele, "ao contrário do que se passava na *cognitio*, o magistrado limita-se à função judicativa. A promoção processual passa a pertencer a um representante da coletividade, não magistrado (*accusator*)"[114]. E mais: o julgamento era feito por colegiado popular, em que predominavam a publicidade e a oralidade.

Percebe-se, claramente, que na *accusatio* havia uma separação entre órgão acusador e julgador, aliada que seja à publicidade e à oralidade, características do sistema acusatório moderno.

De forma geral, esse júri popular, cujos *iudicis* não eram permanentes, era presidido pelo *quaestor*, funcionário do governo, que o organizava e, mediante sorteio anual, compunha esse colegiado, cujo número variava de 35 até 75.

Por outro lado,

> a função jurisdicional é a única, poderíamos dizer, oficial, porque se faz presente o princípio de que a ação é condição e limite da jurisdição, pois o jurado popular não atuava por iniciativa própria, oficiosamente, senão em virtude da iniciativa voluntária de qualquer cidadão do povo (ação popular). Somente em casos muito excepcionais atuava o magistrado, quando se alterava profundamente a ordem social, como nos delitos em banda. De certo modo, como consequência desses princípios, o *quaestor* e os *iudices* não tinham nem sequer a iniciativa na produção das provas, assistindo a um litígio entre acusador e acusado, no qual ambos estavam em pé de igualdade. O acusado poderia ser assistido por um patrono (*patronus*), uma espécie de advogado defensor[115].

---

113 *Istituzioni di diritto processuale penale*, p. 8.
114 BARREIROS, José Antônio. *Processo penal*, p. 18.
115 RUBIANES, Carlos J. *Manual de derecho procesal penal*, p. 11.

CAPÍTULO 2 – GARANTIAS PROCESSUAIS PENAIS – DEVIDO PROCESSO LEGAL   81

O procedimento tinha seu início com a *postulatio*, em que o cidadão deduzia a acusação, que era indispensável para que se movimentasse a jurisdição.

O processo quanto a seu início se subordinava a uma condição de procedibilidade, em que por primeiro o *quaestor*, a quem a postulação deveria ser endereçada, verificava a seu juízo se o fato constituía crime ou se havia algum problema de competência ou outra situação qualquer impeditiva para o começo do processo.

Uma vez admitido o seu início, o acusador formalizava a acusação por intermédio da denominada *nominis delatio*, que se constituía numa querela escrita, em que os fatos tidos como criminosos eram especificados e eram indicados o nome do acusado e a qualificação de sua conduta. Tal acusação era inscrita no tribunal, e a partir daí o acusador poderia investigar o fato e produzir, pessoalmente, as provas indeclináveis para demonstrá-lo.

O julgamento do crime ficava a cargo "de um tribunal popular constituído de *iudices iurati*, a princípio eleitos dentre os senadores (*patres conscript*), e, depois, dentre os cidadãos, observadas suas condições morais, sociais e econômicas"[116].

Uma vez eleitos os jurados e convocado o tribunal, era determinada a data para a audiência de instrução e julgamento, que era dirigida pelas partes, ficando o *quaestor* e os *iudices* como meros expectadores.

Nessa audiência, que sempre era pública, as partes produziam suas provas, após o que eram feitos os debates.

Com o término dos debates, proferia-se a sentença, por meio de votação oral e logo por escrito, cujo resultado era aferido pela maioria. Havendo empate, a decisão era *pro reo*.

A sentença era formalizada pelo *quaestor*, fosse ela absolutória ou condenatória.

Ad conclusam, verifica-se nessa época romana a presença de um sistema acusatório puro, em que ocorre a devida separação entre acusação, defesa e julgamento, aliado que era à publicidade, à oralidade e à igualdade das partes na relação jurídico-processual, além de contar com um juiz integralmente imparcial.[117]

No que diz respeito à **cognitio extra ordinem**, pode-se dizer que ela surgiu por questão de ordem política, em decorrência da troca dos costumes, e porque o uso da acusação privada temerária ou vingativa e a necessidade premente de um combate eficaz na crescente criminalidade no Baixo Império Romano fi-

---

116 TOURINHO FILHO, Fernando da Costa. *Processo penal*, 2004, v. 1, p. 79.
117 MOSSIN, Heráclito Antônio. *Compêndio de processo penal*, p. 13.

82 GARANTIAS FUNDAMENTAIS NA ÁREA CRIMINAL

zeram com que a *accusatio* sofresse uma radical erosão, o que permitiu o aparecimento do processo penal extraordinário.

Nesse sentido, houve um retrocesso no processo penal romano, porquanto de um sistema acusatório puro passou-se para um tipo inquisitorial.

A *cognitio extra ordinem* propiciou o aumento dos poderes do juiz, e o direito de acusação se tornou mais restrito, o que deu ensejo ao procedimento de ofício, aliado ao emprego constante da tortura. No início, ela somente era permitida no que se referia aos réus, passando a ser aplicada ulteriormente contra as testemunhas reticentes ou falsas.[118]

Com efeito,

nessa época, paulatinamente, o processo penal se foi convertendo em um todo oficial. As investigações preliminares foram outorgadas a oficiais públicos ou agentes (*curiosi, nunciatores, stationari*), os quais as transmitiam ao magistrado. Este, com o correr do tempo, teve concentradas em suas mãos as funções de ação e jurisdição, pois podia proceder de ofício. Realizava por si mesmo a instrução, sem necessidade de acusação formal, tomando a iniciativa sobre as provas, e intervinha ativamente em sua produção, e, enfim, pronunciava a sentença. O acusado podia ser objeto de interrogatório, e ainda encarcerado por prisão preventiva[119].

Ademais, a instrução, além de secreta, passou a ser escrita e não contraditória.

Em suma, "o processo penal romano nasce, pois, inquisitório, atinge durante a República a perfeição, caracterizando-se pelo acusatório, e na decadência do Império reassume características repressivas e inquisitoriais"[120].

O processo penal germânico também exerceu influência sobre as formas dos sistemas processuais penais no fluir dos tempos, merecendo, por esse motivo, pelo menos de forma sumária, ser examinado.

A partir do século V, o Baixo Império Romano, paulatinamente, passa a sofrer a invasão do povo germânico, que, pela sua cultura e seus costumes, acaba por delinear instituições jurídicas diferentes daquelas cultivadas pelos romanos.

O que aconteceu naquela época foi o choque havido entre o sistema inquisitório que teve seu reaparecimento na decadência romana e o acusatório trazido pelos germânicos.

---

118 A tortura era determinada pelo *quaesitor* e executada pelo *tortor*.
119 RUBIANES, Carlos J. *Manual de derecho procesal penal*, p. 12.
120 BARREIROS, José Antônio. *Processo penal*, p. 19.

A exemplo do que se observava no direito romano, no germânico também havia a divisão entre delito público e privado, sendo que o último tinha bastante predominância. Enquanto a persecução criminal no delito privado era feita pela vítima ou seus familiares, no público esta ficava a cargo do clã. O ofendido ou seus familiares podiam vingar-se pessoalmente daquele que cometesse o crime, exercendo a justiça pelas próprias mãos, bem como podiam fazer um acordo com o ofensor, mediante o pagamento de certa soma em dinheiro, a título de indenização.

Essa composição tinha um genuíno preço de sangue. Havia uma multa para a reparação da ofensa, calculada segundo a qualidade do ofendido, denominada *Wehrgeld*; a indenização pecuniária dos danos, acompanhada, sempre que possível, da reposição da coisa, era chamada de *Widrigeld*.

No processo que se realizava sob a proteção da divindade, o acusado era interrogado sob o juramento de dizer a verdade. Em caso de perjúrio, seria por ela castigado. Se ele confessasse a prática delitiva, o pedido condenatório era julgado independentemente da produção de qualquer prova. Todavia, se negasse a acusação, as provas eram catalisadas.

A produção probatória estava a cargo do réu, porquanto cumpria a ele a demonstração de que não tinha procedência a imputação que lhe era assacada.

Como lembrado por Carlos J. Rubianes, "ditas provas não estavam destinadas a produzir a convicção dos julgadores, senão que eram de caráter formal, inspiradas na divindade, e daí que o juramento e os juízes de Deus eram as provas principais"[121]. Os juízes de Deus eram as chamadas *ordálias*, o que no fundo significava decisão.

As características acusatórias no processo germânico residem no fato de que era ele de partes, acusatório, admitia o contraditório, era regido pelos princípios da oralidade, concentração e publicidade. Só havia jurisdição em única instância.[122]

Por seu turno, o processo penal canônico é de suma importância no campo do sistema inquisitorial.

Como visto anteriormente, no final do Império Romano, quando predominava a *cognitio extra ordinem*, o sistema inquisitório suplantou o acusatório, e somente com a invasão germânica é que o tipo acusatório retornou ao território romano, porém com aplicação restrita, pois que o processo penal medieval foi de cunho precipuamente inquisitório.

---

121 *Manual de derecho procesal penal*, p. 13.
122 MOSSIN, Heráclito Antônio. *Compêndio de processo penal*, p. 14.

84 GARANTIAS FUNDAMENTAIS NA ÁREA CRIMINAL

O direito processual canônico, inspirado no processo penal extraordinário, estabeleceu o sistema inquisitório desde o século XIII até o XVIII, sendo certo que até o século XII o ordenamento jurídico-processual eclesiástico se encontrava sob a égide do sistema acusatório.

De maneira geral, o processo inquisitivo em determinadas épocas da humanidade se tornou necessário, no sentido de que a repressão à criminalidade fosse mais profícua, o que seria conseguido tirando-se do particular o direito de acusar, deixando-o a critério de agentes do governo.

O sistema inquisitório serviu não só como forma processual incidente sobre os crimes comuns, mas também foi utilizado com maior expressão quantitativa sobre os crimes religiosos.

Com a invasão dos bárbaros, que se constituiu uma série de imigrações de vários povos germânicos para a Península Ibérica, a Igreja Católica conseguiu sobreviver em termos de organização eclesiástica. Em defluência disso, a população hispano-romana aderiu ao cristianismo. Essa mesma religião foi acolhida e seguida pelos suevos, no século V, e também adotada pelos visigodos. Assim, a população mantinha um contato quase que exclusivo com o clero das paróquias, porquanto somente elas tinham certa organização social e religiosa.

Ressalte-se que a ideia de justiça que a organização eclesiástica pregava não se confundia com aquela provinda do direito romano, que estava voltado ao poder político do Estado, diante do qual todos deveriam curvar-se; mas essa justiça endereçava-se ao campo religioso, no sentido de acrisolar moralmente o homem. "Organismo de repressão religioso-política, a Inquisição surgiu da necessidade sentida pela Igreja Católica de aniquilar as heresias no campo da fé, nomeadamente as que colidiam mais explicitamente com a sua tutela e direção sobre assuntos temporais."[123]

O sistema inquisitorial que se espalhou por toda a Europa tinha regramentos processuais bem variados. A Inquisição não funcionava de forma uniforme em todos os países.

Diante disso, é praticamente impossível fazer remissão a todos eles, não só por ausência de fontes para uma pesquisa de melhor abrangência, mas também pela natureza sintética deste trabalho. Todavia, há de se nominar as características que dominaram de forma comum as várias justiças eclesiásticas inquisitórias.

Como assentado por Fernando da Costa Tourinho Filho,

> a acusação pública foi abolida nos crimes de ação pública. Abolida também fora a publicidade do processo. O juiz procedia *ex officio* e em segredo. Os depoimen-

---

123 BARREIROS, José Antônio. *Processo penal*, p. 29.

CAPÍTULO 2 – GARANTIAS PROCESSUAIS PENAIS – DEVIDO PROCESSO LEGAL   85

tos das testemunhas eram tomados secretamente. O interrogatório do imputado era precedido ou seguido de torturas. Regulamentou-se a tortura: deve cessar quando o imputado expresse a vontade de confessar. Se confessa durante os tormentos e, para que a confissão seja válida, deve ser confirmada no dia seguinte[124].

Ademais, a oralidade também não era exercitada; o processo era integralmente escrito, sendo certo também que as testemunhas não eram conhecidas pelo réu.

No contexto do material probatório, a confissão tinha vertiginosa importância, relativamente à qual era plenamente admitida a tortura.[125]

Os sistemas processuais franceses devem ser vistos e analisados em dois momentos: antes e depois da Revolução Francesa. Anteriormente à mencionada Revolução, a França foi palco de dois sistemas processuais: o acusatório e o inquisitório.

Conforme ensinança provinda de Gaston Stefani, Georges Lavasseur e Bernard Bouloc, as invasões bárbaras introduziram o processo germânico, que era do tipo acusatório; sendo certo que no predito país o processo inquisitório, nascido no seio das jurisdições eclesiásticas, sucedeu ao acusatório a partir do século XIII, penetrando posteriormente nas jurisdições laicas.[126]

Como nos demais países onde fora adotado o sistema inquisitivo, o processo na França corria em segredo, era iniciado de ofício, proibia-se a defesa, e as funções de acusar e julgar eram conferidas a uma só pessoa. Além disso, a tortura para a obtenção da confissão do acusado era francamente tolerada.

Com o surgimento da *Ordennance sur la Procédure Criminelle*, verificada em 1670, durante o reinado de Luís XIV, o sistema inquisitivo continuou vigorando de forma expressiva, tendo como características o procedimento escrito, secreto, o não contraditório, em que a acusação e o julgamento poderiam ser feitos também por um magistrado, a quem incumbia conduzir a instrução.

Consoante o anotado por Fernando da Costa Tourinho Filho, o processo previsto naquela *Ordennance* era composto de três fases: a da polícia judiciária, a da instrução e a do julgamento (*de policie judiciaire, de l'instruction et du jugement*).[127]

Com o advento da Revolução Francesa, mudanças foram operadas no último dos sistemas adotados pelos franceses, qual seja o inquisitório, que no fim do século XVIII passou a vigorar em todo processo europeu continental.

---

124 *Processo penal*, 2004, p. 82-3.
125 MOSSIN, Heráclito Antônio. *Compêndio de processo penal*, p. 16.
126 *Procédure pénale*, p. 67 e 73.
127 *Processo penal*, 2004, p. 87.

86 GARANTIAS FUNDAMENTAIS NA ÁREA CRIMINAL

Assim,

com a Revolução Francesa, o panorama alterou-se bruscamente, tendo os reformadores revolucionários ensaiado, no campo das instituições processuais criminais, a adoção de quanto vingava na vizinha Inglaterra. A Revolução Francesa trouxe assim para o primeiro plano as questões mais diretamente políticas do processo penal, tendo sido ensaiadas na sua sequência algumas modificações do sistema anterior e introduzidos institutos característicos do processo penal inglês. O percurso, no entanto, foi historicamente tortuoso e as esperanças dos revolucionários de 1789 viriam a ser goradas sob o consulado bonapartista, onde se consolidou um modelo processual que, comprometendo as expectativas liberalizantes em favor da tradição do Antigo Regime, ficou conhecido como processo reformado, misto ou napoleônico[128].

Não resta a menor dúvida de que a forma mista teve sua origem e aplicação pela primeira vez na França quando a Revolução Francesa fez expungir da legislação desse país o sistema inquisitório puro.

A Assembleia Constituinte, desde logo, procurou modificar o odioso sistema inquisitório, fazendo suprimir por intermédio da Lei de 11 de Agosto de 1789 as justiças senhoriais e, por meio da Lei de 8 de outubro de 1789, restabelecer, conforme o figurino acusatório, a publicidade das audiências.

Quando ainda funcionava a Assembleia Constituinte, surgiu a Lei 16 de setembro de 1791, que reintroduziu o júri para o julgamento dos crimes mais graves.

A Constituição de 1791 reorganizou a justiça francesa e, de acordo com ela,

o juiz de paz (cantonal) ficava tendo meras atribuições de inquérito. A nível distrital, o juiz do tribunal, desempenhando as funções de presidente do júri, vê serem-lhe confiadas funções instrutórias, cabendo-lhe pelo interrogatório do suspeito e das testemunhas redigir – havendo lugar a tal – um auto de acusação, após o que devia limitar-se a convocar o *júri de acusação*, corpo de oito membros, diante do qual se processavam os debates orais e o contraditório. Findos estes e sem que aos jurados fosse permitido consultar o processo escrito, o júri deliberava quanto à subsistência da acusação, decidindo relativamente a esta, *s'il y a lieu* ou *si'l n'y a pas lieu*. Pronunciando-se o júri pela acusação, o processo era remetido para julgamento, onde seria examinado por um novo júri,

---

128 BARREIROS, José Antônio. *Processo penal*, p. 36.

CAPÍTULO 2 – GARANTIAS PROCESSUAIS PENAIS – DEVIDO PROCESSO LEGAL   87

denominado *júri de julgamento*, composto por 12 membros... após os debates, pronunciando-se o júri pela culpabilidade, o comissário do rei (que conjuntamente com o acusador público – este eleito, enquanto aquele era inamovível – desempenha funções de Ministério Público) reclama a aplicação de uma pena, após o que a defesa argumenta as suas razões, sem que possa contestar a materialidade dos fatos[129].

Como se nota no fragmento transcrito, há ali elementos compatíveis com o sistema inquisitório (inicialmente a acusação era *ex officio*, o processo era escrito) e com o acusatório (debates orais e o contraditório, embora limitado, eis que os fatos sensíveis do crime não podiam ser contestados).

Por intermédio do *Code des Délits et des Peines*, que também tratou de aspectos processuais penais, a ação penal restou confiada aos particulares, exceto nos casos em que era permitida a ação oficiosa do juiz de paz.

Tendo em consideração que essa mudança aumentou consideravelmente a criminalidade, entendeu o legislador francês que deveria haver restrições em alguns aspectos mais liberalizantes desse sistema misto.

Em circunstâncias desse matiz, foi promulgada a Lei 7/Pluviôse/ano IX, que, além de aumentar o poder conferido ao Ministério Público quanto à detenção do ofendido, fez com que a instrução probatória fosse confiada a um juiz de instrução e, pior ainda, assentou o processo exclusivamente sob a forma escrita, excluindo o debate oral e o contraditório.

Constata-se, de forma meridiana, que a legislação por último lembrada foi integralmente retrógrada, porquanto houve regressão para o sistema inquisitório puro, anteriormente em vigor.

Somente com o advento do *Code d'Instruction Criminelle*, de 1808, que entrou em vigor a partir de 1º de janeiro de 1811, é que o sistema francês historicamente se sedimentou.

Esse código foi um instrumento jurídico de transição, porquanto manteve a ordenança de 1670, em que preponderava o sistema inquisitivo puro.

Esse novo *Codex*[130] previa duas fases procedimentais: a primeira, com um colorido precipuamente de instrução preparatória, era sumária, escrita, secreta e não admitia o contraditório (inquisitória), além disso, era confiada ao juiz

---

129 Ibidem, p. 37.

130 Como oportunamente lembrado por José Antônio Barreiros, "O Código de Instrução Criminal consagrou algumas inovações que se firmaram na história das instituições jurídico-penais europeias, nomeadamente a separação das funções de instrução, acusação e julgamento, a regra do duplo grau de jurisdição (salvo quanto à *Cour d'Assirses*): o princípio da colegialidade e o caráter profissional dos juízes" (ibidem, p. 38).

88 GARANTIAS FUNDAMENTAIS NA ÁREA CRIMINAL

da instrução criado pelo Diretório; a segunda previa um procedimento oral, público e o contraditório, em que a matéria fática era julgada por um júri (acusatória).[131]

No âmbito do processo penal brasileiro, estando o Brasil sob o domínio português, a legislação processual penal vigente no país era o Código Filipino, que teve incidência até 25 de março de 1824, quando já havia sido proclamada a independência.

Tendo em linha de consideração a chegada de D. João VI ao Brasil, a organização judiciária colonial teve de passar por inúmeras reformas, criando-se inclusive o Conselho Militar e de Justiça e dando-se à Relação do Rio de Janeiro a categoria de Casa de Suplicação, o que a elevou à condição de Superior Tribunal de Justiça.

Retornando D. João VI para Portugal, ficou em seu lugar o príncipe regente D. Pedro de Alcântara, que, preocupado com a segurança das pessoas e procurando combater o despotismo de alguns governadores, juízes criminais e magistrados e fazer com que as leis fossem respeitadas, estabeleceu por intermédio do decreto de 23 de maio de 1821 determinadas linhas de conduta relativamente àqueles que eram depositários da justiça.

Entre outras providências, determinou esse decreto que qualquer pessoa livre somente poderia ser presa por ordem escrita do juiz ou do magistrado criminal do território, salvo na hipótese de flagrante delito, em que qualquer um do povo poderia prender; a ordem de prisão somente poderia ser dada quando houvesse culpa formada; deveria ser feito processo de imediato para as pessoas que se encontrassem presas, estabelecendo inclusive que as provas fossem abertas e públicas, para que pudesse ser facilitada a defesa; as pessoas não poderiam ser lançadas em segredo em masmorra estreita, escura ou infecta, abolindo também o uso de correntes, algemas, grilhões e outros ferros quaisquer.

Volvendo agora mais especificamente ao teor do sistema processual penal, verifica-se que, pela Lei de 12 de novembro de 1821, as Cartas Portuguesas extinguiram todas as devassas que se encontravam inseridas nas Ordenações Filipinas, que também se encontravam em vigência no Brasil.

A lei encontrava-se redigida da seguinte maneira:

1º Ficam extintas [as Devassas] que as leis incumbem a certos julgadores em determinados tempos sobre delitos incertos. 2º Na disposição do artigo antecedente se compreendem as Devassas Gerais, a que se procedia nos Juízos Eclesiásticos,

---

131 MOSSIN, Heráclito Antônio. *Compêndio de processo penal*, p. 18.

CAPÍTULO 2 – GARANTIAS PROCESSUAIS PENAIS – DEVIDO PROCESSO LEGAL   89

a respeito dos seculares e mesmo dos eclesiásticos nos crimes civis; 3º Todos os casos que até o presente faziam objeto de Devassas Gerais d'ora em diante casos de querela para o interessado, e de denúncia para qualquer pessoa.

Conforme afirmado por José Frederico Marques, "proclamada a independência e organizado constitucionalmente o país, passam a encontrar agasalho e consagração, no direito pátrio, todas as ideias liberais que vinham de substituir as iníquas práticas do sistema inquisitivo"[132].
Ainda no correr do Império,

> o nosso Código de Processo Criminal de 1841, consagrando o sistema misto, subordinou a formação da culpa mais ao processo inquisitório do que ao acusatório, deixando ao plenário da acusação, defesa, prova e julgamento toda a amplitude do processo acusatório. Aquele monumento da ilustração e sabedoria dos legisladores daquela época, devido principalmente ao Senador Alves Branco, foi a mais importante de todas as nossas revoluções legislativas[133].

Esse diploma foi inspirado na legislação francesa, em que o sistema misto se encontrava consagrado, prevalecendo o inquisitório na fase de instrução e o acusatório na de julgamento, e na legislação inglesa, na qual preponderava o tipo acusatório.
Na feliz colocação de Galdino Siqueira, "pelo que toca ao processo, adotou-se o sistema misto, subordinando a formação da culpa mais ao processo inquisitório do que ao acusatório, deixando ao plenário da acusação, defesa, provas e julgamento toda a amplitude do processo acusatório"[134].
No período republicano, embora a Constituição de 24 de fevereiro de 1891, em seu art. 34, XXIII, não previsse que os estados tinham competência para legislar sobre processo penal, a verdade é que a grande maioria deles o fez, o que propiciou um múltiplo aparecimento de sistemas processuais, conforme apontado com segurança pelo doutrinador José Frederico Marques, *in integrum*:

> O golpe dado na unidade processual não trouxe vantagem alguma para nossas instituições jurídicas; ao contrário, essa fragmentação contribuiu para que se estabelecesse acentuada diversidade de sistema, o que, sem dúvida alguma, prejudicou a aplicação da lei penal. Quando a pluralidade processual foi instaurada,

---

132 *Elementos de direito processual penal*, p. 96.
133 ALMEIDA JUNIOR, João Mendes de. *O processo criminal brasileiro*, p. 232.
134 *Curso de processo criminal*, p. 12.

era nosso processo penal informado pelos seguintes princípios: oralidade de julgamento e processo escrito para a instauração da formação de culpa; contraditório pleno no julgamento e contraditório restrito no sumário de culpa; processo ordinário para os crimes inafiançáveis e afiançáveis comuns ou de responsabilidade, com plenário posterior à formação da culpa; inquérito policial servindo de instrumento da denúncia ou queixa, apenas nos crimes comuns; o processo especial estabelecendo desde logo a plenitude da defesa nos crimes comuns; a propositura da titularidade da ação penal, de acordo com o que dispunha o art. 407 do Cód. Penal. Postos em vigor códigos estaduais, os mais diversos princípios foram adotados. Enquanto alguns códigos se mantinham fiéis àqueles postulados jurídico-processuais, outros deles se afastavam ou porque tornassem a formação da culpa secreta, ou porque suprimissem o inquérito policial, ou porque restringissem cada vez mais as atribuições do Júri, ou porque configurassem sob forma contraditória plena toda a formação de culpa[135].

Somente com a Magna Carta Federal de 1934 é que houve o retorno ao regime unitário, eis que em seu art. 55, XIX, *a*, estava prevista a competência privativa da União para legislar sobre matéria processual, a exemplo do que ocorre com a Carta Política Federal em vigência (art. 22, I).

O atual Código de Processo Penal, promulgado em 3 de outubro de 1941, que entrou em vigor em 1º de janeiro de 1942, no dizer de José Frederico Marques,

> não se afastou de nossas tradições legislativas. Manteve o inquérito policial configurando-o tal como o herdamos do Império através da Reforma de 1871; em obediência a um mandamento constitucional, estabeleceu a instrução plenamente contraditória e separou de vez as funções acusatória e julgadora, eliminando quase por completo o procedimento *ex officio*, que só permaneceu para o processo das contravenções; restringiu, ainda mais, a competência do Júri, e plasmou todas as formas procedimentais sob fiel observância do sistema acusatório. Infelizmente, a comissão que elaborou o projeto que se transformou no atual Cód. de Proc. Penal não soube dotar o país de um estatuto moderno, à altura das reais necessidades de nossa Justiça Criminal[136].

Só a singular circunstância de ter o legislador conferido ao juiz de direito concorrentemente a função cumulativa de órgão acusador e julgador nas con-

---

135 *Elementos de direito processual penal*, p. 102.
136 Ibidem, p. 105.

CAPÍTULO 2 – GARANTIAS PROCESSUAIS PENAIS – DEVIDO PROCESSO LEGAL   91

travenções penais (arts. 26 e 531), elegendo nesse particular o procedimento *ex officio*, o que constituiu um retrocesso irretorquível, já é suficiente para assinalar o sistema pátrio como misto.

No que diz respeito à vigente Magna Carta da República, o sistema por ela implantado será abordado após considerações sobre os vários sistemas processuais penais e suas características.

Com efeito, no fluir do passo histórico pontilhado, verificaram-se as várias formas e os elementos que identificam os sistemas processuais. Agora, de maneira mais objetiva, clara e concentrada, vão ser apontadas as características próprias e específicas de cada um deles, levando-se em consideração os passos históricos anteriormente expostos.

O sistema inquisitório apresenta as seguintes características: a) o julgamento é feito por magistrado ou juiz permanente, que sempre é um funcionário do rei ou autoridade subordinada ao poder governamental; b) o juiz tem a tarefa de acusar, defender e julgar, sempre se sobrepondo à pessoa do acusado; c) a acusação, que sempre é *ex officio*, permite que a denúncia seja feita de forma secreta; d) o procedimento é escrito, secreto e não admite o contraditório e, consequentemente, a ampla defesa; e) o julgamento é feito com base na prova tarifada; f) a regra era a prisão preventiva do réu; g) a decisão jamais transita formalmente em julgado, podendo o processo ser reaberto a qualquer tempo.

No que diz respeito ao sistema acusatório, em torno dele gravitam os seguintes requisitos: a) o julgamento é feito por populares (jurados) ou por órgãos judiciários totalmente imparciais; b) igualdade das partes; c) liberdade das partes quanto à apresentação das provas, não podendo o juiz exercer ato de natureza persecutória; d) não pode o juiz provocar sua própria jurisdição, fica esta na dependência das partes; e) o processo é oral, público e com contraditório; f) livre convicção quanto à apreciação das provas; g) a regra é a liberdade do acusado, admitindo-se, excepcionalmente, a prisão preventiva; h) a sentença faz coisa julgada.

O sistema misto, também denominado de reformado ou napoleônico, é uma mescla de elementos típicos dos sistemas inquisitório e acusatório. Nele, a acusação é reservada a um órgão do Estado; a instrução é secreta e escrita; o debate é, ao contrário, público e oral; livre é o juiz em seu convencimento.[137]

O sistema antropológico também merece registro. Como seu próprio nome indica, ele é constituído por fatores antropológicos com uma mescla de elementos do tipo acusatório e inquisitório. Tem como principais características:

---

137 MANZINI, Vincenzo. *Istituzioni di diritto processuale penale*, p. 6.

GARANTIAS FUNDAMENTAIS NA ÁREA CRIMINAL

(a) Nada de júri, nada mesmo de magistrados juristas: os jurados são, em geral, pessoas incultas, sem antecedentes, nem hábitos que garantam o acerto de seus julgamentos; os magistrados juristas, ao menos os de hoje, imbuídos das doutrinas espiritualistas, não conhecem os indícios fisiológicos e antropológicos que podem fixar a natureza do delinquente e a pena. O magistrado repressivo deve ter não um diploma do estudo do direito, mas do estudo de sociologia, fisiologia e antropologia criminal. Os jurados são a guarda nacional do direito; entretanto, "a guarda nacional abolida como milícia inútil não era inofensiva, ao passo que o júri, além de inútil, é extremamente perigoso", diz Garofalo; (b) relativamente à ação, em caso algum se deve deixar à parte o direito exclusivo de proceder contra o delinquente, porque a pena de nenhuma maneira deixa de ser uma necessidade social, considerado o perigo da reincidência; (c) a instrução deve ser secreta e escrita, limitando-se a publicidade e a oralidade ao caso de contestação sobre o valor das provas do fato, sobre os antecedentes pessoais e hereditários do indiciado e seus sinais antropológicos. Os casos de prisão preventiva devem ser ampliados e os de fiança devem ser restringidos. A última fase do processo, a mais importante e decisiva, de interesse capital para o acusado, consistirá no exame antropológico e na aplicação matemática da eliminação, se o delinquente apresentar as características de um criminoso nato. Se não é um criminoso nato, será um alienado, que deve ser internado em asilos ou manicômios especiais e entregue ao cuidado e à repressão dos médicos alienistas que os dirigem; (d) os recursos devem ser restritos e as jurisdições superiores devem ser menos rigorosas na exigência do cumprimento das formalidades[138].

Vencida essa etapa analítica, o assunto jurídico que deverá ser enfrentado, tendo por suporte a Magna Carta da República de 1988, hoje em vigor, e o Código de Processo Penal, que data de 1941 e que entrou em vigor em 1942, é determinar o sistema processual que hoje prevalece na legislação nacional.

Esse Diploma Maior conferiu ao Ministério Público, como função institucional, a promoção privativa da ação penal pública (art. 129, I).

Como toda contravenção penal é persequível por intermédio de ação penal pública incondicionada, a Magna Carta Federal revogou tacitamente os arts. 26 e 531, ou então deixou de recepcioná-los. Com isso, foi expurgada da legislação brasileira a única hipótese inaceitável de procedimento penal de ofício. Atualmente, é defeso ao magistrado provocar sua própria atividade judicante. Nessa linha de raciocínio, há separação distinta entre órgão acusador e julgador.

Na ação penal pública, a *persecutio criminis* fica a cargo do Ministério Público (art. 24 do CPP), enquanto a ação penal privada tem como titular o

---

138 ALMEIDA JUNIOR, João Mendes de. *O processo criminal brasileiro*, p. 230-1.

CAPÍTULO 2 – GARANTIAS PROCESSUAIS PENAIS – DEVIDO PROCESSO LEGAL   93

ofendido ou seu representante legal (art. 30 do CPP), e a popular pode ser promovida por qualquer um do povo (art. 14 da Lei n. 1.079/50).

O julgamento do pedido contido na ação penal está afeto a juízes togados e, excepcionalmente, a magistrados populares, portanto leigos, como acontece no processo penal do júri (arts. 74 do CPP e 5º, XXXVIII, da CF). Cuidando-se de *impeachment*, o julgamento está afeto ao Senado (arts. 24 da Lei n. 1.079/50 e 86, *caput*, *in fine*, da CF).

O processo penal brasileiro é precipuamente contraditório, obedece aos regramentos da oralidade e da publicidade, com destaque voltado ao Juizado Especial Criminal (JECrim), instituído pela Lei n. 9.099/95.

Não há no processo penal pátrio o juiz instrutor, sendo certo que a fase investigatória, que tem caráter preparatório, fica a cargo da polícia judiciária, cujo inquérito poderá acompanhar a denúncia ou a queixa.

Dentro de um critério mais moderno e mais reservado a infrações penais de menor potencial ofensivo, é dispensado o inquérito policial, lavrando a polícia judiciária somente um termo circunstanciado da ocorrência típica (JECrim – Lei n. 9.099/95).

Esse procedimento criminal, como é evidente, não admite a contrariedade, sendo ele inquisitorial não puro, porquanto nada impede que o ofendido, seu representante legal ou o indiciado requeiram diligências no correr das investigações, o que somente será deferido a critério da autoridade policial.

A *informatio delicti*, como fase pré-processual da *persecutio criminis*, em nada altera o sistema acusatório vigente no Brasil, porquanto o que o caracteriza é a forma como se amolda e se desenvolve o processo, como instrumento de realização da jurisdição (fim ontológico), ficando dessa maneira afastado de seu conceito e requisito o inquérito policial, que não só é de índole administrativa como também figura na categoria de procedimento.

Tendo por escopo os elementos apontados, ao lado do conceito de garantia, pode-se afirmar que o processo penal pátrio está moldado sob o sistema acusatório puro. Entretanto, a doutrina não se mostra pacífica nesse particular, uma vez que considera que a Constituição Federal elegeu o sistema acusatório puro, porém algumas normas que compõem o Código de Processo Penal lhe dão faceta inquisitorial, razão pela qual o sistema prevalente é o misto. Esse posicionamento merece reflexão.

Nas palavras de Guilherme de Souza Nucci,

> o sistema adotado no Brasil, embora não oficialmente, é o misto. Registremos desde logo que há dois enfoques: o constitucional e o processual. Em outras palavras, se fôssemos seguir exclusivamente o disposto na Constituição Fede-

94 GARANTIAS FUNDAMENTAIS NA ÁREA CRIMINAL

ral, poderíamos até dizer que nosso sistema é o acusatório (no texto constitucional são encontrados os princípios que regem o sistema acusatório). Ocorre que nosso Código de Processo Penal (procedimento, recursos, provas etc.) é regido por Código específico, que data de 1941, elaborado em nítida ótica inquisitiva (encontramos no CPP muitos princípios do sistema inquisitivo, como veremos a seguir) [...][139].

Também, para efeito de análise, serve como paradigma a lição professada por Denilson Feitoza Pacheco:

no cotidiano forense, é comum afirmar que o sistema brasileiro é o acusatório, pelo simples fato de que o juiz ou tribunal não pode começar o processo penal de ofício, ou seja, o juiz ou tribunal depende de um pedido do acusador [...]. Entretanto, um observador externo ao nosso sistema diria que nosso sistema não é o acusatório, por ser certamente informado pelo princípio inquisitivo. Além disso, diria que se encontra numa espécie de fase embrionária do sistema misto, ainda no século XIX. [...] O juiz brasileiro pode, de ofício, ou seja, sem qualquer requerimento das partes: determinar a produção de provas em geral, seja durante a investigação criminal, seja no processo penal [...]. Requisitar a instauração de inquérito policial [...]. Logo, de acordo com boa parte da doutrina, o nosso sistema é inquisitivo garantista ou misto. Nem totalmente acusatório, nem totalmente inquisitivo. Há divisão entre as duas fases (inquisitivo e acusatório)[140].

Algumas situações pontuais contidas no Código de Processo Penal fazem com que se chegue à conclusão de que o sistema processual pátrio é o misto, notadamente tendo por escólio o instituto do inquérito policial.

É de inconcussa constatação que o inquérito policial tem natureza precipuamente inquisitorial. Nele, a rigor, o indiciado figura na qualidade de objeto de investigação, somente sendo considerado sujeito de direitos cuidando-se de sua liberdade física.

O caráter inquisitivo imprimido à *informatio delicti* se evidencia, principalmente, porque em sede de inquérito policial não se permitem o contraditório nem a ampla defesa, que somente têm emprego em nível processual. Não se pode deixar de considerar que há situações, embora muito isoladas, em que é necessário admitir o contraditório e a ampla defesa na fase apuratória do crime, sobretudo quanto à sua autoria ou participação.

---

139 *Manual de processo penal e execução penal*, p. 117.
140 *Direito processual penal*: teoria, crítica e práxis, p. 49.

CAPÍTULO 2 – GARANTIAS PROCESSUAIS PENAIS – DEVIDO PROCESSO LEGAL   95

Da forma com que o inquérito policial foi inserido no Código de Processo Penal, desde o seu surgimento, sua finalidade é acompanhar a denúncia ou a queixa sempre que servir de base a uma ou a outra. É o que reza o art. 12 do sobredito Diploma.

Verifica-se, portanto, que esse procedimento investigatório, como instrumento preparatório da ação penal, é plenamente autônomo em relação ao processo penal, não podendo diretamente intervir em seu resultado por ocasião da decisão sobre o *meritum causae*. Isso significa, em outros termos, que a inquisitoriedade inserida nesse procedimento investigatório em nada influi sobre o sistema acusatório, quer tirando sua pureza, quer fazendo com que ele tenha natureza mista.

De outro lado, a singular circunstância de o legislador permitir que o magistrado requisite a instauração do inquérito policial (art. 5º, II, do CPP) por si só não é elemento suficiente para interferir no sistema acusatório. O mesmo se diga com relação ao pedido de arquivamento contido no art. 28 do mencionado Diploma.

Reconheça-se, posto que imprescindível e necessário, que essa intervenção atribuída ao magistrado é amplamente indevida, porém se dá de forma única no campo da persecução criminal, que, a rigor, deve ser atividade exclusiva de órgão acusatório e não judicante, não alcançando em hipótese alguma o sistema acusatório puro na forma prevista pela Constituição Federal. Indubitavelmente, ela nasce a partir do momento em que a ação penal é ajuizada, ou seja, quando o juiz, por intermédio de decisão interlocutória, recebe a peça acusatória, permitindo, com a citação válida, a formação da relação jurídico-processual.

Sob outro prisma de análise, agora em termos de processo penal, não obstante as vozes dissidentes, a verdade incontroversa deve ser lavrada no sentido de que a produção da prova de *ex officio* não tem o condão de descaracterizar o sistema acusatório puro constitucionalmente consagrado.

Deixe-se sublinhado que a produção da prova determinada pelo magistrado é feita de forma supletiva, ou seja, somente quando os dados fáticos trazidos pelas partes, que têm a incumbência de provar o alegado, não forem suficientes para que o órgão judicante forme sua persuasão racional. Essa maneira de atuar do juiz não compromete, absolutamente, os matizes informadores e caracterizadores do sistema acusatório puro.

Corroborando com o que está sendo sustentado, diante da necessidade da descoberta da verdade real, não se pode, por amor a qualquer tipo de sistema, tornar o magistrado um órgão inerte, sem a mínima possibilidade de intervir de modo subsidiário na coleta da prova. Isso não condiz nem com o interesse das partes em lide nem com a ideal administração da justiça, menos ainda com o Direito.

É de incontrastável realidade que a composição do litígio exige elementos de convicção certos e seguros, o que somente pode ser conseguido com uma instrução rica em produção de prova, que deverá ocorrer, em princípio, unicamente com o ônus conferido às partes em litígio; porém, se os sujeitos processuais não conseguirem esse desiderato, o magistrado deverá cooperar com a instrução determinando a produção de prova, mas no exato limite de sua necessidade. Caso contrário, ele passará a favorecer alguma das partes e perderá, o que é mais importante, sua condição de órgão judicante neutro, assumindo, dessa forma, uma conduta inquisitiva.

Em arremate, por convicção, a participação do juiz na colheita da prova descaracteriza o sistema acusatório puro, por serem certas e isoladas situações indispensáveis para a formação de seu livre convencimento.

Para efeito de melhor esclarecimento e de coleta de dados para uma análise mais abrangente em torno da própria atividade do magistrado no campo das investigações, há de se lembrar que na legislação brasileira, diferentemente do que acontece na da Europa, não existe o chamado juiz de instrução ou de investigação quando então já acontece o início do processo, havendo por conseguinte a realização de ato processual e não administrativo como ocorre no Brasil.

Assim é que, diante do Código de Processo Penal português, o inquérito policial tem por finalidade promover diligências que visem a investigar a existência de um crime, a autoria, bem como para recolher provas para futura acusação (art. 262º). Esse procedimento é tido como ato processual.

A direção das investigações está a cargo do Ministério Público, assistido por órgãos de polícia criminal, que ficam sob a orientação e a dependência do precitado órgão (art. 263º).

No que diz respeito ao juiz da instrução, no correr do inquérito policial, são atribuições exclusivas suas: a) interrogatório judicial do detido; b) busca e apreensão em escritório de advogados, consultório médico e estabelecimentos bancários (art. 268º).

Ainda durante a fase investigatória, cumpre ao juiz da instrução ordenar ou autorizar: a busca e apreensão domiciliar e a interceptacão telefônica (art. 269º). A determinação é feita ao Ministério Público.

E, como se isso não bastasse, ressalvadas as autorizações e ordenações próprias do juiz da instrução, o Ministério Público pode delegar: o recebimento de depoimentos ajuramentados; as revistas (pessoais para o encontro de coisas); as buscas (domiciliares); a efetivação de perícia; quaisquer outros atos que sejam presididos e praticados pelo precitado órgão público (art. 270º).

O encerramento do inquérito policial é tarefa do Ministério Público, que poderá adotar as seguintes providências posteriores: a) arquivamento (não ter sido apurado o crime; não ter sido o crime praticado pelo arguido; falta de indícios da prática do crime e de sua autoria ou participação) (art. 277º); b) dedução da acusação (contém elementos semelhantes àqueles do art. 41 do CPP brasileiro) (art. 283º).

Por último, quando o delito comportar acusação particular, o Ministério Público notifica o assistente para formalizá-la.

Na Alemanha, o procedimento preparatório, também denominado fase de averiguação (investigação), é o momento prefacial no processo penal.

A atividade investigatória está a cargo do Ministério Público (Fiscal), com ele cooperando a polícia, o juiz investigador (só pratica ato de investigação urgente e promulga de ofício ordem de prisão) e as autoridades que prestam ajuda judicial.

O início das investigações ocorre no momento em que se tem conhecimento da prática do crime, bastando que haja "suficientes indícios fáticos".

A *notitia criminis* pode ser dada pelo particular, por autoridade administrativa ou por funcionários.

A averiguação termina quando o Ministério Público estima que todo o material necessário para decidir se vai exercer ação penal ou arquivar a causa (prescrição do crime, por ser o fato atípico, por fato que não pode ser imputado ao inculpado) esteja recolhido.

No que tange à ação penal, esta poderá ser pública ou privada (crimes leves em que o bem jurídico protegido é de esfera pessoal, familiar ou econômica íntima).

Na Itália, a investigação preliminar (*indagini preliminari*) tem por finalidade conseguir elementos para o exercício da ação penal (art. 326).

O Ministério Público dirige a investigação, dispondo diretamente da polícia judiciária (art. 327).

Pode ocorrer a intervenção do juiz na investigação preliminar de forma excepcional, em casos previstos em lei, a requerimento do Ministério Público, da parte privada e da vítima do crime (art. 328).

A notícia do crime (denúncia) pode ser feita ao Ministério Público ou à polícia judiciária (oficial de polícia). É ela pressuposto para a investigação preliminar.

Quanto à titularidade da *notitia criminis*, pode ser ela de iniciativa própria do Ministério Público ou da polícia judiciária (art. 330); do oficial público quando toma conhecimento do crime no exercício de sua função (art. 331); de qualquer funcionário que tiver conhecimento de crime no curso de um procedimento civil ou administrativo (art. 331); de qualquer pessoa (art. 333). Observa-se, outrossim, que a notícia cuidada diz respeito ao crime persequível de ofício.

98 GARANTIAS FUNDAMENTAIS NA ÁREA CRIMINAL

A denúncia é o instrumento por meio do qual é deduzida a notícia do crime, e deve conter os seguintes itens: a) a exposição do elemento essencial do fato; b) o dia da aquisição da notícia e a fonte de prova; e c) o domicílio, a identificação da pessoa a quem se atribui o fato, a pessoa ofendida e a circunstância relevante para a reconstituição do fato (art. 332), quando for possível.

6. PRESUNÇÃO DE INOCÊNCIA

Na consideração objetiva e fundada de Rogério Lauria Tucci,

outro, quiçá o mais importante, dos corolários do *due process of law*, especificado no processo penal – devido processo penal –, é a denominada presunção de inocência, que, como antes acentuamos, corresponde tecnicamente à não consideração prévia da culpabilidade[141].

Consoante doutrina esposada por Guglielmo Sabatini,

o imputado é sempre e só imputado, para fim de desenvolvimento do processo e durante o processo. Então não é considerado nem inocente e nem culpado. E se, todavia, no direito moderno, se precisa o que significa, e o que deva significar, a expressão "ser imputado", deve concluir-se que as normas processuais não são destinadas a tutelar uma apriorística presunção de inocência, mas a contemplar a complexidade de escopos a que tendem a instauração e o desenvolvimento do processo, especialmente nas relações decorrentes da pessoal e concreta situação do imputado no curso do procedimento[142].

A magna garantia estudada, pela sua significativa importância, foi objeto de declarações e tratados que foram recepcionados pelo Brasil, passando a equivaler a norma constitucional, por interpretação sistemática do § 2º do art. 5º da Carta Política: "os direitos e garantias expressos nesta Constituição não excluem outros decorrentes do regime e dos princípios por ela adotados, ou dos tratados internacionais em que a República Federativa do Brasil seja parte".

Desde as ideias liberais que pressionaram e conduziram a modificação do sistema repressivo no século XVIII, que correspondem à regra tradicional da *common law*, restou inscrito no art. 9º da Declaração dos Direitos do Homem

---

141 *Direitos e garantias individuais no processo penal brasileiro*, p. 401.
142 *Principe di diritto processuale penale*, v. 1, p. 38-9.

CAPÍTULO 2 – GARANTIAS PROCESSUAIS PENAIS – DEVIDO PROCESSO LEGAL   99

e do Cidadão que: "Sendo todo homem presumido inocente, se for julgada indispensável a sua prisão, todo rigor desnecessário à sua segregação deve ser severamente reprimido pela lei"[143].

Observa Germano Marques da Silva sobre esse princípio:

> Proclamado em França na Declaração dos Direitos do Homem e do Cidadão, daí derivou para os sistemas jurídicos inspirados pelo jusnaturalismo iluminista e veio a ser reconhecido pela sociedade internacional através da sua consagração na Declaração Universal dos Direitos do Homem (art. 11º) e na Convenção Europeia dos Direitos do Homem (art. 6º). Nas suas origens, o princípio teve sobretudo o valor de reação contra abusos do passado e o significado jurídico negativo de não presunção da culpa. No presente, a firmação do princípio, quer nos textos constitucionais, quer nos documentos internacionais, ainda que possa também significar reação aos abusos do passado mais ou menos próximo, representa sobretudo um ato de fé no valor da pessoa, próprio de toda a coletividade livre. Esta atitude político-jurídica tem consequências para toda a estrutura do processo penal que, assim, há de assentar-se na ideia-força de que o processo deve assegurar todas as necessárias garantias práticas de defesa do inocente e não há razão para não considerar inocente quem não foi ainda solene e publicamente julgado culpado por sentença transitada[144].

Por seu turno, constou na declaração francesa de 1789, no art. 9º: "Todo acusado é considerado inocente até ser declarado culpado [...]".

Em 10 de dezembro de 1948, trouxe o inciso XI da Declaração dos Direitos do Homem e do Cidadão, de maneira mais completa e detalhada, que: "Toda pessoa acusada de um ato delituoso tem o direito de ser presumida inocente, até que a culpabilidade tenha sido provada de acordo com a lei, em julgamento público, no qual lhe tenham sido asseguradas todas as garantias necessárias à sua defesa".

No âmbito do espaço histórico pesquisado, insta salientar que Giovanni Leone, ao apreciar a presunção da inocência sob o aspecto do *status* do imputado, deixou consignada a seguinte passagem:

> O *status* do imputado se referia, em troca, à XIII Declaração dos Direitos do Homem e do Cidadão, quando anunciou: "devendo-se presumir inocente todo ho-

---

143 "Tout homme étant présumé innocent, s'il est jugé indispensable de l'arreter, tout rigueur qui ne serait pas nécessaire pour sássurer de sa persone doit être sévérement reprime par la loi."

144 *Curso de processo penal*, p. 71-2.

100 GARANTIAS FUNDAMENTAIS NA ÁREA CRIMINAL

mem enquanto não se haja declarado culpado, se sua prisão é declarada indispensável, deve ser severamente reprimido pela lei todo rigor fora do necessário para assegurar-se de sua pessoa". Essa afirmação de presunção de inocência do imputado foi acolhida pelo pensamento jurídico liberal, que teve origem naquele histórico documento [...][145].

O Pacto de São José da Costa Rica, recepcionado pelo Brasil por meio Decreto Federal n. 678/92, contém no § 2º de seu art. 8º, ao tratar das garantias judiciais, o seguinte preceito: "Toda pessoa acusada de delito tem direito a que se presuma sua inocência enquanto não se comprove legalmente sua culpa [...]".

Seguindo as mesmas diretrizes encimadas, o Pacto Internacional sobre Direitos Civis e Políticos de 1966 (PIDCP), introduzido no Brasil por intermédio do Decreto Federal n. 592, de 6 de julho de 1992, deixou consagrado em seu art. 14, n. 2, que "toda pessoa acusada de um delito terá direito a que se presuma sua inocência enquanto não for legalmente comprovada sua culpa".

A Convenção para a Proteção dos Direitos do Homem e das Liberdades Fundamentais do Conselho da Europa diz (art. 6º, n. 2): "Qualquer pessoa acusada de uma infração presume-se inocente enquanto a sua culpabilidade não tiver sido legalmente provada".

O reconhecimento da presunção de inocência por organismos internacionais acabou sendo trasladado para diplomas constitucionais, tendo em vista não só a admissão mais potencial de um direito individual, mas também de um instrumento garantidor da liberdade física do indivíduo contra abusos e ilegalidades que, não obstante haver princípio e garantia em sentido contrário, normalmente acontecem.

A título exemplificativo, esse princípio se mostra inserido na Constituição de Portugal, da Itália, da Colômbia (de 1993), da Espanha. No Canadá, a Seção 11 (d) da Carta Canadense de Direitos e Liberdades afirma: "Qualquer pessoa acusada de um delito tem o direito de ser presumido inocente até prova em contrário nos termos da lei em uma audiência justa e pública por um tribunal independente".

No âmbito pátrio, o art. 5º, LVII, da CF afirma que: "Ninguém será considerado culpado até o trânsito em julgado da sentença penal condenatória".

Pela dicção do texto constitucional, ao prever que o indivíduo objeto de persecução criminal somente será tido como culpado após o pronunciamento jurisdicional acobertado pela *res iudicata* formal, ele não ostenta somente uma conotação diante do direito penal, mas tem sua projeção diante do próprio

---

145 *Tratado de derecho procesal penal*, p. 464.

CAPÍTULO 2 – GARANTIAS PROCESSUAIS PENAIS – DEVIDO PROCESSO LEGAL 101

direito processual penal. Assim, não se presta a garantia abordada unicamente para reconhecer que o acusado, de forma definitiva, afrontou a lei penal, transgrediu o preceito primário da norma sancionatária e, em razão disso, deve se subordinar à *sanctio legis* prevista pela transgressão típica, mas ela se projeta para o campo do direito processual penal.

Nessa ordem de consideração, a garantia constitucional em apreço se caracteriza por ser um instrumento limitador do poder punitivo do Estado (*ius puniendi in concreto*), eis que, a rigor, o condenado somente deve cumprir a *sanctio poenalis* a ele imposta quando não mais couber o emprego de meio impugnativo, ou seja, quando houver a preclusão das vias recursais. Trata-se de autêntico *favor libertatis*, uma vez que, não havendo a plena e irremovível certeza da culpabilidade do autor da infração típica, não há como considerá-lo culpado. É um direito subjetivo do indiciado ou acusado.

Sem dúvida,

> a presunção de inocência é uma presunção *juris tantum*, que exige, para ser afastada, a existência de um mínimo necessário de provas produzidas por meio de um devido processo legal e com a garantia da ampla defesa. Essa garantia já era prevista no art. 9º da Declaração francesa dos Direitos do Homem e do Cidadão, promulgada em 26-8-1789 (Todo acusado se presume inocente até ser declarado culpado) [...]. O princípio da presunção de inocência consubstancia-se, portanto, no direito de não ser declarado culpado senão mediante sentença judicial com trânsito em julgado, ao término do devido processo legal (*due process of law*), em que o acusado pôde utilizar-se de todos os meios pertinentes para sua ampla defesa e para a destruição da credibilidade das provas apresentadas pela acusação (contraditório)[146].

Ad argumentandum, essa garantia se mostra tão expressiva que somente poderá ser declarada a culpabilidade do imputado quando a prova produzida em instrução própria demonstrar de forma cabal sua responsabilidade penal pelo fato típico praticado. Se o acervo probatório não permitir essa conclusão em decorrência de dúvida, por mais insignificativa que seja, cumpre ao magistrado optar pelo *in dubio pro reo*. Assim, havendo dúvida, o melhor caminho indicado é o improvimento da pretensão condenatória, posto que esta exige, para sua adoção, certeza absoluta em face do direito insopitável de liberdade de ir, vir e ficar, que deve favorecer o acusado. Logo, a liberdade física somente pode ser sacrificada quando for absolutamente necessário.

---

146 MORAES, Alexandre de. *Constituição do Brasil interpretada*, p. 339-40.

102 GARANTIAS FUNDAMENTAIS NA ÁREA CRIMINAL

Em sintonia com o que está sendo sustentado, Giovanni Leone, de maneira plenamente escorreita, afirma que a chamada presunção de inocência do imputado pode ser dita em dois sentidos: a) com relação ao tema das provas; b) com relação ao *status* do imputado. Assim é que,

> com relação ao tema das provas, a presunção de inocência serve para levar-nos novamente a um princípio que circula em todo o processo; o princípio do *favor libertatis*, em virtude do qual todas as normas restritivas da liberdade não podem constituir objeto de aplicação analógica. E no mais particularmente concerne ao sistema probatório, se concreta dito princípio na máxima *in dubio pro reo*, que não só dá lugar a uma das formas de absolvição (insuficiência de provas), senão que alimenta toda a indagação judicial penal: uma aplicação da máxima *in dubio pro reo* pode-se encontrar no caso de causas de exclusão do delito ou da punibilidade, que se aplicam também no caso de dúvida. A esse significado se referiam, evidentemente, os escritores do tempo médio quando afirmavam: *innocens praesumitur cuius innocentia non probatur* (presume-se inocente aquele de quem não se prova a inocência)[147].

Em torno do que está sendo argumentado, *ex abundantia*, não se deve confundir a não garantia prévia de culpabilidade com o *in dubio pro reo*. Enquanto o primeiro deriva de preceito constitucional ligado à liberdade individual, o segundo decorre do instituto da prova no âmbito processual penal. O que há, indubitavelmente, é a consequência gerada pela dúvida em relação à culpabilidade do acusado e pela presunção de sua inocência.

Nessa ordem de consideração, procedem os argumentos tecidos por Alexandre de Moraes, quando deixa assentado o seguinte:

> O princípio da presunção de inocência não se confunde com o princípio do *in dubio pro reo*, pois, apesar de ambos serem do gênero *favor reo*, existe substancial diferenciação entre eles: enquanto o primeiro sempre tem incidência processual e extraprocessual, o segundo somente incidirá, processualmente, quando o órgão judicial tenha ficado em dúvida em relação às provas apresentadas. Devendo então optar pela melhor interpretação que convier ao acusado. Nota--se que, se a acusação não tiver conseguido provar as alegações ofertadas contra o acusado, não existindo, pois, qualquer dúvida no espírito do magistrado, permanecerá a existência do princípio da presunção de inocência, sem contudo ter havido necessidade de utilização do *in dubio pro reo*. O princípio do *in*

---

147 *Tratado de derecho procesal penal*, v. 1, p. 463-4.

dubio pro reo impõe ao órgão julgador o decreto absolutório quando não tenha se convencido de um princípio maior, que é o princípio da inocência[148].

Entretanto, não se pode perder de vista que, ao lado da não culpabilidade prévia, que, como se exortou, é assunto jurídico vinculado ao direito penal, existe interesse de ordem processual que pode recomendar a prisão daquele que tangenciou a norma incriminadora, quer na fase do inquérito policial, quer no curso da ação penal. Esse interesse não guarda nenhum liame com a precitada presunção.

Em sentido bastante amplo, existe a denominada medida cautelar pessoal, que tem a função de garantia, além de outros fins próprios e específicos de cunho processual, no âmbito da *persecutio criminis*. É o que acontece com a prisão preventiva (art. 312 do CPP), a prisão temporária (Leis ns. 7.960/89 e 8.072/90) e a prisão domiciliar (art. 317 do CPP), que são implicativas de restrição da liberdade física do indiciado ou acusado.

Essas medidas de caráter processual são utilizadas quando se procura garantir a eficácia de medida persecutória, não guardando nenhuma pertinência com a prisão decorrente de *decisum* condenatório com trânsito em julgado, razão pela qual não transgridem e menos ainda ofendem a garantia da presunção de inocência.

Não se pode perder de horizonte, que muitas vezes a segregação do direito de ir e vir do indiciado ou acusado se mostra de imperiosa necessidade para os fins colimados pelo processo a título de medida cautelar pessoal, porquanto sem essa restrição física é quase impossível ao Estado no exercício da *persecutio criminis* conseguir o fim buscado, quer para a *informatio delicti*, quer para o próprio processo de conhecimento.

Diante do que está sendo exposto, é de constatação plena e meridiana que o legislador constituinte, por intermédio da garantia da presunção de inocência, não estabeleceu óbice para a prisão de natureza processual ou investigatória na qualidade de medida cautelar pessoal.

Em decorrência do que está sendo alvo de discurso, embora de modo mais restritivo, o Superior Tribunal de Justiça editou a Súmula n. 9, cujo enunciado é o seguinte: "A exigência de prisão provisória, para apelar, não ofende a garantia constitucional da presunção de inocência".

A ementa a seguir transcrita, provinda do Superior Tribunal de Justiça, também se mostra oportuna em torno do assunto jurídico que está sendo objeto de considerações:

---

148 *Constituição do Brasil interpretada*, p. 343.

104 GARANTIAS FUNDAMENTAIS NA ÁREA CRIMINAL

A jurisprudência desta Corte tem proclamado que a prisão cautelar é medida de caráter excepcional, devendo ser imposta, ou mantida, apenas quando atendidas, mediante decisão judicial fundamentada (art. 93, IX, CF), as exigências do art. 312 do CPP. Isso porque a liberdade, antes da sentença penal condenatória definitiva, é a regra, e o enclausuramento provisório, a exceção, como têm insistido esta Corte e o Supremo Tribunal Federal em inúmeros julgados, por força do princípio da presunção de inocência, ou da não culpabilidade[149].

Outro assunto, que por sinal se mostra bastante significativo do ponto de vista constitucional, envolvendo a presunção da não culpabilidade, diz respeito ao efeito dos recursos especial e extraordinário.

Nos termos normativos do § 2º do art. 27 da Lei n. 8.038/90: "Os recursos extraordinário e especial serão recebidos no efeito devolutivo".

Por sua vez, o art. 255, *caput*, do Regimento Interno do Superior Tribunal de Justiça guarda a mesma simetria legislativa com o preceito transcrito: "O recurso especial será interposto na forma e no prazo estabelecido na legislação processual vigente, e recebido no efeito devolutivo".

Em princípio, todo recurso tem efeito devolutivo, que é próprio do reexame da matéria que foi objeto de impugnação. Outra coisa é conferir ao recurso efeito suspensivo ou não suspensivo, ou seja, determinar se a decisão combatida tem efeito imediato ou não. Pelos dizeres normativos contidos naquela norma extravagante, aliado que seja àquele dispositivo *interna corporis*, o recurso especial ou o extraordinário não ostenta efeito suspensivo. Isso implica afirmar que, no caso de acórdão condenatório, seja a título de confirmação de sentença de primeiro grau de jurisdição, seja a título de reforma decorrente do recurso ordinário, ele terá eficácia imediata, devendo o *decisum* começar a ser executado, embora de maneira provisória. Sem a necessidade de citar fonte pretoriana específica, tanto o STJ como o STF, sempre de maneira harmônica, entenderam que realmente os apelos extremos não estão sujeitos ao efeito suspensivo, mas sim ao meramente devolutivo.

Aliada ao que está sendo discursado, a Súmula n. 267 do Superior Tribunal de Justiça contém o seguinte enunciado: "A interposição do recurso, sem efeito suspensivo, contra decisão condenatória não obsta a expedição de mandado de prisão". Entretanto, os tribunais superiores traçam inteligência em sentido inverso. Em outros termos, o recurso especial ou o extraordinário devem ter efeito suspensivo. Assim, de acordo com o STF,

---

149 *HC* n. 34.542/DF, 5ª T., rel. Min. Marilza Maynard, *DJe* 26.04.2013.

CAPÍTULO 2 – GARANTIAS PROCESSUAIS PENAIS – DEVIDO PROCESSO LEGAL   105

ofende o princípio da não culpabilidade a execução da pena privativa de liberdade antes do trânsito em julgado da sentença condenatória, ressalvada a hipótese de prisão cautelar do réu, desde que presentes os requisitos autorizadores previstos no art. 312 do CPP[150].

Por seu turno, o STJ, em termos de simetria com a Excelsa Corte, lavrou a seguinte inteligência:

1. A ausência de previsão de efeito suspensivo nos recursos especial e extraordinário não se constitui meio válido para o início da execução provisória da pena, porquanto tal representaria daninho prejuízo ao princípio constitucional da não culpabilidade. 2. Ordem concedida para assegurar ao paciente o direito de permanecer em liberdade até eventual trânsito em julgado da condenação criminal imposta[151].

Outrossim, não se deve confundir efeito suspensivo com prisão preventiva. São situações processuais integralmente diferentes.

O efeito supracitado, como visto, não permite que a sentença condenatória seja executada de forma antecipada. Já a prisão preventiva é medida cautelar processual penal, que não permite que o acusado permaneça solto no fluir do procedimento criminal. Nessa ordem de consideração, se quando da decisão de segundo grau de jurisdição o recorrente ou o recorrido estiver preso, assim continuará, exceto se o tribunal entender que não mais subsiste o motivo ensejador de sua prisão, determinando sua soltura.

De outro lado, se o condenado estiver solto e desde que o tribunal não decrete sua prisão preventiva, deverá permanecer em liberdade até o trânsito em julgado formal da decisão condenatória. Todavia, torna-se imprescindível deixar esclarecido que, mesmo que o condenado continue preso e interponha recurso especial ou extraordinário, seguindo as novas trilhas daqueles tribunais superiores, a pena deverá ser executada provisoriamente. Se isso não ocorrer, evidentemente, o preso ficará impedido de transpor o regime prisional mais gravoso para o mais ameno, o que deverá acontecer somente quando estiver precluso o procedimento recursal, o que é um absurdo.

A posição adotada pelo STF e pelo STJ, embora não seja uma situação definitiva, mostra-se consentânea e plenamente confortável em termos de sistema que deve imperar em qualquer diploma legal. Fazendo cotejo analítico

---

150 *HC* n. 98.116/MG, 2ª T., rel. Min. Ellen Gracie, *DJe* 18.06.2009.
151 *HC* n. 114.111/SP, 6ª T., rel. Maria Thereza de Assis Moura, *DJe* 30.11.2009.

106 GARANTIAS FUNDAMENTAIS NA ÁREA CRIMINAL

entre o revogado art. 594 do CPP e o § 2º do art. 27 da Lei n. 8.038/90, verifica-se que ambos os regramentos legais cuidam da mesma matéria, ou seja, efeito não suspensivo em tema de matéria recursal.

Nessa ordem de consideração, se o legislador revogou o art. 594 do CPP por entender que ele era inconstitucional, uma vez que violava a garantia da presunção da inocência (art. 5º, LVII, da CF) no procedimento recursal, já que a impugnação ordinária em hipótese alguma poderia ficar subordinada à prisão do condenado reincidente ou portador de maus antecedentes, passa também a não existir razão de ordem legislativa capaz de sustentar a não suspensividade da decisão colegiada togada em termos de recurso especial ou extraordinário.

A questão da simetria deve ser preservada, sob pena de rompimento sistêmico que gravita em torno do instituto dos recursos. Assim, se para a interposição do recurso ordinário de apelação não há necessidade da prisão do recorrente condenado, conferindo à impugnação efeito suspensivo, da mesma maneira também não há como conceber que, para a aceitação do recurso especial ou extraordinário, o condenado deva ser preso, possibilitando, dessa forma, a execução provisória da reprimenda legal. De tal modo, situações perfeitamente idênticas não podem receber tratamento legal diferenciado.

Não se deve perder de vista, outrossim, que o legislador do revogado art. 594 do CPP previu a possibilidade de o juiz que acolheu a pretensão punitiva decretar a prisão preventiva do réu, quando concorrentes os permissivos processuais arrolados no art. 312 do precitado Diploma legal (art. 387, parágrafo único, do CPP). Trata-se de medida coativa da liberdade individual vinculada à garantia, principalmente, do cumprimento da sanção penal, que não guarda nenhum liame com o efeito recursal. Assim sendo, se, quando da prolação da sentença condenatória de primeira instância, existe a possibilidade de decretação da prisão preventiva do acusado, não há por que não admitir que a imposição dessa medida constritiva da liberdade corpórea do condenado se verifique também em segundo grau de jurisdição, evidentemente quando essa forma de coação não tiver sido adotada pelo juízo *a quo*. Cuida-se de igualdade, de isonomia de tratamento jurídico em situações que ostentam a mesma identidade. Logo, se em sede de recurso ordinário não deve haver efeito não suspensivo, também em termos de recurso especial ou extraordinário o efeito não deve ser unicamente devolutivo, mas também suspensivo.

Enfim, considerando-se que ainda continua em vigor a norma contida no § 2º do art. 27 da Lei n. 8.038/90, bem como a do art. 255, *in fine*, do Regimento Interno do Superior Tribunal de Justiça, pode ocorrer que o tribunal *a quo* receba o recurso especial somente no efeito devolutivo, o que gerará como consequência a prisão do condenado e a execução provisória da sentença do juiz singular ou colegiado, o que se mostra ofensivo à garantia da não culpabilidade prévia.[152]

Em arremate, defluem da presunção de inocência algumas situações que devem ser rigorosamente observadas: a) a imposição de prisão de natureza processual ou investigativa somente deve se verificar quando há absoluta necessidade de antecipar a restrição ao *ius libertatis* do indiciado ou acusado, mediante decisão fundamentada; b) o ônus da prova em torno da culpabilidade do acusado deve ficar exclusivamente a cargo do autor da ação penal, do Ministério Público ou do querelante. Isso significa que o acusado está desobrigado a demonstrar sua inocência; c) há de se aplicar, sempre que o conjunto probatório o permitir, a regra do *in dubio pro reo*; d) a necessidade da coleta da prova perante o órgão judiciário competente, mediante o devido processo legal, garantidos a ampla defesa e o contraditório; e) a plena independência do magistrado na apreciação das provas.

7. JUSTA CAUSA

A justa causa também se mostra como fundamento do *due process of law*.

A expressão *justa causa* exprime, em sentido amplo, toda a razão que possa ser avocada para que se justifique qualquer coisa, mostrando-se sua legitimidade ou sua procedência. Mas, a rigor, segundo o sentido de *justa*, que significa o que convém ou o que é de direito, e de *causa*, motivo, razão, origem, é necessário que o que se alega ou se avoca, para mostrar a *justa causa*, seja realmente amparado na lei ou no Direito, ou, não contravindo a este, funde-se na razão e na equidade.

Consoante os apontamentos sublinhados por Antônio Alberto Machado,

> realmente, a justa causa se caracteriza por conter uma forte carga ética. Observa-se que o termo *justa* já encerra a ideia de legítimo ou de justiça, porquanto, uma ideia de valor. No entanto, ao se aprofundar a reflexão nesse sentido, digamos, mais filosófico do conceito, deve-se concluir também que a noção de justiça está indissociavelmente ligada à verdade. Assim, a justa causa poderá ser também traduzida como a causa verdadeira, ou aquela causa que encerra um princípio de verdade. É por essa razão que os elementos da justa causa devem encontrar uma correspondência na realidade, ou seja, uma correspondência na-

---

152 MOSSIN, Heráclito Antônio. *Código de Processo Penal*: à luz da doutrina e da jurisprudência – doutrina comparada, p. 1.455-6.

108 GARANTIAS FUNDAMENTAIS NA ÁREA CRIMINAL

quilo que os processualistas chamam de um "mínimo de base" ou um "mínimo de prova" (tipicidade, indícios da autoria e punibilidade)[153].

É de rigorosa constatação que não pode existir persecução criminal, no caso particularmente compreendidos o exercício da ação penal e o próprio processo legal que dela decorre, sem que haja causa *secundum ius*. Esse entendimento se impõe não só quando se considera que o processo produz, pelo menos de forma indireta, constrangimento à liberdade física do acusado, mas também pelo fato de ele constituir mecanismo próprio e específico para a aplicação do direito penal na situação concreta. Logo, o processo, como forma de composição de litígio, deve estar cercado pela justa causa. Se isso não ocorrer, sua procedimentação se mostrará oposta ao direito.

O fator primordial da justa causa discursada encontra seu início na ação penal, cujo exercício se subordina ao seu cumprimento.

Ab initio, para que o exercício da *actio poenalis* seja aceito, é imprescindível que ela esteja revestida de justa causa, que seja *secundum ius*, conforme o direito. Assim é que, "quando a acusação é manifestamente infundada, falta justa causa para o processo penal"[154].

Sem dúvida,

> a acusação, para que seja viável, há de ter por suporte situação fática perfeitamente delineada em torno da imputação e da autoria ou participação. Nessa ordem de consideração, haverá a ausência de justa causa para a *actio poenalis* quando for manifesta a não prática de algum ato delituoso ou a não comprovação de indícios suficientes da autoria ou participação do apontado agente[155].

Em sentido amplo, no campo da justa causa para o processo também se aglutinam os pressupostos processuais (órgão investido de jurisdição, partes ativa e passiva, legitimidade); os requisitos da denúncia ou queixa previstos no art. 41 do Código de Processo Penal (a exposição do fato criminoso com todas as suas circunstâncias, a qualificação do acusado ou esclarecimentos pelos quais se possa identificá-lo, a classificação do crime); as condições genéricas da ação penal (possibilidade jurídica do pedido, interesse processual ou de agir e legitimidade de parte); as condições específicas (a representação, as condições de punibilidade, a inexistência de causa extintiva de punibilidade). Essa amplitu-

---

153 *Teoria geral do processo penal*, p. 168.
154 MARQUES, José Frederico. *Elementos de direito processual penal*, p. 393.
155 MOSSIN, Heráclito Antônio. *Compêndio de processo penal*, p. 522.

CAPÍTULO 2 – GARANTIAS PROCESSUAIS PENAIS – DEVIDO PROCESSO LEGAL **109**

de da justa causa, que não elege somente a causa *secundum ius* que autoriza a ação penal, justifica-se porquanto as situações precitadas são indicativas ou autorizativas da rejeição da denúncia ou queixa, que conduzem à formação do processo de conhecimento.

Com efeito, no norte normativo traçado pelo art. 395, *caput*, do Código de Processo Penal, "a denúncia ou queixa será rejeitada quando: I – for manifestamente inepta; II – faltar pressuposto processual ou condição para o exercício da ação penal; III – faltar justa causa para o exercício da ação penal".

A justa causa se mostra tão imperiosa e indispensável no processo penal nacional que o legislador previu, no inciso I do art. 648, que cuida do instituto do *habeas corpus*, que "a coação considerar-se-á ilegal: I – quando não houver justa causa".

Pela dicção do texto legal trasladado, havendo a configuração da falta de justa causa, a coação será tida como ilegal, injurídica e contra o direito, o que autoriza o manejo da ação mandamental de *habeas corpus*.

O objetivo da ação mandamental está voltado ao trancamento da ação penal:

> o exercício da ação penal deve subordinar-se aos requisitos persecutórios a ela inerentes. A *persecutio criminis*, por gerar sempre, quer direta, quer indiretamente, a coação à liberdade física do indivíduo, deve se estribar nos mandamentos legais a ela pertinentes. Do ponto de vista pedagógico, o exame da matéria abordada deve incidir basicamente sobre os requisitos da denúncia ou queixa (art. 41 do CPP), pressupostos processuais, condições da ação penal e justa causa para o exercício da *actio poenalis*. [...] Para efeito de admissão da ação penal, torna-se indeclinável a peça postulatória pública ou privada obedecer aos permissivos processuais precitados. Se isso não acontecer, ela será tida como inepta, não podendo gerar efeitos de ordem processual no sentido de permitir a formação da relação jurídico-processual, motivo pelo qual cumpre ao magistrado rejeitá-la, conforme previsão normativa encampada pelo inciso I do art. 395 do CPP [...]. Todavia, se, não obstante a omissão verificada na denúncia ou queixa, o *diretor litis* acolher a peça acusatória, haverá constrangimento ilegal por falta de justa causa para a *persecutio criminis*, dando ensejo ao ajuizamento da ação penal de *habeas corpus*[156].

In casu, a ação de *habeas corpus* tem por precípua finalidade o trancamento da ação penal.

---

156 MOSSIN, Heráclito Antônio. *Habeas corpus*, p. 98.

110 GARANTIAS FUNDAMENTAIS NA ÁREA CRIMINAL

Para efeito de paradigma sobre o assunto jurídico telado, confira-se a ementa copiada a seguir:

> É firme a jurisprudência desta Corte e do STF de que a concessão de *habeas corpus* com a finalidade de trancamento da ação penal em curso só é possível em situações excepcionais, quando comprovada, de plano, a atipicidade da conduta, a ocorrência de causa extintiva de punibilidade ou a ausência de indícios da autoria ou materialidade delitiva[157].

Ad conclusam, o devido processo legal exige a concorrência da justa causa para a persecução criminal.

8. TRATAMENTO PARITÁRIO DOS SUJEITOS PROCESSUAIS

Precedendo o exame constitucional acerca do tema jurídico que está sendo alvo de considerações, faz certo notar o que se encontra previsto no art. 8º do Pacto de São José da Costa Rica, que trata das garantias judiciais. Como se disse precedentemente, esse tratado sobre direitos humanos foi recepcionado pelo Brasil por intermédio do Decreto n. 678, de 6 de novembro de 1992.

> Toda pessoa tem o direito de ser ouvida, com as devidas garantias e dentro de um prazo razoável, por um juiz ou tribunal competente, independente e imparcial, estabelecido anteriormente por lei, na apuração de qualquer acusação formulada contra ela, ou para que determinem seus direitos ou obrigações de natureza civil, trabalhista, fiscal ou de qualquer natureza.

A frase "toda pessoa tem o direito de ser ouvida" deve ser entendida dentro do aspecto da bilateralidade no campo processual, qualquer que seja sua natureza, civil ou criminal, uma vez que ela é implicativa de direitos iguais.

O princípio da igualdade é o cerne, o arcabouço do direito como forma de expressão da sua democracia, que sempre deve presidir as relações entre as pessoas, principalmente quando se encontram em litígio. Não se pode absolutamente afirmar a existência de qualquer que seja o direito se ele não se encontrar amparado pela isonomia. O direito, é importante deixar enfatizado, pres-

---

157 STJ, *HC* n. 75.930/PE, 6ª T., rel. Min. Sebastião Reis Júnior, *DJe* 14.05.2012.

supõe a equidade como fundamento básico e imutável. Não existe direito sem igualdade de tratamento, sem paridade.

A propósito do que está sendo exortado, Hortêncio Catunda de Medeiros afirma que "[...] as partes se acham no litígio em pé de igualdade, e essa igualdade dentro do processo outra coisa não é senão uma manifestação do princípio da igualdade dos indivíduos perante a lei [...]"[158].

Diante de outro ponto analítico, no que diz respeito à expressão "todos são iguais perante a lei", encartada no *caput* do art. 5º da Magna Carta da República, um indicador da máxima importância que lhe deu o legislador constituinte nos lindes dos direitos e das garantias fundamentais, do ponto de vista formal (a lei deve ser indistintamente aplicada a todas as pessoas), ela tem um significado muito abrangente, de cunho universal.

O que está sendo posto encontra recepção na singular circunstância de que o vocábulo "lei", contido no texto de regência, tem sentido vasto e compreende em seu bojo qualquer disposição normativa, notadamente aquela que guarda interesse com o trabalho jurídico ora desenvolvido, que é a norma de direito penal e de direito processual penal.

Há muito Seabra Fagundes observa, sobre o momento da elaboração da lei, que ela

deve reger, com iguais disposições – os mesmos ônus e as mesmas vantagens –, situações idênticas, e, reciprocamente, distinguir na repartição de encargos e benefícios as situações que sejam entre si distintas, de sorte a quinhoá-las ou gravá-las em proporção às duas diversidades[159].

Provém de José Afonso da Silva, em torno da igualdade constitucional comentada, a ideia de que a garantia em questão se desdobra sob dois prismas: 1) como interdição ao juiz de fazer distinção entre situações iguais ao aplicar a lei; 2) como interdição ao legislador de editar leis que possibilitem tratamento desigual a situações iguais ou tratamento igual a situações desiguais por parte da Justiça.[160]

No âmbito doutrinário levado em consideração aduzem Arruda Alvim, Araken de Assis e Eduardo Arruda Alvim:

o princípio da isonomia é um dos princípios basilares do processo civil. A CF/1988, no seu art. 5º, *caput*, estabelece a igualdade de todos perante a lei, o que se re-

---

158 *Esquema de teoria geral do processo*, p. 152.
159 *RT* 253/3.
160 *Curso de direito constitucional positivo*, p. 221.

flete no disposto no art.125, I, do CPC, exigindo que ambas as partes, autor e réu, sejam tratadas com igualdade [...][161].

Na diretriz daquilo que se tem afirmado, o magistério colacionado se presta também para os lindes do direito processual penal.

De maneira bastante singela, afirma Misael Montenegro Filho que "a isonomia processual significa tratar desigualmente pessoas que se encontram em situação processual desigual"[162].

Note-se que no Código de Processo Penal o legislador não destacou nenhum dispositivo prevendo a isonomia, a igualdade das partes no campo da relação jurídico-processual, satisfazendo-se, por exemplo, no campo da prova, em aduzir no art. 156 que "a prova da alegação incumbirá a quem a fizer [...]".

Em sentido inverso ao do mencionado *Codex*, o legislador processual civil, embora isso fosse dispensável em face do preceito constitucional da igualdade perante a lei, reforça-o, normatizando que: "O juiz dirigirá o processo conforme as disposições deste Código, competindo-lhe: I – assegurar às partes igualdade de tratamento".

A expressão "igualdade de tratamento" tem uma dicção implicativa de que o magistrado deve zelar pela isonomia, pela equidade que as partes devem ter no fluir da instância em termos de direito e da própria garantia da defesa de seus interesses, que sempre se mostram antagônicos dentro da relação jurídico-processual. Assim, é forçoso convir que a expressão mencionada não tem o significado de cortesia, mas que os litigantes devem ter tratamento igualitário pelo juiz.

Essa isonomia entre os sujeitos que compõem o processo, representada por preceitos que garantem a paridade entre o autor da ação e o réu e estabelecem um equilíbrio entre ele, o que é próprio e específico do processo de partes, mostra-se necessária quando se visam aos próprios fins colimados pela administração da justiça, porquanto essa igualdade imposta constitucionalmente possibilita, além de outras produções dentro do processo, a coleta de elementos de convicção de maneira igualitária, o que se revela de inestimável valia para o magistrado formar seu livre convencimento.

O doutrinador Humberto Theodoro Júnior, lançando mão do magistério de Couture, deixa assentado que: "o princípio da igualdade domina todo o processo civil e, por força da isonomia constitucional de todos perante a lei,

---

161 *Comentários ao Código de Processo Civil*, p. 345.
162 *Código de Processo Civil comentado e interpretado*, p. 178.

CAPÍTULO 2 – GARANTIAS PROCESSUAIS PENAIS – DEVIDO PROCESSO LEGAL **113**

impõe que ambas as partes da lide possam desfrutar, na relação processual, de iguais faculdades e devam se sujeitar a iguais ônus e deveres"[163].

A igualdade a que se está fazendo menção pela sua incidência, e que consiste em direitos e obrigações que vinculam as partes, pode ser denominada igualdade jurisdicional ou processual.

Em linhas gerais, a igualdade de tratamento que deve ser conferida às partes se situa exatamente na mesma oportunidade a elas outorgada para praticarem os atos processuais de seu interesse na relação jurídico-processual.

Tendo por guia o objetivo primário deste trabalho jurídico, deve ficar aclarado que a doutrina é coesa em inserir a igualdade processual das partes no vasto campo do devido processo legal (*due process of law*). Assim é que a aludida isonomia tem pertinência com o contraditório, com a motivação das decisões, com a publicidade, com a proibição da prova ilícita, com a presunção de inocência, com a imparcialidade do juiz. Tanto isso se mostra inconteste que, havendo elementos indicativos, por exemplo, da suspeição, da imparcialidade ou de impedimento (arts. 252 a 254 do CPP), pode haver a exceção a respeito (art. 95 do CPP), evitando, dessa maneira, que alguma das partes receba tratamento privilegiado dentro da instância penal.

No contexto *sub examine*, observa Antônio Carlos Marcato que "o princípio da igualdade das partes relaciona-se intimamente com o princípio do contraditório, já que, dentro do estabelecimento do contraditório, viabilizam-se os dois preceitos constitucionais, o da ampla defesa e o da igualdade"[164].

É de indubitável clareza que, embora o texto copiado se refira ao processo civil, tem ele também ampla aplicabilidade no campo do processo penal, mesmo porque há identidade íntima entre ambos os institutos no que concerne à teoria geral do processo. Assim é que, ante a ausência de norma processual específica em torno da paridade das partes no Código de Processo Penal, o que, aliás, já foi objeto de advertência, outras lições de civilistas serão trazidas à colação.

Colhe-se do magistério de Costa Machado que:

> se o juiz é imparcial, não pode haver tratamento diferenciado dispensado às partes; a imparcialidade do juiz se manifesta, se expressa, fundamental e prefacialmente, pela garantia da igualdade entre autor e réu no processo (CF, art. 5º, I) – traduzida em dever do Estado-juiz para com seus jurisdicionados. Nesse princípio tem origem outro, o do contraditório (ciência bilateral dos atos e termos do processo com a possibilidade de impugná-los) [...][165].

---

163 "Princípios gerais de direito processual civil". *Revista de Processo*, São Paulo, ano 6, n. 23, 1981, p. 182.
164 "Preclusões: limitação ao contraditório?". *Revista de Processo*, São Paulo, ano 5, n. 17, 1980, p.110-1.
165 *Código de Processo Civil interpretado e anotado*, p. 441.

O que está sendo dissertado encontra ressonância na doutrina traçada por Rogério Lauria Tucci, *verbis:* "as [garantias] alusivas ao tratamento paritário dos sujeitos parciais do processo penal, por sua vez, estão dispostas no *caput* do art. 5º, ao sobrelevar o direito à igualdade de todos perante a lei"[166].

Exemplificadamente, do ponto de vista da comunicação dos atos processuais, que deve ficar centrada na igualdade de direito entre as partes, o Código de Processo Penal erigiu, no *caput* do art. 370, a seguinte norma: "Nas intimações dos acusados, das testemunhas e demais pessoas que devam tomar conhecimento de qualquer ato, será observado, no que for aplicável, o disposto no Capítulo anterior".

Em sentido bastante amplo, a intimação a que faz alusão o precitado preceito envolve testemunhas, vítima, acusado, funcionário público, militar, preso, defensor constituído, advogado do querelante, assistente de acusação, Ministério Público e defensor nomeado.

Verte dos profícuos ensinamentos de José Frederico Marques:

> para que as partes e demais pessoas tenham conhecimento dos atos que se desenrolam no processo, outros são praticados de intercâmbio e comunicação processual, a fim de que, para as partes, o contraditório se desenvolva normalmente, e também para que outras pessoas, que participam do procedimento, possam exercer as tarefas que a lei lhes atribui, no fluir da instância[167].

Dimana do sistema de comunicação dos atos processuais que eles

> são imprescindíveis para que o procedimento flua e se realize sob o império da legalidade. No âmbito da relação jurídico-processual, há o interesse do Estado, que é de natureza punitiva; do acusado, que diz respeito à sua liberdade corpórea, sendo certo que, vinculadas a esses interesses, encontram-se outras pessoas, como vítima, testemunha, peritos, que devem comparecer em juízo visando à produção de atos de natureza probatória[168].

Como assentado por Germano Marques da Silva, "a comunicação dos atos processuais destina-se a transmitir uma ordem de comparência, uma convocação para participar em diligência processual ou o conteúdo de ato realizado ou de despacho proferido no processo"[169].

---

166 *Direitos e garantias individuais no processo penal brasileiro*, p. 77.
167 *Elementos de direito processual penal*, v. 2, p. 219.
168 MOSSIN, Heráclito Antônio. *Compêndio de processo penal*, p. 499.
169 *Curso de processo penal*, v. 2, p. 50.

CAPÍTULO 2 – GARANTIAS PROCESSUAIS PENAIS – DEVIDO PROCESSO LEGAL   115

Havendo essa necessidade premente para os fins processuais, o legislador estabeleceu formas legais para que todas as pessoas que devam se manifestar no processo sejam comunicadas a respeito. Esses atos de comunicação processual são citação, intimação e notificação.

É exatamente em função das modalidades de comunicação mencionadas que o legislador ordinário cumpre com a garantia da igualdade nos lindes da relação processual.

Outrossim, ainda a título de exemplo, nota-se que existe plena isonomia no que tange especificamente aos atos processuais que devem ou podem ser praticados no procedimento. Assim é que, nos termos do art. 401 do Código de Processo Penal, na instrução poderão ser inquiridas até oito testemunhas arroladas pela acusação e oito pela defesa.

Ademais, consoante preceito contido no art. 402 do referido Diploma, é em virtude do tratamento paritário entre os sujeitos processuais que o Ministério Público ou o assistente de acusação ou o querelante, bem como o acusado, poderão requerer diligências.

Outrossim, para os debates, na forma prevista pelo art. 403 do Código de Processo Penal, serão oferecidos vinte minutos para as alegações finais orais tanto à acusação como à defesa. Não bastasse isso, pode o juiz, tendo por consideração a complexidade da causa penal, transmudar os debates orais em memoriais, concedendo às partes o prazo de cinco dias sucessivamente para produzi-los. Portanto, o legislador infraconstitucional também nesse aspecto se mantém fiel à garantia constitucional da equidade que deve haver entre os sujeitos processuais. Dispositivos equivalentes aos mencionados se mostram inseridos nos arts. 411 (procedimento do júri), 532 e 534 (procedimento sumário).

Voltado de modo especial ao processo penal do júri, em sede de escolha daqueles que integrarão o conselho de sentença, de instrução e debates orais levados a efeito no plenário, o legislador também dispensou tratamento isonômico às partes que participam daquela sessão, de regra, pública.

Nessa ordem de consideração, prevê o art. 468 do Código de Processo Penal que a defesa, e depois dela a acusação, poderá recusar os jurados sorteados, até três cada parte, sem motivar a recusa, que é doutrinariamente denominada de peremptória.

Ainda com esteio nos termos normativos encontrados no art. 473, § 3º, do Estatuto de regência, as partes poderão requerer acareações, reconhecimento de pessoas e coisas e esclarecimentos dos peritos, bem como a leitura de peças que se refiram, exclusivamente, às provas colhidas por carta precatória e às provas cautelares, antecipadas ou não repetíveis.

Em sede de debates, preceitua o art. 477 (*caput*) do Código de Processo Penal que o tempo destinado à acusação e à defesa será de uma hora e meia para cada uma e de uma hora para a réplica, sendo outro tanto para a tréplica. Havendo mais de um acusado, o tempo para a acusação e a defesa será acrescido de uma hora e elevado ao dobro o da réplica e da tréplica (§ 2º).

A equidade de tratamento no processo penal também se mostra presente no campo recursal ou impugnativo, destacando-se, inclusive, a força da paridade no fato de o legislador conceder o direito ao próprio acusado de, pessoalmente, recorrer da sentença que lhe causou sucumbência. É o que se encontra expresso no art. 578, *caput*, do Código de Processo Penal, que preceitua que o recurso será interposto por petição ou por termo nos autos, assinado pelo recorrente ou por seu defensor.

O prazo recursal é idêntico, quer para a acusação, quer para a defesa, como se observa nos arts. 586, *caput*, 593 e 619 do Código de Processo Penal, entre outros. A formulação das razões recursais será feita no mesmo espaço temporal por ambas as partes, a exemplo do que preveem os arts. 588 e 600 do Código de Processo Penal.

Assente-se, outrossim, que, mesmo cuidando-se de recurso excepcional, como é o caso do extraordinário e do especial, o legislador extravagante mantém o tratamento isonômico entre os sujeitos processuais. Assim é que, consoante os termos normativos expendidos no art. 26 da Lei n. 8.038, de 28 de maio de 1990, os recursos extraordinário e especial, nos casos previstos na Constituição Federal, serão interpostos no prazo comum de quinze dias.

Ad conclusam, a igualdade perante a lei preconizada pelo art. 5º, *caput*, tem sua incidência sobre a matéria que envolve processo, notadamente quando este for de natureza criminal.

9. PRAZO RAZOÁVEL DE DURAÇÃO DO PROCESSO

A Emenda Constitucional n. 45/2004, que reformou o Poder Judiciário, inclui entre as garantias fundamentais o inciso LXXVIII do art. 5º, segundo o qual "a todos, no âmbito judicial e administrativo, são assegurados razoável duração do processo e os meios que garantam a celeridade de sua tramitação".

A matéria jurídica enfocada também está implicitamente contida no campo do devido processo legal (*due process of law*). É seu indeclinável corolário.

A já mencionada Convenção sobre direitos humanos, que recebeu o nome de Pacto de São José da Costa Rica, que, como se disse precedentemente, foi recepcionada pelo Brasil por intermédio do Decreto n. 678, de 6 de novembro de 1992, prescreve em seu art. 8º que:

CAPÍTULO 2 – GARANTIAS PROCESSUAIS PENAIS – DEVIDO PROCESSO LEGAL **117**

Toda pessoa tem o direito de ser ouvida, com as devidas garantias e dentro de um prazo razoável, por um juiz ou tribunal competente, independente e imparcial, estabelecido anteriormente por lei, na apuração de qualquer acusação formulada contra ela, ou para que determinem seus direitos ou obrigações de natureza civil, trabalhista, fiscal ou de qualquer natureza.

A expressão "dentro de um prazo razoável" implica a obrigação de que todo processo, independentemente de sua natureza, civil ou criminal, tenha uma duração moderada, não excessiva, principalmente quando o acusado é objeto de prisão processual de natureza cautelar, como acontece com a preventiva, até mesmo em respeito ao princípio da presunção de inocência.

Ao fazer uso dos termos *razoabilidade* e *celeridade*, José Afonso da Silva deixa expresso que:

> As duas garantias referentes a um mesmo objeto – processo judicial ou administrativo – parecem não se casar muito bem. A *razoável duração* do processo como que delimita a *celeridade* de sua tramitação. *Celeridade* é signo de velocidade no seu mais alto grau; *processo célere* seria aquele que tramitasse com maior velocidade possível; seria mais do que isso, só um processo celérrimo. Processo com *razoável duração* já não significa, necessariamente, um processo veloz, mas um processo que deve andar com certa rapidez, de modo a que as partes tenham uma prestação jurisdicional em tempo hábil. Poder-se-ia dizer, portanto, que bastava o dispositivo garantir uma *razoável duração* do processo para que o acesso à Justiça não se traduzisse no tormento dos jurisdicionados em decorrência da morosidade da prestação jurisdicional, que não apenas é irrazoável, como profundamente irracional[170].

A função do Poder Judiciário, na qualidade de prestador e aplicador de direito (*narra mihi factum dabo tibi ius*), é dar uma resposta o mais breve possível na solução da lide penal, quer porque envolve o *ius libertatis* do autor da infração típica que está sendo alvo da *persecutio criminis in iudicium*, quer porque a sociedade como vítima indireta do comportamento delitivo tem interesse imediato na solução do litígio, que, em última análise, se vê composta quando a situação é de imposição da *sanctio iuris*.

A longa e injustificável demora na solução da pendência judicial, não só de natureza criminal como também de cunho civil, implica a própria negativa da existência do direito, que sempre reclama solução imediata dos conflitos intersubjetivos de interesses.

---

170 *Comentário contextual à Constituição*, p. 176.

É de incontestável realidade que o acusado não pode ficar indefinidamente à mercê da persecução estatal, posto que isso demonstra arbitrariedade, discricionariedade ilimitada, intolerável e injustificável, o que culmina no acometimento da vida psicológica individual, fazendo decorrer angústias e aflições, principalmente nas hipóteses em que há ampla plausibilidade de ocorrer o improvimento da pretensão punitiva pública ou privada, com a declaração de absolvição do sujeito passivo da relação jurídico-processual.

Não bastasse o aspecto psicológico mencionado, o atraso indevido da prestação jurisdicional pode, inclusive, gerar danos irreparáveis na vida social, familiar e na relação de trabalho do réu.

Por questão de isonomia, é importante ressaltar que, se por um lado a morosidade no encerramento do processo (trânsito em julgado), que nos lindes nacionais é aberrante e fora de controle, é sumamente prejudicial ao acusado, tendo em vista as graves consequências que pesam sobre seu *ius libertatis*, de forma direta ou indireta, por outro o retardamento enfatizado também não interessa ao Estado na qualidade de titular do direito de punir (*ius puniendi in concreto*).

Não há aqui a preocupação primária de estabelecer algum critério de contabilização sobre a perda do Estado ao punir, posto que esse não é o objetivo deste trabalho doutrinário, que tem como suporte e como fonte de inspiração as garantias constitucionais (fim ontológico). A verdade incontrastável sobre o prazo razoável de duração do feito criminal deve ser lavrada no sentido de que o titular do direito de punir também pode sofrer gravame em decorrência da morosidade considerada na prática dos atos do procedimento pertinente.

Nessa linha de raciocínio, é de indubitável clareza que, se o acusado sofre dano em sua liberdade física pela demora do desenvolvimento dos atos procedimentais até o final da instância criminal, principalmente em sede de *pronuntiatio iudicis* condenatória, o Estado também suporta prejuízo quando ocorre a extinção da punibilidade, notadamente em defluência da prescrição da pretensão punitiva (art. 107, IV, primeira figura, do CP).

Assim, sob qualquer ângulo que se projete a espera, quase sempre injustificável e em tempo não razoável, do término do procedimento penal, esta se mostra altamente daninha, nociva, em sentido lato à própria Justiça, além de revelar incúria do Poder Judiciário na prestação jurisdicional que lhe é afeta por determinação constitucional.

Ao que tudo indica, o legislador processual penal, ao traçar normas relativas ao procedimento, estabeleceu espaço temporal para seu encerramento, pelo menos na primeira instância.

CAPÍTULO 2 – GARANTIAS PROCESSUAIS PENAIS – DEVIDO PROCESSO LEGAL **119**

Assim é que, tratando-se do procedimento ordinário, a audiência de instrução e julgamento deverá ser realizada no prazo máximo de sessenta dias (art. 400, *caput*, do CPP); o procedimento sumário deve estar concluído em trinta dias (art. 531 do CPP); o do júri será concluído no prazo máximo de noventa dias (art. 412 do CPP), cujo termo *a quo* deve ser a data em que os autos foram conclusos para essa determinação.

É certo deixar assente que os dispositivos mencionados, por seus aspectos restritivos, já que somente dizem respeito ao procedimento em primeira instância, não atendem, *ex abundantia*, a *mens legislatoris* constituinte, mas procuram, de qualquer maneira, contribuir para a melhor celeridade do procedimento criminal.

Entretanto, não pode passar despercebido que a situação processual nacional, que envolve número tão significativo de feitos criminais, é desordenada e que o Poder Judiciário não ostenta a mínima estrutura para cumprir os prazos que acima foram mencionados. De maneira geral, não há como atender também à razoabilidade exigida pela Reforma do Judiciário. Se não houver investimento específico, a calamidade na demora da solução dos feitos criminais perdurará. Não basta estabelecer regra jurídica que, na prática, não pode ser absolutamente cumprida.

De maneira mais restrita, cuidando-se de prisão processual de natureza cautelar, especificamente a preventiva e a domiciliar – quando aplicada diretamente (art. 317 do CPP) ou quando for substitutiva da prisão preventiva (art. 318 do CPP) –, deveria haver um prazo para o encerramento do litígio, pelo menos no âmbito da jurisdição ordinária.

Por equiparação, se o legislador previu o prazo de conclusão do inquérito policial em cinco dias para o caso de o indiciado estar preso em virtude de flagrante ou de preventiva (art. 10 do CPP), o que por extensão (art. 3º do CPP) deve ser aplicado à hipótese de prisão domiciliar (art. 317 do CPP), e se nos termos do art. 46 do mencionado Diploma restou determinado que, estando o réu preso, a denúncia deve ser ofertada em cinco dias, também deveria prever espaço temporal para a solução do litígio, ainda que em primeira instância.

Não obstante a falta de dispositivo a respeito do tema jurídico discutido, há, pelo menos de maneira indireta, a consagração da razoabilidade para o término do processo estando o acusado preso, conforme salienta, com razão, Guilherme de Souza Nucci, *verbis:*

> em decorrência de modernas posições doutrinárias e jurisprudenciais, emerge outro princípio constitucional, embora implícito, dentre as garantias fundamentais. Observa-se, como fruto natural dos princípios constitucionais explícitos da pre-

120 GARANTIAS FUNDAMENTAIS NA ÁREA CRIMINAL

sunção de inocência, da economia processual e da estrita legalidade da prisão cautelar, ser época de se consagrar, com *status* constitucional, a meta de que ninguém poderá ficar preso, provisoriamente, por prazo mais extenso do que for absolutamente imprescindível para o escorreito desfecho do processo. Essa tem sido a tendência dos tribunais pátrios, em especial do Supremo Tribunal Federal. De fato, não se torna crível que, buscando-se respeitar o estado de inocência, conjugado com o direito ao processo célere, associando-se a todas as especificações para se realizar, legitimamente, uma prisão cautelar, possa o indiciado ou réu permanecer semanas, meses, quiçá anos em regime de restrição de liberdade, *sem culpa formada*. O Código de Processo Penal, de 1941, já não apresenta solução concreta para o binômio, hoje realidade intrínseca do sistema judiciário brasileiro, *prisão cautelar necessária x lentidão do trâmite processual*. Não é possível, igualmente, quedar inerte a doutrina; muito menos nada fazer a jurisprudência. Por isso, extraindo-se uma interpretação lógico-sistemática de preceitos existentes na Constituição Federal, é medida transitável afirmar a indispensabilidade da *duração razoável* não somente do processo-crime, mas, sobretudo, da prisão cautelar [...][171].

De maneira pretoriana e considerando-se o constrangimento ilegal que sempre tem sido objeto da ação penal de *habeas corpus* é que a razoabilidade atinente à prisão provisória deve ser debatida, tornando-se alvo de análise nesse momento analítico.

Criou-se na jurisprudência o denominado "princípio da razoabilidade" como forma de justificar o excesso de prazo e com isso afastar eventual incidência do constrangimento ilegal. Por ele, desde que haja justificativa plausível, a falta de cumprimento do ato processual no espaço temporal demarcado por lei não deve ser causa de coação da liberdade física do acusado preso.

Com efeito,

segundo pacífico entendimento doutrinário e jurisprudencial, a configuração do excesso de prazo não decorre de soma aritmética de prazos legais. A questão deve ser aferida segundo critérios de razoabilidade, tendo em vista as peculiaridades do caso[172].

Ademais, "os prazos para a conclusão da instrução criminal não são peremptórios, podendo ser flexibilizados diante das peculiaridades do caso concreto, em atenção e dentro dos limites da razoabilidade"[173].

---

171 *Manual de processo penal e execução penal*, p. 103.
172 STJ, *HC* n. 192.626/SP, 6ª T., rel. Min. Og Fernandes, *DJe* 16.05.2012.
173 STJ, *HC* n. 221.099/BA, 5ª T., rel. Min. Jorge Mussi, *DJe* 08.05.2012.

Ainda, os prazos indicados para a consecução da instrução criminal servem apenas como parâmetro geral, porquanto variam conforme as peculiaridades de cada processo, razão pela qual a jurisprudência uníssona os tem mitigado, sobretudo diante de feitos complexos com pluralidade de réus.[174]

Dentro do mesmo contexto,

> conforme entendimento pacífico do Superior Tribunal de Justiça, a eventual ilegalidade da custódia cautelar por excesso de prazo na prisão preventiva deve ser analisada à luz do princípio da razoabilidade, sendo permitido ao juiz, em hipóteses de excepcional complexidade, a extrapolação dos prazos previstos na lei processual penal. Precedentes[175].

É importante deixar consignado, posto que oportuno, que, com os novos prazos assinalados pelo legislador para a conclusão dos procedimentos sumário, sumaríssimo, ordinário e do júri, que se mostram injustificadamente exíguos e distantes da realidade forense nacional, o princípio da razoabilidade torna-se ainda mais fortalecido em face da impossibilidade de cumprimento daqueles espaços temporais. Entretanto, isso não significa que devem ser suportados a indolência, a omissão, o abuso de não se procurar desenvolver o procedimento da maneira mais célere possível, tendo em vista a excepcionalidade de qualquer medida cautelar que limita a liberdade corpórea do acusado. O encarceramento do indivíduo, sublinhe-se, como regra, somente deve acontecer após a preclusão do pronunciamento jurisdicional condenatório, depois do trânsito em julgado da sentença condenatória, motivo pelo qual se exige o zelo do Poder Judiciário para que o processo se conclua rapidamente com a resolução de mérito.

Isso porque

> a jurisprudência deste Sodalício tem abrandado a orientação da Súmula 21/STJ, pois a manutenção prolongada da prisão provisória, sem justificativas fáticas e processuais idôneas, retira-lhe o caráter transitório e lança a medida cautelar à borda da definitividade, em franca violação ao princípio da presunção de inocência[176].

Em arremate, nunca é demais deixar salientado que é função do Estado estabelecer e empregar mecanismos que sejam úteis e eficientes para a condução do processo da maneira mais célere possível, principalmente quando o feito for de natureza criminal e o acusado estiver preso provisoriamente.

---

174 STJ, HC n. 229.004/TO, 5ª T., rel. Min. Laurita Vaz, DJe 03.05.2012.
175 STJ, RHC n. 31.625/RJ, 5ª T., rel. Min. Marco Aurélio Bellizze, DJe 30.04.2012.
176 STJ, HC n. 228.226/SP, 6ª T., rel. Min. Vasco Della Giustina, DJe 07.05.2012.

10. SILÊNCIO E NÃO AUTOINCRIMINAÇÃO

Ab initio, cumpre justificar o motivo pelo qual o princípio da não autoincriminação e a garantia do silêncio serão analisados e discutidos em um mesmo espaço doutrinário.

Considere-se, também de modo preliminar, que o direito de o indivíduo não se incriminar não se eleva à categoria de garantia constitucional, o que, sem dúvida, foi uma falha do legislador constituinte, dada a sua relevância.

Todavia, é importante deixar consignado que esse direito conferido ao indiciado, investigado ou acusado de não produzir prova contra si mesmo, como se verá no curso desta exposição jurídica, encontra assento no Pacto de São José da Costa Rica, mencionado anteriormente, que foi recepcionado pelo Brasil e é parte integrante da legislação pátria. O silêncio, por outro lado, alinha-se entre as garantias constitucionais (art. 5º, LXIII, da CF).

Com efeito,

> O princípio *nemo tenetur se detegere* tem sido considerado direito fundamental do cidadão e, mais especificamente, do acusado. Nesse sentido, Vassali, Grevi e Zuccala já se manifestaram. Cuida-se do direito à não autoincriminação, que assegura esfera de liberdade ao indivíduo, oponível ao Estado, que não se resume ao direito ao silêncio. Parece acertado referido entendimento, de acordo com as notas características dos direitos fundamentais. Nelas se dá ênfase à proteção do indivíduo contra excessos e abusos por parte do Estado. Em suma: é resguardada, nos direitos fundamentais, a dignidade humana, sendo que ganha relevo a esfera atinente às ingerências do Estado. Nessa ótica, o princípio *nemo tenetur se detegere*, como direito fundamental, objetiva proteger o indivíduo contra excessos cometidos pelo Estado, na persecução penal, incluindo-se nele o resguardo contra violências físicas e morais, empregadas para compelir o indivíduo a cooperar na investigação e apuração de delitos, bem como contra métodos proibidos no interrogatório, sugestões e dissimulações[177].

Seguindo as diretrizes até agora postas em evidência, as garantias constitucionais que já foram examinadas gravitam em torno do devido processo penal (*due process of law*), em cujo âmbito também se encontram inseridos o direito ao silêncio e o de o réu não produzir prova capaz de incriminá-lo.

---

177 QUEIJO, Maria Elizabeth. *O direito de não produzir prova contra si mesmo* (O princípio *nemo tenetur se detegere* e suas decorrências no processo penal), p. 54-5.

CAPÍTULO 2 – GARANTIAS PROCESSUAIS PENAIS – DEVIDO PROCESSO LEGAL   123

O liame que intimamente vincula a regra legal em questão e a garantia do silêncio está em que, tendo o indiciado, investigado ou acusado optado pelo direito de manter-se calado na oportunidade de seu interrogatório, quer extrajudicial (policial), quer judicial, ele deixa, concomitantemente, de correr o risco de produzir elemento de prova contra seu direto interesse na persecução criminal, que é a declaração de sua não culpabilidade, ou seja, da prevalência de sua inocência diante do interesse punitivo do Estado.

Não se pode deixar de externar que, mesmo se o indiciado, investigado ou acusado abdicar do direito de se manter silente, preferindo, em homenagem à sua ampla defesa ou à plenitude desta, expor sua versão atinente ao fato criminoso a ele assacado (imputação), ele não estará compelido a trazer à colação prova que lhe seja prejudicial quando da composição do litígio.

Verifica-se, dessa maneira, que a regra da não autoincriminação, embora apresente liame muito estreito com a garantia do silêncio, é integralmente independente e tem seus matizes próprios e específicos no âmago do devido processo criminal.

Esclarece Maria Elizabeth Queijo que "a expressão latina *nemo tenetur se detegere* significa, literalmente, que ninguém é obrigado a se descobrir [...]. A manifestação mais tradicional do princípio *nemo tenetur se detegere* é o direito ao silêncio"[178].

Por oportuno, outras parêmias são utilizadas para expressar a vedação de o indivíduo produzir prova contra seu interesse processual: *nemo tenetur se ipsum prodere*, *nemo tenetur edere contra se*, *nemo tenetur turpidumen suan*, *nemo testis se ipsum* ou simplesmente *nemo tenetur*.

Do ponto de vista histórico e normativo, o princípio encimado encontra-se arrolado entre as garantias mínimas asseguradas pelo art. 8º, n. 2, *g*, da Convenção Americana sobre Direitos Humanos (Pacto de São José da Costa Rica), que estabelece que a pessoa acusada tem "o direito de não depor contra si mesma, nem declarar-se culpada".

Nota-se, também, sua presença no Pacto Internacional sobre Direitos Civis e Políticos (Pacto de Nova York), que foi introduzido no Brasil pelo Decreto Federal n. 592, de 6 de julho de 1992, dentro do seguinte contexto normativo: "Toda pessoa acusada de um delito terá direito, em plena igualdade, pelo menos às seguintes garantias: não ser obrigada a depor contra si mesma, nem a confessar-se culpada" (art. 14, n. 3, *g*).

---

178 Ibidem, p. 1 e 4.

124 GARANTIAS FUNDAMENTAIS NA ÁREA CRIMINAL

Por seu turno, a Quinta Emenda à Constituição dos Estados Unidos da América contempla a garantia em estudo desde o século XVIII, sob a denominação *privilege against self incrimination* (privilégio contra a autoincriminação). De maneira clara e objetiva, Rogério Lauria Tucci expõe que:

> O direito de permanecer calado, encartado entre os direitos fundamentais do indivíduo, e que se tem, como tal, afirmado desde a 5ª Emenda à Constituição norte-americana, de 1971, segundo a qual "ninguém poderá ser constrangido a depor contra si próprio", é, como tantas outras, importante inovação de nosso ordenamento jurídico, e em nível constitucional. Suas raízes, entretanto, remontam a vários séculos passados, com mais amplo desenvolvimento no *ius commune* e no regramento *nemo tenetur prodere seipsum, quia nemo tenetur detegere turpitudinem suam* (em vernáculo: "ninguém pode ser compelido a depor contra si próprio, porque ninguém é obrigado a autoincriminar-se")[179].

Tendo por suporte legislação antiga, a exemplo do Código de Hamurabi, das Leis de Manu, de normas de direito encontradas no Egito entre o provo hebreu, não se demonstrou a mínima existência da proibição de o indivíduo produzir prova contra si mesmo e, menos ainda, de se manter calado, até porque de maneira indistinta tinha ele o dever de dizer a verdade. Ao depor, o acusado o fazia sob juramento, o que, inclusive, o impedia de mentir.

Na Grécia antiga, noticia-se que a não autoincriminação e o silêncio se mostravam ainda mais distantes, posto que era comum entre os gregos o uso da tortura visando à confissão; o mesmo acontecia no Império Romano.

Na Idade Média, como é cediço, o interrogatório era tido como meio de prova, sendo certo que a confissão dele derivava. Com o apoio da Igreja, a Inquisição adotava práticas de tortura, tendo por meta, além da confissão do acusado, a obtenção de outros nomes que seriam objeto de investigação. Sem dúvida, a tortura se mostra integralmente incompatível com a autodefesa, bem como com a garantia do silêncio. Nessa ordem de consideração, a confissão era tida como a prova máxima, ou seja, a maior demonstração de que a acusação imputada ao torturado era verdadeira, posto que partia de sua própria admissão, mesmo que conseguida por meio de extorsão.

De maneira mais ampla, como está sendo exortado, quando a confissão era obtida por meio de violência, física ou psicológica, o que se opõe à garantia do silêncio e da não produção de prova contrária ao interesse do confitente, denominava-se *regina probationum* (*probatio probatissima – la reine des*

---

179 *Direitos e garantias individuais no processo penal brasileiro*, p. 392.

preuves). Segundo Ulpiano, "os que confessam em juízo devem ser tidos como julgados" (*in iuri confessi pro iudicatis habetur*) (D, D., 42, 1) ou, nas palavras de Paulo, "quem confessa deve ser tido como julgado, pois, de algum modo, por sua própria sentença se condena" (*confessus pro judicato est, qui quodam-modo sua sententia damnatur*) (1, D., 42, 2).

Sem sombra de dúvida, esse entendimento somente poderia ter valia na época do processo inquisitório, qualitativamente substituído pelo acusatório, que é de partes; pois, como esclarece Rafael Fontecilla Riquelme,

> no processo inquisitivo não havia partes. O inculpado era um autêntico meio de prova, de alta hierarquia. Se interrogava com fins probatórios, e geralmente era a tortura a que concorria para obter a confissão do processado, e, se esta não fosse favorável, não tinha valor[180].

Pelo simples fato de o interrogatório ser meio de prova, *ex abundantia*, ficava afastada a incidência do direito ao silêncio, posto que este se mostrava oposto àquilo que era pretendido pelo órgão acusador.

Oportuna, também, nesse particular é a observação consignada por Germano Marques da Silva:

> Longe vai o tempo em que a confissão do arguido era considerada a rainha das provas (*probatio probatissima*) e já longe também está aquele em que as declarações do arguido obtidas de modo inquisitório, em fases processuais em que as garantias de defesa eram nulas ou quase, tinham valor para efeito de julgamento. No processo moderno, as declarações do arguido, em qualquer fase processual, são rodeadas de amplas garantias processuais para que sejam prestadas livremente, e o seu valor especial de meio de prova só é atribuído à confissão em audiência de julgamento e mesmo assim ainda sujeita ao controle do tribunal sobre o caráter livre da confissão, a veracidade dos fatos confessados e limitado a crimes puníveis com pena de prisão não superior a três anos (art. 344º)[181].

Na esteira do assinalado por Maria Elizabeth Queijo,

> foi no período do Iluminismo que o princípio se firmou. Verifica-se que, historicamente, o princípio *nemo tenetur se detegere* apresenta-se associado ao interrogatório do acusado. Nessa época, marcada pela construção e pelo reconhecimento das garantias penais e processuais penais, que nos dias de hoje parecem

---

180 *Tratado de derecho procesal penal*, v. 2, p. 359.
181 *Curso de processo penal*, v. 2, p. 147.

126 GARANTIAS FUNDAMENTAIS NA ÁREA CRIMINAL

tão sedimentadas, o princípio do *nemo tenetur se detegere* revela-se como garantia relativa ao resguardo do acusado no interrogatório. Isso decorre do fato de o acusado, nesse período, já não ser visto exclusivamente como objeto da prova. Os iluministas combateram o emprego da tortura e o juramento imposto ao acusado, observando que qualquer declaração autoincriminativa era antinatural. Além disso, consideravam imorais os meios utilizados para fazer com que ele falasse, ou seja, confessasse, autoincriminando-se[182].

A garantia ao silêncio se mostra insculpida no inciso LXIII do art. 5º da Magna Carta da República, *in verbis*: "o preso será informado de seus direitos, entre os quais o de permanecer calado, sendo-lhe assegurada a assistência da família e de advogado".

Na apresentação denominada Sobre Beccaria, que converge para o período humanitário, verifica-se a seguinte passagem que se mostra compatível e aplicável ao que está sendo objeto de considerações doutrinárias:

O livro *Dos delitos e das penas* é, de certo modo, a Filosofia francesa aplicada à legislação penal da época. Torna-se o arauto do protesto público contra os julgamentos secretos, o juramento imposto ao acusado, a tortura, o confisco, a pena infamante, a delação, a desigualdade diante da sanção e a atrocidade do suplício. Ao sustentar que "as mesmas penas devem ser aplicadas aos poderosos e aos mais humildes cidadãos, de que houvessem cometido os mesmos crimes", Beccaria proclamou com desassombro, pela primeira vez, o *princípio da igualdade perante a lei*. Estabeleceu limites entre a justiça divina e a justiça humana, entre o pecado e o crime. Considerou o pseudodireito de vingança, tomando por base o *ius puniendi* e a utilidade social. Considerou sem sentido a pena de morte e *verberou com veemência a desproporcionalidade entre a pena e o delito*, assim como a separação do Poder Judiciário do Poder Legislativo[183].

O Código de Processo Penal também trasladou para seu corpo normativo a precitada garantia constitucional, ao preceituar em seu art. 186 que:

Depois de devidamente qualificado e cientificado do inteiro teor da acusação, o acusado será informado pelo juiz, antes de iniciar o interrogatório, do seu *direito de permanecer calado e de não responder perguntas que lhe forem formuladas*. [g.n.]

---

182 *O direito de não produzir prova contra si mesmo*, p. 8.
183 BECCARIA, Cesare. *Dos delitos e das penas*, p. 10.

CAPÍTULO 2 – GARANTIAS PROCESSUAIS PENAIS – DEVIDO PROCESSO LEGAL   127

Consoante escrito de nossa autoria, a grande preocupação legislativa no concernente ao regramento legal trasladado foi no sentido de cientificar o acusado do seu direito de permanecer calado e, com isso, tornar sem efeito o anterior art. 186, que continha a seguinte redação: "Antes de iniciar o interrogatório, o juiz observará ao réu que, embora não esteja obrigado a responder às perguntas que lhe forem formuladas, o seu silêncio poderá ser interpretado em prejuízo da própria defesa".

Sem a necessidade de esforço para fins de convencimento, o preceito processual objeto de nova redação afrontava substancialmente a seguinte cláusula entre os direitos e as garantias fundamentais: "O preso será informado de seus direitos, entre os quais o de permanecer calado, sendo-lhe assegurada a assistência da família e de advogado" (art. 5º, LXIII, da CF).

O direito do réu de manter-se em silêncio, não só na realização de seu interrogatório judicial mas também daquele levado a cabo pela polícia judiciária, enquadra-se no princípio da ampla defesa. Com efeito, em sede policial, sem que se tenham ainda reunido determinadas provas contra o indiciado, é preferível que este não dê, de imediato, sua versão, aguardando melhor oportunidade para fazê-lo, principalmente quando se cuidar de prisão em flagrante. Às vezes, é mais salutar ao imputado manter-se silente, não respondendo às perguntas feitas pela autoridade policial, do que responder a elas de forma inapropriada, acarretando graves e irreparáveis prejuízos à sua defesa, cujo norte tem de estar satisfatoriamente estabelecido.

Por outro lado, cuidando-se de interrogatório judicial, pois a imputação contra o réu já se encontra definida em conformidade com as provas ancoradas nos autos, é aconselhável que ele dê sua versão, posto que ela não deixa de ser importante para o magistrado formar seu livre convencimento, bem como para que o acusado aponte os pontos fáticos convenientes à sua defesa.

Não obstante o que restou dito, em qualquer hipótese, se entender o indiciado ou acusado, sempre que possível com orientação técnica de advogado, ser melhor para a sua defesa manter-se em silêncio, esse direito lhe é garantido constitucionalmente, não podendo, em hipótese alguma, reverter-se em seu prejuízo.

Como assentado por Germano Marques da Silva,

> se o arguido se negar a prestar declarações ou a responder a algumas perguntas, seja qual for a fase do processo, o seu silêncio não poderá ser valorado como meio de prova, pois está legitimado como exercício de um direito de defesa que em nada poderá desfavorecê-lo (arts. 343, 5, e 343, 1)[184].

---

184 *Curso de processo penal*, v. 2, p. 146.

128 GARANTIAS FUNDAMENTAIS NA ÁREA CRIMINAL

Outrossim, desde que o indiciado ou o réu resolva abrir mão de sua prerrogativa constitucional e responder às questões a ele formuladas, não está obrigado a dizer a verdade. Pode ele mentir. A falta da verdade não constitui crime, desde que seja para se defender, não para se acusar. Assim, se atribuir a si crime inexistente ou praticado por outrem, comete o delito de autoacusação falsa capitulado no art. 342 do Código Penal.

A jurisprudência em torno do direito ao silêncio outorgado ao acusado tem-se mantido de maneira uníssona, mostrando inteligência compatível com a Constituição Federal. Assim é que "o acusado tem o direito de permanecer em silêncio ao ser interrogado, em virtude do princípio constitucional *nemo tenetur se detegere* (art. 5º, LXIII), não traduzindo esse privilégio autoincriminação"[185].

Sem dúvida, na ampla abrangência do devido processo legal (*due process of law*), o acusado não está obrigado a produzir prova contra si mesmo, o que ocorreria caso ele fosse obrigado a confessar a prática delitiva, fato também incompatível com o sistema acusatório puro.

Ainda,

> o silêncio do acusado, na fase inquisitiva, por se tratar do exercício de garantia constitucional, não pode trazer como consequência presunção de culpa, pois não tem qualquer sentido que se assegure o direito de permanecer calado, se do silêncio se puder extrair indícios de participação no delito imputado[186].

Ademais,

> se no interrogatório o réu prefere calar-se em face da acusação, demonstrando satisfatoriamente o acusador os fatos que lhe imputa, seu silêncio terá como resultado evidente prejuízo para a defesa, não significando, porém, a existência de confissão ficta[187].

E, como se isso não bastasse, é conveniente ressaltar que,

> embora a opção do silêncio derive de previsão constitucional, ela não inviabiliza o convencimento judicial no sentido desfavorável ao réu, pois a reação normal do inocente é proclamar, com insistência e ênfase, a sua inocência, e não se reservar para prestar esclarecimento só em juiz[188].

---

185 *RT* 748/563.
186 *RJDTACrim* 44/225.
187 *RJDTACrim* 25/173.
188 *RJDTACrim* 39/255.

CAPÍTULO 2 – GARANTIAS PROCESSUAIS PENAIS – DEVIDO PROCESSO LEGAL   129

Por outro lado, "o silêncio do réu, por ocasião de seu interrogatório em juízo, é atitude incompatível com quem se diz inocente, perdendo assim a oportunidade de esclarecer, de pronto, algum equívoco de seus acusadores"[189].

Se, por um lado, o fato de o indiciado ou o réu, em seu interrogatório, proclamar sua inocência não enseja absolvição, por outro, a singular circunstância de este se manter silente não significa haver elemento que se oponha à sua inocência. Sufragar tese nesse sentido seria o mesmo que lhe negar o direito ao silêncio albergado pela Magna Carta Federal. De qualquer maneira, somente é autorizada a absolvição ou a condenação do acusado, no quadrante analisado, quando houver prova que o autorize.

A expressão "[...] o seu silêncio poderá ser interpretado em prejuízo da própria defesa [...]", que constava no antigo art. 186 do CPP, foi alvo de diversos posicionamentos críticos de índole pretoriana. Assim é que o extinto Tribunal de Alçada Criminal do Estado de São Paulo entendeu que

> pior do que deixar de informar o acusado sobre o direito de permanecer em silêncio é advertir-lhe que restar calado poderia danar-lhe a defesa. O direito ao silêncio (art. 5º, LXIII, CF), no sistema legislativo, passou a integrar a ampla defesa, sendo causa de nulidade absoluta tal advertência feita em interrogatório[190].

Sem o menor resquício de dúvida, aquela parte final do comando normativo apontado se opunha vertiginosamente ao texto constitucional precedente, posto que sua incompatibilidade com o direito do silêncio é plenamente notória.

Levando em consideração diversos posicionamentos da jurisprudência, a exemplo de alguns anteriormente colacionados, o legislador, como forma de tentar garantir a aplicação límpida e luzidia do princípio constitucional que alberga o direito ao silêncio, construiu o parágrafo único copiado advertindo que, mantendo-se o indiciado ou o réu em silêncio, isso "não importará em confissão, não poderá ser interpretado em prejuízo da defesa".

No tangente à confissão, não pode ela ser a real – porquanto esta somente pode ocorrer quando o imputado dá sua versão relativamente ao fato típico admitindo sua culpa –, mas a ficta, a presumida, aquela que o juiz conclui de forma subjetiva. De qualquer forma, pelo preceito esquadrinhado, o silêncio do imputado não poderá implicar reconhecimento de sua admissão quanto ao fato típico a ele increpado.

---

189 *RJDTACrim* 43/228.
190 *RT* 725/604.

130 GARANTIAS FUNDAMENTAIS NA ÁREA CRIMINAL

Por outro lado, o magistrado, ao lavrar sua persuasão racional, na parte da motivação da *pronuntiatio iudici*, não poderá levar em consideração, para efeito do acolhimento da pretensão punitiva, o silêncio do acusado.

Outrossim, fica muito difícil admitir a inviolabilidade da garantia contida na última parte desse parágrafo, ou que o silêncio do réu não influirá no convencimento do juiz, por se cuidar de situação plenamente subjetiva, que não aparece na motivação da prestação jurisdicional. Em linhas gerais, o magistrado poderá, sem que fique constatado em sua sentença, interpretar o silêncio do acusado em seu prejuízo, admiti-lo como confissão ficta e, mais ainda, permitir que haja influência em seu livre convencimento. Diante disso, à luz da realidade, os óbices colocados pelo legislador somente serão obedecidos dependendo de postura, retidão e consciência do magistrado sentenciante, principalmente no sentido de se curvar diante do preceito constitucional que assegura o direito de silêncio ao acusado.

Enfim, existindo determinado regramento constitucional, ele deve ser obedecido e respeitado, independentemente de se apontar sua conveniência ou não, principalmente pelos integrantes do Poder Judiciário, que, em última análise, devem ser os guardiães dos preceitos constitucionais.

Derradeiramente, antes de iniciado o interrogatório, cumpre ao magistrado ou à autoridade policial advertir o interrogando quanto ao direito ao silêncio, informando-lhe que não está obrigado a responder às perguntas a ele formuladas.[191]

Consoante os termos normativos parciais encontrados no preceito processual de regência, o legislador foi bastante enfático em deixar consignado que "o acusado será informado pelo juiz, antes de iniciar o interrogatório, do seu direito de permanecer calado e de não responder às perguntas que lhe forem formuladas". Trata-se, indiscutivelmente, de norma que procura dar eficácia à garantia prevista constitucionalmente. É uma forma de reforçar o efetivo cumprimento do comando Maior.

Na técnica legislativa, o verbo "ser" usado no tempo futuro conduz ao entendimento da obrigatoriedade. Nessa ordem de raciocínio, na oportunidade do interrogatório do indiciado ou acusado, a autoridade que tem a função de inquiri-lo deverá adverti-lo do seu direito ao silêncio, salientando sua faculdade em responder ou não às questões a ele formuladas.

A intenção do legislador é, repita-se, fazer com que a garantia ao silêncio seja efetivamente exercida e respeitada. Assim é que o interrogando deve ficar esclarecido da faculdade de expor sua versão.

---

191 MOSSIN, Heráclito Antônio. *Comentários ao Código de Processo Penal*: à luz da doutrina e da jurisprudência – doutrina comparada, p. 456-9.

CAPÍTULO 2 – GARANTIAS PROCESSUAIS PENAIS – DEVIDO PROCESSO LEGAL   131

Essa conduta da autoridade se impõe mesmo que o interrogando seja assistido por advogado, o que, por sinal, é obrigatório quando de sua inquirição judicial. Logo, a presença do defensor não é causa que justifique a dispensa da observação imposta pelo legislador.

A parte do preceito transcrita tem sua significação específica, constituindo-se em requisito ou formalidade essencial que compõem o interrogatório, na qualidade de ato processual. A advertência objeto de análise é condição básica e fundamental para sua validez. Em outras palavras, se o indiciado ou acusado não for informado quando de sua oitiva, que poderá se verificar ou não (silêncio), sobre seu direito de permanecer calado e de não responder às questões que lhe forem formuladas, o ato processual consistente no interrogatório, independentemente de seu conteúdo, será fulminado de nulidade absoluta, com escólio no inciso IV do art. 564 do Código de Processo Penal.

Não obstante o que está sendo exortado e defendido, a jurisprudência tem lavrado inteligência no sentido de que a hipótese ventilada é implicativa de nulidade relativa, pressupondo para sua caracterização o prejuízo decorrente da ausência de advertência.

> Não há que falar em nulidade do processo por falta de aviso ao réu do direito ao silêncio no ato do interrogatório judicial, se não se observa a comprovação do efetivo prejuízo para a defesa, ainda mais estando o réu acompanhado de seu advogado, que se deteve em silêncio no momento da alegada omissão. Segundo o princípio *pas de nullité sans grief*, evidenciado no art. 563 do CPP, não há falar em declaração de nulidade se não estiver concretamente demonstrado o prejuízo (Precedentes).[192]

No mesmo diapasão:

> [...] de qualquer modo, "A referência ao disposto no art. 186 do CPP não é suficiente, por si só, para inquinar de nulidade o processo, se a parte não se encarrega de demonstrar o efetivo prejuízo". (*HC* n. 19.517/MS, rel. Min. Paulo Medina, in *DJ* 31.05.2004) [...].

Deve-se dissentir do entendimento pretoriano patenteado, porquanto, *in casu*, o prejuízo se presume. Trata-se de formalidade essencial vinculada ao ato processual do interrogatório, por determinação constitucional e secundariamente processual, cogente à autoridade que procede ao interrogatório do in-

---

192 STJ, *HC* n. 66.298/PE, 5ª T., rel. Min. Felix Fischer, *DJU* 05.11.2007, p. 303.

diciado ou acusado. Tal prejuízo caracteriza a nulidade absoluta, insanável pela preclusão temporal (art. 571 do CPP).

Ainda, *ad argumentandum*, é indesculpável que a autoridade constituída, que tem o indeclinável dever de cumprir normas legais, omita-se em obedecer ao comando nelas contido. Por mais essa razão de fundo ontológico é que a proclamação da nulidade relativa não se revela de emprego oportuno.

Compatíveis com a lição própria vertida, várias são as colocações doutrinárias que merecem ser lembradas e apontadas, tendo em vista sua irrebatível importância em torno do relevante tema jurídico abordado, uma vez que a garantia ao silêncio e sua conexão com o direito do indivíduo de não produzir prova contra si se constituem em baluartes na defesa do direito de liberdade física do indivíduo em relação ao qual se imputa um fato delituoso. Inexoravelmente, não haveria conformidade com a civilização do próprio direito, aliado com as conquistas sociais conseguidas com a passagem das décadas, se não se admitisse que o cidadão se postasse contra sua autoincriminação, se ele fosse obrigado, em qualquer situação, a admitir sua culpabilidade, a exemplo do que ocorria nos tempos da barbárie, em que o indivíduo era tratado como objeto pelo Estado e não como sujeito de direitos, o que se mostra harmonioso com o sentimento humanístico.

Assim é que Pedro J. Bertolino afirma que

> o princípio supremo consiste em assegurar a cada homem uma esfera de liberdade que lhe permita sua personalização de dizer e decidir e resolver o que considera mais conveniente, se calar ou falar, em ordem ao concreto processo penal a que está submetido. De tal maneira, o respeito do Estado para o silêncio do imputado importa, da sua parte, a organização de um sistema que, respeitando essa liberdade de decisão com liberdade jurídico-política, privilegia essa opção de decidir e considera, como contrapartida, desvalido todo o intento, inclusive do próprio Estado, de violentar com coação essa decisão[193].

No que tange à caracterização do silêncio em sede penal, deve-se atentar que

> essa opção concedida ao preso, ou indiciado, logo no início da persecução penal, representa, outrossim, por um lado, a conformação da autodefesa, com ou sem a integração da defesa técnica; e, por outro lado, o reconhecimento de que aquela resulta do exercício do direito constitucionalmente estabelecido, encartado no de ampla defesa e particularizado no contraditório[194].

---

193 *El debido proceso penal*, p. 111.
194 TUCCI, Rogério Lauria. *Direitos e garantias individuais no processo penal brasileiro*, p. 394.

CAPÍTULO 2 – GARANTIAS PROCESSUAIS PENAIS – DEVIDO PROCESSO LEGAL **133**

É de reconhecida caracterização que o interrogatório do indiciado ou imputado se constitui em mecanismo de prova, quando ele admite a imputação que lhe é assacada (acusação), podendo, inclusive, ser elemento de valia para sua própria condenação (art. 197 do CPP); mas também, não obstante a defesa técnica, desenvolvida por advogado, o que restou exposto foi que o próprio indivíduo pode exercer sua autodefesa, assim entendida aquela que é emprestada restritivamente em sede de interrogatório e não na prática de outro ato processual. Assim sendo, em homenagem à autodefesa, o acusado da prática delitiva pode apresentar a versão que melhor atender à sua pretensão de liberdade, principalmente em termos de processo penal do júri, eis que o interrogatório do réu no plenário popular também constitui fonte de quesito. Da mesma forma, pode manter-se em silêncio, negando-se a responder às questões feitas pelo magistrado por entender que assim será beneficiado em sua defesa, mesmo porque, em princípio, sempre a prova da autoria, participação, prática delitiva, agravante, qualificadora fica a cargo do órgão acusatório.

Tratando-se da mencionada garantia ao silêncio, é de inegável verdade que

> o Estado é a parte mais forte na persecução criminal, possuindo agentes e instrumentos aptos a buscar e descobrir provas contra o autor da infração penal, prescindindo, pois, de sua colaboração. Seria admissão de falência de seu aparato e fraqueza de suas autoridades se dependesse do sujeito para colher elementos suficientes a sustentar a ação penal[195].

Até este momento analítico, está sendo vinculado o princípio do *nemo tenetur se detegere* à garantia do direito ao silêncio. Entretanto, o direito do indiciado ou acusado da não autoincriminação tem uma dicção mais abrangente e contundente.

Em circunstâncias desse matiz, não só o indivíduo ostenta o direito de se manter calado como também o de produzir a versão dos fatos na conveniência de sua ampla defesa. Pode ainda se abster de proporcionar a produção de outros elementos de prova que possam prejudicá-lo, a exemplo do fornecimento de qualquer documento que esteja em sua posse e que comprometa o resultado final do processo-crime.

Ademais, pode o indiciado ou acusado se negar a ser submetido a exame pericial de qualquer natureza, seja ele em sua mente ou em seu corpo, como o exame residuográfico, seja na prática de qualquer atividade, como o exame

---

195 NUCCI, Guilherme de Souza. *Manual de processo penal e execução penal*, p. 97.

134 GARANTIAS FUNDAMENTAIS NA ÁREA CRIMINAL

grafotécnico, seja ainda em relação àqueles que possam exigir sua participação, como a reconstituição do crime. Também são integrantes desse rol as inspeções feitas por laboratório, incluindo o DNA, o exame de bafômetro, o etílico, o exame clínico de embriaguez, entre outros.

Não se pode deixar de conceber que a negativa do indiciado ou acusado em produzir prova nas mencionadas condições pode se mostrar altamente danosa para a descoberta da verdade, que é o fim colimado pela coleta de elementos de convicção, assim como para a própria administração da justiça. No entanto, é forçoso convir que, a partir do momento em que existe uma imposição da autoridade policial ou do magistrado para que o investigado ou acusado concorra para a produção da prova que pode vir a prejudicá-lo na *persecutio criminis*, ele estará sendo utilizado como objeto e não como sujeito de direitos, o que atualmente prevalece.

Sob outra ótica analítica, e isso constitui situação de polêmica no campo do direito, principalmente na esfera constitucional, na situação examinada não se pode deixar de entender que a não cooperação do indiciado ou acusado na produção da prova revela interesse precipuamente seu, individual, enquanto a descoberta de como os fatos realmente ocorreram, inclusive com a ajuda daquele que está sendo objeto de inquérito policial ou de ação penal, é de interesse público, que, em tese, deve se sobrepor ao individual.

Com efeito,

> se, em dado ordenamento, se sobrepõe, de todas as formas, o interesse público na persecução criminal, estabelece-se um direito à prova ilimitada por parte do Estado: não há vedações de meios probatórios, não há regras de admissibilidade e de exclusão de provas nem restrições à valoração destas. Não há, enfim, ilicitude da prova. Tudo se justifica em prol da busca da verdade real, que é perseguida a qualquer preço. Essa é a fórmula adotada, via de regra, nos Estados autoritários. No outro extremo, havendo prevalência absoluta do interesse individual, a persecução criminal estaria fadada ao fracasso. Não se admitiria, nessa ótica, nenhuma limitação aos direitos fundamentais, inclusive ao *nemo tenetur se detegere*. Decorre do estudo realizado, como adiante se mostrará, que se registra atualmente forte tendência, nos ordenamentos jurídicos, ao predomínio do interesse público na persecução criminal, prestigiando-se a busca da verdade real, inevitavelmente, à admissão de maiores restrições aos direitos fundamentais do acusado[196].

---

196 QUEIJO, Maria Elizabeth. *O direito de não produzir prova contra si mesmo* (O princípio *nemo tenetur se detegere* e suas decorrências no processo penal), p. 242.

CAPÍTULO 2 – GARANTIAS PROCESSUAIS PENAIS – DEVIDO PROCESSO LEGAL   135

O que está sendo objeto de discurso se apresenta mais evidente e com uma orientação mais eficaz quando nele se insere inteligência provinda de órgão jurisdicional de nível superior:

Habeas corpus. Art. 307 do Código Penal. Crime de falsa identidade. Exercício de autodefesa. Conduta atípica. "Privilégio constitucional contra a autoincriminação: garantia básica que assiste à generalidade das pessoas. A pessoa sob investigação (parlamentar, policial ou judicial) não se despoja dos direitos e garantias assegurados" (STF, *HC* n. 94.082-MC/RS, rel. Min. Celso de Mello, *DJ* 25.03.2008). Princípio *nemo tenetur se detegere*. Positivação no rol petrificado dos direitos e garantias individuais (art. 5º, LXIII, da Constituição da República): opção do constituinte originário brasileiro de consagrar, na Carta da República de 1988, "diretriz fundamental proclamada, desde 1791, pela Quinta Emenda [à Constituição dos Estados Unidos da América], que compõe o *Bill of Rights* norte-americano (STF, *HC* n. 94.082-MC/RS, rel. Min. Celso de Mello, *DJ* 25.03.2008). Precedentes citados da Suprema Corte dos Estados Unidos: Escobedo v. Illinois (378 US 478, 1964); Miranda v. Arizona (384 US 436, 1966), Dickerson v. United States (530 US 428, 2000). Caso Miranda v. Arizona: fixação das diretrizes conhecidas por "Miranda Warnings", "Miranda Rules" ou "Miranda Rights". Ocasião em que se reconheceu o direito que tem qualquer investigado de não produzir quaisquer provas contra si mesmo perante a autoridade administrativa, policial ou judiciária. 1. O direito do investigado ou do acusado de não produzir prova contra si foi positivado pela Constituição da República no rol petrificado dos direitos e garantias individuais (art. 5º, LXIII). É essa a norma que garante *status* constitucional ao princípio do *nemo tenetur se detegere* (STF, *HC* n. 80.949/RJ, 1ª T., rel. Min. Sepúlveda Pertence, *DJ* 14.12.2001), segundo o qual, repita-se, ninguém é obrigado a produzir quaisquer provas contra si. 2. A propósito, o Constituinte Originário, ao editar tal regra, "nada mais fez senão consagrar, desta vez no âmbito do sistema normativo instaurado pela Carta da República de 1988, diretriz fundamental proclamada, desde 1791, pela Quinta Emenda [à Constituição dos Estados Unidos da América], que compõe o *Bill of Rights* norte-americano" (STF, *HC* n. 94.082-MC/RS, rel. Min. Celso de Mello, *DJ* 25.03.2008). 3. "Qualquer pessoa que sofra investigações penais, policiais ou parlamentares, ostentando, ou não, a condição formal de indiciado – ainda que convocada como testemunha (*RTJ* 163/626 – *RTJ* 176/805-6) –, possui, dentre as várias prerrogativas que lhe são constitucionalmente asseguradas, o direito de permanecer em silêncio e de não produzir provas contra si própria" (*RTJ* 141/512, rel. Min. Celso de Mello). 4. Nos termos do art. 5º, LXIII, da Carta Magna "o preso será informado de seus direitos, entre os quais o de permanecer calado, sendo-lhe asse-

136 GARANTIAS FUNDAMENTAIS NA ÁREA CRIMINAL

gurada a assistência da família e de advogado". Tal regra, conforme jurisprudência dos Tribunais pátrios, deve ser interpretada de forma extensiva, e engloba cláusulas a serem expressamente comunicadas a quaisquer investigados ou acusados, quais sejam: o direito ao silêncio, o direito de não confessar, o direito de não produzir provas materiais ou de ceder seu corpo para produção de prova etc. 5. É atípica a conduta de se atribuir falsa identidade perante autoridade policial com o intuito de não se incriminar, pois se trata de hipótese de autodefesa, consagrada no art. 5º, LXIII, da Constituição Federal, que não configura o crime descrito no art. 307 do Código Penal. Precedentes. 6. *Habeas corpus* concedido, para absolver o Paciente do crime de falsa identidade[197].

Provém da Excelsa Corte o seguinte julgado:

> Diante do princípio do *nemo tenetur se detegere*, que informa o nosso direito de punir, é fora de dúvida que o dispositivo do inciso IV do art. 174 do Código de Processo Penal há de ser interpretado no sentido de não poder ser o indiciado compelido a fornecer padrões gráficos do próprio punho, para os exames periciais, cabendo apenas ser intimado para fazê-lo a seu alvedrio. É que a comparação gráfica configura ato de caráter essencialmente probatório, não se podendo, em face do privilégio de que desfruta o indiciado contra a autoincriminação, obrigar o suposto autor do delito a fornecer prova capaz de levar à caracterização de sua culpa. Assim, pode a autoridade não só fazer requisição a arquivos ou estabelecimentos públicos, onde se encontrem documentos da pessoa à qual é atribuída a letra, ou proceder a exame no próprio lugar onde se encontrar o documento em questão, ou ainda, é certo, proceder à colheita de material, para o que intimará a pessoa, a quem se atribui ou pode ser atribuído o escrito, a escrever o que lhe for ditado, não lhe cabendo, entretanto ordenar que o faça, sob pena de desobediência, como deixa transparecer, a um apressado exame, o CPP, no inciso IV do art. 174. *Habeas corpus* concedido[198].

Outra situação que merece ser enfrentada e refletida é se com amparo no *nemo tenetur se detegere* o indivíduo pode livremente mentir, sem que isso lhe acarrete alguma consequência de ordem normativa.

O que se constata e se evidencia na prática, de forma iterativa, é que aquele a quem se imputa a prática delitiva faz uso da mentira, quer quando é objeto de interrogatório policial, quer quando é inquirido em juízo.

---

197 STJ, *HC* n. 167.520/SP, 5ª T., rel. Min. Laurita Vaz, *DJe* 28.06.2012.
198 STF, *HC* n. 77.135/SP, 1ª T., rel. Min. Ilmar Galvão, *DJ* 06.11.1998, p. 3, *Ement.* v. 01930-01, p. 170.

CAPÍTULO 2 – GARANTIAS PROCESSUAIS PENAIS – DEVIDO PROCESSO LEGAL **137**

Surge dessa situação embate no sentido de se indagar se essa forma de comportamento do indiciado ou acusado determina alguma transgressão ou prejuízo à garantia a ele outorgada pelo legislador constituinte ou ordinário.

Cumpre salientar em análise preambular que o fator mentira não guarda nenhuma pertinência com a garantia do silêncio. De maneira incontroversa, quem cala não mente. Além disso, se o interrogando faltar com a verdade, isso não implica entender que ele transgrediu a garantia precitada ou que tenha cometido nenhum ilícito penal.

A rigor, a mentira tem seu enlace imediato com o direito da não autoincriminação, bem como com a ampla defesa e, principalmente, com a sua plenitude.

Em vez de o indiciado ou acusado responder a questão a ele formulada pelo órgão interrogador incriminando-se, deve-se entender que tem ele a faculdade – e há quem entenda que existe o direito – de mentir, não só para não produzir prova contra si mesmo, mas com o propósito de se defender.

É de inconcussa constatação que, na vasta seara de o indiciado ou réu angariar instrumentos para proteger sua liberdade física, que sempre se vê ameaçada pela *persecutio criminis*, pode ele fazer uso de forma ilimitada da mentira, notadamente quando o ônus da prova for de sua incumbência, porquanto se ela estiver a cargo do órgão acusatório o réu pode se manter na forma passiva.

Convergindo com o que está sendo sustentado, ensina Hélio Tornaghi:

> E mais: o réu pode até mentir. Não se trata de um direito de mentir, nem há que falar em direito (subjetivo), neste caso. O que há é que a mentira do réu não constitui crime, não é ilícita: o réu é livre para mentir porque, se o fizer, não sofrerá nenhuma sanção. Mas convém que se explique: o réu é livre para mentir para se defender, não para se acusar. Aquele que atribui a si próprio crime inexistente ou praticado por outrem pratica o delito de autoacusação falsa, definido e punido no art. 341 do Código Penal. Mas o réu que se defende fazendo afirmação falsa ou negando ou calando a verdade não pratica ato ilícito. Sujeito ativo do crime de perjúrio é somente a testemunha. Perito, tradutor ou intérprete (Código Penal, art. 342). O próprio *nomem iuris* dado pelo Código a esse crime é "falso testemunho ou falsa perícia". Por tudo isso, o réu não presta compromisso, como testemunha e ou perito. *Nemo tenetur se detegere*, ninguém está obrigado a se acusar, é o princípio moral e liberal que informa a lei brasileira. No *common law: No one is bound to criminate himself.* A obrigação do réu de dizer a verdade (*Wahrheitspflicht*) é própria do sistema nazista. Nem o fascismo – e neste ponto honra lhe seja feita – o acolheu.

138 GARANTIAS FUNDAMENTAIS NA ÁREA CRIMINAL

Por seu turno, observa Guilherme de Souza Nucci:

> a imunidade constitucional prevalece sobre todos os preceitos ordinários, não podendo importar prejuízo para o acusado, sob qualquer prisma. Por isso, descabida a discussão, à luz da Constituição Federal de 1988, se há o direito de mentir, ou não, extraindo-se disso a nítida posição de que o direito de não se autoacusar implica, por óbvio, o direito de invocar todos os instrumentos lícitos para o desempenho da autodefesa. Se a mentira é moral ou imoral, ética ou antiética, tais debates são inoperantes e inócuos diante da imunidade maior, autorizada constitucionalmente, significando calar-se ou declarar o réu o que bem quiser. Ademais, somente para argumentar, é preciso destacar ser praticamente impossível conviver em sociedade se não houver a denominada *mentira comercial*, vale dizer, para evitar confrontos inúteis, a fraternidade impõe uma argumentação superficial, em vários ambientes, dependendo dos interlocutores[199].

Nesse passo doutrinário também é firme o entendimento esposado por Alexandre de Moraes, *in integrum*:

> O direito de permanecer em silêncio, constitucionalmente consagrado, seguindo orientação da Convenção americana sobre Direitos Humanos, que prevê em seu art. 8º, § 2º, *g*, o direito de toda pessoa acusada de delito de não ser obrigada a depor contra si mesma, nem a declarar-se culpada, apresenta-se como verdadeiro complemento aos princípios do *due process of law* e da ampla defesa, garantindo-se dessa forma ao acusado não só o direito ao silêncio puro, mas também o direito de prestar declarações falsas e inverídicas, sem que por elas possa ser responsabilizado, uma vez que não se conhece em nosso ordenamento jurídico o crime de perjúrio. Além disso, o silêncio do réu no interrogatório jamais poderá ser considerado como confissão ficta [...]. Portanto, a cláusula constitucional brasileira mostra-se mais generosa em relação ao silêncio do acusado do que a tradicional previsão do direito norte-americano do *privilege against self-incrimination*, descrita na 5ª Emenda à Constituição, de seguinte teor: "ninguém poderá ser obrigado em qualquer processo criminal a servir de testemunha contra si mesmo...", pois, embora permita o silêncio do acusado, não lhe permite fazer declarações falsas e inverídicas, sob pena de responsabilidade criminal[200].

A bem da verdade, em termos gerais, envolvendo inclusive direito comparado, não se mostra pacífica a faculdade ou o direito de o indiciado ou acusa-

---

199 *Princípios constitucionais penais e processuais penais*, p. 272.
200 *Constituição do Brasil interpretada*, p. 354.

CAPÍTULO 2 – GARANTIAS PROCESSUAIS PENAIS – DEVIDO PROCESSO LEGAL **139**

do por ocasião de sua inquirição mentir. Isso porque, nos vários sistemas processuais em termos de prova, pode haver uma variação muito grande de fins buscados com o propósito de estabelecer a verdade real dos fatos objeto de apuração nas vias inquisitorial e judicial.

Verifica-se na lição externada por Francesco Carnelutti que o suspeito, quando de seu interrogatório, deve sempre conduzir à verdade, o que implica concluir que não lhe é permitido faltar com a verdade:

> a suspeita é o pressuposto do interrogatório. Agregue-se que, no levantamento preliminar, quem interroga é uma parte, isto é, o Ministério Público, e ainda quando também seja um juiz, como ocorre atualmente na instrução formal, não logra assim nunca ser imparcial: a suspeita, em suma, exclui a neutralidade. Assim, inadvertidamente, portanto, a suspeita do delito cometido engendra a suspeita de que o silêncio ou a resposta total ou parcialmente negativa do interrogado seja um artifício para ocultar a verdade. De estado de ânimo, a tentação de instar sobre o interrogado (estaria por dizer: espremer o interrogado) para obter uma resposta positiva salta assim como irresistível[201].

Ainda,

> outra teoria, que se opõe ao *nemo tenetur se detegere*, é a do ônus da verdade de Foschini, pela qual se sustentava que o acusado não tinha o ônus de dizer a verdade no interrogatório. Assim, se mentisse, ficava sujeito ao risco de o juiz extrair desse comportamento elementos de prova por presunção. Ou seja, do silêncio e da eventual mentira poderia ser extraída presunção de culpa. Entretanto, como salienta Grevi, referida teoria só poderia ter lugar em um sistema no qual não prevalecesse a presunção de inocência, porque estabeleceria um *onus probandi* ao acusado[202].

Na exposição doutrinária encontrada no magistério de Jorge de Figueiredo Dias, depara-se com as seguintes considerações:

> Do fato de as declarações do arguido sobre a questão da culpa não poderem ser puníveis como falsas (arts. 241 e 254 do CPP), aliado à circunstância de se encontrar "cortada" – como vimos que o revela o reconhecimento do direito ao si-

---

201 *Derecho procesal civil y penal*: principios del proceso penal, p. 192.
202 QUEIJO, Maria Elizabeth. *O direito de não produzir prova contra si mesmo* (O princípio *nemo tenetur se detegere* e suas decorrências no processo penal), p. 230.

140 GARANTIAS FUNDAMENTAIS NA ÁREA CRIMINAL

lêncio – a ligação entre o arguido e o dever de colaboração com a justiça e o seu fim de descoberta da verdade, já se pretendeu concluir que ao arguido caberia um verdadeiro *direito de mentir*. Esta opinião deve, porém, ser repudiada. Nada existe na lei, com efeito, que possa fazer supor o reconhecimento de um tal "direito". As soluções legais em matéria de silêncio e de cessação do dever de colaboração explicam-se perfeitamente pela oposição que assim se quer fazer à velha e odiosa ideia inquisitória, segundo a qual o arguido, enquanto meio de prova, poderia ser *obrigado* – inclusivamente através de meios do coação física e psíquica, sem excluir a própria tortura – à prestação de declarações que o incriminassem. E sabe-se como todo o processo penal "reformado" fez de tal oposição um dos seus propósitos salientes. Mas, sendo assim, poderia pensar-se (e não faltam autores a lançarem-se, mais ou menos profundamente, nesta via de compreensão das soluções legais) que, podendo o arguido optar *livremente* entre o silêncio e o prestar declarações, caso acolhesse esta segunda possibilidade continuaria a recair sobre ele um *dever de verdade* – ou como mero *dever moral*, ou mesmo como verdadeiro *dever jurídico*. A verdade, porém, é que do reconhecimento de tal dever não ressaltam quaisquer consequências práticas para o arguido que minta, uma vez que a mentira não deve ser voltada contra ele, ao nível substantivo dos direitos processuais daquele (mesmo dos relacionados com a prisão preventiva). Que concluiremos então? Não existe, por certo, um *direito* a mentir que sirva como causa justificativa da falsidade; o que sucede simplesmente é ter a lei entendido ser *inexigível* dos arguidos o cumprimento do dever de verdade, razão por que *renunciou* nestes casos a impô-lo [...][203].

As mesmas pegadas doutrinárias são seguidas por Germano Marques da Silva:

> O arguido tem o direito de não responder a perguntas feitas, por qualquer entidade, sobre os fatos que lhe forem imputados e sobre o conteúdo das declarações que acerca deles prestar (art. 61, n. 1, *c*). O arguido deve ser informado de que goza do direito ao silêncio antes do interrogatório, com as explicações que se mostrem necessárias (arts. 141, n. 4, 143, n. 2, 144, n. 1, e 343, n. 1). O silêncio do arguido não pode ser interpretado como presunção de culpa; ele presume-se inocente (art. 32, n. 2, da CRP). Podem ser várias as razões que levem o arguido a preferir silenciar e, porventura, dignas de respeito, donde que não possa ser prejudicado pelo exercício do seu direito ao silêncio. Acresce que a lei não estabelece qualquer sanção para o arguido que, prestando declarações sobre os

---

203 *Direito processual penal*, p. 450-1.

CAPÍTULO 2 – GARANTIAS PROCESSUAIS PENAIS – DEVIDO PROCESSO LEGAL   141

fatos que lhe forem imputados, falte à verdade. Não se trata de um direito de mentir, mas simplesmente de não punição da mentira[204].

Tendo como necessários os mencionados magistérios, revelam importância as considerações sobre o tema enfocado provindas de João Cláudio Couceiro, na oportunidade em que tece considerações em torno do fundamento jurídico do direito ao silêncio:

Tais teorias implicarão concepções diversas da participação do acusado na atividade probatória. Assim, pode-se considerar o direito ao silêncio, em face do acusado, da seguinte forma: 1. Uma corrente defenderá que o acusado tem obrigação de dizer a verdade. Porém, para alguns, a tal obrigação não poderia corresponder a qualquer sanção (quando muito, poder-se-ia falar em "obrigação moral", mesmo porque os sistemas processuais modernos afastam a confissão ficta, própria do direito medieval.[205] Outros entendem que poderia o juiz, ao fixar a pena, em caso de condenação, agravá-la, caso o réu tenha permanecido em silêncio ou mentido.[206] Essa teoria se aproximaria da concepção dos direitos fundamentais existentes nas ditaduras e nos Estados totalitários, em que os direitos não pertencem aos indivíduos, mas são a estes concedidos para que colaborem na tarefa coletiva de construção da nova sociedade.[207] 2. Há, ainda, os que, encarando o direito ao silêncio de maneira absoluta, afirmam que deste, ou de mentira do acusado, não podem ser deduzidas quaisquer ilações que venham a ameaçar a presunção de inocência.[208] O interrogatório não poderia ser considerado como meio de prova, pois o juiz não goza de disponibilidade sobre o mesmo. Não se poderia atribuir ao acusado qualquer obrigação ou ônus de dizer a verdade. O ônus de dizer a verdade, em última análise, corresponde a um ônus de provar, que não pode ser atribuído ao acusado (a rigor, no processo penal, não existe ônus da prova, até mesmo para a acusação, no sentido de que a prova é sempre indisponível e o juiz deve pesquisar para além da eventual aquiescência das partes).[209] Tal posicionamento é derivado de uma concepção liberal do direito ao silêncio, como direito de defesa contra o Estado, protegendo, assim, a esfera do indivíduo em que teme a intervenção (em princípio nociva) deste. 3. Sustentou-se, por fim, que o acusado teria a faculdade de calar-se, mas se

---

204 *Curso de processo penal*, p. 267.
205 Refere-se a Vittorio Grevi.
206 Refere-se a Francesco Carnelutti.
207 Refere-se a Gaetano Foschini.
208 Refere-se a Jorge de Figueiredo Dias.
209 Refere-se a Ada Pellegrini Grinover.

permitiria ao juiz interpretar o silêncio de forma que lhe fosse desfavorável. Assim, se o juiz não tem poder absoluto sobre o comportamento do acusado, também não está na posição de inferioridade em face deste, como se tivesse que "pedir permissão" para interrogá-lo. O acusado não teria o dever de prestar declarações, mas sobre ele pesaria o ônus de dizer a verdade.[210] Aproxima-se tal teoria de uma concepção funcional, não absoluta, dos direitos fundamentais, permitindo-se que o Estado venha a regular o seu exercício[211].

No âmbito do Supremo Tribunal Federal, destaca-se o seguinte julgado:

Qualquer indivíduo que figure como objeto de procedimentos investigatórios policiais ou que ostente, em juízo penal, a condição jurídica de imputado tem, dentre as prerrogativas que lhe são constitucionalmente asseguradas, o direito de permanecer calado. *Nemo tenetur se detegere.* Ninguém pode ser constrangido a confessar a prática de um ilícito penal. O direito de permanecer em silêncio insere-se no alcance concreto da cláusula constitucional do devido processo legal. E nesse direito ao silêncio inclui-se, até mesmo por implicitude, a prerrogativa processual de o acusado negar, ainda que falsamente, perante a autoridade policial ou judiciária, a prática da infração penal[212].

No mesmo contexto:

No caso, a hipótese não diz respeito, propriamente, à falsidade quanto à identidade do réu, mas, sim, ao fato de o então indiciado ter faltado com a verdade quando negou, em inquérito policial que figurava como indiciado, que tivesse assinado termo de declarações anteriores que, assim, não seriam suas. Ora, tendo o indiciado o direito de permanecer calado e até mesmo o de mentir para não se autoincriminar com as declarações prestadas, não tinha ele o dever de dizer a verdade, não se enquadrando, pois, sua conduta no tipo previsto no art. 299 do Código Penal. *Habeas corpus* deferido, para anular a ação penal por falta de justa causa[213].

Nas cercanias do Superior Tribunal de Justiça, colhe-se a seguinte ementa:

---

210 Refere-se a Gaetano Foschini.
211 *Garantia constitucional ao direito de silêncio*, p. 126-9.
212 STF, *HC* n. 68.929/SP, 1ª T., rel. Min. Celso de Mello, *DJU* 28.08.1992, p. 13.453.
213 STF, *HC* n. 75.257/RJ, 1ª T., rel. Min. Moreira Alves, *DJU* 29.08.1997, p. 40.219, *Ement.* v. 1880-02, p. 431.

O intuito de ocultar antecedentes criminais ou de esconder da autoridade policial a condição de foragido não encontra amparo no princípio constitucional da autodefesa, que abrange tão somente o direito de mentir ou omitir sobre os fatos que são imputados à pessoa, nada relacionados com sua identificação. Mesmo que essa tenha sido a intenção do réu, a falsificação de documento público não se compatibiliza com o exercício da ampla defesa. Não há que falar sob esse enfoque, em atipicidade da conduta ilícita[214].

Ad conclusam, a garantia do silêncio e o direito do indiciado ou acusado de não se autoincriminar (*nemo tenetur se detegere*) também se integram ao devido processo legal (*due process of law*), constituindo-se em importantes instrumentos para o exercício da ampla defesa e de sua plenitude.

---

214 STJ, *HC* n. 205.292/SP, 6ª T., rel. Min. Sebastião Reis Júnior, *DJe* 14.12.2012.

CAPÍTULO 3

Outras garantias constitucionais

Muito embora a incidência e a pertinência do *due process of law* sejam bastante abrangentes e significativas, como, aliás, ficou demonstrado, mais ligadas a ele se consideraram as garantias que foram dissertadas.

A partir deste momento discursivo, serão indicadas e sopesadas outras garantias que podem não ter vínculo com o devido processo legal ou ter algum cujo liame é mais tênue.

De qualquer maneira, é forçoso convir que o prosseguimento deste estudo continua coeso com seu propósito de examinar as garantias constitucionais nos campos processual penal e penal, procurando com isso o estabelecimento de um sistema que se mostra profícuo e útil a ambos os ramos de Direito mencionados.

1. PUBLICIDADE

Colhe-se dos passos históricos dos sistemas processuais penais a ocorrência de diversos fatores e caracteres que assinalam o crescimento do Direito no passar dos tempos, tornando-o mais eficiente e voltado aos interesses sociais a que se destina.

A evolução da comunidade, que decorre do aperfeiçoamento dos costumes e do acrisolamento dos conhecimentos, com a conquista de novos e crescentes métodos de tecnologia, determina a mudança não só no sistema legislativo que deve acompanhar a gradual transformação dos povos, principalmente mais cultos, assim como do próprio modo de ser da atividade do Poder Judiciário.

CAPÍTULO 3 – OUTRAS GARANTIAS CONSTITUCIONAIS   145

Inegavelmente, por amostragem de raciocínio, no campo do Direito não se pode, na atualidade, centrá-lo nos comportamentos próprios e específicos da era da barbárie ou dos tempos da Idade Média. O modernismo da civilização impõe uso e emprego de novos métodos de agir com regras específicas e determinadas para sua ideal sustentabilidade.

O processo legal, como instrumento da solução de litígios, dos conflitos intersubjetivos de interesses, deve ser composto por preceitos que garantam a plenitude de sua aplicabilidade no atendimento da conveniência, de regra pública, que lhe serve de conteúdo (*res in iudicium deducta*). Deve ele, enfim, preservar a democracia do Direito, o que é levado a efeito por meio de garantias lavradas nesse sentido.

Pinça-se do período inquisitorial, cujo processo foi elaborado pelo Direito canônico na Idade Média, que as garantias individuais nesse tempo eram bastante frágeis e incompletas, sendo a instrução especialmente secreta, o que ia de encontro aos interesses dos governantes.[1] De se lembrar, que a inquisitoriedade proveio e teve sua inspiração no processo extraordinário: *cognitio extra ordinem*.

No sistema acusatório, que se revelou o oposto do inquisitorial, mostrou-se presente a instrução pública, conforme lição professada por Vincenzo Manzini.[2] Nota-se, por conseguinte, a magistral evolução do mencionado sistema em prol da democratização do Direito, aliado que seja às garantias de cunho processual.

Emilio Gomez Orbaneja e Vicente Herce Quemada, após assinalarem que os sistemas aqui abordados surgiram na ordem cronológica em que estão sendo cuidados, deixaram exposto que o caráter público se constitui uma das pilastras fundamentais do sistema acusatório.[3]

No pertinente ao sistema misto, que contém em seu cerne a mescla de elementos típicos dos sistemas inquisitório e acusatório, a instrução era secreta, o que demonstra, de maneira irrefutável, seu retrocesso.

Vencida essa exposição preliminar, do ponto de vista legislativo, o princípio da publicidade tem amparo de ordem constitucional: "A lei só poderá restringir a publicidade dos atos processuais quando a defesa da intimidade ou o interesse social o exigirem" (art. 5º, LX, da CF).

Na legislação ordinária, o princípio sob consideração se vê alinhado no art. 792 do Código de Processo Penal, *in integrum*:

---

1 FLORIAN, Eugenio. *Corso di diritto e procedura penale*: lezione sulla parte generale del diritto penale, v. 1, p. 5.
2 *Istituzioni di diritto processuale penale*, p. 6.
3 *Derecho procesal penal*, p. 117.

146 GARANTIAS FUNDAMENTAIS NA ÁREA CRIMINAL

As audiências, sessões e os atos processuais serão, em regra, públicos e se realizarão nas sedes dos juízos e tribunais, com assistência dos escrivães, do secretário, do oficial de justiça que servir de porteiro, em dia e hora certos, ou previamente designados.

A garantia a que se faz referência também foi objeto de normatização na Convenção Americana de Diretos Humanos (Pacto de São José da Costa Rica), que foi recepcionada pelo Brasil, ao deixar assentado no art. 8, item 5, que "o processo penal deve ser público, salvo no que for necessário para preservar os interesses da Justiça".

É de indisputável constatação que a consagração do caráter público do processo penal toma vulto de ordem internacional, posto que ele se mostra aplicado pelos inúmeros países que aderiram ao mencionado ajuste, o que demonstra de maneira fiel sua incomensurável importância e significação envolvendo as garantias das pessoas que se envolvem em processo de cunho criminal. Mesmo que de maneira indireta, a publicidade em referência não deixa de ter grande prestígio que se presta aos direitos humanos de qualquer cidadão acusado, aliado que seja à preocupação de se evitarem abusos, mecanismos compatíveis com sistemas inquisitoriais e absolutistas. Incide, em *ultima ratio*, na consolidação da democracia do próprio Direito.

Se a apuração do crime e de sua autoria encerra um interesse coletivo (*nec delicta maneante impunita*), nada mais lógico, por inferência, que o processo penal como instrumento de aplicação do direito material tenha caráter comunitário, seja assunto da comunidade jurídica, motivo pelo qual "bem se compreende a sua publicidade como forma ótima de dissipar quaisquer desconfianças que possam suscitar sobre a independência e a imparcialidade com que é exercida a justiça penal e são tomadas as decisões"[4].

Na linha doutrinária traçada por Roger Perrot, a ideia de publicidade deve ser entendida em sentido bastante amplo e genérico para que se tenha um controle virtual de como ela é distribuída, acrescentando, sobre a imparcialidade do juiz, que a Justiça é um trabalho de luz e não de trevas (*la Justice est une ouvre de lumière et non de ténèbre*).[5]

Aduzindo que o princípio da publicidade tem uma justificação eminentemente política, manifestando-se, em sua formulação atual, como uma conquista do pensamento liberal, Germano Marques da Silva ensina que

---

4   DIAS, Jorge de Figueiredo. *Direito processual penal*, p. 222.
5   "Le principe de la publicité dans le procedure civile". In: *Le principe de la publicité de la justice*, p. 23.

CAPÍTULO 3 – OUTRAS GARANTIAS CONSTITUCIONAIS **147**

a publicidade do processo foi reivindicada pelo pensamento liberal como instrumento de garantia contra as manipulações da justiça de gabinete, característica da época do absolutismo, como meio de controle da justiça pelo povo, primeiro, e como instrumento de fortalecimento do povo nos Tribunais, depois[6].

A publicidade do processo penal é fator político-social. É matéria de relevante valor coletivo e representa importante evolução da democracia.

A publicidade do processo penal concerne ao controle da justiça penal pela coletividade. Os assuntos penais são demasiado importantes para que sejam tratados secretamente (como no direito processual comum). Na democracia, soberano é o povo. Em seu nome se administra a justiça (ver o § 268, par. 1, da ordenança processual penal: a sentença se pronuncia em nome do povo) e o juiz é unicamente o representante da comunidade jurídica.[7]

Evidentemente, "a publicidade representa uma das mais sólidas garantias do direito de defesa"[8].

Afirma com eloquência Vincenzo Manzini, atribuindo à garantia da publicidade sentido bastante elástico, que

a publicidade dos julgamentos é a mais oportuna garantia de sua retidão; é uma garantia de justiça e liberdade. O imputado encontra nela sua melhor segurança contra a calúnia, contra a ilegalidade e a imparcialidade; o juiz se acoberta da suspeita e se sente mais seguro em sua consciência; e o Ministério Público e os defensores se sentem estimulados ao cumprimento consciencioso e animado de seu dever; as testemunhas e os peritos experimentam um saudável controle; o povo, comprovando a regular, serena e igualitária aplicação da lei penal, adquire confiança no ordenamento jurídico do Estado e na administração da justiça, uma vez que se instrui no conhecimento das leis penais; a moralidade sai ganhando com o espetáculo do delito descoberto e castigado[9].

Esse princípio inerente e compatível com o processo do tipo acusatório revela que a tônica é a publicidade dos atos processuais. Devem eles ser prati-

---

6 *Curso de processo penal*, p. 76.
7 BAUMANN, Jürgen. *Derecho procesal penal*: conceptos fundamentales y principios procesales, p. 108.
8 STEFANI, Gastón; LEVASSEUR, Georges; BOULOC, Bernard. *Procédure pénale*, p. 847.
9 *Tratado de derecho procesal penal*, v. 3, p. 46-7.

148   GARANTIAS FUNDAMENTAIS NA ÁREA CRIMINAL

cados publicamente, diante de todos os cidadãos, já que a "publicidade do juízo é a melhor garantia da própria justiça"[10].

Sem dúvida, publicidade plena não deixa de ser uma garantia para o acusado poder desenvolver plenamente sua defesa. A fiscalização exercida por aqueles que assistem, por exemplo, às audiências, impõe ao juiz a necessária obrigação de preservar na íntegra todos os direitos do réu em contrariar a acusação contra si lançada.

De outro lado, objetivando ser bastante claro e procurando atingir o espírito do legislador constituinte, a expressão "atos processuais", posta no texto de regência, deve ter sua dicção definida quanto a sua compreensão e abrangência.

Lembra com acuidade Rogério Lauria Tucci que

> impõe-se, outrossim, para que a defesa do imputado seja assegurada em sua plenitude, a ampla publicidade dos atos processuais, imprescindível também ao *due process of law* no processo penal, e que se perfaz com o conhecimento e presença. Na totalidade deles, dos interessados na definição e/ou satisfação de concreta relação jurídica penal, bem como pelo acesso a eles de todos os membros da comunidade[11].

Para Guilherme de Souza Nucci,

> a publicidade é fator determinante da transparência e da moralidade, significando a atuação estatal aberta, voltada ao seu real destinatário, que é a sociedade. A realização pública de justiça pertence a todos e passa a ser de conhecimento notório, conferindo legitimidade às posturas estatais de mando e de imposição de regras[12].

Na visão de Antônio Alberto Machado,

> a publicidade geral visa a garantir uma espécie de controle externo da atividade judiciária, controle esse exercido pela comunidade que pode comparecer e assistir aos atos processuais, pode consultar os autos do processo, podendo inclusive extrair cópias e divulgar conteúdos, sempre em nome daquela transparência que deve caracterizar o exercício do poder nas democracias. É por isso

---

10   FARIA, Bento de. *Código Penal brasileiro anotado*, v. 2, p. 392.
11   *Direitos e garantias individuais no processo penal brasileiro*, p. 240.
12   *Princípios constitucionais penais e processuais penais*, p. 344.

que se costuma dizer que o princípio da publicidade é uma das características dos sistemas processuais de tipo acusatório, porquanto impede a prática de atos processuais sigilosos, como ocorria ordinariamente nos processos inquisitivos. A publicidade restrita, por outro lado, configura uma exigência do princípio do contraditório que supõe a informação acerca de todos os atos praticados no processo, a fim de que as partes possam reagir a tais atos, segundo o mecanismo da informação e reação[13].

Prestigiando a garantia fundamental abordada, Fernando da Costa Tourinho Filho deixa assentado que "no Direito pátrio vigora o princípio da publicidade absoluta, como regra. As audiências, as sessões e a realização de outros atos processuais são franqueados ao público em geral"[14].

Na ótica do magistério constitucional,

a finalidade da presente norma é dupla, pois ao mesmo tempo que pretende garantir mais um instrumento no sentido de transparência e fiscalização popular na atuação dos órgãos excedentes das funções totais, também complementa os princípios do devido processo legal e da ampla defesa, garantindo ao acusado ciência dos fatos pelos quais está sendo acusado e de todo o desenrolar do procedimento. [...] Repudia-se, pois, qualquer possibilidade de julgamentos secretos, sem a necessária publicidade, salvo nas hipóteses excepcionais previstas na Constituição Federal, em que se exige o preenchimento dos requisitos constitucionais da intimidade ou da defesa do interesse social[15].

Tem plena razão Celso Ribeiro Bastos ao exortar, em torno da publicidade objeto de considerações doutrinárias, que essa

se insere em um campo mais amplo de transparência da atuação dos poderes públicos em geral. É uma decorrência do princípio democrático. Este não pode conviver com o sigilo, o segredo, o confinamento a quatro portas, a falta de divulgação, porque por este caminho da sonegação de dados à coletividade, impede-se o exercício importante de um direito do cidadão em estado governado pelo povo, qual seja: o de controle. Não há dúvida portanto de que a publicidade dos atos, e especificamente dos atos jurisdicionais, atende ao interesse das partes e ao interesse público. Protege o magistrado contra insinuações e male-

---

13 *Curso de processo penal*, p. 39.
14 *Manual de processo penal*, p. 20.
15 MORAES, Alexandre de. *Constituição do Brasil interpretada*, p. 347.

150 GARANTIAS FUNDAMENTAIS NA ÁREA CRIMINAL

dicências; da mesma forma que protege as partes contra um possível arbítrio ou prepotência. E confere à coletividade, de um modo geral, a possibilidade de controle sobre os atos que são praticados com a força própria do Estado[16].

A possibilidade de controle externo dos atos praticados pelo magistrado por qualquer indivíduo se apresenta como direito inerente à sua condição de cidadão. É aspecto relevante nas searas da cidadania, uma vez que o sigilo é próprio e específico de quem procura manter escondido o que não pode ser mostrado publicamente, o que, inexoravelmente, não se comunga com atividade processual que tem por escopo, sempre, um interesse de ordem coletiva, principalmente quando se cuida de processo penal de conhecimento provocado por intermédio do exercício da ação penal pública.

No âmago da publicidade, *ex abundantia*, não só devem estar inseridas as sessões e audiências, mas também os processos de forma geral, ressalvada a exceção que será posteriormente apontada.

Melhor explicando: em função da garantia da publicidade, como regra, qualquer cidadão pode consultar em cartório autos criminais, porquanto em seu interior se encontram documentados os "atos processuais" aludidos pela Magna Carta da República.

É de constatação lógica, entretanto, que essa prática, invariavelmente, se mostra obstada pelo juízo, em uma franca demonstração de que ele se revela a síndrome de proprietário do Poder Judiciário. Aliás, *ad argumentandum*, até mesmo o advogado encontra enormes dificuldades em examinar autos em que ele não é representante postulatório da parte, posto que, como de costume, em tal situação, se exige dele a procuração pertinente. Essa atitude ao mesmo tempo vulnera e quebra a garantia constitucional da publicidade, bem como uma prerrogativa desse profissional do Direito prevista no Estatuto da Advocacia e da Ordem dos Advogados do Brasil:

> Art. 7º São direitos do advogado: [...] XIII – examinar, em qualquer órgão dos Poderes Judiciário e Legislativo, ou da Administração Pública em geral, autos de processos findos ou em andamento, mesmo sem procuração, quando não estejam sujeitos a sigilo, assegurada a obtenção de cópias, podendo tomar apontamentos.

Entretanto, muitas vezes a publicidade enfocada pode ser nefasta ao interesse social ou contrariar a própria moralidade pública e a normalidade da audiência. Por essa razão, o legislador prescreveu, no § 1º do art. 792 do CPP:

---

16 *Comentários à Constituição do Brasil*, v. 2, p. 285.

Se da publicidade da audiência, da sessão ou do ato processual, puder resultar escândalo, inconveniente grave ou perigo de perturbação da ordem, o juiz, ou o tribunal, câmara, ou turma, poderá, de ofício ou a requerimento da parte ou do Ministério Público, determinar que o ato seja realizado a portas fechadas, limitando o número de pessoas que possam estar presentes.

A Constituição Federal, por seu turno, limitou a publicidade "quando a defesa da intimidade ou o interesse social o exigirem".

No que tange à restrição determinada pelo legislador processual penal, adverte Eduardo Espínola que

na maioria das vezes, porém, seria nitidamente nefasto ao interesse social, a reclamar a apuração de fato delituoso e a punição do infrator, proscrever a produção de um elemento de prova, por ser susceptível de melindrar a moralidade pública ou por pôr em perigo as condições de ordem e de normalidade. O que, então, se faz necessário é assegurar a efetuação do ato, com precaução apta a evitar o registro de tais inconvenientes[17].

A título de exemplo, inconcebível seria, no interesse do próprio acusado, que se permitisse a publicidade ampla quando fosse ele processado por crime hediondo, causando revolta popular a ponto de a coletividade querer linchá-lo. Também não seria justo dar toda a proteção ao acusado e nenhum amparo à vítima. Daí por que oportuna seria a restrição da publicidade, por exemplo, quando o crime imputado ao réu fosse de estupro com violência real.

No quadrante constitucional, necessário se torna enfatizar que, além do interesse social que foi objeto de considerações, a publicidade também deve ceder, em específicas situações, à tutela de um bem maior que diz respeito à intimidade das pessoas envolvidas em lide, que também ostenta sua garantia constitucional, por ser ela inviolável, nos termos do inciso X do art. 5º da Carta Política Federal.

A defesa da intimidade em questão pode ser revelada não somente no quadrante da confecção de ato processual em nível de audiência e sessão, mas também nos próprios autos criminais. A propósito e com pertinência ao que está sendo dissertado, o legislador penal consubstancia no art. 234-B do Código Penal que "os processos em que se apuram crimes definidos neste Título correrão em segredo de justiça". O Título a que se refere o legislador diz respeito aos crimes contra a dignidade sexual (arts. 213 *usque* 234 do CP).

---

17   ESPÍNOLA, Eduardo. *Código de Processo Penal brasileiro anotado*, v. 8, p. 66.

152 GARANTIAS FUNDAMENTAIS NA ÁREA CRIMINAL

Tendo em via de consideração a proteção da intimidade das pessoas, nada impede que se confira o segredo precitado quando se cuidar de delito contra a honra das pessoas.

Nos crimes dolosos contra a vida, de competência do tribunal do júri, é que o princípio da publicidade ampla se vê mais aplicado, uma vez que a afluência do público a esses julgamentos é, normalmente, substanciosa. Além disso, o princípio da publicidade ampla se faz obrigatório nos julgamentos efetuados pelo colegiado heterogêneo, ao contrário do que ocorre com sessões ou realização de outros atos processuais no juízo singular.

Foi visto que o § 1º do art. 792 do Código de Processo Penal restringe a publicidade quando ocorrem as circunstâncias ali exortadas, o mesmo não acontecendo com o processo penal do júri. Tanto isto é verdade, que se houver algum inconveniente grave com a sessão pública, cumpre ao juiz pedir desaforamento, o que possibilitará a assistência da sessão em outra comarca por quem o quiser fazê-lo.

A propósito, aduz o art. 427, *caput*, do Código de Processo Penal:

Se o interesse da ordem pública o reclamar ou houver dúvida sobre a imparcialidade do júri ou a segurança pessoal do acusado, o Tribunal, a requerimento do Ministério Público, do assistente, do querelante ou do acusado ou mediante representação do juiz competente, poderá determinar o desaforamento do julgamento para outra comarca da mesma região, onde não existam aqueles motivos, preferindo-se as mais próximas.

De outro lado, nos termos do art. 485, *caput*, do mencionado Diploma legal, "Não havendo dúvida a ser esclarecida, o juiz presidente, os jurados, o Ministério Público, o assistente, o querelante, o defensor do acusado, o escrivão, o oficial de justiça dirigir-se-ão à sala especial a fim de ser procedida a votação".

Por seu turno, o § 1º do mencionado preceito normatiza que, "na falta de sala especial, o juiz presidente determinará que o público se retire, permanecendo somente as pessoas mencionadas no *caput* deste artigo".

Portanto, feitos os esclarecimentos aos jurados e não mais havendo qualquer dúvida a ser sanada, o próximo passo do procedimento é o encaminhamento dos jurados, das partes e dos auxiliares do juízo para a sala especial, também denominada secreta. Diante de sua inexistência, o julgamento será realizado no próprio local onde o processo está sendo desenvolvido.

A exigência para que a votação dos quesitos seja feita em sala especial ou no próprio plenário, sem a participação do povo e do acusado, está voltada não só no sentido de preservar o sigilo da votação do juiz de fato, bem como para a proteção daquelas pessoas que participam do ato processual e se encontram enumeradas no *caput* do comando normativo comentado, além do juiz togado presidente da sessão.

Nessa ordem de consideração, percebe-se haver uma limitação ao princípio da publicidade, porquanto qualquer pessoa poderá assistir o desenrolar do procedimento do júri até o momento da leitura dos quesitos, sua explicação pelo juiz presidente e esclarecimento de eventual dúvida (arts. 484 e 485, primeira parte, do CPP); porém, no momento da votação do questionário, somente estarão presentes na realização desse ato processual as pessoas enumeradas no *caput* do art. 485 do Código de Processo Penal.

Sob outro prisma analítico, é importante que se considere, na ampla inspeção que está sendo levada a efeito, o encartado no art. 20 do supradito Estatuto, *in verbis*: "A autoridade assegurará no inquérito o sigilo necessário à elucidação do fato ou exigido pelo interesse da sociedade".

Convém deixar assentado, *ab initio*, que, no campo processual penal pátrio, a persecução criminal tem dois momentos. O primeiro se refere ao inquérito policial e o segundo à ação penal, que dará surgimento ao processo de conhecimento de natureza condenatória.

Essas distintas fases, como é de evidência solar, não se confundem. No tangente à *informatio delicti*, trata-se de procedimento administrativo que tem por escopo fornecer elementos que sirvam de base (justa causa) para o exercício da ação penal, quer seja ela pública, quer privada. Nele prepondera o princípio da inquisitoriedade, que não admite o contraditório. No que tange à *actio poenalis*, ela dará surgimento ao devido processo legal. Na denúncia ou queixa, ato processual por meio do qual se dá início à ação penal, há a dedução de uma acusação, o que, na esteira do que já foi analisado, comporta o contraditório.

Posta essa matéria preliminar, é forçoso convir que o sigilo no inquérito policial é fator que também lhe confere a qualidade de inquisitorial. O preceito processual penal abordado justifica-se plenamente, porque, quanto mais sigilosa for a investigação criminal, maior possibilidade haverá de se descobrir a verdade, o que não seria verificado se não houvesse o sigilo.

Entretanto, é conveniente ressaltar que o regramento processual penal em apreço não é rígido, uma vez que somente é imposto o sigilo quando houver necessidade para a elucidação do fato ou quando o exigir o interesse da sociedade. Não se verificando essas situações, nada obsta que se dê publicidade às investigações, embora não seja recomendável em razão de suas finalidades no campo da persecução criminal.

154 GARANTIAS FUNDAMENTAIS NA ÁREA CRIMINAL

De qualquer forma, o segredo previsto não atinge o advogado, que, por imperativo provindo do Estatuto da Advocacia e da Ordem dos Advogados do Brasil, tem o direito de "examinar em qualquer repartição policial, mesmo sem procuração, autos de flagrante e de inquérito, findos ou em andamento, ainda que conclusos à autoridade, podendo copiar peças e tomar apontamentos" (art. 7º, XIV, da Lei n. 8.906/94). Qualquer restrição ao advogado que implique transgressão ao comando legal transcrito fere direito líquido e certo quanto ao exercício profissional, dando azo ao emprego do mandado de segurança em matéria penal, objetivando a correção do abuso ou da ilegalidade.

Há, a respeito dessa prerrogativa do profissional da advocacia, a Súmula n. 14 do Colendo Supremo Tribunal Federal, *verbum ad verbum*: "é direito do defensor, no interesse do representado, ter acesso amplo aos elementos de prova que, já documentados em procedimento investigatório realizado por órgão com competência de polícia judiciária, digam respeito ao exercício do direito de defesa".

Finalmente, observam Nestor Távora e Rosmar Antonni que "já quanto ao inquérito policial, por se tratar de fase pré-processual, é regido pelo princípio da sigilação, assegurando-se ao advogado, contudo, por força do art. 7º, XIV, da Lei n. 8.906/94 (Estatuto da OAB), a consulta aos autos correspondentes"[18].

2. OFICIALIDADE E AÇÃO PENAL PRIVADA SUBSIDIÁRIA DA PÚBLICA

À luz da realidade, o princípio da oficialidade não se encarta entre as garantias arroladas no art. 5º da Constituição Federal, mas tem seu assento no art. 129, I, deste Diploma Maior: "São funções institucionais do Ministério Público: promover, privativamente, a ação penal pública, na forma da lei".

Todavia, esse princípio é forma de garantia do sistema acusatório puro, e em sentido lato, do próprio *due process of law*, uma vez que a titularidade da *actio poenalis* é conferida a um órgão distinto daquele que promoverá o julgamento do pedido nela contido (Poder Judiciário), que é o Ministério Público. Logo, se o princípio não representa uma garantia direta, ao menos ela se mostra em via indireta.

O termo "privativamente", que se encontra inserto no texto constitucional, etimologicamente indica aquilo que é próprio, exclusivo, ou seja, apenas o órgão público indicado por aquele legislador tem a titularidade de promo-

---

18 *Curso de direito processual penal*, p. 54.

ver a *actio poenalis* pública em nome do Estado. Com esse comportamento constitucional, ficou afastada de maneira definitiva a viabilidade, como acontecia em tempos anteriores, da existência de promotores *ad hoc*, assim como da promoção da referida ação por autoridade policial e judiciária, a exemplo do que era permitido quando prevalecia o procedimento judiciali-forme encartado nos arts. 26 e 531 do Código de Processo Penal, que não foram recepcionados pela Constituição Federal vigente. É a instituição do sistema acusatório que, a título de desdobramento, no campo do devido processo legal, dá ao réu o direito subjetivo de receber esta acusação formal, possibilitando-lhe o exercício da garantia constitucional da ampla defesa e do contraditório.

Na ampla exposição levada a cabo por José Afonso da Silva,

> como já se mencionou antes, esse é o campo próprio do Ministério Público. Ele é o instrumento pelo qual se realiza a pretensão punitiva, dita *jus puniendi*, do Estado, que se origina na prática de crime. Quer dizer: no fundo, o Ministério Público é o agente do *jus persequendi* pelo qual se busca a efetivação do *jus puniendi*. Só lhe cabe a promoção da ação penal pública, não da ação penal priva-da, pela qual se confere ao ofendido o *jus accusationis*, exclusiva ou subsidiaria-mente. "Privativamente" significa que só ele tem legitimidade para fazê-lo. Nesse sentido é que se diz que ele é o senhor da ação penal pública, o *dominus litis*; mas esse domínio só significa que ele é o titular da ação, não que ele possa fazer o que bem entenda [...][19].

Não paira dúvida de que o Ministério Público é mero detentor do direito de ação pública, na qualidade de órgão administrativo que representa o Estado na *persecutio criminis*, sendo certo que essa sua situação de *dominus litis* (senhor da ação) não lhe confere sua propriedade, pertencente exclusivamente ao Estado. Vincenzo Manzini exalta:

> Enquanto que a função penal tem índole eminentemente estatal, a pretensão punitiva do Estado, decorrente do crime, deve fazer-se valer de um órgão pú-blico, o qual age, de regra, através da própria iniciativa, sem a necessidade de al-gum estímulo por parte do ofendido pelo crime ou de outro, para o cumpri-mento do próprio dever funcional[20].

---

19 *Comentário contextual à Constituição*, p. 601.
20 *Istituzioni di diritto processuale penale*, p. 47.

156 GARANTIAS FUNDAMENTAIS NA ÁREA CRIMINAL

Adiante, Manzini aduz, *in verbis*: "O procedimento penal deve, de regra, promover-se de ofício, isto é, com a iniciativa do público ministério, sem que ocorra uma manifestação de vontade do ofendido pelo crime e nem outro estímulo exterior"[21].

Sem dúvida, praticado um crime de ação penal pública, é dever do Estado, na qualidade de mantenedor da paz violada pela prática delitiva, efetivar a *persecutio criminis*, por intermédio de seus órgãos administrativos, para impor ao transgressor da norma sancionatória a *sanctio poenale* correspondente: *nec delicta maneant impunita*.

Oficialidade implica

> confiar aos órgãos do Estado a faculdade de iniciar e impulsionar o processo penal, por sua própria iniciativa ou por denúncia de pessoa alheia ao órgão. Porque, dados os interesses públicos tutelados pelo direito penal, o Estado estabelece órgãos públicos para reagir contra os fatos que possivelmente são delitos[22].

Com efeito, "o Estado não pode nem deve abandonar o exercício da ação penal ao ofendido pelo delito, senão que tem de assumir por si mesmo a persecução penal mediante seus órgãos e funcionários"[23].

Afirma Mougenot, ao fazer alusão ao art. 121, I, da Carta Política Federal, que

> Em nosso sistema, não só a aplicação da pena ao transgressor da norma jurídica (jurisdição penal) cabe ao Estado. Também a própria persecução aos transgressores e apuração dos fatos que se suspeita constituírem crimes (persecução penal) são deveres do Estado. Ao contrário da jurisdição, que somente se manifesta sob provocação [...], a persecução penal é, por determinação legal atribuição que o Estado deve desempenhar *ex officio*. O Estado, assim, não é somente titular de uma pretensão material. Mais do que isso, tem o poder-dever de concretizar essa pretensão por meio de uma atividade persecutória, em regra independente da manifestação do ofendido[24].

Sobre o tema abordado, extrai-se que, para Guilherme de Souza Nucci, o princípio da oficialidade "expressa ser a persecução penal uma função primor-

---

21 Ibidem, p. 48.
22 RUBIANES, Carlos J. *Manual de derecho procesal penal*, v. 1, p. 328.
23 FENECH, Miguel. *El proceso penal*, p. 10.
24 MOUGENOT, Edilson. *Curso de processo penal*, p. 110-1.

dial e obrigatória do Estado. As tarefas de investigar, processar e punir o agente do crime cabem aos órgãos constituídos do Estado, através da polícia judiciária e do Ministério Público"[25].

É importante deixar assentado, no âmbito do que está sendo posto em análise, que, com a modernização do direito penal, fugindo das concepções lavradas pela vingança privada, vingança divina, vingança pública, superando inclusive o período humanitário, brotou de Cesare Bonesana, Marquês de Beccaria, que o Estado, no campo de sua atuação política, chamou para si o *ius puniendi*, concentrando dessa maneira em suas mãos o poder de punir, retirando-o definitivamente da esfera do particular, o que sempre foi significativamente inapropriado para a própria coletividade, mesmo porque a inflição da *sanctio legis* sempre deve ter conotação coletiva, pois serve de prevenção geral, embora quem a suporta seja o indivíduo que praticou a infração típica.

Resulta do que está sendo discursado que, também com escólio nessa circunstância, a iniciativa da ação penal, como regra, deve ficar a cargo do Estado, que para essa finalidade persecutória faz uso de um órgão seu denominado Ministério Público.

A persecução criminal está dividida em duas fases: investigatória e ação penal.

A fase investigatória ou pré-processual da *persecutio criminis* é desenvolvida pelo órgão oficial do Estado denominado Polícia Judiciária, ao qual incumbe, quando verificado o delito-tipo de ação penal pública, realizar as devidas investigações, dentro da peça administrativa chamada inquérito policial, procurando constatar o crime noticiado e seu autor.

Daí os dizeres do art. 4º, *caput*, do Código de Processo Penal: "A polícia judiciária será exercida pelas autoridades policiais no território de suas respectivas circunscrições e terá por fim a apuração das infrações penais e da sua autoria".

A fase da *persecutio criminis in iudicio* é também exercida por um órgão oficial do Estado chamado Ministério Público, ao qual cumpre provocar a atividade jurisdicional por meio da ação penal pública: "Nos crimes de ação penal pública, esta será promovida por denúncia do Ministério Público" (art. 24 do CPP).

Ainda, nos lindes demarcados pelo princípio da oficialidade, se encaixam os órgãos jurisdicionais, porquanto o julgamento do pedido condenatório contido na ação penal somente pode ser julgado pelo Poder Judiciário, órgão precipuamente estatal, ao qual incumbe aplicar a sanção penal.

---

25 *Manual de processo penal e execução penal*, p. 102.

158 GARANTIAS FUNDAMENTAIS NA ÁREA CRIMINAL

É exceção ao princípio enfocado as chamadas ações penais privadas, as quais são exercidas pelo ofendido ou por seu representante legal (arts. 30 do CPP, 100, §§ 2º e 3º, do CP, e 5º, LIX, da CF).

Nesses casos, o Estado transfere ao particular o direito de agir (*ius persequendi*) e de acusar, permitindo a ele promover o processo, deduzindo em juízo o pedido condenatório nascido do fato delituoso.

A transferência do *ius accusationis* ao particular chama-se substituição processual:

> a ação penal privada é um caso de substituição processual em que o Estado transfere ao particular o direito de agir e de acusar, para que este promova a instauração do processo penal, deduzindo em juízo a pretensão punitiva nascida do fato delituoso. Como o Estado é o único titular do direito de punir, o ofendido ou querelante, na ação penal privada não invoca nenhum direito material seu. A pretensão punitiva deduzida em juízo tem no Estado seu titular, pelo que este transfere ao ofendido tão-só o direito de acusar[26].

Na hipótese da ação penal privada supletiva ou subsidiária da pública, também por intermédio do critério de transferência, o *ius accusationis* passa para o particular, ou seja, para o ofendido ou seu representante legal.

Essa modalidade de *actio poenalis* tem previsão encampada pelo art. 5º, LIX, da Magna Carta da República: "Será admitida ação privada nos crimes de ação pública, se esta não for intentada no prazo legal".

Também o art. 29 do Código de Processo Penal prevê sua utilização:

> Será admitida ação privada nos crimes de ação pública, se esta não for intentada no prazo legal, cabendo ao Ministério Público aditar a queixa, repudiá-la e oferecer denúncia substitutiva, intervir em todos os termos do processo, fornecer elementos de prova, interpor recurso e, a todo tempo, no caso de negligência do querelante, retomar a ação como parte principal.

O legislador, conforme previsão normativa encontrada no § 3º do art. 100 do Código Penal, também faz alusão a essa modalidade de ação penal: "A ação de iniciativa privada pode intentar-se nos crimes de ação pública, se o Ministério Público não oferecer denúncia no prazo legal".

O delito que é persequível por intermédio da ação penal pública tem conexão direta com o interesse comunitário, porquanto seu objeto substancial

---

26 MARQUES, José Frederico. *Elementos de direito processual penal*, v. 1, p. 352.

genérico é o interesse do Estado na segurança das condições de existência da vida em comum, isto é, na própria conservação.[27] Isso não significa, contudo, que os fatos típicos objeto de ação penal privada em sua forma originária não revelam nenhum interesse de ordem comum. Não importa para a tutela do Estado se o bem-interesse protegido tem mais inclinação para o indivíduo ou para a sociedade. Todos devem ser objeto da mesma atenção pelo legislador penal, uma vez que o crime, de forma indistinta, causa o mesmo desequilíbrio social, que deve ser recomposto pelo Estado. O que muda é a maneira de se efetivar a persecução criminal, por intermédio da ação penal, a teor do que pode ser percebido no fluir destas considerações de cunho doutrinário.

Não predomina há longo tempo a discriminação levada a efeito pelo Direito romano, quando havia a bipartição dos delitos em *públicos* (*crimina publica*) e *particulares* (*delicta privata*), dando ensejo à ação penal pública e privada. Assim é que, no magistério de Aloysio de Carvalho Filho e Jorge Alberto Romeiro,

> o delito privado dava origem à ação do ofendido, requerendo, quase sempre pela via civil, a indenização do dano, isto é, a imposição de uma pena pecuniária ao culpado. O crime público era passível de acusação popular, e o seu julgamento competia ao povo, nas assembleias. Era a sociedade a exigir o direito de condenar o criminoso, pelo que a sua falta traduzia lesão aos interesses gerais. Assim demarcadas as duas espécies de prejuízo, estavam consequentemente traçados os dois tipos de procedimentos. Já hoje o conceito de crime não autoriza pensar-se na ofensa ao interesse individual, com exclusão do interesse público, ou supremacia. Se o crime é a ruptura do equilíbrio coletivo, e o fim da ação penal é recompor esse equilíbrio, todos os delitos – não obstam pareçam, alguns, à primeira vista, lesivos ao interesse particular, causam distúrbio social, que é necessário desfazer, e por isso contra todos igualmente se justifica a ação coercitiva do Estado[28].

A ação penal privada supletiva, ou seja, a que substitui a pública, encontra fundamento quanto à sua adoção por ser fruto de reserva e preocupação do legislador no sentido de garantir não somente o interesse do particular que figura como vítima da prática delitiva, bem como de toda a sociedade, pois os bens atingidos que reclamam a atuação do Ministério Público ostentam profundo interesse de ordem coletiva. Logo, é de conclusão inarredável que o exercício da querela pelo ofendido ou seu representante legal, no lugar do

---

27 ANTOLISEI, Francesco. *Manual de derecho penal*: Parte General, p. 123.
28 *Comentários ao Código Penal*, v. 4, p. 13.

160 GARANTIAS FUNDAMENTAIS NA ÁREA CRIMINAL

precitado órgão estadual nas condições sublinhadas pelas normas de regência, revela-se útil não somente ao particular, quer do ponto de vista patrimonial, bem como de ordem punitiva, assim como para a sociedade como um todo, já que, desde os tempos romanos, *nec delicta maneante impunita* (nenhum delito pode ficar impune), o que acontecerá se houver inércia do órgão ministerial não admitindo que alguém o substitua.

Ressalta Anibal Bruno que

> o Estado tem a função de promover a ação penal, no interesse superior da segurança do direito. O que justifica a persecução do crime é sobretudo essa exigência de manter a ordem em que a sociedade se funda. Mas há também que considerar o interesse respeitável do ofendido em ver condenado o agressor. A existência desse interesse não se limita aos casos excepcionais de ação privada. Pode existir também nos crimes de ação pública, embora a sua defesa fique entregue à iniciativa do Estado. Então, se o Estado, pelo órgão competente, que é o Ministério Público, deixa de promover à ação, impedindo-a por não oferecer denúncia no devido tempo, é exigência do direito que se reconheça ao ofendido capacidade para provocá-la mediante queixa. Desse modo se impede que a inércia, o mau atendimento ou a má-fé da autoridade pública faça malograr a persecução do fato punível[29].

O legislador constituinte, ao conferir a prerrogativa do Ministério Público quanto ao exercício exclusivo da *actio poenalis* a seu cargo, de maneira escorreita também procurou zelar pelo interesse público e ao mesmo tempo privado ao permitir que a persecução criminal fosse transferida ao particular quando houvesse a desídia do órgão estatal em cumprir seu dever institucional, independentemente se essa omissão adveio de má-fé ou não, posto que isso não se mostra relevante do ponto de vista processual, tendo um interesse mais de índole *interna corporis* do ponto de vista disciplinar; o que escapa do controle do Estado.

É de indubitável constatação, tendo inclusive como escólio os múltiplos interesses que gravitam em torno da necessidade da persecução criminal envolvendo fato punível que deve ser objeto de perseguição por intermédio de ação penal pública, posto que são os mais graves encontrados na legislação punitiva, que a previsão constitucional da legitimação privativa do *parquet* em provocar a atividade judicante do Estado-juiz por meio da denúncia, que se constitui o ato processual por intermédio do qual é proposta a supradita ação,

---

29 *Direito penal*: Parte Geral, v. 3, p. 238.

CAPÍTULO 3 – OUTRAS GARANTIAS CONSTITUCIONAIS **161**

não pode afastar a atividade processual da vítima ou de seu representante legal quando o órgão estatal se mantém inerte.

À luz da realidade, inexoravelmente, quis o legislador constituinte, ao conferir especificidade ao Ministério Público no que concerne ao exercício da ação penal pública, exatamente impedir que qualquer outro órgão que não fosse de atividade persecutória do Estado agisse, a exemplo do que acontecia no denominado processo judicialiforme, cuja ação era proposta pela autoridade policial e pelo juiz de direito. Ora, conforme já assentado, o ofendido ou seu representante legal tem legitimidade, em caráter de substituição, para o exercício da ação penal genuinamente privada. Isso implica entender que nada obsta, também pelo critério da substituição, o particular diante da negligência do órgão ministerial promover a ação penal privada supletiva da pública, o que, por sinal, não afasta o Ministério Público da instância penal, pois ele jamais perde sua condição de parte legítima nessa modalidade persecutória.

Retomando as lições de mestres de nomeada importância na literatura nacional, posto que imprescindíveis para a sustentabilidade do que está sendo alvo de estudo, assim se posicionou Joaquim Canuto Mendes de Almeida em período mais antigo:

> Qual a razão de o particular ofendido poder intervir no processo penal da ação penal pública para estimular o procedimento jurisdicional, se já existe o funcionário imparcialmente, especialmente incumbido de exercê-la? Por que deverá intervir esse aparente intruso, e parcial, no campo do seu processo? A resposta certa, mas que não tem sido dada com clareza, é a seguinte: desde 1841, Lei n. 261, de 3 de dezembro, a sentença penal: é também sentença civil, quanto ao fato e quanto a quem seja seu autor! Por isso mesmo, o processo de formação dessa sentença não é tão-só penal. É também civil, quanto ao fato e quanto a quem seja seu autor. O princípio, consagrado por aquela antiga lei, foi reiterado pelas leis posteriores, Código de Penal de 1890, e Código Civil, de 1916 e, agora, pelo Código de Processo Penal de 1941. Há, pois, uma parte do conteúdo da ação civil, como que destacada da jurisdição civil, para ser pré-manipulada, por assim dizer, pela jurisdição penal, de modo a influir decisivamente no desfecho do litígio privado. Seria, pois, manifesta injustiça privar o ofendido da possibilidade de intervenção no processo penal, uma vez que ele tem direto interesse, o de reparação do dano privado, exclusivamente seu, na solução do litígio civil, se e enquanto operada em juízo penal. Não é difícil imaginar prejuízos decorrentes, que adviriam, da impossibilidade dessa intervenção[30].

---

30 *Processo penal*: ação e jurisdição, p. 23-4.

Não obstante o primor da lição externada, a bem da verdade determinada pela evolução de interpretação de comandos legais, atualmente o interesse do particular no exercício da ação penal, notadamente pública, quer na qualidade de assistente de acusação, quer no comando da substitutiva da pública, não fica atrelado unicamente ao fator reparação e ressarcimento dos danos (arts. 63 e segs. do CPP) provindos da prática delitiva quando tiver havido o trânsito em julgado da sentença condenatória, o que implica, como efeito da condenação, "tornar certa a obrigação de indenizar o dano causado pelo crime" (art. 91, I, do CP) por aquele que foi objeto de *sanctio legis* definitiva, mas também o particular tem interesse pleno na punição do ofensor, o que, por sinal, já foi objeto de considerações.

Anota de maneira esclarecedora José Frederico Marques que

> como o Estado é o único titular do direito de punir, o ofendido ou querelante, na ação penal privada, não invoca nenhum direito material seu. A pretensão punitiva deduzida em juízo tem no Estado seu titular, pelo que este transfere ao ofendido tão-só o direito de acusar. É o que diz Alcalà-Zamora, quando explica que "o direito de punir pertence, de modo absoluto, ao Estado", sem que seja exceção a essa regra os delitos persequíveis com queixa da parte, uma vez que neles o Estado não transmite ao ofendido ou seus representantes legais o direito de punir, nas apenas lhes confere o direito de acusação. No direito pátrio essa transferência ao ofendido, do *jus accusationis*, ocorre em dois casos: primeiro, nos crimes de ação penal exclusivamente privada; segundo, nos crimes de ação pública, em que o órgão estatal da acusação não apresenta a denúncia no prazo legal[31].

Nunca é demais salientar que o *ius puniendi* é atributo exclusivo do Estado em sua qualidade de agente político e de sua soberania. Só a ele compete a imposição da *sanctio legis*, sendo certo que aqueles que possuem legitimidade para promover a ação penal, quer se cuide do Ministério Público, quer se trate do particular, funcionam como agentes que conduzem à formação do processo permitindo ao Estado-juiz impor a pena abstratamente cominada pelo tipo violado. Assim, cada sujeito que compõe o processo deve ter sua atividade distinta, o que caracteriza o sistema acusatório, que constitui garantia para todo aquele que é objeto de persecução criminal.

No mesmo diapasão de análise, sustenta Helio Tornaghi:

---

31 *Elementos de direito processual penal*, v. 1, p. 353.

CAPÍTULO 3 – OUTRAS GARANTIAS CONSTITUCIONAIS **163**

No intuito de tornar mais perfeita a ação penal, o Estado chamou a si a titularidade dela na maioria das infrações e instituiu um órgão do Poder especialmente encarregado de movê-la. Esta publicidade da ação penal nada tem a ver com a publicidade da Justiça, pela qual o Estado se reservou a tarefa de fazer justiça, convertendo destarte a ação contra o ofensor em ação perante ele, Estado, na pessoa do juiz. Poderia ela perfeitamente continuar a ser privativa do ofendido, sem perder seu caráter de ação perante o Estado e sem comprometer o publicismo da Justiça. Como subsidiária da ação penal pública, é ela absolutamente sustentável, pois o estado, ao incumbir-se de movê-la, deve acautelar o interesse do ofendido no caso em que o órgão dele, Estado, não move a ação. [...] Pouco importa que o Ministério Público não haja oferecido denúncia por desídia, má-fé ou outro qualquer motivo, inclusive por convicção. A lei não distingue. O que ela quer fazer e realmente faz é permitir ao ofendido ou a seu representante legal que se substitua ao Ministério Público e mova a ação[32].

Em conformidade com o reproduzido art. 29 do Código de Processo Penal, que regulamenta na esfera infraconstitucional a ação penal privada supletiva da pública, o legislador, acertadamente, procurou estabelecer um mecanismo de controle a cargo do Ministério Público negligente sobre a atividade do ofendido ou seu representante legal no curso da queixa-crime, quer do ponto de vista formal, quer substancial. Isso significa, em outros termos, que não houve nenhuma desídia do legislador no sentido de amparar o interesse público que se mostra inserido na própria finalidade do processo como mecanismo de aplicação da lei penal, assim como de tutelar o próprio interesse privado do ofendido ou seu herdeiro legítimo ou testamentário.

Sem o menor resquício de dúvida, a indolência do particular na condução da ação penal em espécie não pode gerar como resultado a impossibilidade de o Estado exercer com efetividade seu direito de punir. Portanto, a transferência do *ius accusationis* ao particular impõe-lhe a obrigação de agir com zelo e responsabilidade; pois, embora de forma substitutiva, está representando o interesse do Estado na persecução criminal. A desídia, pouco importa, no campo dos chamados delitos públicos, dentro do que está sendo alvo de análise, jamais constituirá fator de impedimento da realização social do Estado quanto à punição daquele que macula preceito de cunho delitivo.

Nos nortes do precitado comando processual, a admissibilidade da modalidade da ação penal privada abordada acontece quando o Ministério Público deixa de promover a denúncia no prazo legal. Logo, havendo desídia ou re-

---

32 *Instituições de processo penal*, v. 2, p. 372.

164 GARANTIAS FUNDAMENTAIS NA ÁREA CRIMINAL

lapsia do titular da ação penal pública em promovê-la nos prazos determinados pelo legislador processual penal, facultado será ao ofendido ou ao seu representante legal intentar a ação penal privada supletiva da pública. O prazo para o Ministério Público ofertar a denúncia é de cinco dias, estando o réu preso, contado da data em que o referido órgão receber os autos de inquérito policial; e de quinze dias, se o réu estiver solto ou afiançado. Se o acusado estiver solto e havendo a devolução da *informatio delicti* à autoridade policial para efeito de promoção de diligências imprescindíveis ao oferecimento da denúncia, o prazo será contado da data em que se vencer o prazo do Ministério Público. É o que se encontra normatizado no art. 38 do Código de Processo Penal.

Nos termos do mandamento legal analisado, o Ministério Público deverá intervir em todos os termos do processo, sob pena de nulidade insanável do procedimento (art. 564, III, *d*, do CPP).

Diante da compulsoriedade imposta pela predita norma processual penal, a conclusão a que se chega é que o Ministério Público é um interveniente adesivo obrigatório na ação intentada pelo particular em crime que comporta ação penal pública. Efetivamente, é o contrário do que ocorre com o particular, quando este assiste o Ministério Público, pois, não sendo ele obrigado a intervir na ação pública, sua interveniência como assistente será adesiva facultativa (art. 268 do CPP).

É facultado ao Ministério Público desidioso, na qualidade de interveniente adesivo obrigatório, consoante está expresso no preceito esquadrinhado, fornecer elementos de prova (testemunhal, pericial, documental), interpor recurso caso o querelante não o faça no prazo legal, arrazoar o recurso feito pelo querelante, enfim, praticar todos os atos processuais pertinentes às partes. Por outro lado, na qualidade de litisconsórcio adesivo obrigatório, cumpre ao *parquet* participar da audiência concentrada a que fazem menção os arts. 400 e 411 do CPP, fazendo as perguntas que entender necessárias, participar ativamente dos debates, bem como da sessão ordinária ou extraordinária do júri. Essa mesma atividade deve ser mantida quando houver a separação ou cisão da audiência concentrada. Ademais, ainda em consonância com o preceito processual examinado, caberá ao Ministério Público aditar a queixa, ou seja, adicionar, agregar, acrescentar à peça privada alguma circunstância legal omitida pelo querelante, por exemplo: o crime comporta agravante, porém, na queixa, está omitida essa circunstância majorativa da reprimenda legal (art. 61 do CP); houve *concursus delictorum* (material ou formal) e, na querela, encontra-se somente descrito um deles; houve concurso de réus (coautoria ou participação) e, na exordial privada, a acusação é endereçada a apenas um dos réus;

CAPÍTULO 3 – OUTRAS GARANTIAS CONSTITUCIONAIS **165**

o crime é qualificado, porém aparece ele na postulação privada na sua forma *simplex*. Caberá ainda ao Ministério Público repudiar, repelir ou rejeitar a queixa, oferecendo denúncia substitutiva.

Tratando-se de querela, o juiz, antes de recebê-la ou rejeitá-la, terá de, forçosamente, diante da redação do regramento processual penal observado, determinar a abertura de vista dos autos ao promotor de justiça para que este se manifeste no prazo de três dias (aplicação analógica do art. 46, § 2º, do CPP). Assim sendo, como o artigo processual penal *sub examine* fala em repudiar, cujo sinônimo é rejeitar, nada mais evidente do que o Ministério Público omisso poder somente repelir a queixa caso a peça acusatória contenha vícios ou falhas capazes de proporcionar sua rejeição nos moldes do art. 395 do CPP: "A denúncia ou queixa será rejeitada quando: I – for manifestamente inepta; II – faltar pressuposto processual ou condição para o exercício da ação penal; III – faltar justa causa para o exercício da ação penal". Nos demais casos, como se expendeu, essa não poderá ser repudiada, mas, sim, aditada.

Também está estabelecido no preceito processual penal sob inteligência que, em caso de negligência do querelante, poderá o Ministério Público, a qualquer tempo, retomar a ação como parte principal desde que não esteja prescrita a pretensão punitiva. Essa incúria tem sentido amplo, abrangendo não só descaso ou omissão do querelante na prática de atos processuais, como também a falta em que se caracteriza hipótese de perempção ou de se conceder o perdão ao querelado.

Assim, incorrerá em desleixo o titular da ação penal privada supletiva da pública que: deixar de comparecer à audiência de instrução, aos debates e ao julgamento, ou outra qualquer, salvo se houver motivo justificado; deixar de manifestar-se sobre testemunhas não encontradas; omitir-se de promover o andamento do processo; não se empenhar na produção da prova tendente a demonstrar a imputação; deixar de pedir a procedência da pretensão punitiva quando dos debates ou da apresentação de memoriais; praticar ato incompatível com a vontade de prosseguir na ação (perdão tácito); desistir por escrito de prosseguir na instância penal (perdão expresso) etc.

Como anotado por Hélio Tornaghi, após afirmar que o Ministério Público somente pode retomar a ação como parte principal para evitar a perempção,

> ao permitir que o ofendido mova a ação privada subsidiária, a lei quis acobertá-lo contra a inação do Estado; mas não desejou dar-lhe a disponibilidade do *ius puniendi* em crimes que ela considerou públicos. Não seria possível que ela abandonasse ao querelante, em tais casos, a repressão. Ao contrário, o que pre-

tendeu foi assegurá-la. Por isso dispôs que, na hipótese de negligência do querelante, o Ministério Público pode retomar a ação como parte principal, isto é, prosseguir na ação que volta a ser pública[33].

E, mais:

instituindo a ação pública como regra, o legislador não desamparou, todavia, o ofendido em face da negligência do Ministério Público. É assim que admitiu a ação privada subsidiária, nos crimes de ação pública, quando o Ministério Público não tenha oferecido denúncia, no prazo legal (art. 102, § 3º, do Cód. Penal). Mas, a atuação do particular, nessa emergência, conserva o caráter de subsidiária, até final, porquanto, suprida com a queixa, a omissão do Ministério Público, a este competirá seguir a ação, aditando a queixa ou repudiando-a. Substituindo-a pela denúncia, fornecendo os elementos de prova, interpondo recursos, e devendo, a qualquer tempo, logo surpreenda o querelante em negligência, retomar o papel de parte principal, assim determina a lei (Cód. de Processo Penal, art. 29). É uma atividade de assistente, na ação que lhe competia instaurar, e não instaurou, mas de assistente singular senhor dos mais largos poderes, livremente exercitáveis[34].

Tem-se discutido, na doutrina e na jurisprudência, se, requerido o pedido de arquivamento pelo membro do Ministério Público e deferido pelo juiz, pode o ofendido ou seu representante legal intentar a ação penal privada subsidiária da pública. A matéria merece reflexão.

O entendimento iterativo e majoritário da jurisprudência é no sentido de que, uma vez deferido o requerimento de arquivamento nas condições precitadas, o ofendido ou seu representante legal não poderá promover a querela supletiva.[35] Todavia, se o pedido de arquivamento é feito fora do prazo legal, ou seja, do lapso temporal previsto para o oferecimento da denúncia, não há óbice para o titular da queixa subsidiária ajuizá-la.[36] O mesmo entendimento deve ser esposado quando o arquivamento da representação se der fora do prazo de quinze dias, na hipótese do art. 39, § 5º, do CPP.[37]

São plenamente justificáveis as inteligências antes ditas, posto que, se o órgão público encarregado da persecução deixar transcorrer *in albis* o prazo legal sem

---

33 Ibidem, v. 2, p. 375.
34 CARVALHO FILHO, Aloysio de; ROMEIRO, Jorge Alberto. *Comentários ao Código Penal*, p. 23.
35 *RT* 426/428, 522/395, 536/337, 597/421, 653/389 e 688/333; *RTJ* 99/452 e 112/473.
36 *RT* 587/478 e 647/345-6.
37 *RT* 575/478.

CAPÍTULO 3 – OUTRAS GARANTIAS CONSTITUCIONAIS   **167**

aforar a denúncia ou postular pelo arquivamento da *informatio delicti*, a desídia ficará demonstrada, possibilitando, dessa forma, o uso da queixa supletiva.

Diante de uma posição bastante liberal, o extinto Tribunal de Alçada Criminal do Estado de São Paulo entendeu que, havendo pedido de diligências comprovadamente desnecessárias pelo Ministério Público, a querela subsidiária tem cabimento.[38]

De forma isolada, já ocorreu a admissão da queixa subsidiária embora houvesse arquivamento do inquérito policial.[39]

Doutrinariamente, Hélio Tornaghi aduz:

> Há quem pretenda não caber ação privada subsidiária no caso em que o Ministério Público pede o arquivamento, porque aí, diz-se, o Ministério Público agiu, não ficou inerte, inativo, e o que a lei quer é apenas permitir a ação subsidiária do ofendido na hipótese de negligência do órgão estatal. Mas o argumento não encontra amparo nem na letra da lei nem nas razões políticas que a inspiram. O art. 29 não diz que a ação privada será admitida nos crimes de ação pública se o Ministério Público não praticar ato algum no prazo legal, se o Ministério Público for desidioso, se nada fizer, mas, sim, afirma: "Se admitida ação privada nos crimes de ação pública, se esta não for intentada no prazo legal". E é claro que se o Ministério Público pede o arquivamento, durante o prazo da denúncia ou depois dele, pouco importa não intentar a ação penal no prazo da lei. E é isso mesmo que a lei quer significar; não há dúvida: o Estado que chamou a si o exercício da ação penal, retirando-o ao ofendido, deve restituir-lho quando entende de não a promover. Nenhum prejuízo há nesta restituição, nesta devolução, sem a qual a publicização do *ius persequendi* poderia, em certos casos, ser verdadeiro esbulho, e com a qual se permite ao ofendido trazer ao conhecimento do Judiciário fatos que, a seu ver, exigem punição. De qualquer modo é sempre o Judiciário que irá dizer da procedência ou não da queixa, sem perigo, portanto, para a Justiça[40].

Em ângulo jurídico diametralmente oposto, afirma E. Magalhães Noronha, combatendo a doutrina encimada:

> Não nos parece procedente a opinião. Primeiramente, é estranho que o Código fosse ocupar-se com o aditamento da queixa, o repúdio desta e o oferecimento

---

38   *RT* 643/306; *JTACRESP* 98/117.
39   *RT* 119/116.
40   *Instituições de processo penal*, v. 2, p. 372.

da denúncia substitutiva por um promotor que pediu o arquivamento. Depois, chegar-se-ia a situação verdadeiramente aberrante. Com efeito, se o ofendido pode oferecer queixa-crime, que é o que aconteceria se, no decurso da ação, dela ele se desinteressasse, provocando a perempção. O Promotor Público, por ser crime de ação pública, teria que "retomar a ação como parte principal" consoante a parte final do art. 29, não obstante não ter formado a *opinio delicti*, não obstante ter pedido o arquivamento. Isso, aliás, colide aberrantemente com o art. 28 que determina que o promotor, que pede o arquivamento, não mais funcionará no processo, se o pedido não for atendido[41].

Como anotado por Ary Azevedo Franco, a Conferência dos Desembargadores, reunida no Distrito Federal, em 1943, decidiu: "Nos crimes de ação pública não pode ser intentado o processo penal mediante queixa, depois de arquivados os autos a requerimento do Ministério Público, por falta de fundamento para a denúncia"[42].

Em face do espírito do art. 29 do CPP, desde que o membro do Ministério Público postule pelo arquivamento da *informatio delicti* ou de outras peças de informação, dentro do prazo legal, não há como admitir que possa o titular da queixa promovê-la supletivamente, nem mesmo quando o magistrado indeferir a postulação ministerial, porquanto, de forma derradeira, há de se aguardar o pronunciamento do procurador-geral de justiça.

A razão é muito simples: de posse dos elementos persecutórios, o promotor de justiça, em razão da *opinio delicti* pertinente a seu exercício profissional, descartada a necessidade de alguma diligência, poderá adotar duas providências: promover a denúncia ou requerer o arquivamento em espécie, sempre, evidentemente, dentro do prazo legal. Logo, se o pedido de arquivamento for feito tempestivamente, nada mais lógico que não se possa afirmar ter havido incúria deste órgão ministerial. Indubitavelmente, somente haverá procedimento regado de negligência deste órgão público da *persecutio criminis* se as providências processuais que podem ser por ele adotadas não o forem no lapso temporal previamente demarcado pela lei. Assim, elaborado o pedido de arquivamento no âmbito do prazo legal, definitivamente afastada estará qualquer cogitação voltada à indolência de ordem processual, o que veda a aplicabilidade do art. 29 do CPP, porquanto é pressuposto básico seu a inércia ministerial.[43]

---

41 *Curso de direito processual penal*, p. 34.
42 *Código de Processo Penal*, v. 1, p. 86.
43 MOSSIN, Heráclito Antônio. *Comentários ao Código de Processo Penal*: à luz da doutrina e da jurisprudência – doutrina comparada, p. 94 *usque* 98.

3. JULGAMENTO PELO TRIBUNAL DO JÚRI

Nos termos normativos insculpidos no inciso XXXVIII do art. 5º da Magna Carta da República, "é reconhecida a instituição do júri, com a organização que lhe der a lei, assegurados: *a)* a plenitude de defesa; *b)* o sigilo das votações; *c)* a soberania dos veredictos; *d)* a competência para o julgamento dos crimes dolosos contra a vida".

O tribunal do júri foi instituído, da alínea *c* mencionada, com competência para julgar os crimes dolosos contra a vida, consumados ou tentados, assim entendidas as figuras criminais arroladas nos arts. 121 *usque* 127 do Código Penal, a saber: homicídio doloso, induzimento, instigação ou auxílio a suicídio, infanticídio, aborto provocado pela gestante ou com seu consentimento e aborto provocado por terceiro.

O legislador constituinte teve como meta subordinar aquele que cometeu tal modalidade delitiva a julgamento por seus pares, que compreende a magistratura popular. É que a preservação da espécie humana, a princípio, deve ser objeto de cuidado e proteção da própria coletividade.

Não se deve descurar, por outro lado, haver corrente coesa com o julgamento conferido ao tribunal do júri, composto por sete jurados, enquanto há corrente que se posiciona em sentido inverso, sob o fundamento de que o conselho de sentença é composto por pessoas leigas em Direito.

Embora a discussão em torno dessa questão se revele despicienda, totalmente inócua, uma vez que a decisão a cargo do tribunal do júri se eleva à categoria de garantia magna, a bem da verdade não se observa de fundo muita diferença entre a atividade judicante da magistratura togada e da popular leiga, pelo menos em linde nacional, uma vez que o juízo de carreira não tem se mostrado suficiente nas decisões que lhe incumbe, notadamente sobre controle prévio que lhe conferiu o legislador ordinário sobre os processos que deverão ser submetidos à apreciação dos jurados no campo da impronúncia, desclassificação do crime, absolvição sumária e afastamento das qualificadoras, sob o falso e inconsistente fundamento de que cumpre em *ultima ratio* ao tribunal do júri resolver sobre a culpabilidade ou não do acusado na condição de juízo natural para o julgamento dos crimes dolosos contra a vida.

É de notória evidência que o argumento não se coloca como confortável e também não atende ao Direito e à própria administração da Justiça, porquanto somente após verificação prévia devidamente aferida diante do quadro probatório que não admite com certeza alguma das decisões mencionadas o pedido contido na acusação deverá ser colocado à apreciação da magistratura popular, com a devida remessa feita pela sentença processual de pronúncia.

170 GARANTIAS FUNDAMENTAIS NA ÁREA CRIMINAL

Esse comportamento imposto à magistratura de carreira se justifica para evitar o risco de eventual *error in iudicando* por parte do tribunal do júri.

Por seu turno, constata-se na prática – ressalvados os casos em que há grande e indevida influência da mídia conduzindo os jurados a votarem favoravelmente ao acolhimento da pretensão punitiva pública ou privada, o que deveria ser fiscalizado e vedado pelo Estado, tendo por norte o desvirtuamento da própria administração da Justiça –, que os juízes de fato em não raras vezes decidem melhor que o magistrado togado. Assim, na prática, não há razão de fundo para afastar o tribunal do júri.

Não bastasse o que está sendo argumentado, do ponto de vista histórico, constata-se *prima facie* que a instituição do júri, além de ser bem antiga, continua sendo prestigiada pela legislação moderna. Conforme nossa análise específica elaborada[44], cujos excertos serão a seguir transcritos, a história envolvendo o tribunal pesquisado remonta período muito antigo.

O *jury* surgiu na Inglaterra depois que o concílio de Latrão aboliu as Ordálias e os Juízes de Deus. A denominação Juízes de Deus era um tipo de prova utilizado pelos germanos na Idade Média, que tinha como base a crença de que Deus interferia para dar razão a quem a tinha. O juízo em questão assumia as formas de ordália, que provinha do alemão *Urteil*, antigamente *Urtheil*, que era implicativo de decisão, sentença e *duelo* (*duorum bellum*, *Zweikampf*), guerra de dois, luta de dois, guerra privada, além do juramento (*Schwur* – o verbo é *schwören*), cujo valor também decorre da convicção de que Deus castiga o perjuro. Esse júri de acusação compunha-se de 12 a 23 homens.

No reinado de Henrique II, as testemunhas acusadoras foram transformadas em verdadeiros juízes – no final do século XIV, quando surgiu o júri de julgamento –, os quais, em consonância com a prova coletada, diziam se o acusado era culpado (*guilty*) ou inocente (*not guilty*). O júri de acusação, por ser composto por maior número de homens, era chamado *grand jury*; enquanto o de julgamento, constituído por menor número de pessoas do sexo masculino, era denominado *petty jury*.

Como anotado por Hélio Tornaghi,

> ao lado do júri comum (*common jury*), começou a aparecer, no meado do século XV, o júri especial (*special jury*), cuja existência só foi consagrada em lei no século XVII (ano de 1671). Compunha-se de jurados distinguidos pelo saber e pela experiência e conhecia de assuntos de alta indagação[45].

---

44 *Júri*: crimes e processo, p. 169 e segs.
45 *Instituições de processo penal*, p. 74.

CAPÍTULO 3 – OUTRAS GARANTIAS CONSTITUCIONAIS **171**

Finalmente, houve o surgimento do *Coroner´s jury*, sendo certo que o *coroner* era um representante da Coroa, ao qual competia reunir pessoas no lugar onde houvesse ocorrido crime, tomando-lhes o juramento de bem servir e com elas proceder ao exame *super visum corporis*. Essas pessoas, juntamente com os jurados, pronunciavam sobre os óbitos ocorridos nas prisões e atestavam a morte dos executados. Os jurados, pelos costumes, eram doze.

Com a Revolução Francesa, marco do progresso mundial, a instituição do *jury* alastrou-se pelo continente europeu, e acabou sendo adotado por todos os países, exceto Holanda e Dinamarca.

Em 1993, o Gran Jurado, ou de acusação, foi suprimido, sendo substituído pelos juízes instrutores denominados Examining Justices e o Pequeno Jurado, ou de *Sentencia* (*rectius*, de veredito), que passou a atuar com número mais reduzido de processos penais, embora mais graves.

No correr dos tempos, o *jury* acabou perdendo seu prestígio na Europa, muitas vezes em decorrência de sua própria deficiência reconhecida pelos vários povos. Na Alemanha, com a reforma de 1924, este acabou sendo abolido.

Na Espanha, mostrando-se avesso à instituição do júri, Niceto Alcalá-Zamora y Castillo afirma:

> Seguindo mal exemplo da constituição republicana de 1931, em seu artigo 103, a monárquica de 1978 cometeu, em seu artigo 152, o gravíssimo erro de consagrar o jurado em matéria penal e tem colocado assim uma vez mais sobre o tapete a questão de seus resultados entre nós[46].

Nos lindes da Itália, com o advento do fascismo, o tribunal popular desapareceu, e o Código Processual Penal de 1930 substituiu-o pela Corte d'Assise. Instaurada a República, o art. 102 da Constituição de 1947 coloca, em seu apartado terceiro, o ponto de arranque para a participação popular na administração da Justiça, porém não na forma de jurado, mas de escabinado.

Na França, ao ser promulgado o Código de Procedimento Criminal de 1957-1958, embora subsista nele, por conservadorismo ou descuido, a denominação *jury*, este converteu-se em escabinato, posto que seus membros, em lugar de deliberar à parte e unicamente sobre os fatos, fazem-no, desde então, conjuntamente com os magistrados profissionais mediante uma fórmula que incorre no erro de permitir também discutir com os juízes juristas dos pontos

---

46 *Estudios diversos de derecho procesal*, p. 67.

172 GARANTIAS FUNDAMENTAIS NA ÁREA CRIMINAL

de Direito. Essa fórmula supera em muito a do jurado quimicamente puro do derrogado Code d'Instruction Criminelle de 1808.[47]

No México, tendo em linha de consideração a manifestação de antijuradistas, como Carlos Franco Sodi, Juan José González Bustamante e Sérgio Garcia Ramírez, a instituição do júri foi eliminada a partir de 1929, em razão de seus sonoros e indiscutíveis fracassos naquele país, pois, ainda que fosse um espetáculo, não fazia justiça.

No Chile,

> tanto Rafael Fontecilla Riqueleme como Manuel Urritia Salas são antijuradistas. O primeiro magistrado e catedrático de direito penal em Santiago, caminha neste propósito seguindo os passos de Garofalo e Jiménez de Asúa e opina por sua conta que hoje em dia julgar um delinquente é assunto complexo, que requer estudo profundo de caráter jurídico e técnico, e não se pode ver um jurado, como paladino da liberdade popular, julgando um louco, por exemplo. Daí é absurdo chamar o jurado para vir julgar questões jurídicas, técnicas e científicas, unicamente a título de órgão da liberdade popular. [...] Enquanto Urritia, professor de ambos os ramos do direito processual em Santiago, examina o assunto em epígrafe, neutro na aparência, de vantagens e inconvenientes do jurado. [...] Assim, frente à difundida afirmação de que os juízes leigos contra-restam os perigos inerentes ao hábito de julgar dos juízes profissionais, aduz que se esses resolvem com maior prontidão os problemas, é porque são mais fáceis de ser elucidados, em razão de sua continuada prática nas mesmas funções. Sustenta também que do ponto de vista da injustiça de suas decisões e da exigência, *in casu*, de responsabilidade da mesma, é mais segura a justiça do juiz de direito, porque devendo acomodar-se às vias legais, têm os magistrados o dever de cumprir a lei e, senão, respondem pela torcida da administração da justiça, enquanto que os jurados não têm a quem render-se quanto aos seus atos, posto que apreciam os fatos conforme suas consciências[48].

Já no Brasil, desde a época em que predominava a legislação reinol imposta pelos colonizadores portugueses até os tempos atuais, a instituição do júri tem vigência na legislação. Assim é que o júri foi criado pela Lei de 18 de junho de 1822, época em que o Brasil ainda era colônia de Portugal: "Coube ao Príncipe Regente, D. Pedro de Alcântara, por influência de José Bonifácio de Andrada e

---

47 Ibidem, p. 92.
48 Ibidem, p. 86.

CAPÍTULO 3 – OUTRAS GARANTIAS CONSTITUCIONAIS   **173**

Silva, a instituição do júri no Brasil, pelo ato de 18 de junho de 1822, criando juízes de fato para julgamento de abuso de liberdade de imprensa"[49].

Conforme observação levada a efeito por João Mendes de Almeida Júnior, o Príncipe Regente, na época da edição do precitado Diploma jurídico, declarava:

> Procurando ligar a bondade, a justiça e a salvação pública sem ofender à liberdade bem entendida da imprensa, que desejo sustentar e conservar, a que tantos bens tem feito à causa sagrada da liberdade brasileira, criava um tribunal de juízes de fato composto de vinte e quatro cidadãos... homens bons, honrados, inteligentes e patriotas, nomeados pelo Corregedor do Crime da Costa e Casa, que por esse decreto fosse nomeado juiz de direito nas causas de abuso de liberdade de imprensa; nas províncias, que tivessem Relação, seriam nomeadas pelo ouvidor do crime e pelo de comarca nas que a não tivessem. Os réus poderiam destes vinte e quatro recusar dezesseis; os oito restantes seriam suficientes para compor o conselho de julgamento, acomodando-se sempre às formas mais liberais e admitindo-se o réu à justa defesa. E porque dizia o príncipe – as leis antigas a semelhante respeito são muito duras e impróprias das ideias liberais dos tempos que vivemos, os juízes de direito regular-se-ão, para imposição da pena, pelos arts. 12 e 13 do tít. II do Decreto das Cortes de Lisboa, de 4 de junho de 1821. Os réus só poderiam apelar, dizia o Príncipe, para minha real clemência. Este decreto estava referendado pelo ministro José Bonifácio de Andrada e Silva[50].

Essa afirmação histórica é referendada por Firmino Whitaker:

> Foi a Lei de 18 de junho de 1822 que, em nosso país, criou o júri, somente para os delitos de liberdade de imprensa, restrição mantida no Decreto de 22 de novembro de 1823. A Carta Constitucional do Império veio consagrá-lo como um dos ramos do Poder Judiciário, dando-lhe atribuições para, em matéria de fato, decidir tudo quanto no cível e no crime fosse discutido[51].

A Constituição de 25 de março de 1824, mais propriamente denominada naquela oportunidade Carta de Lei, baixada por Dom Pedro I, no Império do Brazil, preceituava em seu art. 151: "O Poder Judicial é independente, e será composto de juízes, e jurados, os quais terão lugar assim no cível, como no

---

49 FRANCO, Ary de Azevedo. *O júri e a Constituição Federal de 1946*, p. 5.
50 *O processo criminal brasileiro*, v. 1, p. 150-1.
51 *Jury*, p. 5.

crime nos casos, e pelo modo, que os Códigos determinarem". Ainda, conforme seu art. 153, "os jurados pronunciam sobre o fato, e os juízes aplicam a lei".

Ulteriormente, teve o surgimento do Código do Processo Criminal de Primeira Instância, também denominado doutrinariamente Código do Processo Criminal do Império, criado pela Lei de 29 de novembro de 1832, no qual houve inovação procedimental no processo penal do júri.

Nos arts. 235 *usque* 241, o legislador previu os atos preparatórios para a formação do 1º conselho de jurados; nos arts. 242 *usque* 253, cuidava da conferência do 1º conselho de jurados, ou júri de acusação, no qual, após ser deferido o juramento ("Juro pronunciar bem, e sinceramente nesta causa, haver-me com franqueza, e verdade, só tendo diante dos meus olhos Deus, e a Lei; e proferir o meu voto segundo minha consciência"),

> [...] o juiz de Direito dirigirá os jurados a outra sala, onde sós, e a portas fechadas, principiarão por nomear d'entre os seus membros em escrutínio secreto por maioria absoluta de votos o seu Presidente, e um Secretário; depois do que conferenciarão sobre cada processo, que for submetido ao seu exame [...]. (art. 243)

Caso não houvesse base para a acusação, eram chamados na sala de conferência o queixoso ou denunciante ou o promotor público e o réu, se estivesse presente, além das testemunhas, ratificando-se o processo, "[...] sujeitando-se todas estas pessoas a novo exame [...]" (art. 245).

Finda a ratificação do processo, ou formada a culpa, os jurados eram indagados se procedia a acusação contra alguém ou não (art. 248); neste último caso, "[...] o juiz de direito, por sua sentença lançada nos autos, julgará de nenhum efeito a queixa, ou a denúncia" (art. 251).

Ainda, conforme expresso no art. 252 daquele Código do Processo Criminal: "Se a decisão for afirmativa, a sentença declarará que há lugar a formar-se a acusação, e ordenará custódia do réu, e o sequestro nos impressos, escritos, ou gravuras pronunciadas, havendo-as".

Os arts. 254 *usque* 274 tratavam do 2º conselho de jurados, ou júri de sentença, que implicava a continuação da decisão do primeiro conselho de jurados que havia afirmado haver matéria para a acusação (art. 244). Era feito libelo-crime acusatório, no prazo de vinte e quatro horas; em seguida, notificado o acusado por determinação do juiz de Direito para que comparecesse na mesma ou na próxima sessão dos jurados (art. 254). O conselho era formado por doze jurados, cuja votação era feita por intermédio de quesitos.

Inúmeras foram as mudanças levadas a efeito pela Lei n. 261, de 3 de dezembro de 1841. Houve diminuição sensível sobre o conselho dos jurados, tendo desaparecido o júri de acusação a que faziam menção os arts. 242 *usque* 253 do Código do Processo Criminal de Primeira Instância anteriormente abordado: a lista dos jurados era organizada pelos delegados de polícia (art. 28), a quem incumbia lavrar a sentença de pronúncia ou impronúncia para depois remeter o processo ao juiz municipal para sustentar ou revogar a decisão dos delegados (art. 49). Também pela dicção do art. 54 do Diploma extravagante abordado, subordinado ao título "Do julgamento das causas perante o conselho de jurados", a pronúncia ainda poderia ser dada, nos crimes individuais, pelos chefes de polícia e juízes municipais.

Por expressa disposição legal (art. 54), o julgamento pelo júri continuava sendo feito conforme os arts. 254 e seguintes do Código do Processo Criminal.

O Regulamento n. 120, de 31 de janeiro de 1842, afirmado como continuação do Código do Processo Criminal de 1841[52], trouxe disposições inovadoras sobre os atos preparatórios para formação do 1º Conselho de Jurados. Nos conteúdos normativos contidos em seus arts. 325 e seguintes, pode ser destacada a forma de convocação dos jurados para sessão por determinação do juiz de Direito ao juiz municipal do Termo, devendo esse chamamento ser feito em tempo que pudesse razoavelmente chegar a notícia a todos os jurados e habitantes do Termo. Seus arts. 346 e seguintes previram a forma de sorteio dos jurados para composição do conselho, interrogatório do acusado, oitiva de testemunhas, debates, apreciação dos quesitos pelos jurados e sentença.

Marco de importante transição, passando-se do Império para a República, é a Lei n. 2.033, de 20 de setembro de 1871, baixada pela princesa Isabel regente em nome do Imperador Dom Pedro II, regulada pelo Decreto n. 4.824, de 23 de novembro do mesmo ano, que constituiu a base para a organização do júri no período republicano. Aliás, há de se considerar que as legislações que vigoraram antes da Proclamação da República muito influíram e determinaram na formação das leis no Brasil independente. Portanto, o Diploma precitado foi de real importância para a reforma republicana.

De modo mais particularizado, na forma do Decreto mencionado, a competência para a pronúncia nos crimes comuns passou para os juízes de Direito, nos termos do art. 13, § 1º; além da pronúncia e do julgamento dos crimes de que tratam a Lei n. 572, de 2 de julho de 1850, e o art. 1º do Decreto n. 1.090, de 1º de setembro de 1860, conforme o art. 13, § 2º, normas estas insculpidas no predito Decreto.

---

52 PESSOA, Paulo. *Código do Processo Criminal de primeira instância do Brazil*, p. 368.

No que tange às comarcas especiais, ficou fixado naquele Decreto que o "júri será presidido por um desembargador da respectiva Relação, não contemplados os que servirem no tribunal do comércio" (art. 24).

Finalmente, encerrando o período imperial, o Decreto n. 4.992, de 3 de janeiro de 1872, também acabou por legislar em termos do processo penal do júri, determinando que nas comarcas especiais, onde cada sessão passou a ser presidida pelo desembargador da respectiva relação, como ficou exposto, que esse fosse designado pelo presidente, levando-se em consideração a ordem de antiguidade.

Com o advento do regime republicano, em 15 de novembro de 1889, foi o júri mantido pela Constituição da República dos Estados Unidos do Brasil, promulgada a 24 de fevereiro de 1891, cujo art. 73, § 31, normatizava: "É mantida a instituição do júri".

O Diploma Maior de 1934 aduziu, em seu art. 72: "É mantida a instituição do júri, com a organização e as atribuições que lhe der a lei".

A Magna Carta da República de 1937 manteve-se silente quanto à instituição do júri.

Em 5 de janeiro de 1938, surgiu o Decreto-lei n. 167, regulando a instituição do júri que, na verdade, foi confeccionado para dar fim à polêmica sobre seu desaparecimento diante da Constituição Federal de 1937. Tanto isso é verdade inconteste, que o ministro Francisco Campos, na exposição de motivos que acompanhou esse Diploma legislativo, afirmou a subsistência do tribunal popular por estar compreendido em seu art. 187, que era um preceito genérico, consubstanciado nos seguintes termos: "Continuam em vigor, enquanto não revogadas, as leis que, explícita ou implicitamente, não contrariarem as disposições desta Constituição".

A Constituição Federal de 1946 dispôs, em art. 141, § 28:

> É mantida a instituição do júri, com a organização que lhe der a lei, contanto que seja sempre ímpar o número de seus membros e garantido o sigilo das votações, a plenitude de defesa do réu e a soberania dos veredictos. Será obrigatoriamente da sua competência o julgamento dos crimes dolosos contra a vida.

O art. 150, § 18, da Magna Carta da República de 1967, dispunha: "São mantidas a instituição e soberania do júri, que terá competência no julgamento dos crimes dolosos contra a vida".

A Constituição Federal de 1969 insculpiu entre os direitos e garantias individuais o seguinte preceito: "É mantida a instituição do júri, que terá competência no julgamento dos crimes dolosos contra a vida" (art. 153, § 18).

CAPÍTULO 3 – OUTRAS GARANTIAS CONSTITUCIONAIS **177**

Também haviam sido de competência do júri o julgamento dos crimes de imprensa (Decreto n. 24.776, de 14 de julho de 1934) e os delitos contra a economia popular (Lei n. 1.521, de 26 de dezembro de 1951).

Derradeiramente, diante da legislação pátria em vigor, a competência material do colegiado popular, conforme restou salientado, somente incide sobre os crimes dolosos contra a vida, consumados ou tentados.

O legislador constituinte, ao prever que compete ao tribunal do júri o julgamento dos crimes dolosos contra a vida, que por sinal já foram apontados, consagra esse colegiado heterogêneo como juiz constitucional. Todavia, é imperioso deixar consignado que esse juiz natural não é pleno, mas relativo, pois o juiz de Direito que preside o sumário de culpa pode absolver sumariamente o acusado quando ocorrerem as situações previstas no corpo do art. 415, *caput*, do Código de Processo penal: provada a inexistência do fato; provado não ser ele o autor ou partícipe do fato; o fato não constituir infração penal; demonstrada causa de isenção de pena ou de exclusão de crime.

Por intermédio da absolvição sumária, "o acusado é declarado inocente. Assim, a sentença tem caráter de definitiva, uma vez que aprecia e resolve o *meritum causae*"[53].

Em circunstâncias desse matiz, nada mais evidente do que concluir, na situação apontada, o juiz do sumário de culpa subtrair a competência do tribunal do júri em julgar o crime doloso contra a vida, motivo pelo qual sua figura de juízo constitucional se torna relativa.

Não há razão plausível para se criticar e menos ainda aduzir argumentos no sentido de que a norma ordinária se opõe ao texto constitucional. O reconhecimento da competência da magistratura popular em julgar o delito em espécie se subordina a prévio controle jurisdicional, ficando na dependência de o juiz de Direito subordinar o julgamento do acusado frente ao colégio popular, o que é feito por intermédio da sentença processual de pronúncia prevista no art. 413 do Código de Processo Penal. Por meio dela, o magistrado declara que o réu deve ser submetido a julgamento pelo tribunal do júri. A partir desse momento procedimental, o julgamento do acusado não pode ser tirado do conselho de sentença, muito embora, repita-se, trate-se de juízo constitucional relativo.

Sob outro aspecto analítico, a absolvição cuidada se mostra recomendada não só em face da economia processual, já que o procedimento termina com essa sentença de mérito quando transitada formalmente em julgado, evitando

---

53 MOSSIN, Heráclito Antônio. *Comentários ao Código de Processo Penal*: à luz da doutrina e da jurisprudência – doutrina comparada, p. 946.

178 GARANTIAS FUNDAMENTAIS NA ÁREA CRIMINAL

haver decisão proferida pelo conselho de sentença que possa conduzir ao erro judiciário. Assim, desde que a situação que permite a absolvição antecipada do acusado seja plena, patente, induvidosa, não há porque permitir o avanço do procedimento até o julgamento no plenário do júri. A desnecessidade é evidente. Deve o acusado ser liberado da instância penal de maneira antecipada.

O legislador, ao fazer uso da expressão "com a organização que lhe der a lei", deixa normatizado que somente se preocupou com a competência constitucional no julgamento desses delitos contra a vida, deixando a critério do legislador ordinário a confecção das regras processuais que devem nortear o procedimento do júri.

O procedimento do júri se encontra disciplinado pelos arts. 406 *usque* 497 do Código de Processo Penal e se desdobra em dois momentos distintos: sumário de culpa (*iudicium accusationis*) e julgamento pelo plenário do júri (*iudicium causae*).

Nas mesmas diretrizes imprimidas ao procedimento ordinário, o do júri tem início com o oferecimento da denúncia ou queixa (ação penal privada supletiva da pública); e, presentes seus requisitos, condições da ação, pressupostos processuais e justa causa, a peça acusatória será recebida, ocorrendo o ajuizamento da ação penal.

Em seguida, será determinada a citação do réu que, sendo válida, ter-se-á por composta a relação jurídico-processual. Esse ato de comunicação processual tem por escopo chamar o réu para a elaboração da resposta escrita, no prazo de dez dias, marco inicial da ampla defesa e do contraditório (art. 406, *caput* e § 1º, do CPP).

A resposta em questão, na qualidade de ato processual, poderá conter em seu bojo: a) arguição de preliminar (p. ex., causa extintiva de punibilidade; falta de condição da ação; ausência de pressuposto processual; exceção processual); b) alegação de tudo o que seja de interesse da defesa, juntada de documentos e justificações; c) apontamentos das provas que pretende produzir; d) arrolamento de testemunhas (até oito), qualificando-as e requerendo sua intimação quando necessário (exceto funcionários públicos, caso os leve independentemente de intimação); e) requisição de diligências; f) levantamento em apartado de exceções processuais se houver (arts. 95 a 112 do CPP).

Na atual legislação processual penal, a resposta sob consideração tornou--se obrigatória em razão das garantias precedentemente nominadas. Isso significa, em outro plano dissertativo, que, se a resposta não for ofertada, cumpre ao magistrado nomear defensor dativo para sua confecção.

Como regra, a audiência será concentrada: instrução e julgamento. Entretanto, nada impede que o juiz, tendo em vista a necessidade da pauta, fragmen-

CAPÍTULO 3 – OUTRAS GARANTIAS CONSTITUCIONAIS **179**

te a instrução com audiências distintas, o que não gerará nulidade, posto que não haverá prejuízo às partes.

De outro lado, embora não haja previsão legal sobre a cisão da audiência no caso do júri, esta acontecerá quando: tiver que ser coletada prova por meio de precatória (art. 222 do CPP; aplicação extensiva do art. 400 por força do art. 3º do CPP); houver requerimento de diligências ou determinadas de ofício; faltar testemunha.

No caso de debates e julgamento, o tempo para cada parte será de vinte minutos prorrogável por mais dez. Havendo assistente, seu tempo será de dez minutos, e o mesmo tempo será adicionado para aquele da defesa, elevando-o para trinta minutos. Havendo mais de um acusado, o tempo para a defesa será individual. Não há previsão para memoriais. Findos os debates, o juiz dará a sentença ou o fará no prazo de dez dias (art. 411, *caput*, do CPP).

Ultimados os debates ou eventuais alegações finais (memoriais), o próximo passo do procedimento é o julgamento a cargo do magistrado que está presidindo o sumário de culpa, podendo, dessa maneira, pronunciar o acusado (art. 413 do CPP); impronunciá-lo (art. 414 do CPP); absolvê-lo sumariamente (art. 415 do CPP); desclassificar o crime de competência do júri para o juízo singular (art. 419 do CPP).

No caso específico da pronúncia, que constitui sentença processual de conteúdo declaratório na qual o juiz proclama admissível a acusação frente ao tribunal do júri, tendo caráter de decisão interlocutória não terminativa, é a única sentença que interessa ao presente trabalho jurídico, pois é a única que permite o julgamento do acusado pelo plenário do júri. Para tanto, basta que tenha havido comprovação da materialidade dos fatos e existência de indícios suficientes de autoria ou participação.

No que diz respeito aos jurados que comporão o respectivo colegiado popular, para cada sessão serão sorteados 25 (art. 433 do CPP), cujos nomes se encontram inseridos na denominada lista geral. Para a instalação da sessão, deve haver o mínimo de quinze jurados (art. 463 do CPP). Sete jurados é a quantidade legal para a formação do conselho de sentença (art. 467 do CPP), cuja escolha será feita mediante sorteio entre aqueles que estiverem presentes no plenário.

Para fazer parte do tribunal do júri, não basta unicamente o sorteio a que se fez menção, é necessário que o juiz de fato seja aceito pelas partes, pois o legislador previu poder haver recusa, nos termos do art. 467 do Código de Processo Penal.

Uma das formas de recusa do jurado é a denominada peremptória, assim entendida aquela que não precisa ser fundamentada. Há um limite para essa

180 GARANTIAS FUNDAMENTAIS NA ÁREA CRIMINAL

modalidade de não aceitação do juiz de fato sorteado: três para cada parte, sendo, portanto, o número máximo de seis.

Para o procedimento envolvendo a recusa não motivada, à medida que as cédulas forem retiradas da urna, o juiz presidente as lerá, consultando primeiro a defesa e após a acusação, para efeito da recusa. O jurado será excluído do conselho se for recusado por uma das partes.

Havendo dois ou mais réus, as recusas poderão ser feitas por um só defensor. Não havendo acordo, cada qual fará sua recusa.

Por sua vez, recusa motivada é aquela que deve ser fundamentada, com suporte em impedimento, suspeição e incompatibilidade. O procedimento será o mesmo da recusa imotivada.

Embora não haja previsão legal específica, uma vez admitida pelo jurado a causa determinante da recusa ou havendo negativa e desde que comprovada por quem a arguiu, o jurado será excluído do conselho.

Formado o conselho de sentença e prestado o compromisso a que alude o art. 472 do Diploma de regência, passar-se-á à instrução no plenário, na forma prevista pelos arts. 473 e seguintes do Código de Processo Penal, oportunidade em que serão ouvidos ofendido, se for o caso, testemunhas arroladas pela acusação e testemunhas indicadas pela defesa; finalmente, proceder-se-á ao interrogatório do acusado, se esse estiver presente na sessão. São admitidas contradita e acareação.

Finda a instrução, passar-se-á aos debates, conforme previsão normativa encontrada nos arts. 476 e seguintes do Código de Processo Penal.

Em virtude da obediência ao contraditório, primeiro fará uso da palavra o Ministério Público, a quem, em princípio, incumbe sustentar os termos da pronúncia ou da decisão que confirmou ou do acórdão que pronunciou o réu. Pode, na qualidade de fiscal da lei, fazer pedido diverso da condenação, a exemplo de absolvição, reconhecimento do privilégio, afastamento de qualificadora. Poderá sustentar agravante, mesmo que não conste da decisão que determinou que o acusado fosse julgado pela magistratura popular. Havendo assistente de acusação, esse falará após o Ministério Público.

Se a ação penal tiver sido instaurada mediante provocação do querelante (ação penal privada supletiva da pública), esse primeiramente fará uso da palavra e, após, o Ministério Público na qualidade de litisconsórcio adesivo obrigatório.

Terminada a fala da acusação pública ou privada, ouvir-se-á a defesa.

A duração da fala das partes será de uma hora e trinta minutos para cada uma delas. Havendo assistente, esse combinará o tempo com o Ministério Público. Isso não ocorrendo, o juiz o dividirá. O mesmo acontecerá entre o Ministério Público e o querelante.

Havendo mais de um defensor, o tempo pode ser combinado entre eles. Isso não ocorrendo, o juiz dividirá o tempo. Na hipótese de ser submetido a julgamento mais de um acusado, o tempo será acrescido de uma hora. Na eventualidade de ocorrer a réplica (contestação da fala da defesa), o tempo será de uma hora ou duas horas se houver mais de um réu. Após o escoamento do tempo da réplica, a defesa pode treplicar (ressustentação daquilo que foi exposto no plenário). Nos casos em que falará mais uma pessoa, o tempo pode ser combinado. Caso contrário, será dividido pelo juiz.

Por imperativo de ordem legal, durante o fluir dos debates, há proibição de: fazer referência à sentença de pronúncia ou decisão posterior que a confirmou ou que pronunciou o réu; causa que determinou o uso de algema; explorar o silêncio do réu ou à ausência do interrogatório, em seu prejuízo (art. 478 do CPP).

O legislador autoriza os apartes por ocasião dos debates orais, que poderá ser concedido por quem esteja de posse da palavra, mediante prévio requerimento do aparteante. A interrupção da fala, para cada aparte, terá a duração de três minutos. O tempo será acrescido na fala de quem foi interrompido (art. 497 do CPP).

Encerrados os debates, chega-se ao ponto culminante *iudicium causae*, que é o julgamento pelo colegiado leigo, feito por intermédio de votação de perguntas constantes do questionário, denominadas quesitos (arts. 482 e segs. do CPP).

A matéria objeto de questionamento aos jurados é unicamente de fato, cujas perguntas deverão ser feitas com afirmativas simples e distintas. Se o quesito for feito de forma complexa ou não clara, poderá haver nulidade.

As fontes que conduzem à formação do questionário são a sentença de pronúncia ou as decisões posteriores que julgaram admissível a acusação, o interrogatório do réu e as alegações orais feitas pela defesa no plenário. Também, em se cuidando de agravante, essa poderá ser vertida quando da fala da acusação e fará parte do questionário.

O legislador determinou a ordem em que os quesitos devem ser organizados: I – materialidade; II – autoria e participação (quesitos sobre o fato principal); III – se o acusado deve ser absolvido; IV – se existe causa de diminuição da pena alegada pela defesa (atenuantes e homicídio privilegiado – quesitos da defesa); V – quesito sobre agravante e qualificadoras (quesitos da acusação) (art. 483 do CPP).

No caso de a defesa ou o próprio órgão acusador defender a desclassificação do crime de competência do júri para o juízo singular, o quesito pertinente será formulado após a resposta do quesito II (autoria ou participação) ou do III (acusado deve ser absolvido), conforme o caso.

182 GARANTIAS FUNDAMENTAIS NA ÁREA CRIMINAL

Ademais, se a dúvida for em torno de crime de competência do júri ou também no caso de ser levantada a tese de tentativa, o quesito pertinente deve ser respondido após o quesito II. Havendo mais de um acusado ou mais de um crime, os quesitos deverão ser feitos em séries distintas.

Antes da votação, o juiz lerá e explicará os quesitos, indagando das partes se têm requerimento ou reclamação a fazer. Quer tenham ou não requerimento ou reclamação, o fato deve constar da ata.

A votação deverá seguir a ordem de confecção dos quesitos na esteira do já apontado e explicado. O resultado será apurado por maioria de votos. Havendo condenação, o juiz aplica a pena em conformidade com o critério trifásico (pena base + agravante + causas de aumento da pena: dobro; metade; um a dois terços etc.) (art. 68 do CPP, que dispõe sobre o cálculo da pena).

Para ser mais claro em função do que está sendo discursado, os jurados votam a matéria de fato, sendo exclusivo do magistrado que preside a sessão do júri a aplicação da matéria de Direito, motivo pelo qual o jurado não estabelece nenhuma pena ao condenar o acusado, ficando essa atividade a critério do juiz togado. No inciso inspecionado, é assegurada, na ordem cronológica, "a plenitude de defesa".

No estudo da garantia da ampla defesa, por questão de metodologia, foram feitas considerações específicas em torno de sua amplitude, o que não dispensa a repetição dos pontos mais significativos do que foi dissertado.

É de fácil constatação linguística que os termos "ampla" e "plenitude", em termos de defesa, ostentam um distanciamento significativo no concernente às respectivas abrangências. Assim é que a defesa levada a efeito diante da magistratura popular é mais contundente do que aquela que se apresente perante o juízo singular.

Sem o menor resquício de dúvida, a discussão da lide penal frente ao magistrado togado é trilhada por aspectos mais científicos e técnicos no campo do Direito, o que, evidentemente, não acontece diante da magistratura popular, porquanto esse colegiado é constituído, como regra, por cidadãos que se mostram leigos quanto ao conhecimento do Direito, motivo pelo qual o advogado tem de, obrigatoriamente, assumir uma conduta defensiva compatível com o órgão colegiado, que possui a competência natural ou constitucional para julgar os crimes dolosos contra a vida, consumados ou tentados. É exatamente em defluência disso que o legislador constituinte previu a plenitude de defesa.

A diferença posta em consideração pode ser evidenciada em várias situações. O juiz togado, em sua prestação de mérito, deve fundamentar sua decisão sob pena de nulidade (art. 93, IX, da CF). O jurado, na votação do questionário, não precisa fundamentar sua convicção, simplesmente optando por SIM ou NÃO, o que poderá ser feito livremente, quer acolhendo tese sustentada pelo defensor ou, unicamente, pelo próprio acusado, que tem esse direito em razão da plenitude de seu direito de defesa. Aliás, faz-se necessário deixar patenteado que, em virtude da plenitude a que se está fazendo alusão, o legislador processual penal insculpiu a seguinte regra em torno da elaboração dos quesitos: "O presidente levará em conta os termos da pronúncia ou das decisões posteriores que julgarem admissíveis a acusação, o interrogatório e as alegações das partes" (art. 384, parágrafo único). Verifica-se, claramente, que o interrogatório do acusado constitui fonte para o questionário.

Na ampla incidência da plenitude dissertada, se incluem também as denominadas recusas peremptórias, que não existem na jurisdição ordinária. São assim denominadas por poder a defesa excluir o jurado sem expor o motivo pelo qual não permite que ele participe do conselho de sentença (art. 468, *caput*, do CPP).

Outra situação que pode ser debatida em torno da plenitude de defesa diz respeito à tréplica. Por ocasião dos debates na sessão plenária, vencida a discussão obrigatória, pode, em seguida, ocorrer a réplica e a tréplica (art. 477, *caput*, do CPP).

A réplica está a cargo da acusação. Ela consiste em rebater tudo o que foi objeto de tese da defesa. A tréplica, por seu turno, é a ressustentação de tudo o que foi oralmente dissertado pela defesa. A rigor, a tréplica pressupõe a réplica. Assim, se não houve a réplica, não deverá haver a réplica. Entretanto, há doutrina, sem a necessidade de apontar fonte, posto que dispensável, lavrando inteligência no sentido de que, em razão da plenitude de defesa, a tréplica pode ser feita independentemente da existência precedente da réplica.

Tendo havido a réplica, em virtude da plenitude de defesa, o causídico pode apresentar tese nova, desde que a prova contida nos autos a autorize, sem que isso constitua surpresa para a parte acusatória ou negação ao direito do contraditório. Ora, se a prova se mostra encartada nos autos, presume-se, a princípio, que a acusação dela tenha conhecimento, não havendo, portanto, óbice para que ela seja explorada pela defesa em qualquer momento da discussão oral na sessão popular.

De outro lado, embora censurável no campo do Direito, em homenagem à plenitude de defesa, não há óbice na apresentação de teses contraditórias, a exemplo de negativa de autoria e excludente de antijuridicidade ou privilégio.

Portanto, bastam as hipóteses que foram agrupadas para se conceber, em linhas gerais, que a plenitude de defesa tem uma incidência maior em termos de dimensão relativamente à ampla defesa.

GARANTIAS FUNDAMENTAIS NA ÁREA CRIMINAL

Complementando o que foi dito até agora sobre a plenitude de defesa, acrescenta Guilherme de Souza Nucci:

> Por outro lado, no Tribunal do Júri, onde as decisões são tomadas pela íntima convicção dos jurados, sem qualquer fundamentação, onde prevalece a oralidade dos atos e a concentração da produção das provas, bem como a identidade física do juiz, torna-se indispensável que a defesa atue de modo completo e perfeito – logicamente dentro das limitações impostas pela natureza humana. A intenção do constituinte foi aplicar ao Tribunal Popular um método que privilegie a defesa, em caso de confronto inafastável com a acusação, homenageando a sua plenitude. Como já tivemos ocasião de expor e tratar com maiores detalhes júri sem defesa plena não é um tribunal justo, e assim sendo, jamais será uma garantia ao homem[54].

Escapando da trilha técnica do Direito para ingressar em outras searas totalmente alheias a ele, inclusive partindo da premissa de que o jurado deve decidir "de acordo com a [...] consciência e os ditames da justiça", conforme norma insculpida no art. 472 do Código de Processo Penal, a defesa no plenário do júri tem a faculdade, e até mesmo o dever, de procurar a utilização de qualquer mecanismo, desde que não seja antiético e imoral, para atrair a consciência do juiz de fato, para convencê-lo a votar na tese que está sendo esposada em benefício do acusado.

Assim sendo, nada impede que o causídico invoque lição ou matéria que não seja jurídica, a exemplo de toda aquela de natureza sociológica, política, religiosa, filosófica, o que lhe é perfeitamente permitido em virtude da dicção que pode ser emprestada à plenitude da defesa.

O que está sendo exortado se justifica. Embora, a princípio, pareça estranho ao juízo togado, o jurado é leigo em termos de Direito, é uma simples pessoa do povo que tem a incumbência temporária de julgar seu semelhante. Em razão disso, o legislador constituinte conferiu plena liberdade recíproca à defesa e ao juiz de fato de explorar, no plenário do júri, qualquer tipo de argumento capaz de sensibilizar o conselho de sentença, desde que respeitoso e que não esbarre em juízo antiético.

Portanto, enquanto a ampla defesa se concentra mais diante de regras legais, daquilo que o Direito preconiza e será a fonte para a persuasão do magistrado togado, a plenitude de defesa não encontra, praticamente, limite em

---

54 *Manual de processo penal e execução penal*, p. 83.

termos de abrangência e compreensão, desde que não ultrapasse aquilo que se mostra saudável e respeitoso.

De maneira indubitável, lavrar-se inteligência em sentido oposto seria negar a *mens legislatoris*, aliado à singular circunstância de que o texto legal jamais usa vocábulo inútil e, por certo, não o fez tangentemente à expressão *plenitude de defesa*.

O texto constitucional examinado também assegura o sigilo das votações.

O Direito, por ser ciência social, deve conter e manter os princípios básicos e axiomáticos que o informa e, como consequência lógica, a conservação de seu sistema.

No caminhar da presente obra, deixou-se lançado, em decorrência de preceitos que assumem a posição de garantia constitucional, o que é próprio de uma sociedade civilizada, que prevalece em nível pátrio o sistema acusatório puro.

Esse sistema, a teor do que foi precedentemente sustentado, é governado por regras que culminam em proporcionar a verdadeira democracia do Direito, consagrando, entre outros, a garantia da publicidade da audiência, sessão, prática de ato processual e do próprio processo, muito embora, pelo menos de forma excepcional, como anteriormente explicado, a publicidade sofra limitação.

A Magna Carta da República, no concernente ao corpo de jurados, garante o sigilo da votação do questionário a eles submetido, que constitui ato processual de cunho decisório. Em outras palavras, é vedada a identificação do voto do juiz de fato, do ato processual por ele levado a efeito, uma das razões pelas quais o ápice do procedimento do júri no plenário, a decisão a cargo do conselho de sentença, é feita em sala secreta, em lugar não acessível ao público em geral. Dessa forma, no particular mencionado, é peremptoriamente negada a publicidade, assim entendida aquela que permite que a decisão do Poder Judiciário se torne pública.

Diante disso, na sistemática atual do júri, há certa mistura dos sistemas inquisitorial e acusatório, porquanto na ocasião da prática dos atos probatórios no plenário do júri, até a leitura e a explicação dos quesitos, há a assistência pública, enquanto o procedimento de votação do questionário é feito em sala secreta, sendo proibido o conhecimento da decisão de cada jurado. Aliás, nem mesmo as pessoas que estão acompanhando a votação dos quesitos sabem como cada um dos jurados votou. O sigilo é absoluto.

Não obstante o que está sendo afirmado, embora haja quebra de sistema, é plenamente justificável que não se admita a identificação do juiz de fato por ocasião de seu *veredictum*, notadamente visando à sua preservação dos pontos de vista físico, pessoal e familiar. Isso porque não ostenta ele, a exemplo do que acontece com o juiz togado, a disposição de melhor proteção de sua segurança, aliada à singular circunstância de que, sendo ele naturalmente juiz, em princípio, fica afastada eventual plausibilidade de ser molestado em virtude de seu pronunciamento jurisdicional.

É imperioso exortar, agora sob outro ângulo de análise, que se permitido fosse ao jurado manifestar publicamente seu voto, sem dúvida, ele seria objeto de ameaça principalmente pelo acusado, pessoalmente ou por intermédio de outra pessoa, o que o constrangeria em formar livremente seu convencimento; pois, na votação do questionário pertinente, ele seria identificado. Enfim, estaria o juiz de fato sujeito a sofrer pressão exterior de intensidade variável. Se assim fosse, ele, indefectivelmente, deixaria de decidir conforme sua consciência, e julgaria em conformidade com a coação exercida sobre ele.

O legislador ordinário, sensível a uma melhor proteção ao magistrado popular, deixou insculpido os seguintes parágrafos, no art. 483 do Código de Processo Penal:

> § 1º A resposta negativa, de mais de 3 (três) jurados, a qualquer dos quesitos referidos nos incisos I e II do *caput* deste artigo encerra a votação e implica a absolvição do acusado. § 2º Respondidos afirmativamente por mais de 3 (três) jurados os quesitos relativos aos incisos I e II do *caput* deste artigo será formulado quesito sob a seguinte redação: O jurado absolve o acusado?

Consta-se, por conseguinte, que, havendo a maioria de respostas dadas pelo juiz de fato permitindo que se apure o resultado, já que seu critério é por maioria de votos, os demais votos são dispensados. Se fossem apontados todos os votos, com certeza absoluta, quando houvesse o resultado final por unanimidade, quer para absolver o condenado, quer para condená-lo, saber-se-ia que todos os magistrados togados decidiram da mesma maneira, o que equivale entender que seus votos, embora secretos, foram declarados. A preocupação quanto ao sigilo invocado é tão marcante, que no art. 487 do Código de Processo Penal se encontra vertido o seguinte preceito: "Para assegurar o sigilo do voto, o oficial de justiça recolherá em urnas separadas as cédulas correspondentes aos votos e as não utilizadas".

Ainda, no âmbito do protecionismo endereçado aos membros que compõem o tribunal do júri, deve-se atentar aos dizeres normativos contidos no art. 486 do precitado Diploma: "Antes de proceder-se à votação de cada quesito, o juiz presidente mandará distribuir aos jurados pequenas cédulas, feitas de papel opaco e facilmente dobráveis, contendo 7 (sete) delas a palavra *sim*, 7 (sete) a palavra *não*".

CAPÍTULO 3 – OUTRAS GARANTIAS CONSTITUCIONAIS   187

O papel opaco, ou seja, sem qualquer claridade, é utilizado para a confecção das cédulas de votação exatamente para que não se saiba qual foi o voto decidido pelo jurado, o que não seria possível se o papel fosse transparente.

Dentro do tema exposto, lembra Antônio Alberto Machado que

> o sigilo nas votações tem por objetivo garantir a independência dos jurados, preservando a liberdade e autonomia de suas convicções; com isso, busca-se evitar qualquer tipo de pressão ou influência, seja por parte dos sujeitos diretamente envolvidos na causa (acusação, juiz, réu, defensor etc.), seja por parte de quem quer que pretenda determinar decisão dos jurados exercendo alguma espécie de poder, político, econômico, religioso, cultural etc. Trata-se, é evidente, de uma exceção ao princípio da publicidade, que em regra deve informar todos os atos processuais. Todavia, como já tivemos a oportunidade de assinalar, a publicidade não é um princípio absoluto e, nesse caso, a sua restrição se está justificada pela necessidade de se garantir aos jurados a liberdade e a independência do seu voto, como, aliás, ocorre nas democracias em que o voto é mesmo secreto[55].

Em conformidade com a doutrina lançada por Paulo Roberto de Figueiredo Dantas,

> o sigilo das votações, por sua vez, diz respeito não só à necessidade de que a convicção dos jurados seja protegida contra quaisquer interferências externas, como também à regra de que a decisão de cada jurado, na votação dos quesitos relativos aos fatos submetidos a julgamento, deve ser mantida em segredo, por meio de cédulas de votação indevassáveis[56].

É também garantida pelo preceito Magno "a soberania dos veredictos".

A palavra *soberania* provém de *soberano*, oriundo do baixo latim *superanus*, e este de *super* (sobre, em cima), ou de *supernus* (superior), e designa a qualidade do que é soberano ou possui a autoridade suprema.

Trasladado o sentido semântico do vocábulo para a instituição do júri, há de se compreender que a decisão dos jurados, feita pela votação dos quesitos pertinentes, é suprema, não podendo ser modificada pelos magistrados togados. Portanto, havendo decisão dada pelo colegiado popular, a magistratura togada tem de obedecê-la, não podendo substituir os jurados na decisão da causa.

---

55 *Curso de processo penal*, p. 243-4.
56 *Curso de direito constitucional*, p. 376.

188 GARANTIAS FUNDAMENTAIS NA ÁREA CRIMINAL

Coeso com o que está sendo vertido, assinala José Afonso da Silva:

> Veredictos são exatamente as decisões tomadas pelos jurados a respeito de cada
> questão de fato, a eles submetida em forma de quesitos. A soberania dos vere-
> dictos significa precisamente a imodificabilidade dessas decisões de fato. Se o
> júri decidir que fulano matou sicrano, o Tribunal Superior não pode modificar
> a decisão, ainda que as provas não sejam assim tão precisas. É verdade que há o
> problema de julgamento contrário às provas dos autos, que permite, mediante
> recurso, a determinação de novo júri[57].

Ainda,

> a soberania dos veredictos significa que apenas os jurados têm o poder de deci-
> dir sobre a procedência ou improcedência da acusação nos casos de crimes do-
> losos contra a vida; e as suas decisões não podem ser modificadas nem pelo juiz
> togado nem pelos tribunais superiores[58].

Outro não é o magistério lavrado por Paulo Roberto de Figueiredo Dantas
ao deixar sublinhado que

> a soberania dos veredictos, por fim, refere-se à impossibilidade de substituir-se
> a decisão do Tribunal do Júri, produzida pelo Conselho de Sentença, por outra
> proferida por juízes togados. Quer isso dizer, em outras palavras, que as deci-
> sões relativas aos processos de competência do Tribunal do Júri devem obriga-
> toriamente ser proferidas por este, não podendo sequer ser reformadas por juiz
> togado ou tribunal. Isso não quer dizer que as decisões proferidas pelo Tribu-
> nal do Júri não possam ser objeto de recurso. O próprio Código de Processo Pe-
> nal, aliás, prevê a possibilidade de apelação contra diversas decisões do júri (art.
> 593, III). Contudo, na hipótese de provimento ao recurso, o novo julgamento
> deverá obrigatoriamente ser realizado pelo Tribunal do Júri[59].

Na verdade, essa soberania não é plena nem absoluta:

> Consistirá, porém, essa soberania na impossibilidade de um controle sobre o
> julgamento, que, sem subtrair ao Júri o poder exclusivo de julgar a causa, exa-

---

57 *Comentário contextual à Constituição*, p. 137.
58 MACHADO, Antônio Alberto. *Curso de processo penal*, p. 244.
59 *Curso de direito constitucional*, p. 376.

CAPÍTULO 3 – OUTRAS GARANTIAS CONSTITUCIONAIS   **189**

mina se não houve erro grosseiro *error in iudicando*? De forma alguma, sob pena de confundir-se essa soberania com a onipotência insensata e sem freios[60].

Nessa ordem de consideração, a decisão colhida do conselho de sentença pode ser objeto de recurso de apelação quando for ela "manifestamente contrária à prova dos autos" (art. 593, III, *d*). Sendo provido o recurso, o *decisum* será anulado, e o acusado submetido a novo julgamento que não pode ser efetivado pelos mesmos jurados que o condenaram ou absolveram (impedimento especial).

De outro lado, a soberania do veredito dos jurados não pode ser mais poderosa do que o erro judiciário apurado em sentença condenatória formalmente transitada em julgado, que deve ser corrigido por intermédio da revisão criminal.

Como prelecionado por Fernando da Costa Tourinho Filho,

> à primeira vista pode parecer estranho em face da soberania dos veredictos, possa a segunda instância rever decisão proferida pelo tribunal popular. É certo que a instituição do júri, com as suas decisões soberanas, está prevista no art. 5º, XXXVIII, da Constituição Federal, vale dizer, no capítulo dos direitos e garantias individuais. Não é menos certo que a Lei Maior tutela e ampara, de maneira toda especial, o direito de liberdade, tanto que lhe decida todo um capítulo. Assim, entre manter a soberania dos veredictos intangível e procurar corrigir um erro em benefício da liberdade, obviamente o direito de liberdade se sobrepõe a todo e qualquer outro, mesmo porque as liberdades públicas, notadamente as que protegem o homem do arbítrio do Estado, constituem uma das razões do processo de organização democrática e constitucional do Estado. Se a revisão criminal visa, portanto, à desconstituição de uma sentença condenatória com trânsito em julgado, vale dizer, se é um remédio jurídico processual que objetiva resguardar o direito de liberdade, há de sobrepor-se ao princípio da soberania, é óbvio. Entre o direito de liberdade e a garantia constitucional da soberania dos veredictos, a prevalência é daquele[61].

Absolutamente,

> não se pode exortar que a revisão criminal no processo penal do júri contraria a soberania dos veredictos, constitucionalmente garantida (CF, art. 5º, XXXVIII, *c*).

---

60   MARQUES, José Frederico. *A instituição do júri*, p. 75.
61   *Código de Processo Penal comentado*, v. 2, p. 351.

190 GARANTIAS FUNDAMENTAIS NA ÁREA CRIMINAL

Essa soberania consiste na impossibilidade dos juízes togados se substituírem aos jurados, na decisão da causa. Júri soberano, portanto, é aquele ao qual não se substitui nenhum magistrado para julgar uma questão já decidida pelos jurados[62].

Entretanto, como acertadamente adverte Hermínio Alberto Marques Porto, "a impossibilidade de outro órgão jurisdicional modificar a decisão dos jurados, para absolver o réu condenado, tem seu sentido e efeitos restritos ao processo enquanto relação jurídico-processual não decidida"[63].

À toda evidência, notadamente porque a instituição do júri é precipuamente democrática, não há como se conceber, em nome dessa própria democracia, que se mantenha a intangibilidade do julgado condenatório impregnado do *error in iudicando*, em razão da alegada soberania dos *veredicta*.

A prefalada soberania tem limitação de caráter processual. Prevalece até a decisão de mérito proclamada por esse colegiado heterogêneo. Assim, uma vez decidido o pedido condenatório contido no libelo-crime, tem-se por finda a função do tribunal popular.

Induvidosamente, quando se postula pela revisão do julgado, não há nenhum atentado à soberania do júri. O que efetivamente acontece é proporcionar a outro colegiado, constituído por juízes togados, a possibilidade de remediar um erro cometido por aquela instituição popular.

Ora, a liberdade individual, quando coarctada por uma decisão do júri, em que revelado restou o erro judiciário, deve sobrepor-se a qualquer soberania, por mais imperiosa que seja ela, porquanto essa decantada soberania acaba por ferir e tangenciar a própria administração da Justiça, o que é plenamente inadmissível e inaceitável.

Com toda a eloquência, seria intolerável, sob todos os quadrantes, não se admitir a revogação da condenação proferida pelo júri quando essa, grosseiramente, viola o *ius libertatis* do condenado.

No campo da matéria enfocada, é também bastante elucidativo o magistério de Julio Fabbrini Mirabete:

> É admissível a revisão da sentença condenatória irrecorrível proferida pelo tribunal do júri, pois a alegação de que o deferimento do pedido feriria a soberania dos veredictos, consagrada na Constituição Federal, não se sustenta. A expressão é técnico-jurídica e a soberania dos veredictos é instituída como uma das garantias constitucionais, em benefício do réu, não podendo ser atingida

---

62 MOSSIN, Heráclito Antônio. *Revisão criminal no direito brasileiro*, p. 99.
63 *Júri*, p. 52.

enquanto preceito para garantir sua liberdade. Não pode, dessa forma, ser invocada contra ele. Aliás, também a Carta Magna consagra o princípio constitucional da ampla defesa, com os recursos a ela inerentes (art. 5º, LV), e entre estes está a revisão criminal[64].

Enfim, o instituto da revisão tem plena e inconteste aplicabilidade no processo penal do júri quando a decisão de mérito prolatada pelos jurados, por meio da votação dos quesitos, encerrar verdadeiro *error in iudicando*, o que também é reconhecido de forma iterativa pela jurisprudência.[65]

4. INADMISSIBILIDADE NO PROCESSO DAS PROVAS OBTIDAS POR MEIOS ILÍCITOS

Conforme comando normativo inserido no inciso LVI do art. 5º da Carta Política Federal: "São inadmissíveis, no processo, as provas obtidas por meios ilícitos".

Com o intuito do legislador ordinário regulamentar esse preceito Maior, foi erigida a seguinte regra: "são inadmissíveis, devendo ser desentranhadas do processo, as provas ilícitas, assim entendidas as obtidas por violação a normas constitucionais ou legais" (art. 157, *caput*).

Em complementação ao preceito transcrito, restou consignado no § 1º do mencionado regramento o seguinte: "São também inadmissíveis as provas derivadas das ilícitas, salvo quando evidenciado o nexo de causalidade entre umas e outras, ou quando as derivadas puderem ser obtidas por fonte independente das primeiras".

No § 2º de regência, afirma o legislador que "considera-se fonte independente aquela que por si só, seguindo os trâmites típicos e de praxe, próprios da investigação ou instrução criminal, seria capaz de conduzir ao fato objeto da prova".

Fazendo cotejo analítico entre o preceito constitucional e o ordinário, observa-se que o legislador infraconstitucional procurou amenizar os rigores contidos na Constituição Federal quanto ao alcance da prova ilícita.

É imperioso ressaltar que advém da garantia do devido processo legal (*due process of law*) a proibição de provas ilícitas no processo.

Em sentido bastante amplo, o princípio da vedação de provas ilicitamente obtidas foi acolhido no plano internacional pela Convenção contra a Tortura

---

64 *Código de processo penal interpretado*, p. 1.610.
65 *RT* 475/352, 488/330 e 548/331; *RJTE* 32/389.

192 GARANTIAS FUNDAMENTAIS NA ÁREA CRIMINAL

e Outros Tratamentos ou Penas Cruéis, Desumanos ou Degradantes, adotada pelo ONU em 10 de dezembro de 1984, e recepcionado pelo ordenamento brasileiro pelo Decreto n. 40/91, fazendo, dessa maneira, parte integrante da legislação local.

Em consonância com o art. 15 dessa Convenção, "cada Estado-Parte assegurará que nenhuma declaração que se demonstre ter sido prestada como resultado de tortura possa ser invocada como prova em qualquer processo, salvo contra uma pessoa acusada de tortura como prova de que a declaração foi prestada".

Assim sendo, em decorrência da não permissibilidade da autoincriminação, o depoimento de pessoa torturada (declaração viciada e, portanto, nula) não pode ser utilizado no processo civil ou no penal para servir de prova contra ela. Admite-se apenas sua utilização processual para sustentar a acusação, em outro processo, contra o próprio torturador.

Para bem se compreender e avaliar os textos legais colocados à discussão no campo da garantia constitucional enfocada, necessário e imprescindível se torna determinar o que se deve entender por prova no campo de instrução e qual é sua finalidade última.

A palavra *prova*, derivada do latim *proba*, de *probare* (*pro, as, are*), implica demonstrar, reconhecer, formar juízo de. Sob forma ampla, no sentido jurídico, entende-se a demonstração que se faz, pelos meios legais, da existência ou da veracidade de um fato material ou ato jurídico em virtude da qual se conclui certeza a respeito da existência do fato ou do ato demonstrado.[66]

Ensina Jorge R. Moras Mom que

> a prova é a convicção da verdade de cada um dos aspectos, circunstâncias e modalidades que rodeiam tanto o fato que se afirma delitivo, como o sujeito a quem se imputa responsabilidade a seu respeito. Ela opera no processo, que não é senão um método legalmente regulado de aquisição de conhecimento[67].

Leciona Adalberto José Q. T. Aranha que

> num sentido comum ou vulgar (verificação, reconhecimento etc.) significa tudo aquilo que pode levar ao conhecimento de um fato, de uma qualidade, da existência ou exatidão de uma coisa. Como significado jurídico representa os atos e

---

66 MOSSIN, Heráclito Antônio. *Comentários ao Código de Processo Penal*: à luz da doutrina e da jurisprudência – doutrina comparada, p. 386.

67 *Manual de derecho procesal penal*, p. 215.

os meios usados pelas partes e reconhecidos pelo juiz como sendo a verdade dos fatos alegados. Contudo, em quaisquer de seus significados, representa sempre o meio usado pelo homem para, através da percepção, demonstrar uma verdade[68].

Colhe-se do ensinamento posto por Vincenzo Manzini que "a prova penal é a atividade processual imediatamente dirigida ao objeto de obter a certeza judicial, segundo o critério da verdade real acerca da imputação ou de outra afirmação ou negação que interesse a uma providência do juiz"[69].

A prova tem objetivamente como destinatário o juiz, muito embora também tenha serventia plena para as partes, notadamente para impugnação ordinária, objetivando reexame e modificação do pronunciamento jurisdicional submetido ao duplo grau de jurisdição. Dessa maneira, incide ela sobre a própria *res iudicium deducta*, proporcionando elementos para o magistrado formar sua livre convicção e decidir a pretensão posta em juízo.

Em abono ao que está sendo exposto, observa Miguel Fenech que:

> Para que um tribunal declare a existência de responsabilidade criminal e imponha uma sanção penal ou civil, em cada caso, a uma determinada pessoa, é preciso que adquira a certeza de que se cometeu uma infração legalmente apenada e que foi seu autor o imputado a quem se condena: é dizer, que o tribunal tem que se convencer de que são verdadeiros determinados fatos, e chega à verdade quando a ideia que se forma em seu pensamento sobre um fato concorda em absoluto com a realidade, quando o concebe em sua mente tal como é na realidade, e quando a representação de um fato passado coincide com o fato que efetivamente sucedeu. Para adquirir esta certeza e chegar à verdade dos fatos, realizam os titulares do órgão jurisdicional uma série de atos que recebem o nome de atos de prova, porém não podemos confundir estes atos com a prova que temos estimado como objeto do processo[70].

No mesmo compasso doutrinário, expõe judiciosamente Hélio Tornaghi, que "a atividade probatória tem como finalidade principal formar a convicção do juiz"[71].

Dessa maneira, indiscutivelmente, a prova visa a formar a convicção do juiz a respeito dos fatos ocorridos no concernente à imputação irrogada ao

---

68   *Da prova no processo penal*, p. 4.
69   *Tratado de derecho procesal penal*, p. 197.
70   *El proceso penal*, p. 92-3.
71   *Curso de processo penal*, v. 2, p. 266.

194 GARANTIAS FUNDAMENTAIS NA ÁREA CRIMINAL

acusado. Com escólio na prova produzida em juízo, vai-se descobrir como os fatos realmente ocorreram (verdade real ou material), possibilitando ao magistrado, por meio dessa reconstituição histórica, formar sua persuasão racional.

Todavia, deve ficar devidamente assentado que nem toda prova produzida, em instrução própria ou fora dela, tem validez para efeito da formação do livre convencimento de seu destinatário direto que é o juiz. A prova somente ostenta esse mecanismo quando o elemento de convicção for conseguido de maneira lícita em consonância com o determinado pelo Direito. Tal preocupação, do direito internacional, advém da Convenção anteriormente mencionada, adotada pela ONU, pela Constituição Federal do Brasil e pelo Código de Processo Penal, consoante dispositivos transcritos.

Sem o menor resquício de dúvida, escaparia do próprio sentido ético do Direito a recepção de prova conseguida, como em muitos casos, ao arrepio de garantias fundamentais, principalmente quando transgride direitos fundamentais do indivíduo, como os humanos, a exemplo da tortura e outros expedientes afins, que, por sinal, foram o baluarte de pacto da proibição do acolhimento da prova deles provenientes.

O Direito, diante de sua rigidez de cunho processual, somente pode tolerar como plausível e saudável a coleta de elementos de convicção dentro de certa normalidade jurídica, sem a indevida quebra de princípios que norteiam não só a seriedade que deve ser imprimida à *pronuntiatio iudicis*, assim como o respeito inderrogável daquele que está sendo alvo de acusação. A ilicitude da prova, *ex abundantia*, se traduz na própria ilicitude do julgado que nela se apoia.

Feitas essas considerações de cunho preliminar,

> deve-se entender por meios ilícitos toda prova conseguida contrariamente à moral e aos bons costumes, reprovável pela opinião pública e proibida pelo Direito (p. ex., tortura; captação clandestina de conversação telefônica; violação do sigilo de correspondência; emprego de hipnose; estupefacientes; soro da verdade (*truth serum*); maus-tratos; violação de domicílio). Sem a menor dúvida, por mais grave que seja o delito-tipo praticado pelo agente, não se justifica que, para a sua punição, seja obtida prova que não se coaduna com princípios básicos de equilíbrio dos interesses coletivos, aliado que seja a determinados regramentos legais[72].

---

72 MOSSIN, Heráclito Antônio. *Comentários ao Código de Processo Penal*: à luz da doutrina e da jurisprudência – doutrina comparada, p. 403.

CAPÍTULO 3 – OUTRAS GARANTIAS CONSTITUCIONAIS **195**

A utilização efetiva de prova ilícita gera, como consequência, a nulidade da prova, quer tenha sido ela produzida judicialmente, quer na fase investigatória.[73] Aliás, seguindo o regramento processual penal comentado, essa prova deve ser desentranhada do processo em razão de sua imprestabilidade.

No âmbito da prova objeto de análise, procurando atribuir-lhe melhor inteligência, se mostra oportuno fazer considerações em torno, principalmente, da quebra de sigilos telefônico ou bancário, que tem constituído a maior fonte de produção de prova ilícita, tendo em vista a não observância dos preceitos que orientam a invasão ao direito de intimidade da pessoa, que, nas situações específicas, deverá ceder em função do interesse público que envolve a prática de crime e sua necessidade de tutelar bens-interesses de outras pessoas ou mesmo do Estado.

Nessa ordem de consideração, o Supremo Tribunal Federal decidiu, de forma escorreita, que as provas obtidas mediante decreto não fundamentado de quebra de sigilos bancário e fiscal constituem provas ilegítimas.[74] Também a mesma ilicitude da prova acontecerá quando a quebra desse sigilo não for acompanhada de autorização judicial.[75]

No concernente à telefonia como meio de produção de prova, a Lei n. 9.296/96, em seu art. 1º, *caput*, dispôs que "a interceptação de comunicações telefônicas, de qualquer natureza, para prova em investigação criminal e em instrução processual penal, observará o disposto nesta Lei e dependerá de ordem do juiz competente da ação principal, sob segredo de justiça".

Portanto, de maneira normativa bastante clara, o legislador ordinário, procurando resguardar a privacidade de todo indivíduo, subordinou a quebra do sigilo telefônico ao magistrado, que poderá determiná-la de ofício, a requerimento da autoridade policial ou do Ministério Público, no curso da *informatio delicti* ou da ação penal, conforme previsão encontrada no art. 3º do precitado Diploma extravagante.

E, como se isso não bastasse, em razão da garantia encimada, o legislador, no art. 2º da Lei precitada, traçou as situações que não comportam a quebra do sigilo pertinente: quando não houver indícios razoáveis da autoria ou participação (I); quando a prova puder ser feita por outros meios disponíveis (II); e quando o fato investigado constituir infração penal punida, no máximo, com pena de detenção (III). Ainda, o art. 5º da mencionada Lei consubstancia que a "decisão será fundamentada", o que se mostra inócuo, posto que, a teor

---

73 *JTJ* 224/314.
74 *Informativo do* STF n. 221.
75 *RSTJ* 133/525; *RT* 737/66 e 745/670.

196 GARANTIAS FUNDAMENTAIS NA ÁREA CRIMINAL

do art. 93, IX, da Magna Carta Federal, todas as decisões do Poder Judiciário devem ser fundamentadas sob pena de nulidade, atendendo, dessa forma, ao próprio e devido processo penal. Cuida-se, por conseguinte, de dupla garantia de cunho maior.

Fazendo um balanço pretoriano sobre o tema em discussão, principalmente no que diz respeito ao seu alcance, a Excelsa Corte lavrou entendimento no sentido de ser lícita a prova obtida por meio de gravação envolvendo conversa pessoal entre indiciados e autoridades policiais incriminando terceiros desde que encontre apoio na prova produzida judicialmente.[76]

Ainda, a gravação da conversa por um dos interlocutores sem o conhecimento do outro não se eleva à condição de prova ilícita, pois, *in casu*, não houve a configuração do que se denomina interceptação telefônica.[77] Da mesma forma, não guarda a eiva da ilicitude a gravação feita entre réu e vítima.[78]

Centrado nas palavras de Jorge Henrique Schaefer Martins,

> a dificuldade fica, então, para a questão da prova ilícita, que é inegavelmente mais problemática. Assenta-se o entendimento de que, apesar de eventualmente conter dos importantes para a apuração do fato, a prova ilícita não deve ser acolhida, mesmo que se trate de crime grave. Isso decorre da circunstância dela ofender preceitos legais e constitucionais, como se observa, por exemplo, da utilização indevida de correspondência alheia sem o devido consentimento – visto que a Constituição Federal assegura o sigilo das correspondências em seu art. 5º, inciso XII, e a lei processual penal permite o uso somente quando o próprio acusado o quiser, consoante estatui o art. 233, parágrafo único, ou a hipótese de gravação de qualquer contato telefônico entre terceiros – em situações anteriores à vigência da Lei n. 9.296/96, ou mesmo posteriores, mas em desacordo com suas prescrições[79].

É importante ressalvar que a prova conseguida por intermédio de mecanismo não autorizado em lei não pode conter nenhuma eficácia, independentemente de se querer avaliar a importância do bem jurídico tutelado pela norma penal. Isso se mostra plenamente irrelevante.

Em primeiro lugar, principalmente em torno da denominada quebra de sigilo, o legislador, para resguardar a intimidade da pessoa que detém os dados

---

76 *RT* 740/525.
77 *RT* 759/507 e 795/543.
78 *RT* 737/687.
79 *A prova criminal*: modalidades e valoração, p. 100.

a serem investigados, estabeleceu normas de controle aplicáveis somente no que é razoável e indispensável para efeito da persecução criminal. Diante disso, se o órgão incumbido de coletar a prova não se atrelar aos comandos legais de regência, isso não pode ser meio de convalidar a ilegalidade cometida sob a justificativa da relevância do bem jurídico objeto de proteção normativa.

Em segundo lugar, todo cidadão é sujeito de direito de determinadas garantias ligadas à sua intimidade que, como regra, não podem ser devassadas exceto nas hipóteses previamente demarcadas por lei. Assim sendo, a regra é a proteção da intimidade individual, e a exceção é sua quebra quando houver interesse coletivo ou comum, no qual se insere aquele de caráter penal.

Estabelecendo considerações circunscritas à proibição da prova ilícita, observa Antonio Magalhães Gomes Filho que:

> Na Itália, onde a doutrina e a jurisprudência vinham relutando em aceitar, definitivamente, a inadmissibilidade das provas obtidas com violação de normas de direito material, a Corte Constitucional, em decisão de 1973, a respeito de interceptações telefônicas realizadas sem prévia e motivada autorização judicial, assentou a impossibilidade de utilização de provas obtidas com infringência a garantias constitucionais. E o novo Código de Processo Penal, de 1988, inseriu disposições expressas, nos seguintes termos: *1. Le prove acquisite in violazione dei divieti stabiliti dalla legge non possono essere utilizate. 2. L'inutilizzabilità è rilevabile anche di ufficio in ogni stato e grado del procedimento*; com base nisso, a doutrina, embora sem unanimidade, vem entendendo que a ampla previsão da norma se aplica não somente às proibições previstas na lei processual,mas também inclui os tipos incriminadores da lei penal, que, evidentemente, também constituem *una legge che vieta*[80].

Portanto, pelo atual sistema processual penal italiano, as provas produzidas com violação da proibição estabelecida em lei não podem ser utilizadas. Inclusive, a inadmissibilidade apontada da prova pode ser reconhecida de ofício em qualquer estado ou grau do processo.

Como lembrado por Sergio Ramajoli,

> A inutilização da prova, afirmada pelo art. 171, inciso I, se verifica quando a prova seja adquirida com violação de proibição estabelecida por lei. Se trata de uma consequência sancionatória que deriva de um vício do ato que afeta o disposto de suposição do elemento probatório, bem como – ao contrário – a nulidade é

---

80 *O direito à prova no processo penal*, p. 102-3.

198 GARANTIAS FUNDAMENTAIS NA ÁREA CRIMINAL

uma sanção que atinge o ato, quando este é realizado não observando a forma de realização normativamente prevista[81].

Ainda com vistas ao processo penal italiano, expõe Luiz Francisco Torquato Avolio:

> [...] que como se disse, a entrada em vigor do Código de Processo Penal italiano de 1988 constituiu um verdadeiro divisor de águas do tema do direito à produção da prova, dada a sua previsão expressa. O mesmo se pode dizer em relação às provas ilícitas, cuja inutilizabilidade vem determinada pelo seu art. 191, sob a rubrica de "Prove illegittimamente acquisite", que dispõe: *1. Le prove acquisite in violazione dei divieti stabiliti dalla legge non possono essere utilizate. 2. L'inutilizzabilità è rilevabile anche di ufficio in ogni stato e grado del procedimento.* Tal preceito em sua primeira parte, vem ao encontro do pensamento de Cordero, que somente reputa possível dessumir a inutilizabilidade da prova ilícita diretamente do ordenamento processual. Mas não se pode perder de vista, com a normatização da regra de exclusão, que o ordenamento jurídico é uno, sem compartimentos estanques. Assim, se a regra já era dessumida do sistema, no momento em que a ele se incorpora deve, naturalmente a ele se harmonizar. O que deveria afastar interpretações de cunho marcadamente positivista, divorciadas de uma concepção político-constitucional do fenômeno processual. De qualquer forma, a instituição da regra de exclusão só vem reforçar a posição da doutrina italiana pela inadmissibilidade da prova ilicitamente adquirida, que não deve, contudo, ser entendida em termos absolutos[82].

Continuando nas trilhas demarcadas por Antonio Magalhães Gomes Filho,

> ainda no âmbito dos ordenamentos de tradição continental, posições mais radicais, no sentido da inadmissibilidade das provas ilícitas, têm levado os mais modernos textos fundamentais a elevar a proibição a nível constitucional como se verifica na Carta portuguesa de 1976, cujo texto, nesse particular, foi mantido na revisão de 1982: "Artigo 32º [...] 6. São nulas todas as provas obtidas mediante tortura, coação, ofensa da integridade física ou moral da pessoas, abusiva intromissão na vida privada, no domicílio, na correspondência ou nas telecomunicações"[83].

---

81 *La prova nel processo penale*, p. 20.
82 *Provas ilícitas*: interceptações telefônicas, ambientais e gravações clandestinas, p. 48.
83 *O direito à prova no processo penal*, p. 103.

Fazendo convergência ao interrogatório do arguido, anota Jorge de Figueiredo Dias que

têm-se de considerar-se proibidos e inadmissíveis em processo penal todos os meios de interrogatório e de obter declarações que importem em ofensa à dignidade da pessoa humana, à integridade pessoal (física ou moral) do arguido, em especial os que importem qualquer perturbação da sua liberdade e de decisão. Este é o ponto de vista mais fundamental e compreensivo em toda esta matéria, podendo afirmar-se em custo que (abrangendo em primeira linha, segundo o seu sentido próprio, o emprego de maus tratos, ofensas corporais, administração de meios de qualquer natureza, hipnose e utilização de meios cruéis e enganosos) compreende ele igualmente a perturbação, por qualquer meio, da capacidade de memória e de avaliação do arguido, a utilização contra ele da força fora dos casos e dos limites expressamente permitidos pela lei, e a própria ameaça com uma medida legalmente inadmissível ou a promessa de qualquer vantagem não prevista em lei[84].

De maneira abrangente e contundente em torno da proibição da prova, Germano Marques da Silva deixa gizado que

um dos meios que a lei se serve para proteger os cidadãos contra ingerências abusivas nos seus direitos é a proibição de prova. A proibição de prova assume desde logo grande importância pelo seu efeito dissuasor. Se os direitos do cidadão são violados, as provas que se obtenham através de tal violação não poderão ser atendidas no processo, são proibidas. Pretende-se com tal proibição evitar o sacrifício de direitos das pessoas por parte das autoridades judiciárias, dos órgãos de polícia criminal ou dos particulares, privando de eficácia as provas obtidas ou produzidas ilegalmente: as provas proibidas não podem ter efeitos no processo. É manifesto que com a proibição da prova se pode sacrificar a verdade, já que a prova proibida, seja qual for a proibição, pode ser de extrema relevância para a reconstituição do fato histórico, pode mesmo ser a única. Um fato pode ter de ser julgado como não provado simplesmente porque o meio que o provaria não pode ser valorado no processo, é um meio de prova proibido[85].

Com efeito, especialmente a doutrina mencionada se converge em torno do que tem sido sustentado neste momento analítico da presente obra no sen-

---

84 *Direito processual penal*, p. 454.
85 *Curso de processo penal*, v. 2, p. 101.

200 GARANTIAS FUNDAMENTAIS NA ÁREA CRIMINAL

tido de que a prova obtida com transgressão às normas de regência não ostenta nenhuma eficácia, não pode ser utilizada, nada vale em termos de ato processual, além do que, observando-se passagens doutrinárias copiadas, essa contrariedade ao Direito pode ser grave transgressão aos direitos humanos, hoje tão prestigiados quer em nível local, quer internacional, quando o mecanismo para a coleta da prova incide sobre a pessoa mediante o emprego de agressão física, mental e moral. Isso implica regressão às priscas eras, quando tinha domínio o amplo poder das pessoas e do próprio Estado contra os cidadãos investigados sobre a prática de eventual crime, não havendo limite e nem freio para a contenção dos abusos levados a efeito.

As matérias doutrinárias e as fontes legislativas apontadas se revelam suficientes para justificar a ímpar importância do tema de Direito que está sendo avaliado doutrinariamente, assim como de sua adoção pelo legislador constituinte pátrio, porquanto o Direito não pode conviver e, menos ainda, conceber no campo da administração da Justiça que a prova que servirá de suporte para as decisões judiciais seja adquirida com grave infração, inclusive, aos direitos humanos, que se revelam fundamentais no âmbito de uma convivência democrática que deve existir entre o cidadão e as normas de condutas impostas a todos aqueles que convivem.

Com o fim último de deixar assentado que em países mais democráticos, que podem servir de paradigma para outras nações, notadamente no tratamento com seus administrados no campo jurídico, a vedação da prova injurídica, ou seja, *contra ius*, não é absolutamente admitida é menos ainda, tolerada, apresentamos as regras de outros países sobre o tema.

No Direito norte-americano, não existe norma expressa vedando a utilização da prova ilícita. No entanto, sua jurisprudência vem caminhando nesse sentido quando ocorre violação às Emendas Constitucionais a seguir transcritas. A prova será tida como ilegal quando houver infringência a qualquer de seus dispositivos:

> Emenda IV (O direito do povo à inviolabilidade de suas pessoas, casas, papéis e haveres contra busca e apreensão arbitrárias não poderá ser infringido; e nenhum mandado será expedido a não ser mediante indícios de culpabilidade confirmados por juramento ou declaração, e particularmente com a descrição do local da busca e a indicação das pessoas ou coisas a serem apreendidas).
>
> Emenda V (Ninguém será detido para responder por crime capital, ou outro crime infamante, salvo por denúncia ou acusação perante um Grande Júri, exceto em tratando de casos que, em tempo de guerra ou de perigo público, ocorram nas forças de terra ou mar, ou na milícia, durante serviço ativo; ninguém

poderá pelo mesmo crime ser duas vezes ameaçado em sua vida ou saúde; nem ser obrigado em qualquer processo criminal a servir de testemunha contra si mesmo; nem ser privado da vida, liberdade, ou bens, sem processo legal; nem a propriedade privada poderá ser expropriada para uso público, sem justa indenização).

Emenda VI (Em todos os processos criminais, o acusado terá direito a um julgamento rápido e público, por um júri imparcial do Estado e distrito onde o crime houver sido cometido, distrito esse que será previamente estabelecido por lei, e de ser informado sobre a natureza e a causa da acusação; de ser acareado com as testemunhas de acusação; de fazer comparecer por meios legais testemunhas da defesa, e de ser defendido por um advogado).

Emenda XIV (1. Todas as pessoas nascidas ou naturalizadas nos Estados Unidos, e sujeitas a sua jurisdição, são cidadãos dos Estados Unidos e do Estado onde tiver residência. Nenhum Estado poderá fazer ou executar leis restringindo os privilégios ou as imunidades dos cidadãos dos Estados Unidos; nem poderá privar qualquer pessoa de sua vida, liberdade, ou bens sem processo legal, ou negar a qualquer pessoa sob sua jurisdição a igual proteção das leis).

Procurando completar de maneira mais significativa: o que ocorreu no Direito americano, que acabou se espalhando por outros países, formando a "teoria dos frutos da árvore envenenada" (*fruit of the poisonous tree doctrine*), com largo emprego na doutrina e jurisprudência pátrias,

diz respeito a um conjunto de regras jurisprudenciais nascidas na suprema Corte norte-americana, segundo as quais as provas obtidas licitamente, mas que sejam derivadas ou sejam consequência do aproveitamento de informação contida em material probatório obtido com violação dos direitos constitucionais do acusado, estão igualmente viciadas e não podem ser admitidas na fase decisória do processo penal. Vale dizer: tal teoria sustenta que as provas ilícitas por derivação devem igualmente ser desprezadas, pois "contaminadas" pelo vício (veneno) da ilicitude do meio usado para obtê-las. Referida doutrina sustenta-se em um argumento relacional, ou seja, para se considerar uma determinada prova fruto de uma árvore envenenada, deve-se estabelecer uma conexão entre ambos os extremos da cadeia lógica; dessa forma deve-se esclarecer quando a primeira ilegalidade é condição *sine qua non* e motor da obtenção posterior das provas derivadas, que não teriam sido obtidas não fosse a existência de referida ilegalidade originária. Estabelecida a relação, decreta-se a ilicitude[86].

---

86 MOUGENOT BONFIM, Edilson. *Curso de processo penal*, p. 378.

202 GARANTIAS FUNDAMENTAIS NA ÁREA CRIMINAL

Na Espanha, a doutrina não se mostra uníssona quanto ao aceite da prova ilícita. Há corrente que a admite e que a concebe, entretanto a doutrina mais moderna acena no sentido de sua impossibilidade.

Na França, torna-se possível o reconhecimento da prova contra o Direito, quando ocorrer caso de nulidade, pelo descumprimento das formalidades descritas no art. 172 do Código de Processo Penal francês. Tais atos deverão ser retirados dos autos conforme imposição normativa contida no art. 173 do precitado *Codex*.

De outro lado, seguindo as diretrizes legais avaliadas, cumpre agora ingressar na denominada prova ilícita por derivação, ou seja, a originária da prova ilícita.

Para melhor entendimento e inteligência em torno desse assunto jurídico, por exemplo, feita a interceptação telefônica sem autorização legal, descobre-se que, em determinado local, está sendo feita venda de mercadoria contrabandeada. De posse de mandado judicial, o policial vai até aquela localidade, apreende as mercadorias ilícitas e em flagrante quem a tem em depósito. Por ser ilegal a interceptação telefônica, esta contamina a prova da apreensão e a prisão, embora autorizadas judicialmente. É o que se denomina fruto da árvore contaminada. É a posição do Supremo Tribunal Federal.[87]

Como visto, na reprodução dos termos normativos contidos no § 1º do art. 157 do Código de Processo Penal, a teor do que acontece com as provas contrárias ao Direito, aquelas ilícitas por derivação também são inadmissíveis, não podendo, por consequência, gerar eficácia no campo probatório. Diante disso, o encontro e a apreensão das mercadorias tidas como contrabandeadas não geram eficácia alguma, posto que plenamente nulos em face da interceptação telefônica sem autorização do juiz competente.

A respeito do assunto abordado, Guilherme de Souza Nucci atenta para o seguinte:

> Quando uma prova for produzida por mecanismos ilícitos, tal como a escuta ilegalmente realizada, não se pode aceitar as provas que daí advenham. Imagine-se que, graças à escuta ilegal efetivada, a polícia consiga obter dados para a localização de coisa furtada. Conseguindo mandado, invade o lugar e apreende o material. A apreensão está eivada do veneno gerado pela prova primária, isto é, a escuta indevidamente operada. Se for aceita como lícita a segunda prova, somente porque houve a expedição do mandado de busca pelo juiz de direito, em última análise, estar-se-ia compactuando com o ilícito, pois se termina por

---

87 *RT* 785/673.

validar a conduta ilegal da autoridade. De nada adianta, pois, a Constituição proibir a prova obtida por meios ilícitos, uma vez que a prova secundária serviu para condenar o réu, ignorando-se a sua origem em prova imprestável[88].

À luz da realidade do Direito e em homenagem à dignidade da Justiça, tudo o que foi realizado em contrariedade ao Direito, que sempre pressupõe e exige retidão das autoridades com atribuição e competência para aplicá-lo, não pode gerar eficácia, quer de forma direta, quer indireta.

Entretanto, por expressa disposição de cunho normativo contida no mencionado § 1º, nem toda prova ilícita por derivação é inadmissível. Há ressalva a respeito: "[...] salvo quando não evidenciado o nexo de causalidade entre umas e outras, ou quando as derivadas puderem ser obtidas por uma fonte independente das primeiras". Ainda, "considera-se fonte independente aquela que por si só, seguindo os trâmites típicos e de praxe, próprios da investigação ou instrução criminal, seria capaz de conduzir ao fato objeto da prova" (art. 157, § 2º, do CPP). É o que se denomina prova separada ou independente

Pelo que pode ser entendido, a prova derivada da ilícita não será admitida somente quando houver conexão entre esta e aquela. Todavia, caso não haja liame entre uma e outra, a prova será aceita (p. ex., por intermédio de interceptação telefônica não autorizada, a polícia descobre local onde há objeto contrabandeado. De posse de mandado judicial, vai até o local e lá se depara com um sequestro em andamento, prendendo os sequestradores. Esse fato não tem vínculo com a interceptação telefônica, o que legitima a ação da polícia).

De maneira geral, seguindo os passos traçados pela teoria dos frutos da árvore envenenada e a própria inteligência dos dispositivos processuais postos à interpretação, para haver a contaminação da prova obtida licitamente é imprescindível um vínculo entre ela e aquela que é ilícita. Em sentido oposto, se não existe um nexo de causalidade entre elas, a prova ilícita não envenenará a lícita. Isso é plenamente sustentável, pois há plena independência entre uma e outra.

A mesma validade ostenta a prova derivada quando esta poderia ser obtida independentemente da prova tida como ilícita. Em outros termos, sem o concurso da prova ilícita, a derivada pode ser facilmente conseguida na investigação ou na instrução criminal. Logo, "se o caminho trilhado na investigação ou a realização normal da instrução criminal puderem levar à prova derivada da ilícita, não se considerará imprestável o elemento carreado aos autos"[89].

---

88 *Código de Processo Penal comentado*, p. 358.
89 MOUGENOT BONFIM, Edilson. *Curso de processo penal*, p. 379.

5. LIBERDADE PROVISÓRIA E FIANÇA

Em decorrência do preceito insculpido no inciso LXVI do art. 5º da Constituição Federal, "ninguém será levado à prisão ou nela mantido, quando a lei admitir a liberdade provisória, com ou sem fiança".

Provém de Alexandre de Moraes que

> a Constituição Federal, reforçando a tutela do princípio da presunção de inocência e ao direito à liberdade, estabeleceu que ninguém será levado à prisão ou nela mantido, quando a lei admitir a liberdade provisória, com ou sem fiança. Trata-se de mais um inciso do art. 5º configurador do *status libertatis* do indivíduo, cuja regulamentação foi transferida ao legislador ordinário[90].

Infere-se da multiplicidade das garantias arroladas no inciso de regência que algumas delas se completam, o que significa existir plena sistematização entre elas; reforçando ainda mais a vontade do legislador nelas lançada.

Vislumbra-se, por vários ângulos da Constituição Federal, que o legislador, com inteira e plena razão, deixou a cargo desse Diploma Maior o controle sobre a liberdade física das pessoas, que constitui um bem essencial e insopitável, delegando ao Poder Judiciário sua efetiva fiscalização.

É certo afirmar que a garantia de ir, vir e ficar de qualquer pessoa, em um Estado democrático de direito, é a regra, sendo exceção sua limitação pelos poderes coercitivos desse mesmo Estado.

Pela dicção do texto esquadrinhado, a liberdade que ele procura tutelar é aquela relacionada com a prática de um crime, uma vez que ser "levado à prisão" pressupõe a transgressão de um fato, o mesmo podendo ser dito em decorrência de "nela mantido". Entretanto, em sentido bastante amplo, a prisão constitui a *ultima ratio*, pois isso somente pode acontecer se não for admitida a liberdade provisória, que pode ser com fiança ou sem essa garantia real.

O texto constitucional, em termos de prisão, compreende a decorrente da flagrância delitiva, pois somente ela comporta o emprego da liberdade provisória com ou sem fiança. Logo, foge da alçada da regra enfocada a prisão preventiva, a temporária e a domiciliar, porquanto não são elas suscetíveis a qualquer modalidade de liberdade provisória. De outro lado, a fiança também pode ser outorgada em sede de sentença de pronúncia (art. 413, § 2º, do CPP).

---

90 *Constituição do Brasil interpretada*, p. 360.

À luz da realidade normativa, o legislador constituinte, por intermédio do regramento esquadrinhado, procura proteger uma garantia que se revela maior: aquela atinente à presunção de inocência: "Ninguém será considerado culpado até o trânsito em julgado de sentença penal condenatória" (inciso LVII):

> A jurisprudência desta Corte tem proclamado que a prisão cautelar é medida de caráter excepcional, devendo ser imposta, ou mantida, apenas quando atendidas, mediante decisão judicial fundamentada (art. 93, IX, da Constituição Federal), as exigências do art. 312 do Código de Processo Penal. Isso porque a liberdade, antes da sentença penal condenatória definitiva é a regra, e o enclausuramento provisório é exceção, como têm insistido esta Corte e o Supremo Tribunal Federal em inúmeros julgados, por força do princípio da presunção de inocência, ou da não culpabilidade[91].

O mencionado art. 312 se refere à prisão preventiva que, como se verá oportunamente, pode ser decretada no fluir do inquérito policial, quando em curso a ação penal ou quando for proferida sentença de pronúncia ou condenatória.

O legislador, no comando normativo em questão, ao fazer alusão "quando a lei", está outorgando ao legislador ordinário a construção de normas processuais que atendam aquilo por ele determinado, desempenhando, por conseguinte, o papel de agente regulamentador do texto constitucional. Nem poderia ser diferente, uma vez que, no seio da Magna Carta, somente poderão constar preceitos genéricos, *in casu*, com função de garantia e não sua implementação de maneira abrangente, por ser essa atividade própria e específica do Código de Processo Penal.

Vencida essa etapa de considerações básicas que gravitam em torno do regramento constitucional em espécie, no limite do necessário, para entendê-lo de maneira estrita cumpre analisar, dentro também do indispensável, as normas infraconstitucionais que o completam, com isso tornando possível uma interpretação mais eficiente de seu conteúdo normativo.

O legislador ordinário, no Título IX, Capítulo VI, trata da "Liberdade provisória, com ou sem fiança". A espécie liberdade provisória prevista na Constituição Federal, a título de garantia, se encontra disciplinada nos arts. 310, parágrafo único, 321 e seguintes, todos do Código de Processo Penal.

A expressão "liberdade provisória", que tem sua origem no texto constitucional e é repetida no regramento legal trasladado, deve ser devidamente defini-

---

91 STJ, *HC* n. 243.217/PE, 5ª T., rel. Min. Marilza Maynard, *DJe* 20.05.2013.

206 GARANTIAS FUNDAMENTAIS NA ÁREA CRIMINAL

da, possibilitando, dessa maneira, compreender o que efetivamente quis expressar o legislador constituinte.

Como anotado por Vincenzo Manzini,

> a liberdade provisória, que pressupõe a legitimidade, a atualidade e a prossegui-bilidade da custódia preventiva, é um estado de liberdade limitada aos fins do processo penal. Com efeito, ainda em sua forma mais ampla, contêm sempre a obrigação de não fugir (limite à liberdade de locomoção), sancionada median-te o dever imposto pelo juiz ou pelo pretor de revogar o benefício se o imputa-do foge ou está por fugir. A liberdade provisória tem caráter de benefício, reco-nhecido pela lei, e discricionariamente aplicada pelo juiz dentro dos limites da mesma lei. Trata-se de uma renúncia que faz o Estado por intermédio de seu ór-gão jurisdicional ao poder de custódia preventiva a respeito de um imputado determinado[92].

De modo singelo, Giovanni Leone afirma que a liberdade provisória "é a providência com a qual o juiz ou o Ministério Público concede eventualmen-te ao imputado detido a liberdade sob determinadas condições"[93].

O uso da expressão "provisória" ao lado de "liberdade" significa que esta poderá ser revogada no curso do processo, principalmente sendo ela vinculada, pois a adoção da contracautela não faz desaparecer a garantia do cumprimen-to de eventual condenação resultante do processo de conhecimento de natu-reza penal, uma vez que, subordinada aquela liberdade à caução ou não, no exortado por Carlos J. Rubianes, tem ela por finalidade assegurar a presença do imputado durante o desenrolar do processo e garantir que o processado se apresentará para cumprir sua condenação caso lhe seja imposta efetivamente a privação de sua liberdade.[94]

Rigorosamente, toda liberdade provisória deveria ser vinculada, ou seja, condicionada a determinadas exigências previamente estabelecidas pelo juízo, sempre, evidentemente, com suporte em prévios requisitos esculpidos em lei, pois a ação do magistrado sempre deve estar subordinada a preceitos de ordem legal. Ora, se tal liberdade é temporária, tendo por termo a decisão definitiva de mérito, nada mais evidente do que o legislador, ao conceder esse benefício ao indiciado ou acusado, estabelecer garantias para que, sobrevindo condena-

---

92 *Tratado de derecho procesal penal*, v. 3, p. 661-2.
93 *Tratado de derecho procesal penal*, v. 2, p. 298.
94 *Manual de derecho procesal penal*, v. 3, p. 141.

CAPÍTULO 3 – OUTRAS GARANTIAS CONSTITUCIONAIS 207

ção transitada formalmente em julgado, o condenado venha a cumprir a pena corporal que deve ser por ele suportada.[95]

O afirmado encontra ponto de referência no magistério de José Frederico Marques:

> Vê-se, pois, que, em se tratando de liberdade provisória, o réu ou indiciado goza de liberdade pessoal para defender-se ou livrar-se solto, mas subordinado a imperativos que, sob a forma de ônus processuais, procuram vinculá-lo, de modo estreito, ao desenrolar do processo. É a liberdade vinculada, a qual apresenta justamente essas limitações, porquanto funciona, a um só tempo, não só como providência de contracautela, como ainda no papel de substitutiva das medidas de prevenção que atinge a liberdade de ir e vir do acusado[96].

Com efeito,

> a liberdade provisória é uma situação do acusado; situação paradoxal em que ele é, ao mesmo tempo, livre e vinculado. Livre de locomover-se, mas vinculado a certas obrigações que o prendem ao processo, ao juízo e, eventualmente, a um lugar predeterminado pelo juiz[97].

À luz da evidência, a adoção da contracautela não pode, em última análise, inviabilizar as garantias de ordem processual que dimanam principalmente das prisões em flagrante e preventiva, gerando como resultado a eficácia do título condenatório. Responder ao processo em liberdade é exclusivamente um benefício especial decorrente de determinadas situações de ordem legal, fática e pessoal daquele que está sendo objeto de persecução criminal. Assim, se, por um lado, em condições excepcionais, o indiciado ou réu responde ao processo em liberdade, por outro não se pode desguarnecer os interesses da Justiça quanto ao cumprimento de eventual *sanctio poenalis* vinda do provimento da pretensão punitiva. O interesse de liberdade pessoal do autor do fato punível não pode sobrepujar os interesses da Justiça e da própria sociedade, pois é ela também ofendida com a transgressão típica, exigindo, por consequência, a devida reparação: nenhum delito deverá ficar impune. Outro não pode ser o espírito do legislador constituinte na norma que está

---

95 MOSSIN, Heráclito Antônio. *Comentários ao Código de Processo Penal*: à luz da doutrina e da jurisprudência – doutrina comparada, p. 766.

96 *Elementos de direito processual penal*, v. 4, p. 114.

97 TORNAGHI, Hélio. *Curso de processo penal*, v. 2, p. 95.

208 GARANTIAS FUNDAMENTAIS NA ÁREA CRIMINAL

sendo objeto de considerações doutrinárias, eis que o interesse pessoal do indiciado ou acusado na persecução criminal não pode sobrepor aquele que é público. A regra é universal.

Essa situação de equilíbrio também não passou despercebida a Basileu Garcia ao aduzir que a liberdade provisória é

> destinada a corrigir os excessos da prisão processual, o seu uso deve ser o maior que o interesse social permitir. Busca-se o equilíbrio entre o bem coletivo e o individual, restringindo-se a casos especiais a prisão preventiva. É ainda esse equilíbrio colimado mais seguramente, permitindo-se ao magistrado liberar o previamente preso, sob condições que representem a força coativa presumivelmente sucedânea da privação da liberdade[98].

Uma vez estabelecido como deve ser entendida a expressão "liberdade provisória" inserida na norma constitucional sob consideração, é importante apontar os vínculos, ou obrigações, a que se sujeita seu beneficiário, o que serve para complementar a interpretação que se quer atribuir ao preceito esquadrinhado; porquanto, havendo o descumprimento a respeito, o indivíduo perde o direito conferido de aguardar solto o resultado do processo.

Como reflexo do preceito confeccionado pelo legislador constituinte, temos que, na esteira do que pode ser sustentado, a liberdade provisória tratada se constitui direito subjetivo do autor do evento típico, porém, com limitação, em face de sua cassação, conforme já restou expresso. Essa reserva tem plena adequação no regramento de regência. Nos termos do art. 310 do Código de Processo Penal, tendo o agente praticado delito e havendo a seu favor qualquer causa excludente de antijuridicidade prevista no art. 23 do Código Penal, tem direito à liberdade cuidada, porém assume a obrigação de comparecer a todos os atos do processo que lhe forem comunicados. Não havendo o respectivo cumprimento, ele perde o direito conferido.

Filiado a princípio básico de origem constitucional, da igualdade de todos perante a lei (art. 5º, *caput*), tendo sido o agente preso e não tendo condições de pagar o valor da fiança arbitrado, tem ele o direito subjetivo de ficar em liberdade provisória (art. 350 do CPP). No entanto, fica tal liberdade condicionada ao comparecimento do beneficiário a todos os atos do inquérito policial ou do processo, quando regularmente intimado, incluindo o julgamento (art. 327). Ainda, há obrigação de não mudar de residência sem prévia autorização da autoridade processante e impedimento de ausentar-se por mais de oito dias

---

98 *Comentários ao Código de Processo Penal*, v. 3, p. 212.

CAPÍTULO 3 – OUTRAS GARANTIAS CONSTITUCIONAIS   **209**

sem comunicar a autoridade judicial onde possa ser encontrado (art. 328 do CPP). Descumprida a obrigação, o benefício fica prejudicado.

De outro lado, também será admitida a liberdade provisória, nos termos do art. 321 do Diploma de regência, quando não houver a concorrência dos requisitos que autorizam a decretação de prisão preventiva alinhados no art. 312 da legislação ordinária regulamentadora do texto constitucional. Nessa hipótese, estranhamente, o legislador não previu vínculo algum.

Outra forma de liberdade provisória prevista na legislação ordinária é a subordinada ao pagamento de fiança (arts. 322 e segs. do CPP).

Situação jurídica que gerou muita polêmica, principalmente em nível pretoriano, diz respeito à adoção da liberdade provisória em sede de crimes hediondos e daqueles a eles equiparados, pois o legislador constituinte, no inciso XLIII do art. 5º, somente obstou a concessão de fiança em torno desses delitos.

Tudo leva a crer que esse comportamento legislativo ocorreu por ignorância legislativa e doutrinária em torno do instituto da liberdade provisória no que diz respeito a sua compreensão e abrangência. Assim é que, conforme visto, essa forma de liberdade pode ser com fiança ou sem fiança. Ela constitui gênero, enquanto a fiança se revela espécie. Diante disso, se constasse no texto constitucional óbice quanto à liberdade provisória, ficaria nela embutida a fiança.

Após larga discussão, por sinal imensamente inócua e sem sentido, principalmente em nível pretoriano, o legislador ordinário alterou a Lei n. 8.072, de 25 de julho de 1990, dispondo em seu art. 2º: "Os crimes hediondos, a prática de tortura, o tráfico ilícito de entorpecentes e drogas afins e o terrorismo são insuscetíveis de: [...] II – fiança". Isso implicar entender, em outros termos, que não é vedada, como prevê o dispositivo constitucional, a outorga da liberdade provisória. Aliás, antes da alteração legislativa apontada, o próprio Supremo Tribunal Federal, a quem compete, a título de última palavra, interpretar o comando constitucional, entendeu contrário ao Diploma Maior qualquer dispositivo que não admitisse o emprego da liberdade provisória na situação que é objeto de inspeção:

> A vedação legal à concessão de liberdade provisória aos presos em flagrante por delitos hediondos ou crimes a eles equiparados já foi reconhecida incidentalmente como inconstitucional pelo STF, no julgamento do HC n. 104.339/SP, em 10.05.2012. Desse modo, o referido óbice legal, a alegada hediondez do delito ou a suposta gravidade do crime, sem a demonstração concreta da severidade da conduta atribuída à paciente, não são fundamentos inidôneos para a manutenção da custodia cautelar. Precedentes[99].

---

99   STJ, *HC* n. 246.382/AC, 5ª T., rel. Min. Mariza Maynard, *DJe* 12.03.2013.

GARANTIAS FUNDAMENTAIS NA ÁREA CRIMINAL

A fiança criminal, que já era de uso entre os romanos (L. 3, Dig., *de custod,
et exhib. reor*), é uma garantia real, e não pessoal, prestada pelo indiciado ou
acusado ou por terceiro para que se responda ao processo em liberdade, desde
que o fato punível por ele praticado a admita. Portanto, o legislador processual
penal estabelece as hipóteses delitivas em que tem cabimento a fiança criminal.

Trata-se de *numerus clausus*, o que impede que se conceda ou se exija essa
garantia em situações não previamente elencadas no CPP ou na legislação
extravagante.

É de indiscutível clareza que a fiança se eleva à categoria de garantia patrimonial, como observado por Vincenzo Manzini.[100]

Como explicitado por Michel Fenech:

> A fiança, é dizer, a garantia que tem como fim assegurar o cumprimento das
> obrigações daquele que se encontra em liberdade provisional, se acordará pelo
> juiz ou tribunal que conhecer da causa no mesmo auto em que se coloca o pro-
> cessado em liberdade provisional, fixando-se na qualidade e quantidade da que
> se tiver de prestar[101].

Na esteira da judiciosa e precisa colocação de José Frederico Marques,

> A fiança criminal é ônus imposto ao réu ou ao indiciado em quase todos os ca-
> sos de liberdade provisória, para que assim ele possa defender-se solto em pro-
> cesso penal condenatório. Consiste o referido ônus em caução prestada em juí-
> zo para garantia da liberdade provisória. Tal ônus é um acessório da liberdade
> provisória que o réu obtém. Todavia, nos casos em que a caução é exigida, não
> pode a liberdade provisória ser concedida sem que essa caução seja prestada [...].
> A fiança criminal, desse modo entendida, é espécie de que a liberdade provisó-
> ria constitui gênero. Trata-se, pois, de contracautela destinada a impedir que a
> dilação do processo condenatório cause dano ao *ius libertatis*, de par com o ca-
> ráter de sub-rogação cautelar da prisão provisória[102].

A fiança, no âmbito de sua característica de medida criminal de contracautela, funciona em sentido contrário à prisão cautelar de modo amplo.
Enquanto esta se funda no *periculum in mora*, voltado basicamente à garantia
quanto ao cumprimento da pena que será resultante do futuro processo penal

---

100 *Tratado de derecho procesal penal*, v. 3, p. 682.
101 *El proceso penal*, p. 151.
102 *Elementos de direito processual penal*, v. 4, p. 128-9.

CAPÍTULO 3 – OUTRAS GARANTIAS CONSTITUCIONAIS   **211**

de conhecimento de natureza condenatória, o *periculum in mora* na hipótese da fiança visa a não permitir que a liberdade física do indiciado ou acusado fique subordinada ao resultado daquele processo, quando então será ele colocado em liberdade, uma vez que o delito pelo qual ele responde permite o *sursis* ou mesmo o cumprimento da pena em regime aberto. Se isso ocorrer, haverá sacrifício indevido a seu *ius libertatis*. Daí porque a imprescindibilidade da adoção da contracautela em pauta.

De maneira bastante ampla, o legislador ordinário traçou regras rígidas em torno dessa medida cautelar real, o que, inexoravelmente, tornou bastante delicada a liberdade provisória que gravita em torno dela, limitando, por consequência, a aplicação desse benefício de cunho constitucional. A restrição normativa ordinária não contém nenhum vício de inconstitucionalidade, uma vez que é ínsita na regulamentação do preceito em espécie. Gravita em torno do instituto da fiança o que se denomina quebramento, que significa, em outros termos, descumprimento da obrigação imposta ao afiançado, o que é implicativo de sua insubsistência.

Os vínculos em torno da fiança se encontram arrolados no Código de Processo Penal: obrigação de o afiançado comparecer a todos os atos do inquérito policial ou do processo, quando regularmente intimado, incluindo o julgamento (art. 327); assim como não mudar de residência sem prévia autorização da autoridade processante; dela não ausentar-se por mais de oito dias, sem comunicar a autoridade judicial onde possa ser encontrado (art. 328 do CPP); deixar de comparecer, sem motivo justo, a ato processual para o qual foi intimado; deliberadamente praticar ato de obstrução processual; descumprir medida cautelar imposta cumulativamente com a fiança e resistir injustificadamente a ordem judicial (art. 341).

De maneira direta, atendendo especificamente aos comentários alusivos à garantia constitucional enfocada, havendo o quebramento injustificado da fiança, seu beneficiário perderá metade de seu valor; o juiz poderá impor outra medida cautelar (art. 317 do CPP); medida cautelar diversa da prisão (art. 319 do CPP); ou, em último caso, decretar a prisão preventiva. É o que se encontra encartado no art. 343 do Código de Processo Penal. Também, o indiciado ou réu não poderá prestar nova fiança dentro do mesmo processo (art. 324, I, do CPP).

O legislador constituinte procurou não permitir demasiada amplitude em torno do instituto da fiança. Por essa razão, dentro do próprio texto constitucional exclui de sua incidência determinados fatos delituosos. Não pode ser concedida a contracautela *sub examine* quando a prisão em flagrante se verificar em crime de racismo. Os delitos resultantes de preconceitos de raça ou de cor se encontram tipificados nos arts. 1º *usque* 20 da Lei n. 7.716, de 5 de janeiro

212 GARANTIAS FUNDAMENTAIS NA ÁREA CRIMINAL

de 1989, porquanto, conforme comando legal inserto no inciso XLII do art. 5º da Magna Carta da República, "a prática do racismo constitui crime inafiançável e imprescritível, sujeito à pena de reclusão, nos termos da lei".

Também não podem ser objeto de fiança os crimes de tortura, tráfico ilícito de entorpecentes e drogas afins, terrorismo e os definidos como hediondos. Os fatos típicos envolvendo a tortura se encontram arrolados no art. 1º da Lei n. 9.455, de 7 de abril de 1997. As figuras penais que guardam pertinência com o tráfico proibido de entorpecentes se encontram alinhadas nos arts. 33 e 34 da Lei n. 11.343, de 23 de agosto de 2006. No que diz respeito ao delito-tipo terrorismo, ele se encontra previsto no art. 20 da Lei n. 7.170, de 14 de dezembro de 1983. Também não são passíveis de fiança os fatos puníveis catalogados como hediondos, conforme enumeração taxativa encontrada no art. 1º, *caput*, e o genocídio, previsto no parágrafo único deste mesmo regramento legal, da Lei n. 8.072, de 25 de julho de 1990. Os crimes de tortura, terrorismo e tráfico ilícito de entorpecentes são considerados delitos hediondos por equiparação.

Nenhum desses fatos puníveis, nos termos do art. 2º, II, do sobredito Diploma extravagante, pode ser objeto de fiança. Há, no particular enfocado, óbice constitucional:

> A lei considerará crimes inafiançáveis e insuscetíveis de graça ou anistia a prática da tortura, o tráfico ilícito de entorpecentes e drogas afins, o terrorismo e os definidos como crimes hediondos, por eles respondendo os mandantes, os executores e os que, podendo evitá-los, se omitirem (art. 5º, XLIII, da CF).

A vedação determinada pela Magna Carta da República em lei ordinária está encampada pelo art. 323 do Código de Processo Penal.

Completando o rol de proibição da outorga da fiança, também "constitui crime inafiançável e imprescritível a ação de grupos armados, civis ou militares, contra a ordem constitucional e o Estado Democrático" (art. 5º, XLIV, da CF), disciplinado na Lei n. 9.034, de 3 de maio de 1995, cujo art. 7º contém o seguinte dispositivo: "Não será concedida liberdade provisória, com ou sem fiança, aos agentes que tenham tido intensa e efetiva participação na organização criminosa".

6. PRISÃO EM FLAGRANTE OU POR ORDEM ESCRITA E FUNDAMENTADA DA AUTORIDADE JUDICIÁRIA COMPETENTE

É previsão normativa encartada no inciso LXI da Magna Carta da República que "ninguém será preso senão em flagrante delito ou por ordem escrita e

CAPÍTULO 3 – OUTRAS GARANTIAS CONSTITUCIONAIS **213**

fundamentada de autoridade judiciária competente, salvo nos casos de transgressão militar ou crime propriamente militar, definidos na lei".

Do ponto de vista histórico, na reafirmação da regra da liberdade do ser humano, a Magna Charta Libertatum do Direito inglês deixou inscritos, em seu item 39, os seguintes dizeres:

> Nenhum homem livre será detido ou sujeito à prisão, ou privado de seus bens, ou colocado fora da lei, ou exilado, ou de qualquer modo molestado, e nós não procederemos nem mandaremos proceder contra ele senão diante de um julgamento regular pelos seus pares ou de harmonia com a lei do país.

Buscando estabelecer um marco temporal na legislação brasileira sobre a existência da prisão em flagrante, essa forma de coação da liberdade física individual pode ser encontrada no art. 131 do Código do Processo Criminal de Primeira Instância (Lei de 29 de novembro de 1832), sob a rubrica "Da prisão sem culpa formada, e que pode ser executada sem ordem escrita", com os seguintes termos normativos:

> Qualquer pessoa do povo pode, e os Oficiais de Justiça são obrigados a prender, e levar à presença do Juiz de Paz do Distrito, a qualquer que for encontrado cometendo algum delito, ou enquanto foge perseguido pelo clamor público. Os que assim forem presos entender-se-ão presos em flagrante delito.

Uma das grandes virtudes da Carta Política Federal em vigência foi disciplinar a prisão de qualquer cidadão, procurando evitar abusos, o que, infelizmente, não conseguiu de maneira plena, pois ainda há muitas prisões em flagrante feitas ao arrepio da normas de regência, bem como a imposição de prisão cautelar também de forma contrária ao que o legislador normatizou, infringindo normas constitucionais, a exemplo da presunção da não culpabilidade que impõe certa restrição em torno de prisão cautelar, e com afronta aos próprios direitos humanos.

Não obstante isso, que fere frontalmente a *mens legislatoris*, assim como não se atendo àqueles que deixam de cumprir sua missão de ofício, a verdade incontrastável é a de que o legislador constituinte, além de ordenar a prisão de qualquer pessoa, posto que a limitação da liberdade física individual sempre deve ser vista como exceção, deixou seu controle exclusivamente ao Poder Judiciário, que não a tem cumprido com a eficiência esperada. Infeliz é o país cujo Poder Judiciário não se curva aos preceitos constitucionais que, primeiramente, é de sua incumbência adotar.

214 GARANTIAS FUNDAMENTAIS NA ÁREA CRIMINAL

Atento aos termos normativos insertos no dispositivo constitucional ora sob considerações doutrinárias, assim como a outros que a ele se mostram complementares, que serão também objeto de atenção neste espaço analítico, o legislador, seguindo a orientação pátria, manteve a consagração do princípio da legalidade em relação a qualquer tipo de clausura, merecendo especial destaque nesse quadrante o magistério provindo de José Afonso da Silva, *in verbis*:

> Essa subordinação ao princípio da legalidade nada mais significa do que reforçar o princípio da liberdade de locomoção, que se acha inscrito no inciso XV deste mesmo art. 5º, para cuja tutela, além das garantias previstas nos incisos supra (prisão só em flagrante delito ou por ordem judicial escrita, comunicação imediata ao juiz natural, informação aos presos de seus direitos, relaxamento da prisão ilegal etc.) [...]. Aí está a reafirmação do princípio da liberdade, traduzido por um signo universal negativo: "Ninguém será preso [...]", esse princípio que há de orientar o intérprete, sempre em favor da liberdade pessoal. O demais, em contrário como exceção, há que ser expressamente estabelecido e restritivamente interpretado: só em caso de flagrante e ordem escrita e fundamentada de autoridade judiciária competente [...][103].

É de indubitável constatação que as Cartas Políticas modernas, redigidas em linhas democráticas, rompendo os costumes legislativos anteriores de sacrifício da liberdade da pessoa humana que, em certas situações, não tinha nenhuma valia, preveem, em autêntica forma de legalidade, a relevância e a importância da liberdade individual, que constitui uma herança natural própria e específica do ser humano. Sem liberdade, sua existência se mostra efêmera e sem expressão. É exatamente dentro dessa concepção que devem ser examinados os incisos que dizem respeito à prisão da pessoa e as garantias que a envolvem como maneira de exceção, já que a regra é a liberdade plena. Assim sendo, é de imperiosa necessidade somente admitir o encarceramento do indivíduo em situações indispensáveis que se mostrem necessárias aos interesses coletivos e à paz social.

Com fundamento em ensinamentos de Canotilho e Moreira, Alexandre de Moraes aponta lição destacando que:

> O direito de liberdade engloba fundamentalmente os seguintes subdireitos: a) direito de não ser detido e preso pelas autoridades públicas, salvo nos casos e termos previstos neste art. (27 da Constituição portuguesa); b) direito de não ser aprisio-

---

103 *Comentário contextual à Constituição*, p. 158.

CAPÍTULO 3 – OUTRAS GARANTIAS CONSTITUCIONAIS   215

nado ou fisicamente impedido ou constrangido por parte de outrem; c) direito à proteção do Estado contra os atentados de outrem à própria liberdade[104].

Seguindo a sistemática adotada pelo legislador constituinte, ficou a cargo do legislador infraconstitucional estabelecer normas sobre a prisão em flagrante, assim como as formas e espécies de prisões condicionadas à ordem escrita e fundamentada da autoridade judiciária competente, o que merece também análise na exata medida de se integrar, completar e atribuir inteligência ao texto constitucional de regência.

O exame em questão deve ter início a partir da prisão em flagrante, que, do ponto de vista processual, tem natureza de caráter provisório. Essa medida coativa, autorizada pelo comando constitucional, justifica-se não só pelos graves inconvenientes que todo crime causa ao equilíbrio social, tendo em linha de consideração o anteriormente exposto, mas também por ter ela grande relevância quanto ao resultado positivo da futura *persecutio criminis in iudicio* a ser instaurada contra o autor do evento típico em razão da eficácia probatória decorrente dessa prisão, além de garantir a aplicação da pena ao infrator mesmo que venha ele a responder em liberdade ao processo-crime.

Nos dizeres doutrinários de Romeu Pires de Barros,

> a prisão em flagrante delito é a pronta e eficaz tutela jurídica do Estado, exercitando este seu poder de supremacia, mediante uma verdadeira autodefesa, situação esta que se admite também ao próprio ofendido e a qualquer do povo, e tem como principal finalidade a função cautelar[105].

Do ponto de vista semântico, o adjetivo *flagrante*, de origem latina, provém do verbo *flagrare*, significando o que está queimando, ardendo, em chamas, abrasado, brilhante, resplandecente. É empregado figuradamente para significar o que é claro, evidente, patente, ou para designar tudo o que é registrado ou anotado no próprio momento em que se dá a ação.

Também, como anotado por Antônio Luiz da Camara Leal,

> flagrante é expressão de origem latina. Provém de – *flagrans, flagrantis* –, particípio presente do verbo *flagrare*, ardente. A locução flagrante delito – deriva da latina – *flagranti crimine*, querendo significar, figuradamente, no calor do crime ou enquanto está quente o clamor por ele provocado. Dessa acepção pro-

---

104 *Constituição do Brasil interpretada*, p. 348.
105 *Processo cautelar*, p. 125.

216 GARANTIAS FUNDAMENTAIS NA ÁREA CRIMINAL

veio, por evolução semântica, seu verdadeiro sentido atual – no mesmo ato, no instante em que está sendo praticado –, ou logo após a consumação do ato[106].

O legislador ordinário, a quem incumbe estabelecer normas processuais sobre a prisão em flagrante, expressamente permitida pelo legislador constituinte, estabeleceu, no art. 302, os requisitos para essa modalidade de detenção, o que, de forma indubitável, atende satisfatoriamente à própria Magna Carta da República; porquanto, assim o fazendo, está vedando outra maneira de coação à liberdade física da pessoa que poderia, em termos gerais, se revelar inidônea e insustentável.

Assim, os pressupostos da prisão sob comentário são:

I – está cometendo a infração penal; II – acaba de cometê-la; III – é perseguido, logo após, pela autoridade, pelo ofendido ou por qualquer pessoa, em situação que faça presumir ser autor da infração; IV – é encontrado, logo depois, com instrumentos, armas, objetos ou papéis que façam presumir ser ele autor da infração.

Nas primeiras figuras, há o que se denomina flagrante real, enquanto, nas demais, tem-se o flagrante ficto ou presumido.

De outro lado, cuidando dos delitos permanentes, o legislador estabeleceu critério diferente que autoriza a prisão em flagrante do autor dessa modalidade delitiva: "Nas infrações permanentes, entende-se em flagrante delito enquanto não cessar a permanência".

Nessa ordem de consideração, somente nas hipóteses previamente sublinhadas no preceito processual encimado é que a prisão em flagrante se mostra legal, ou seja, conforme aquilo que o Direito determina.

Conforme imposição de cunho constitucional, "a prisão de qualquer pessoa e o local onde se encontre serão comunicados imediatamente ao juiz competente e à família do preso ou à pessoa por ele indicada" (art. 5º, LXII). O mesmo regramento legal foi repetido pelo art. 306, *caput*, do Código de Processo Penal.

A comunicação imediata à família do preso em flagrante ou pessoa por ele indicada, que pode ser advogado, tem por escopo prover sua assistência em vários aspectos, notadamente no de cunho jurídico, principalmente no exame de eventual injuridicidade da prisão levada a efeito, o que deve ser avaliado por quem detém condições técnicas para fazê-lo. É um mecanismo estabelecido

---

106 *Comentários ao Código de Processo Penal brasileiro*, v. 2, p. 235.

pela Constituição Federal, sempre buscando evitar a detenção do indivíduo com arrepio às normas de regência.

Ainda, em decorrência de preceitos constitucionais também contidos no art. 5º mencionado diretamente conexos à prisão em flagrante, "o preso será informado de seus direitos, entre os quais o de permanecer calado, sendo-lhe assegurada a assistência da família e de advogado" (LXIII). O direito ao silêncio se insere no vasto campo da ampla defesa; que, por sinal, já foi objeto de considerações doutrinárias no curso deste trabalho. Assim, se o preso escolher, inclusive com orientação mais específica de seu advogado se sua presença for reclamada pelo detido, deixará de responder às questões a ele dirigidas quando de seu interrogatório, reservando-se o direito de produzir em juízo sua versão, sempre a seu critério e conveniência. Os direitos a que faz alusão o inciso enfocado são os alinhados nos incisos LXIII, LXIV, que também serão analisados dentro do contexto ora sob consideração.

A assistência a título de solidariedade própria da família àquele que foi privado de sua liberdade está compreendida no preceito *sub examine*:

> Ainda quanto ao inciso LXIII, a solidariedade familiar, que se infere da normatividade constitucional sobre a família, é um fator de integração da comunidade formada por qualquer dos pais e seus descendentes (art. 226, § 4º). Daí porque o princípio da assistência entre seus membros encontra, igualmente, fundamento naquela normatividade. Assim sendo, nada mais coerente com essas exigências constitucionais do que erigir em direito do preso assistência da família, não só no momento de seu enclausuramento, mas durante todo o período em que estiver encarcerado[107].

Ademais, uma vez recebido o auto, que deverá ser encaminhado no prazo de até 24 horas contadas a partir do momento em que se efetivou a prisão, o magistrado deve examinar se a prisão se reveste dos permissivos processuais que a autorizam (arts. 302 e 303 do CPP), bem como se as formalidades do auto foram rigorosamente cumpridas (art. 304 do CPP). Se isso não ocorrer, seu relaxamento se impõe, expedindo-se, para tanto, alvará de soltura. Se essa providência jurisdicional não for adotada, terá cabimento a ação mandamental de *habeas corpus* (art. 648, I, do CPP). É exatamente em decorrência disso que o legislador constituinte determina a comunicação da prisão ao juiz competente. O preso também tem o direito à identificação dos responsáveis por

---

107 SILVA, José Afonso da. *Comentário contextual à Constituição*, p. 159.

sua prisão ou por seu interrogatório policial, conforme determina o inciso LXIV do permissivo constitucional de referência.

A esse respeito, anota José Afonso da Silva que

> termos uma inovação constitucional. Trata-se de impor transparência à atuação dos agentes policiais que executam a prisão de alguém e o interrogam, presumivelmente inocente, ainda que lhe possa ser imputada uma ação criminosa. Vê-se que a norma tem como destinatário a polícia. A identificação, no caso, tem também pertinência com a defesa; mas, especialmente, cuida-se de identificar possível agente de arbitrariedade, a fim de lhe promover, eventualmente, a responsabilidade[108].

Complementando a lição copiada, a responsabilidade em questão tem sentido ampliativo, compreendendo em seu bojo a civil, criminal e administrativa, não só pela ilegalidade no que tange à prisão do indivíduo, bem como pela prática de qualquer comportamento consistente em violência física ou moral contra ele perpetrada.

No mesmo diapasão se apresenta a doutrina de Alexandre de Moraes:

> O preso, igualmente, tem o direito de saber os motivos de sua prisão, qual a identificação das autoridades ou agentes da autoridade policial que estão efetuando sua privação de liberdade, para que possam ser responsabilizados por eventuais ilegalidades e abusos, além de poder contatar sua família, e, eventualmente, seu advogado, indicando o local para onde está sendo levado[109].

No que diz respeito aos motivos determinantes da prisão em flagrante do indivíduo, essa é a função da nota de culpa, que deverá ser expedida imediatamente após o término da lavratura do auto pertinente (art. 304 do CPP): "No mesmo prazo será entregue ao preso, mediante recibo, a nota de culpa, assinada pela autoridade, com o motivo da prisão, o nome do conduzido e os das testemunhas" (art. 306, § 2º, do CPP). Pela previsão normativa encampada no inciso esquadrinhado, a prisão também pode ser determinada por ordem escrita e fundamentada da autoria judiciária competente, que compreende em seu contexto qualquer outra prisão que não seja a em flagrante.

Essas modalidades de prisões também são alvo de regulamentação pelo legislador processual penal, cumprindo somente ao legislador constituinte

---

108 Ibidem, p. 160.
109 *Constituição do Brasil interpretada*, p. 354.

CAPÍTULO 3 – OUTRAS GARANTIAS CONSTITUCIONAIS   219

dispor sobre a necessidade de tais encarceramentos serem determinados por autoridade judiciária competente e de maneira fundamentada. Trata-se de mecanismo de controle, equilíbrio e legalidade sobre a imposição da prisão, que deve ficar unicamente a cargo do Poder Judiciário.

Estão compreendidas na dicção constitucional as prisões temporária, preventiva e domiciliar, cujos termos básicos de constituição serão devidamente estudados para se chegar a uma interpretação e conhecimento mais fiéis do mandamento que a previram.

A prisão temporária, de natureza precipuamente investigatória, foi instituída pela Lei n. 7.960, de 21 de dezembro de 1989, que atualmente rege sobre os crimes não hediondos, tendo o legislador, no art. 1º, previsto seus requisitos garantindo a legalidade e o controle sobre sua determinação:

I – quando imprescindível para as investigações do inquérito policial; II – quando o indiciado não tiver residência fixa ou não fornecer elementos necessários ao esclarecimento de sua identidade; III – quando houver fundadas razões, de acordo com qualquer prova admitida na legislação penal, de autoria ou participação do indiciado nos seguintes crimes: *a)* homicídio doloso simples [...]; *b)* sequestro ou cárcere privado [...]; *c)* roubo [...]; [...] *o)* crimes contra o sistema financeiro [...].

Por expressa disposição de ordem legislativa, seguindo a simetria constitucional, sua decretação deverá ser devidamente fundamentada (art. 2º, § 2º).

Por seu turno, a prisão temporária, cuidando-se dos crimes hediondos (homicídio qualificado ou simples praticado por atividade de grupo de extermínio, ainda que cometido por uma só pessoa; latrocínio; extorsão qualificada pela morte; extorsão mediante sequestro e na forma qualificada; estupro; epidemia com o resultado morte; genocídio; falsificação, adulteração, corrupção ou alteração de produto destinado a fins terapêuticos ou medicinais; tortura, tráfico ilícito de entorpecentes e drogas afins e terrorismo, estes últimos crimes equiparados aos hediondos) encontra-se consubstanciada na Lei n. 8.072, de 25 de julho de 1990. E também se exigem para sua imposição os requisitos contidos no art. 1º da Lei n. 7.960/89.

A diferença entre ambos os Diplomas legais de regência está em que, nos crimes não hediondos, a duração da temporária é de até cinco dias, prorrogável por até cinco dias; nos crimes hediondos e naqueles a eles equiparados, o tempo é de até trinta dias, prorrogável por até trinta dias.

De outro lado, nos delitos hediondos, há restrição no que diz respeito a anistia, indulto, comutação da pena e fiança (art. 20 da Lei n. 8.072/90).

220 GARANTIAS FUNDAMENTAIS NA ÁREA CRIMINAL

Embora se admita a progressão de regime prisional para os crimes hediondos e aqueles a eles equiparados, sua quantidade em termos de tempo é superior àquela dos crimes comuns (um sexto), exigindo-se dois quintos da pena se o apenado for primário e, sendo reincidente, o tempo é três quintos (art. 2º, § 2º).

A prisão preventiva, que constitui medida cautelar pessoal, basicamente com a função de garantir a eficácia emergente da sentença condenatória, tem seus requisitos traçados no art. 312 do Código de Processo Penal:

A prisão preventiva poderá ser decretada como garantia da ordem pública, da ordem econômica, por conveniência da instrução criminal, ou para assegurar a aplicação da lei penal, quando houver prova da existência do crime e indícios suficientes da autoria.

Também o art. 313 do encimado Diploma legal prevê situação que dá ensejo à medida cautelar pessoal enfocada no sentido de garantir a execução de medida protetiva de emergência em favor da mulher (art. 22 da Lei n. 11.340/2006). Terá cabimento, também, a preventiva quando a violência doméstica for contra criança, adolescente, idoso, enfermo ou pessoa com deficiência.

Ademais, para efeito inclusive de garantia constitucional, como regra, essa modalidade de encarceramento guarda pertinência com crime doloso. Sendo o indiciado ou acusado primário a prisão em espécie prevê a pena privativa de liberdade em seu máximo abstratamente cominado superior a quatro anos (art. 313, I) e, qualquer que seja a *sanctio legis*, se o indivíduo for reincidente, devendo, nesse caso, levar-se em consideração o inciso I do art. 64 do Código Penal:

não prevalece a condenação anterior, se entre a data de cumprimento ou extinção da pena e a infração posterior tiver decorrido período superior a 5 (cinco) anos, computado o período de prova da suspensão ou do livramento condicional, se não ocorrer revogação.

In casu, por questão de política criminal, em qualquer que seja a situação penal ou processual penal, o indivíduo será tido como primário.

Ademais, a cautelar enfocada também pode ser determinada quando houver dúvida sobre a identidade civil da pessoa ou quando esta não fornecer elementos suficientes para esclarecê-la (art. 313, parágrafo único, do CPP).

A exemplo do que acontece com a temporária, o juiz, ao decretar a preventiva, deverá fundamentá-la (art. 315 do CPP).

O tipo de segregação da liberdade individual sob comento também poderá ser utilizado quando da prolação de sentença condenatória (art. 387, § 1º, do CPP); e por ocasião da sentença processual de pronúncia (art. 413, § 3º, do CPP), desde que concorrentes seus permissivos processuais que acima foram examinados. A mesma providência jurisdicional pode ser adotada em sede de acórdão condenatório.

Ad conclusam, para que seja determinada a prisão preventiva por ordem escrita, conforme exigência contida na Carta Política Federal, o juiz ou o tribunal deverá observar as previsões que foram apontadas e estão alinhadas no Código de Processo Penal, que regulamentou o texto constitucional.

Outra modalidade de prisão por ordem escrita e fundamentada de autoria judiciária competente se encontra inserida no art. 317 do Código de Processo Penal: "A prisão domiciliar consiste no recolhimento do indiciado ou acusado em sua residência, só podendo dela ausentar-se com autorização judicial". Cuida-se da prisão domiciliar autônoma.

Há, também, a prisão domiciliar substitutiva da preventiva, prevista no art. 318 do Código de Processo Penal:

> Poderá o juiz substituir a prisão preventiva pela domiciliar quando o agente for: I – maior de 80 (oitenta) anos; II – extremamente debilitado por motivo de doença grave; III – imprescindível aos cuidados especiais de pessoa menor de 6 (seis) anos de idade ou com deficiência; IV – gestante a partir do 7º (sétimo) mês de gravidez ou sendo esta de alto risco.

Como regra geral, advirta-se, mesmo que não haja previsão expressa no Código de Processo Penal ou em qualquer lei extravagante sobre a necessidade de fundamentação da prisão, ela deverá ocorrer em função do disposto no inciso IX do art. 93 da Constituição Federal, que é a norma de comando de qualquer decisão levada a efeito por integrante do Poder Judiciário e, notadamente, por se cuidar da privação da liberdade individual, bem de suma importância individual que deve ser cercado de garantia dessa natureza.

Por ser bastante significativo também em termos constitucionais no tangente à decretação da prisão por ordem escrita e fundamentada da autoridade judiciária competente, deve sempre estar presente ao aplicador da norma e aquele que dela é destinatário, bem como a todos aqueles que militam no campo do Direito, que a prisão preventiva constitui a *ultima ratio*, ou seja, somente deverá ser imposta quando não houver a possibilidade de imposição de medida cautelar restritiva da liberdade pessoal menos gravosa ao indiciado ou acusado (prisão domiciliar) ou outra medida cautelar diversa da prisão (art. 319 do CPP). É o que se encontra normatizado no art. 282, § 6º, do CPP.

GARANTIAS FUNDAMENTAIS NA ÁREA CRIMINAL

O legislador constituinte, a título de ressalva da regra geral estudada, menciona a transgressão militar ou o crime propriamente militar, definidos em lei. Cumpre verificar se a ressalva diz respeito à prisão em flagrante ou àquela por ordem escrita e fundamentada da autoridade judiciária competente. A prisão em flagrante constitui regra geral para todas as situações, havendo, à evidência, alguma exceção, a exemplo do que acontece com magistrado, que somente poderá ser preso nessa situação quando o delito for inafiançável (art. 90, II, da LOMN). Essa modalidade de prerrogativa não alcançará o militar.

Diante disso, é forçoso convir que a ressalva diz respeito à prisão ordenada em termos de legislação processual penal militar (CPPM), cujo art. 225 dispõe que: "ninguém será preso senão em flagrante delito ou por ordem escrita de autoridade competente". Por sua vez, o art. 25 do supradito Diploma militar consubstancia que "é competente para ordenar a prisão a autoridade judiciária ou o encarregado do inquérito". Em termos de exceção, isso significa que a prisão por ordem escrita pode provir também do encarregado do Inquérito Policial Militar (IPM).

Nessa ordem de consideração, como assentado por José Afonso da Silva, *in verbis*:

> Não se trata, aqui, de interpretar a Constituição conforme a lei, mas de definir a fonte do texto constitucional. E aí o conteúdo da ordem jurídica encaminha a compreensão do sentido – aliás, restritivo – da cláusula constitucional introduzida exatamente para ressalvar situação jurídica existente[110].

Na verdade, o legislador constituinte agiu na contramão de direção em termos normativos, posto que consolidou exceção a uma regra geral, atendendo a preceito específico contido no Código de Processo Penal Militar constitucionalizando-o.

7. DUPLO GRAU DE JURISDIÇÃO

O duplo grau de jurisdição é um instituto processual diretamente ligado ao procedimento recursal. Em sentido amplo, ele se agrupa à garantia da ampla defesa, o que já foi objeto de considerações doutrinárias nesta obra. Em oportunidade precedente, fez-se alusão aos meios impugnativos também como desdobramento da ampla defesa. Preferiu-se, por sua importância, destacar o

---

110 *Comentário contextual à Constituição*, p. 158.

duplo grau de jurisdição em item específico, demonstrando, de modo isolado, seus efeitos diante da ampla defesa.

Encontra-se inserido no art. 9º, § 4º, do Pacto de Nova Iorque, o seguinte preceito, devidamente adotado pelo Brasil, se elevando à categoria de emenda constitucional: "Qualquer pessoa que seja privada de sua liberdade por prisão ou encarceramento terá o direito de recorrer a um tribunal para que este decida sobre a legalidade de seu encarceramento e ordene sua soltura, caso a prisão tenha sido ilegal". De maneira mais clara, objetiva e ampla, o art. 15 do encimado tratado dispõe que "toda pessoa declarada culpada por um delito terá o direito de recorrer da sentença condenatória e da pena a uma instância superior, em conformidade com a lei". O inciso LV do art. 5º da Constituição Federal, ao garantir o direito à ampla defesa, a título de complementação enfatiza "com os meios e recursos a ela inerentes", e deixa suficientemente claro que consagrou, pelo menos de forma implícita, a garantia do duplo grau de jurisdição.

De maneira geral, quando a própria Magna Carta da República prevê recursos excepcionais – a exemplo do extraordinário, para a Excelsa Corte (art. 102, III) e do especial, que é de competência do Superior Tribunal de Justiça (art. 105, III) –, não deixa de acolher o duplo grau de jurisdição, que é natural e imprescindível no âmbito do procedimento recursal. O mesmo acontece com o Código de Processo Penal, que nos arts. 574 e seguintes trata dos recursos ordinários.

Nas cercanias do que está sendo dissertado, Paulo Roberto de Figueiredo Dantas expõe que

> A Constituição de 1988 não explicita, em quaisquer de seus dispositivos, a exigência do duplo grau de jurisdição. Contudo, referido princípio pode ser extraído, sem qualquer dúvida, do sistema jurídico vigente, inclusive da própria Constituição, que prevê, em diversos de seus dispositivos, a existência de tribunais para julgar as decisões proferidas pelos órgãos jurisdicionais de instância inferior[111].

O juiz de Direito, embora investido da *iurisdictio*, é um ser humano e, como tal, está sujeito a engano. O errar é próprio do homem, é inerente à sua imperfeição biológica; não existe homem perfeito. No âmbito dessa diretriz de raciocínio, há de se concluir, à evidência, que o magistrado, quando entrega uma prestação jurisdicional, pode cometer erro, quer no tangente à apreciação do conjunto probatório colocado à sua disposição pela instrução pertinente, quer

---

111 *Curso de direito constitucional*, p. 395.

224 GARANTIAS FUNDAMENTAIS NA ÁREA CRIMINAL

por deixar de aplicar à espécie litigada o Direito que deve prevalecer. Em ambas as hipóteses, ocorrerá prejuízo a uma das partes da relação jurídico-processual. Como magistralmente lembrado por José Antônio Pimenta Bueno,

> as melhores instituições, os tribunais mais bem organizados, zelosos e inteligentes, podem produzir decisões ou julgamentos viciados, errados ou injustos, por isso mesmo que todas as obras do homem são sujeitas à sua imperfeição. Com muita sabedoria pois, estabeleceu a Constituição em seu art. 158, que para julgar as causas em segunda e última instância haveria tribunais superiores, atendendo-se na formação deles à comunidade dos povos. Com efeito, não pode dar-se infalibilidade nas decisões de um tribunal qualquer. Quando ele procede com má-fé deve ser responsabilizado; quando porém somente labora em erro, é indispensável que o exame do tribunal superior retifique esse erro, anule ou reforme a decisão irregular ou injusta[112].

Aliás, como eficientemente ponderado por Florêncio de Abreu, "em verdade, por muita ciência e imparcialidade que tenha o magistrado, não se poderia presumir a falibilidade em todas as suas decisões"[113].

Com efeito,

> os fundamentos dos recursos estão nas razões históricas de sua existência, pois foram sempre admitidos em todas as épocas e entre todos os povos; na necessidade psicológica tanto do vencido, que não se conforma com o primeiro julgamento, como do próprio julgador, que sabe que sua decisão está sujeita a reexame, o que o levará a ter mais cuidado no decidir; na falibilidade humana, visto que, por mais culto, diligente e imparcial que seja o juiz, estará sempre sujeito a engano[114].

Exatamente em decorrência da precitada falibilidade humana e dessa necessidade psicológica, no curso da história da humanidade, legislações foram criadas prevendo o reexame por magistrados superiores de *quaestione facti* e *iuris* submetidas à apreciação dos juízes de jurisdição inferior. Ainda, com esteio na precitada falibilidade, assenta Maurício Zanoide de Moraes que "a possibilidade de revisão das decisões surge, portanto, numa primeira aproxi-

---

112 *Apontamentos sobre o processo criminal brasileiro*, p. 222 e segs.
113 *Comentários ao Código de Processo Penal*, v. 5, p. 162.
114 NOGUEIRA, Paulo Lúcio. *Curso completo de processo penal*, p. 337.

mação, como forma de se melhorar os provimentos jurisdicionais através de nova apreciação do problema inicialmente discutido"[115].

Pela mesma causa subjacente, a previsão de reexame acabou também acontecendo em decisão provinda dos colegiados togados, como acontece, *verbi gratia*, com os chamados embargos infringentes ou de nulidade (art. 609, parágrafo único, do CPP).

Enfim, é próprio do instinto do homem procurar conservar direitos que julga seus, que o impulsionam a não aceitar uma sentença que lhe é desfavorável pelo primeiro juiz que a prolata. Quer ele que outro magistrado, muitas vezes com maior experiência, reveja a decisão que lhe proporcionou prejuízo para, dessa forma, conformar-se, quando possível, com a confirmação do julgado impugnado.

Sob outra vertente analítica, o reexame de uma decisão por outro juízo tem, também, a função de controle quanto à prestação jurisdicional, o que concorre igualmente para a melhora da administração da Justiça e a distribuição do Direito.

Com efeito,

> principal fundamento para a manutenção do princípio é de natureza política: nenhum ato estatal pode ficar sem controle. A possibilidade de que as decisões judiciais venham a ser analisadas por um outro órgão assegura que as equivocadas sejam revistas. Além disso, imbui o juiz de maior responsabilidade, pois ele sabe que sua decisão será submetida a nova apreciação[116].

No interesse da Justiça e da própria coletividade, como é evidente, esse inconformismo deve ter limites razoáveis para não desnaturar a força cogente que emerge do julgado, bem como para não afastar o interesse público por ele propiciado. Aqui, portanto, o interesse comunitário sobrepuja o individual.

Essa inclinação natural do espírito humano em ver examinada por mais vezes o *decisum* deita suas raízes no Direito romano. Assim é que Rogério Lauria Tucci, ao dissertar sobre a *provocatio ad populam*, lembra que

> ao *iudicatio* singular podia opor-se, em caso de condenação, e como, até exaustivamente, antes constatamos, a reclamação do povo, que em regra, implicava a suspensão da execução. Tratava-se, aí, na realidade, de uma espécie de instância de graça, cuja decisão devia, a seu turno, restringir-se à confirmação ou à anula-

---

115 *Interesse e legitimação para recorrer no processo penal brasileiro*, p. 26.
116 GONÇALVES, Rios Marcus Vinicius. *Novo curso de direito processual civil*, v. 1, p. 36.

ção da sentença proferida pelo órgão judicante singular – jamais atenuá-la ou agravá-la – e em que os julgadores eram livres de votar como lhes aprouvesse, sem nenhuma subordinação a leis ou, mesmo, a qualquer espécie de disciplina[117].

Na mesma esteira histórica, há de se considerar que

desde os primeiros tempos da República que a sabedoria romana instituíra o apelo (*provocatio*) das sentenças dos magistrados para o povo reunido em comícios. Já existia, sem dúvida, durante o período anterior, o recurso para a autoridade dos reis; mas não passava de mero instrumento de despotismo, destinado a concentrar o poder nas mãos do soberano. A *provocatio*, concedida pela célebre lei Valéria de *provocatione*, tendia a restringir no consulado o poder que a princípio pertencera ao rei, considerando-se os cidadãos romanos como uma das mais preciosas garantias de sua liberdade: *unicum praesidium libertatis*, na expressão de Lívio[118].

No mesmo tempo da *provocatio ad populam*, existia em Roma a *intercessio*, espécie de súplica que permitia ao tribuno ou outro magistrado igual ou superior ao que prolatou a decisão suspender a atividade do jurisdicente e jamais a do *iudex privatus*. Assim, "a *intercessio* consistia, portanto, na cassação, por um magistrado, da decisão proferida por outro magistrado"[119]. Deve ser assentado que a *provocatio* e a *intercessio* – que, no fundo, equivaliam-se – não tinham os aspectos jurídicos da *appellatio* (invocação), nascida do processo *extra ordinem*, que também era, originariamente, uma espécie de súplica, pois

foi somente no decorrer do regime imperial que, abolidos aqueles remédios, a apelação, posto que repousando no princípio da concentração de poderes do imperador como depositário da soberania, passou a assumir uma feição bem menos discordante do hodierno instituto e a ser regulada e disciplinada mediante as formas homogêneas de um remédio jurídico ordinário e permanente. A *provocatio ad populam* se convertia na *appellatio ad principem*; e em matéria penal, podia interpor-se a apelação em qualquer processo, mesmo nas causas de pequena entidade: *et in majoribus et in minoribus negotiis appellandi facultas est*[120].

---

117 *Lineamentos do processo penal romano*, p. 165.
118 ABREU, Florêncio de. *Comentários ao Código de Processo Penal*, p. 165.
119 Ibidem, p. 165.
120 Ibidem, p. 165.

CAPÍTULO 3 – OUTRAS GARANTIAS CONSTITUCIONAIS   227

A denominação *appellatio ad principem* derivava do fato de que a apelação era interposta diretamente ao imperador, a quem cabia decidi-la. Diante do volume recursal ocorrido, o príncipe foi obrigado a delegar aos magistrados de hierarquia superior àqueles que haviam dado a decisão, o conhecimento e o julgamento do apelo. Tais magistrados podiam cassar a decisão recorrida ou reformá-la, substituindo uma decisão por outra, a exemplo do que ocorre hodiernamente.

Feito o esboço histórico a respeito do surgimento do recurso, resta agora conceituá-lo. Sob o aspecto étimo, a palavra *recurso* tem o sentido de um novo curso voltado para trás (*re + curso*). Assim é que

> recurso quer dizer, literalmente, regresso ao ponto de partida. É um recorrer, correr de novo, o caminho já feito. Juridicamente a palavra denota tanto o recorrido que se faz novamente mediante outra instância, como o meio de impugnação em virtude do qual se recorre ao processo[121].

Fazendo um paralelo entre processo e recurso, Antônio Luiz da Camara Leal explica que

> assim como o processo indica o movimento para frente, o recurso denota o movimento para trás. O juiz, para decidir acompanha *pari passu* o andamento da causa desde o seu início até sua conclusão, examinando, do começo para o fim, todos os atos e termos do processo. Quando a parte vencida não se conforma com a decisão, pede à instância superior um novo exame da causa, e esse pedido constitui o recurso, assim denominado porque o julgador a que se recorre como que deve retroceder no exame do processo, voltando para trás a fim de fazer um novo estudo do processo e proferir uma decisão[122].

Nas lapidares palavras de Miguel Fenech,

> nosso ordenamento concede às partes que se consideram prejudicadas por uma decisão judicial a possibilidade de provocar um novo exame da questão, através do mesmo órgão jurisdicional que a ditou, ou por outro superior na ordem hierárquica, a fim de que a sentença seja substituída por outra. Este ato da parte, capaz de provocar dentro do mesmo processo um novo exame da questão que deu lugar a uma decisão para obter uma nova e distinta daquela que estimou

---

121 COUTURE, E. J. *Fundamentos del derecho procesal civil*, p. 340.
122 *Comentários ao Código de Processo Penal brasileiro*, v. 4, p. 32.

228 GARANTIAS FUNDAMENTAIS NA ÁREA CRIMINAL

gravosa para seus interesses, é o que se conhece na lei e na doutrina com o nome de recurso; denominação que se estende a atividade processual desenrolada com este fim[123].

Fazendo menção à impugnação, Vincenzo Manzini exorta que constitui ela uma "atividade processual determinando uma nova fase do procedimento, na qual, com maior garantia funcional subjetiva (juízo superior), se controla, ou se renova, a fase processual anterior"[124].

Na doutrina estrangeira, provinda de Rubianes, o recurso pode ser conceituado da seguinte maneira:

> Os recursos são, pois, meios de impugnação que a lei concede às partes que tenham sofrido um gravame, por motivo de uma decisão judicial desfavorável que contém, em seu entender, um erro de juízo ou um erro formal, sendo, pois, injusta ou irregular, com a finalidade de obter, mediante novo estudo das questões resolvidas, sua revogação, modificação ou nulidade, de modo mais favorável a seus interesses, pelo mesmo tribunal ou um superior em grau[125].

Ainda, conforme magistério de Jorge R. Moras Mom,

> o recurso é um instituto jurídico-processual que tem por objeto provocar uma reconsideração ou revisão de uma decisão judicial pelo mesmo órgão que a ditou ou por outro superior, segundo o caso, com a finalidade de que se lhe deixe sem efeito no todo ou em parte, isto é, que revogue ou se lhe reforme[126].

De outro lado, como prelecionado por Carlos Creus, "as partes podem recorrer da sentença que coloca fim ao juízo, para que ela seja revisada por um tribunal de grau superior com competência para confirmá-la, reformá-la ou deixá-la sem efeito (anulá-la)"[127].

E, como se isso não bastasse, exorta Jaime Suau Morey que

> o direito ao recurso é, pois, um meio imprescindível para aqueles que são parte no processo possam colaborar e coadjuvar no referido processo, controlando por

---

123 *El proceso penal*, p. 292.
124 *Istituzioni di diritto processuale penale*, p. 266.
125 *Manual de derecho procesal penal*, v. 3, p. 277.
126 *Manual de derecho procesal penal*, p. 353.
127 *Derecho procesal penal*, p. 137.

meio do recurso, tanto este conjunto de atividade que possibilitaram, no tempo e no espaço a sentença, como a adaptação a direito deste ato jurisdicional[128].

Por sua vez, Germano Marques da Silva afirma que

os recursos são meios de impugnação de decisões judiciais, que consistem em se procurar a eliminação dos defeitos da decisão ilegal ainda não transitada em julgado, submetendo a decisão a uma nova apreciação por outro órgão jurisdicional, ou em se procurar a correção de uma decisão já transitada em julgado[129].

Na doutrina pátria, no correr de 1865, o pranteado Joaquim Bernardes da Cunha deu-lhe o seguinte conceito: "Recurso, em sentido lato, é toda e qualquer provocação interposta de decisão ou sentença proferida por algum juiz, ou tribunal, no intento de obter sua reforma"[130].

Para João de Oliveira Filho, "recurso é o meio de se provocar novo exame da causa ou pelo próprio juiz, que deu a sentença, ou pelo tribunal superior. O fim dos recursos é reclamar contra erros ou injustiças das sentenças dos juízes"[131].

Modernamente, em meados de 1991, Vicente Greco Filho assim o definiu: "recurso é o pedido de nova decisão judicial, com alteração da decisão anterior, previsto em lei, dirigido, em regra, a outro órgão jurisdicional, dentro do mesmo processo"[132].

Para Bento de Faria, "recurso é o meio processual estabelecido para permitir a impugnação de qualquer despacho ou sentença, renovando-se o juízo na instância superior, a fim de permitir a maior fiscalização da deliberação do juízo *a quo*"[133].

O recurso, como direito processual subjetivo do prejudicado, tem um vínculo íntimo com a palavra *reexame*, motivo pelo qual se torna imperioso que, em seu conceito, tal expressão seja empregada. Assim sendo, recurso é o pedido de reexame feito pelo sujeito processual sucumbente, diante de um órgão jurisdicional superior ou do mesmo órgão prolator da decisão recorrida, para que esta seja modificada quanto ao mérito ou para anular o processo ou o ato processual.[134]

---

128 *Tutela constitucional de los recursos en el proceso penal*, p. 29.

129 *Curso de processo penal*, v. 3, p. 301.

130 *Primeiras linhas sobre o processo criminal de primeira instância*, p. 240.

131 *Código de Processo Penal de Minas Gerais*, p. 390.

132 *Manual de processo penal*, p. 307.

133 *Código de Processo Penal*, 1960, p. 304.

134 MOSSIN, Heráclito Antônio. *Comentários ao Código de Processo Penal*: à luz da doutrina e da jurisprudência – doutrina comparada, p. 1.209 e segs.

8. DIREITOS HUMANOS E SUAS IMPLICAÇÕES

Não é demais lembrar que, na dissertação envolvendo as garantias fundamentais, teceram-se algumas considerações em torno dos denominados direitos humanos com o exato objetivo de expor a relevância que ostentam os tratados e pactos internacionais em relação aos diplomas constitucionais. Na oportunidade, destacou-se o Tratado Internacional – Declaração Universal dos Direitos Humanos, de 1948, como maneira de proteção ao ser humano e sua agregação na legislação constitucional a título de Emenda (art. 5º, § 3º, da CF).

De forma distinta daquela, que poderá ser tida como complementação ao que foi discursado, abre-se um título exclusivo para nova incursão nessa matéria: sua importância no âmbito de um Estado democrático de direito.

Na história do direito penal e do próprio direito processual penal, há páginas vivas e marcantes noticiando a violência praticada contra as pessoas, com propósitos de variados matizes, inclusive sob a égide insustentável de proteção aos direitos, divindades e outros bens convenientes a uma sociedade ainda insipiente, em primitiva estruturação.

O homem, à luz da evidência, de maneira iterativa, sempre foi alvo de tratamento afrontoso à sua dignidade, sua personalidade, sua espiritualidade. Os costumes das priscas eras se encaminham nessa direção. A força, a injustiça e a desumanidade eram o instrumento do poder. A selvageria e a barbárie eram partes integrantes do mando daqueles que tinham como subordinados outras pessoas. Não havia a mínima noção de Direito como ciência, a exemplo do que acontece na atualidade, posto que era ele vinculado diretamente a aspectos religiosos.

Também, é necessário afirmar, não existia nenhum princípio informador, nem ao menos de cunho rudimentar, a respeito de relacionamento humano e social. Não se pensava em convívio comunitário, que pressupõe para sua consecução regras de conduta.

Assim é que a força era combatida pela força; a violência era rebatida também com a violência. Não havia, por conseguinte, outro mecanismo para neutralizar as atitudes que se opunham e contrariavam a própria natureza, o instinto natural do homem, que sempre convergiu no sentido da preservação de bens, notadamente como a vida e a integridade física, afastada a moral, posto que naquela oportunidade não se tinha conhecimento, costume e menos ainda noção que propiciasse seu entendimento, motivo pelo qual não se pode exortar quanto à sua conservação.

CAPÍTULO 3 – OUTRAS GARANTIAS CONSTITUCIONAIS   231

A formação do Direito, que também constitui momento histórico de grande significação, que trouxe para os seres humanos, de forma geral, regras de conduta que prestigiaram e concorreram para a formação de uma sociedade que conseguiu ser tida como organizada, foi feita por intermédio de grandes sacrifícios e martírios de ordem individual e mesmo coletiva. Esse Direito originário foi se multiplicando e evoluindo, culminando em conquistas e avanços que passaram a servir não só à pessoa em sua unidade, mas também a todo o agrupamento comunitário.

As legislações mais atuais demonstram de modo exuberante o que está sendo discursado e acentuam de maneira sobeja o protecionismo que se projeta sobre a dignidade humana, procurando amparar o seu humano de qualquer tipo de violência que sobre ele possa incidir, quer do ponto de vista físico, quer moral. Diante disso, é forçoso entender que o homem, tido como objeto dos poderosos, passou, contemporaneamente, a ser sujeito de direitos.

Exatamente partindo dessa visão panorâmica, serão expostas, com base em elementos sólidos e de real constatação, as garantias mais modernas que gravitam em torno do respeito ao ser humano. Mesmo tendo sido criminoso, o homem não se evidencia desamparado pelo Direito, que em sua base sempre se mostrou neutro, pois somente tendo essa postura pôde ser tido como justo e equitativo. Assim sendo, independentemente da postura e posição do homem no âmbito do próprio Direito, como norma de conduta, esse sempre tem a tutela de seus bens fundamentais, que não se mostram perdidos mesmo que o indivíduo tenha transgredido e maculado normas de cunho punitivo. Relembra Aníbal Bruno que

a história do Direito Penal é ciência autônoma, distinta da ciência do Direito Penal propriamente dita, pelos seus fins e ainda pelo seu método, mas contribui para esta com os seus dados informativos e com o sentido que tomam diante das suas investigações e como o sentido que tomam diante das suas investigações as realidades jurídicas sobre que trabalha a dogmática penal. O Direito Penal, como qualquer Direito, não é uma construção isolada no tempo. É um produto histórico, que deriva de longa evolução de instituições penais e contém em si mesmo, em potencial, elementos de transformações futuras. E como fenômeno historicamente condicionado, incorporado a uma extensa tradição, a forma que assume em um momento determinado só pode ser bem entendida, no sentido geral e em cada uma das suas instituições, quando posta em referência com os seus antecedentes históricos. Daí a influência que pode ter sobre as construções do Direito Penal e o seu bom entendimento as histórias dos vários institutos e sistemas penais. E essa visão da continuidade histórica do fenôme-

GARANTIAS FUNDAMENTAIS NA ÁREA CRIMINAL

no penal mantém viva aos olhos do criminalista a realidade político-social em que o Direito assenta, o que pode ainda contribuir para coibir a lógica jurídica nos seus extravios para o formalismo[135].

Sem nenhum questionamento, uma vez que se revelaria impertinente, os elementos históricos, independentemente do instituto a que se faça menção ou do ramo do Direito apontado, são valiosíssimos para sua ideal interpretação em termos da própria exegese da lei. Qualquer ciência jurídica, incluindo a penal, como é evidente, não poderá ser considerada válida sem história.

Dentro do aspecto mais centrado no assunto jurídico sob consideração, que se inclina aos direitos humanos, também situados como fundamentais pelas legislações atuais, quer em nível pátrio, quer internacional, há de se observar, tendo inclusive por escólio o que já restou assentado, o que é exposto por Heleno Cláudio Fragoso, *in integrum*:

> O direito, como regra de conduta social, surge com a sociedade. O primeiro direito é o direito penal. A primitiva ideia da pena é a de reação vindicativa do ofendido, mas não se pode dizer que a simples vingança individual dos primeiros grupos sociais constituísse um Direito Penal. Nas sociedades primitivas o direito não é mais do que um dos aspectos da religião (Foustel de Coulanges), de sorte que a reação primitiva apresentava caráter religioso, surgindo a pena com sentido sacral. A vingança de sangue exercida pela vítima ou seus parentes é dever sagrado, visando aplacar a ira da divindade. Pena, é assim, expiação religiosa. Cessada, pelo menos para grande número de infrações penais, essa fase primitiva, a reação penal tornar-se represália por parte da vítima, situando-se na esfera privada. A evolução processa-se então no sentido de restringir a princípio a vingança privada, limitando-a pelo talião e pela composição com a vítima (preço da paz, para em seguida assumir o Estado o monopólio da justiça punitiva). A composição é a princípio voluntária, depois imposta pelo Estado e finalmente abolida, passando as penas a serem públicas[136].

Essa reação primitiva inicial acabou se encorpando cada vez mais, chegando, inclusive em sede de Direito romano, em seus primórdios, que também se orientava pelo caráter sacral, considerando o infrator execrável ou maldito e, por conseguinte, sujeito à vingança dos deuses ou de qualquer pessoa do povo,

---

135 *Direito penal*: Parte Geral, v. 1, p. 31.
136 *Lições de direito penal*: Parte Geral, p. 26.

CAPÍTULO 3 – OUTRAS GARANTIAS CONSTITUCIONAIS **233**

que poderia, inclusive, matá-lo sem que houvesse qualquer punição. Logo, havia grave infração aos direitos humanos.

No campo do direito penal germânico primitivo, ou seja, anterior à invasão de Roma, em que imperam precipuamente os costumes,

> encontramos nos primeiros tempos também a pena como expiação religiosa e a vingança de sangue (*Blutrache*), como reação imposta pelo dever familial. Característica do direito germânico é a grande extensão em que o crime é considerado assunto privado, sujeito à vingança e à composição. Isso ocorria inclusive com o homicídio (Meyer-Allfeld). O direito é concebido como ordem de paz e sua transgressão como rotura da paz pública ou privada, conforme se trate de crime público ou privado. A perda da paz (*Friedlosigkeit*) por crime público, permitia que qualquer pessoa desse morte ao transgressor, analogicamente ao que acontecia no antigo Direito romano. No caso de crime privado, a perda da paz implicava na *Faida*, que era um estado de inimizade entre o ofendido e seus parentes (*Sippe*) e o criminoso, impondo o dever da vingança de sangue[137].

Verifica-se, de maneira mansa e pacífica, que nos idos do Direito canônico, a exemplo do que acontecia no primitivo Direito romano, a ausência de respeito ao ser humano era clara e patente. Imperava a jurisdição eclesiástica, predominava a influência do cristianismo e, basicamente, o poder punitivo da Igreja se concentrava nos interesses religiosos de dominação.

Havia, no Direito enfocado, os crimes de *delicta eclesiastica* cujo julgamento era privativamente dos chamados tribunais eclesiásticos; de *delicta mere secularia*, cuja competência para julgamento estava afeto aos tribunais leigos; e de *delicta mixta*, que deveriam ser julgados pelo tribunal que primeiro tivesse conhecimento em torno deles.

De modo geral, as sanções penais consistiam em penitências e excomunhões, o que era próprio da religião católica da época.

Como anotado por Heleno Cláudio Fragoso,

> a influência do direito canônico foi benéfica. Proclamou a igualdade de todos os homens, acentuando o aspecto subjetivo do crime, opondo-se, assim, ao sentido puramente objetivo da ofensa, que prevalecia no direito germânico. Favorecendo o fortalecimento da justiça pública, opôs-se à vingança privada decisivamente, através do direito de asilo e da trégua de deus (*treuga dei*). Por força desta última, da tarde de quarta-feira à manhã de segunda-feira nenhuma rea-

---

137 Ibidem, p. 31.

ção privada era admissível, sob pena de excomunhão. Opôs-se também o direito canônico às ordálias e duelos judiciários e procurou introduzir as penas privativas de liberdade, substituindo as penas patrimoniais, para possibilitar o arrependimento e a emenda do réu[138].

Constata-se, *ex abundantia*, que, na seara do Direito canônico, diferentemente do que acontecia no romano e no germânico, surge uma outra ideia em torno da justiça, passando a se respeitar com maior eficiência aspectos ligados aos direitos naturais do homem, assim como sua dignidade, não obstante seu direcionamento aos fins religiosos buscados pela Igreja.

Estabelecendo um passo mais rápido na história do direito penal, no que interessa ao trabalho jurídico desenvolvido, chega-se ao período do Iluminismo, que foi a causa determinante da autoemancipação do homem, principalmente no aspecto político, tendo em vista o desenvolvimento propiciado naquela época pelas descobertas científicas a cargo de Copérnico, Galileu, Kepler e Newton, que até hoje se mostram de grande utilidade para a humanidade.

Merece destaque especial o chamado Período Humanitário, criado por Cesare Bonesana, Marquês de Beccaria, nascido em Milão em 1738, que, por sinal, foi discípulo de Rosseau e Montesquieu, e, embora filósofo, escreveu o livro *Do delito e da pena* (*Dei delitti e dele pena*). Destacam-se nessa obra jurídica, como principais, as seguintes características: a) só as leis podem cominar penas e somente o legislador as pode elaborar; b) critica a elaboração das leis, que deveriam ser escritas em linguagem vulgar e não em latim; c) as provas para decretação da prisão dos indivíduos deveriam ser abundantes; d) combate a tortura nos interrogatórios e julgamentos; e) o processo deve durar em conformidade com o crime praticado; f) bate-se pela moderação das penas e que a de morte seja substituída pela perpétua.

Sem dúvida, a obra de Beccaria trouxe traços marcantes para o direito penal, defendendo a pessoa humana contra o arbítrio e a atrocidade praticados pelos mais fortes e poderosos da época.[139]

Por seu turno, anota Heleno Cláudio Fragoso que

> as ideias básicas do Iluminismo em matéria de justiça penal são as da proteção da liberdade individual contra o arbítrio judiciário; a abolição da tortura; abolição ou limitação da pena de morte e a acentuação do fim estatal da pena, com

---

138 Ibidem, p. 34.
139 MOSSIN, Heráclito Antônio; MOSSIN, Júlio Cesar de Oliveira Guimarães. *Comentários ao Código Penal*: à luz da doutrina e da jurisprudência – doutrina comparada, p. 24.

CAPÍTULO 3 – OUTRAS GARANTIAS CONSTITUCIONAIS **235**

afastamento das exigências formuladas pela Igreja ou devidas puramente à moral, fundadas no princípio da retribuição[140].

Em termos de Portugal, é importante que se faça o pertinente registro, uma vez que, por largo espaço temporal, dominou política e territorialmente o Brasil, sendo certo que a legislação reinol teve aplicabilidade no âmbito do território brasileiro. As Ordenações Afonsinas, publicadas em 1446, foram confeccionadas com expressiva influência dos Direitos romano e canônico, motivo pelo qual, no Livro V, que trata do direito e do processo penal, a pena de morte é aplicada amplamente, preponderando a desigualdade entre nobres e plebeus. As Ordenações Manuelinas, promulgadas em 1521, seguiram basicamente o sistema implantado pelas Afonsinas.

É importante considerar, de outro lado, que, desde 1536, funcionou em Portugal de maneira aterradora o tribunal da Inquisição, a exemplo do que ocorria na Espanha, onde predominavam o processo secreto, as torturas, os autos de fé e suas fogueiras. Posteriormente, apareceram as Ordenações Filipinas, em 1603, que mantiveram as diretrizes das Manuelinas, continuando, por conseguinte, a preponderar as torturas e fogueiras. No Brasil, durante o período colonial, foi aplicado o Livro V das Ordenações Filipinas, em que a morte era a pena comum, sendo aplicada em grande número de crimes, cuja execução, via de regra, era cercada por requintes de crueldade.

Exemplo típico e característico do que está sendo desenvolvido é o delito de lesa-majestade:

> E em todos estes casos, e cada um deles tenha propriamente cometido crime de Lesa-Majestade, e havido por traidor o que os cometer. E sendo o cometedor convencido por cada um deles, será condenado que morra morte natural cruelmente [...]. (liv. V t. 3 § 8)

O Código Criminal de 1830 foi confeccionado nas sólidas bases da justiça e da equidade conforme determinação contida na Carta Magna de 1824. O legislador ordinário, sensível ao movimento humanitário que havia sido instalado, deixou assente no n. 19 daquele Diploma ordinário que "desde já ficam abolidos os açoites, a tortura a marca de ferro quente, e todas as mais penas cruéis". O combate às transgressões relativas ao direitos humanos, que também podem ser denominados princípios da humanidade e da dignidade, continuou a ser objeto de inúmeras legislações, notadamente em nível internacional.

---

140 *Lições de direito penal*: Parte Geral, p. 43.

Nessa linha de consideração, a Declaração Universal dos Direitos Humanos, aprovada em 1948 pela Assembleia Geral das Nações Unidas e recepcionada pelo Brasil, dispõe, respectivamente, em seus incisos V e VI, que "ninguém será submetido à tortura, nem a tratamento ou castigo cruel, desumano ou degradante", assim como "todo o homem tem o direito de ser em todos os lugares reconhecido como pessoa perante a lei".

Infere-se dos regramentos trasladados que o legislador estabeleceu critérios visando à tutela de todo ser humano, quer do ponto de vista físico, quer moral, não permitindo que contra ele se adote ação capaz de causar-lhe sofrimento físico com requinte de atrocidade em respeito a seu direito natural. Ademais, não admite que haja lei que não reconheça o homem na qualidade de pessoa, que envolve, indubitavelmente, o cunho de personalidade. Alinhando-se aos preceitos copiados, o Pacto de Nova York de 1966 expõe que "toda a pessoa privada de sua liberdade deverá ser tratada com humanidade e respeito à dignidade inerente à pessoa humana". O dispositivo trasladado se volta ao indivíduo que se encontra preso independentemente do motivo, podendo a detenção ser originária de prisão processual ou definitiva, ou seja, aquela decorrente de sentença condenatória transitada formalmente em julgado. O tratamento imposto se impõe quer enquanto estiver em curso o processo, quer quando o indivíduo condenado se encontre confinado descontando a reprimenda imposta.

Por sua vez, a Convenção Americana sobre Direitos Humanos de 1969, no art. 11, § 1º, deixa sublinhado que "toda pessoa humana tem direito ao respeito de sua honra e ao reconhecimento de sua dignidade". Nota-se que a preocupação fundamental do legislador não foi a situação física do indivíduo, mas sua constituição moral, subjetiva ou psicológica, assim como, em sentido amplo, sua dignidade. Trata-se, à eloquência, de atributos diretamente vinculados à personalidade, que constitui o conjunto de características psicológicas que determinam os padrões de pensar, sentir e agir, ou seja, a individualidade de alguém.

A Constituição da República pátria, afinando-se com os postulados de Direito internacional, assim como com a hodierna orientação do Direito brasileiro como um todo, estabeleceu em seu art. 5º as seguintes garantias: "É assegurado aos presos o respeito à integridade física e moral" (inciso XLIX); "ninguém será submetido a tortura nem a tratamento desumano ou degradante" (inciso III).

Com pertinência ao asseguramento da integridade física e moral do preso, estando em curso o procedimento criminal ou mesmo o inquérito policial, já que em ambas as hipóteses da persecução criminal essa garantia deve ser aplicada e cumprida, é vedado qualquer tipo de ataque à integridade corporal ou psíquica do preso. Para cumprimento do mandamento constitucional, basta que o indivíduo esteja encarcerado, pouco importando o motivo.

Deve-se observar o alcance da expressão "integridade física" usada pelo legislador constituinte. O vocábulo "integridade" denota estado ou característica do que está íntegro, ileso, intacto, que não foi atingido; enquanto "física" se refere ao corpo humano, que, no caso, é aquele da pessoa presa.

Pela dicção constitucional, deve ser respeitada a integridade física do preso, ou seja, em outros termos, é vedada a causação de dano à integridade corporal da pessoa encarcerada, que é implicativa de alteração anatômica prejudicial ao corpo humano, a exemplo do que acontece com ferimentos, equimoses, fraturas, luxações e mutilações, entre outros.

Por sua vez, a integridade moral do preso, que também deve ser respeitada, tem acepção bastante ampla, compreendendo em seu bojo a dignidade, a liberdade psicológica, os costumes e quaisquer outros elementos que possam compor a personalidade individual. Assim, *exempli pare*, não se concebe que se sujeite o preso a humilhações, a ameaças ilegais, a qualquer comportamento contrário aos bons costumes e a sua formação em qualquer nível, até mesmo religioso.

Na linha doutrinária posta por Alexandre de Moraes,

> a Constituição Federal, ao proclamar o respeito à integridade física e moral dos presos, em que pese a natureza das relações jurídicas estabelecidas entre a Administração penitenciária e os sentenciados a penas privativas de liberdade, consagra a conversão por parte dos presos de todos os direitos fundamentais reconhecidos à pessoa livre, com exceção, obviamente, dos incompatíveis com a condição peculiar de preso, tais como liberdade de locomoção (CF, art. 5º, XV), livre exercício de qualquer profissão (CF, art. 5º, XIII), inviolabilidade domiciliar em relação à cela (CF, art. 5º, XI) [...][141].

O legislador ordinário, seguindo as diretrizes estabelecidas na Carta Política Federal, insculpiu no art. 40 da Lei n. 7.210, de 11 de julho de 1984 (Lei de Execução Penal), o seguinte comando normativo: "Impõem-se a todas as autoridades o respeito à integridade física e moral dos condenados e dos presos provisórios". O dispositivo copiado tem sentido mais restrito do que o do próprio enunciado constitucional, uma vez que leva em consideração somente os que se encontram confinados em virtude de sentença condenatória e os detidos provisoriamente, como acontece com a prisão preventiva.

---

141 *Constituição do Brasil interpretada*, p. 284.

Encontra-se inserido na obra jurídica de Julio Fabbrini Mirabete que

o interesse atual pelos direitos do preso é, de certa forma, um reflexo do movimento geral de defesa dos direitos da pessoa humana. Ninguém ignora que os presos, em todos os tempos e lugares, sempre foram vítimas de excessos e discriminações quando submetidos aos cuidados de guardas ou carcereiros de presídios, violando-se assim aqueles direitos englobados na rubrica "direitos humanos". Definem-se estes como os direitos que naturalmente correspondem a cada pessoa pelo simples fato de serem seres humanos e em razão da dignidade a tal condição e às de liberdade, segurança, igualdade, justiça e paz em que toda pessoa deve viver e atuar[142].

O que foi citado se afina e se concretiza com a preocupação constitucional lavrada no sentido de que toda pessoa, incluindo a que se encontra presa, deve ser respeitada como ser humano. Assim é que o fato de o indivíduo estar confinado em um presídio não implica concluir, e menos ainda afirmar, que ele se encontra desvestido dessa situação natural.

Não bastasse isso, justifica-se mais ainda o tratamento que deve ser conferido ao recluso, quer no campo físico, quer no moral, porquanto isso contribuirá de forma significativa para que ele se recupere à medida que vai progredindo de regime prisional.

A singular circunstância de o ser humano estar preso não implica, por si só, que ele deva ser abandonado e a ele imposto, por consequência, tratamento não compatível com a dignidade de qualquer pessoa, independentemente de sua condição geral e de liberdade. É dever, principalmente das autoridades e de seus agentes, contribuir para que o preso retorne reabilitado ao convívio social de que foi retirado; e o passo inicial buscando esse fim é exatamente conferir a ele um tratamento justo e respeitoso.

Sem dúvida, sendo acatado o respeito normativamente previsto, estarão

protegidos os direitos humanos fundamentais do homem (vida, saúde, integridade corporal e dignidade humana), os mais importantes, porque servem de suporte aos demais, que não existiriam sem aqueles. Em virtude dessa declaração, que tem caráter constitucional, pois que prevista no art. 5º, XLIX, da Carta Magna, estão proibidos os maus-tratos e castigos que, por crueldade ou conteúdo

---

142 *Execução penal*, p. 118.

desumano, degradante, vexatório e humilhante, atentam contra a dignidade da pessoa, sua vida, sua integridade física e moral[143].

É também alvo de garantia constitucional a insubmissão do indivíduo à tortura e a tratamento desumano e degradante.

É importante frisar que o legislador constituinte, no texto em referência, emprega a expressão "ninguém será submetido", que constitui uma regra deôntica, implicativa de um juízo universal, que compreende em seu cerne uma vedação geral. Assim, o óbice diz respeito a qualquer pessoa humana, independentemente de sua situação ou condição, que tenha ou não cometido fato típico, que esteja presa ou solta. Enfim, o que se procura tutelar é a dignidade de qualquer pessoa humana, que se eleva à condição fundamental do Estado democrático de direito.

Tendo por norte o que está sendo discursado, se mostra oportuno, para uma melhor inteligência do que está sendo discorrido, o que se encontra inserido no inciso III do art. 1º da Magna Carta da República: "A República Federativa do Brasil, formada pela união indissolúvel dos Estados e dos Municípios e do Distrito Federal, constitui-se em Estado Democrático de Direito e tem como fundamentos: [...] III – a dignidade da pessoa humana". Verifica-se, portanto, na norma inicial da Carta Política Federal, que o Brasil, dos pontos de vista político, social e jurídico, constitui um Estado democrático de direito.

Deve também ser objeto de registro que a tortura sempre foi preocupação entre os povos civilizados. No fluir do Iluminismo na França, por conta de Montesquieu (*De l'Esprit des Lois*) ou Cesare Beccaria, sempre houve manifestação contrária ao seu emprego, sendo certo que o último mencionado explicita que

crueldade consagrada pelo uso, na maioria das nações, é a tortura do réu durante a instrução do processo, ou para forçá-lo a confessar o delito, ou por haver caído em contradição, ou para descobrir os cúmplices, ou por qual metafísica e incompreensível purgação da infâmia, ou, finalmente, por outros delitos em que poderia ser réu, mas dos quais não é acusado. Um homem não pode ser chamado culpado da sentença do juiz, e a sociedade só lhe pode retirar a proteção pública após ter decidido que ele violou os pactos por meio dos quais ela lhe foi outorgada. Qual é, pois, o direito, senão o da força, que dá ao juiz o poder de aplicar pena ao cidadão, enquanto existe dúvida sobre sua culpabilidade ou inocência? Não é novo este dilema: ou o delito é certo ou incerto. Se é certo, não

---

143 Ibidem, p. 119.

240 GARANTIAS FUNDAMENTAIS NA ÁREA CRIMINAL

lhe convém outra pena senão a estabelecida pelas leis, e inúteis são os tormentos, pois inútil é a confissão do réu. Se incerto, não deveria atormentar o inocente, pois é inocente, segundo a lei, o homem cujos delitos não são provados. E acrescento mais: é querer subverter a ordem das coisas exigir que um homem seja ao mesmo tempo acusador e acusado, que a dor se torna o cadinho da verdade, como se o critério dessa verdade residisse nos músculos ou nas fibras de um infeliz. Este é o meio seguro de absolver os robustos criminosos e de condenar os fracos inocentes. Eis os fatais inconvenientes desse pretenso critério da verdade, mas critério digno de um canibal, que os romanos, bárbaros por mais de um título, reservaram apenas aos escravos, vítimas de tão feroz quando muita louvada virtude[144].

Procurando resguardar o cumprimento da norma constitucional em apreço, o legislador constituinte deixou preceituado no inciso XLIII do art. 5º em análise, a seguinte incumbência ao legislador ordinário:

a lei considerará crimes inafiançáveis e insuscetíveis de graça ou anistia a prática de tortura, o tráfico ilícito de entorpecentes e drogas afins, o terrorismo e os definidos como crimes hediondos, por eles respondendo os mandantes, os executores e os que, podendo evitá-los, se omitirem.

Por outro lado, o legislador infraconstitucional, regulamentando o inciso transcrito, por intermédio da Lei n. 9.455, de 7 de abril de 1997, instituiu o crime de tortura:

Art. 1º Constitui crime de tortura: I – constranger alguém com emprego de violência ou grave ameaça, causando-lhe sofrimento físico ou mental: a) com o fim de obter informação, declaração ou confissão da vítima ou de terceira pessoa; b) para provocar ação ou omissão de natureza criminosa; c) em razão de discriminação racial ou religiosa; II – submeter alguém, sob sua guarda, poder ou autoridade, com emprego de violência ou grave ameaça, a intenso sofrimento físico ou mental, como forma de aplicar castigo pessoal ou medida de caráter preventivo. Pena – reclusão, de dois a oito anos. § 1º Na mesma pena incorre quem submete pessoa presa ou sujeita a medida de segurança a sofrimento físico ou mental, por intermédio da prática de ato não previsto em lei ou não resultante de medida legal. § 2º Aquele que se omite em face dessas condutas, quando tinha o dever de evitá-las ou apurá-las, incorre na pena de detenção de um

---

144 *Dos delitos e das penas*, p. 61-2.

a quatro anos. § 3º Se resulta lesão corporal de natureza grave ou gravíssima, a pena é de reclusão de quatro a dez anos; se resulta morte, a reclusão é de oito a dezesseis anos. § 4º Aumenta-se a pena de um sexto até um terço: I – se o crime é cometido por agente público; II – se o crime é cometido contra criança, gestante, portador de deficiência, adolescente ou maior de 60 (sessenta) anos; III – se o crime é cometido mediante sequestro.

O legislador, do ponto de vista normativo, conforme o preceito transcrito, traçou inteligência do que se deve compreender por tortura. Entretanto, para melhor entendimento, é indeclinável que se verifique a etimologia do termo *tortura*, do latim *tortura*, cuja significação é a mesma de *tormento*. É indicativo de sofrimento, de dor proveniente de maus-tratos físicos e morais. Assim, torturar a vítima é produzir-lhe um sofrimento desnecessário. É tornar mais angustioso o sofrimento.

Sensível ao que está sendo exortado, José Afonso da Silva deixa consignado no relativo à tortura que:

> Trata-se de um conjunto de procedimentos destinados a forçar, com todos os tipos de coerção física e moral, a vontade de um imputado ou de outro sujeito para admitir, mediante confissão ou depoimento assim extorquidos, a verdade da acusação [...][145].

Complementando o que está sendo discursado, de acordo com os princípios proclamados pela Carta das Nações Unidas, o reconhecimento dos direitos iguais e inalienáveis de todos os membros da família humana é o fundamento da liberdade, da justiça e da paz no mundo; e esses direitos emanam da dignidade inerente à pessoa humana.

Ademais, considerando a obrigação que incumbe aos Estados em virtude da Carta precitada, em particular do art. 55, de promover o respeito universal e a observância dos direitos humanos e das liberdades fundamentais, aliado que seja à dignidade inerente à pessoa humana, em linha universal não se pode conceber que esta, independentemente de qualquer particularidade que sobre ela incida, possa ver vítima de tortura.

De outro lado, levando em conta o art. 5º da Declaração Universal dos Direitos do Homem e o art. 7º do Pacto Internacional sobre Direitos Civis e Políticos, que determinam que ninguém será sujeito a tortura, pena ou tratamento cruel, desumano ou degradante; bem como a Declaração sobre a Proteção

---

145 *Comentário contextual à Constituição*, p. 87.

de Todas as Pessoas contra a Tortura e outros Tratamentos ou Penas Cruéis, Desumanos ou Degradantes, aprovada pela Assembleia Geral em 9 de dezembro de 1975, e, finalmente, procurando tornar mais eficaz a luta contra a tortura e outros tratamentos ou penas cruéis, desumanos ou degradantes em todo o mundo, foi instituída a Convenção Contra a Tortura e outros Tratamentos ou Penas Cruéis, Desumanos ou Degradantes, em 1984, tendo sido recepcionada pelo Brasil por intermédio do Decreto n. 40, de 15 de fevereiro de 1991.

O art. 1º do Pacto em referência define o que se deve entender por tortura:

Para fins da presente Convenção, o termo "tortura" designa qualquer ato pelo qual dores ou sofrimentos agudos, físicos ou mentais, são infligidos intencionalmente a uma pessoa a fim de obter, dela ou de terceira pessoa, informações ou confissões; de castigá-la por ato que ela ou terceira pessoa tenha cometido ou seja suspeita de ter cometido; de intimidar ou coagir esta pessoa ou outras pessoas; ou por qualquer motivo baseado em discriminação de qualquer natureza; quando tais dores ou sofrimentos são infligidos por um funcionário público ou outra pessoa no exercício de funções públicas, ou por sua instigação, ou com o seu consentimento ou aquiescência. Não se considerará como tortura as dores ou sofrimentos que sejam consequência unicamente de sanções legítimas, ou que sejam inerentes a tais sanções ou delas decorram. O presente artigo não será interpretado de maneira a restringir qualquer instrumento internacional ou legislação nacional que contenha ou possa conter dispositivos de alcance mais amplo.

Por seu turno, ensina Paulo Roberto de Figueiredo Dantas que

a vedação à tortura, prevista expressamente nos supramencionados dispositivos da Constituição Federal é decorrência lógica do princípio da dignidade da pessoa humana, expressamente incluído entre os fundamentos da República Federativa do Brasil (art. 1º, III, de nossa Lei Maior), tendo também por substrato o próprio direito à vida, o qual [...] refere-se não só ao aspecto biológico, como também ao psicossocial, referente ao direito da pessoa de viver com dignidade[146].

O dispositivo magno *sub examine*, procurando estabelecer maior alcance de proteção à integridade física e psicológica da pessoa humana, na qualidade

---

146 *Curso de direito constitucional*, p. 316.

CAPÍTULO 3 – OUTRAS GARANTIAS CONSTITUCIONAIS **243**

de direito fundamental, sublinha, além da tortura, a vedação ao tratamento desumano ou degradante. O vocábulo "desumano" é indicativo de tudo o que se mostra bárbaro, cruel, desalmado, demonstrativo de desumanidade, anti--humanidade, atrocidade, o que é incompatível com a natureza do homem e de sua própria conservação. Por sua vez, a expressão "degradante" conduz a tudo aquilo que se mostra desonrante, que deteriora moral e psicologicamente a pessoa, que polui sua personalidade.

Sem dúvida, a tortura e o ato desumano ou degradante se interligam, porquanto

> são formas bárbaras de agressão à integridade física da pessoa humana. Agredir o corpo humano é um modo de agredir a vida, pois esta se realiza nele. A integridade físico-corporal constitui, por isso, um bem vital e revela um direito fundamental da pessoa humana. Daí porque as lesões corporais são punidas pela legislação penal[147].

Em arremate, em sentido lato, os preceitos constitucionais abordados e comentados se destinam, inexoravelmente, à proteção da dignidade da pessoa humana.

---

147 SILVA, José Afonso. *Comentário contextual à Constituição*, p. 87.

CAPÍTULO 4
Garantias penais

O legislador constituinte, no amplo aspecto de emprego do denominado Estado democrático de direito, não somente erigiu garantias em torno de matéria legal vinculada ao direito processual penal, mas também, como não poderia deixar de ser, consagrou dispositivos voltados ao direito penal, que passarão a ser objeto de considerações de ordem doutrinária.

1. RESERVA LEGAL

Uma das garantias fundamentais do direito penal se encontra encravada no inciso XXXIX do art. 5º da Constituição Federal, cujo conteúdo normativo está composto pelas seguintes palavras: "Não há crime sem lei anterior que o defina, nem pena sem prévia cominação legal".

O legislador ordinário, seguindo as pegadas precitadas, entalhou no art. 1º do Código Penal, sob a rubrica "Anterioridade da lei", o seguinte preceito: "Não há crime sem lei anterior que o defina. Não há pena sem prévia cominação legal".

Em conformidade com a Convenção Americana sobre Direitos Humanos – Pacto de São José da Costa Rica, devidamente recepcionado pelo Brasil, ao fazer menção ao princípio da legalidade, deixou normatizado que: "Ninguém pode ser condenado por ações ou omissões que, no momento em que forem cometidas, não sejam delituosas, de acordo com o direito aplicável".

Os regramentos penais trasladados encerram em seu bojos o denominado princípio da reserva legal, que se mostra representado pela seguinte parêmia latina: *nullum crimen, nulla poena sine lege*.

CAPÍTULO 4 – GARANTIAS PENAIS   **245**

Antes de adentrar na época em que efetivamente a garantia enfocada surgiu no Direito moderno, que ocorreu no período iluminista, não se pode perder de horizonte que desde os tempos antigos sempre houve uma inclinação do ser humano em procurar se livrar da arbitrariedade e da tirania impostas pelos mais poderosos. A ideia das liberdades, e sem justiça elas não existem, sempre foi o anseio de qualquer pessoa. É que o homem como ser natural tem a liberdade como condição inata que decorre de sua própria existência.

A prática de qualquer delito ou crime, independentemente da noção e da estruturação jurídica moderna que lhe dê configuração, sempre, no sistema de cada povo, gerou como consequência a imposição de uma sanção, representada por inúmeras modalidades, sem prévia cominação. Desde aquela ocasião, à luz da evidência, houve quem acenasse no quadrante de que essa medida punitiva na forma como era expressa não representava o ideal de cada indivíduo. Não era critério revelador de justiça.

O endereço inicial, como regra, de qualquer instituto jurídico deve, necessariamente, ser o Direito romano, posto que, invariavelmente, foi nele que teve sua origem, sua base, sua manifestação primária. Com a garantia constitucional ora estudada, cuja conquista política foi albergada por todas as legislações que adotam em seu seio ideias liberais e democráticas, não ocorreu procedimento diferente.

Remontando aos tempos das chamadas *quaestiones perpetuae* (época das *quaestiones*) do Direito romano, em se cuidando das *crimina publica* (*legitima, ordinaria*) que se encontravam previstas nas *leges Corneliae* e *Juliae*, constituindo o *ordo judiciarum publicorum*, estava prevista a anterioridade da lei para a punição desses crimes. É o que se constata de uma passagem de Paulo inserida no *Digesto* (D.50.16,131, § 1º): "*Poena non irrogatur, nisi quae quaque lege, vel quo alio jure specialiter huic delicto imposita est*". Em linhas gerais, a pena não é imposta, salvo se houver regra (lei).

Corroborando o que está sendo pesquisado, anota Luis Jiménez de Asúa que

> Nos anos 672 a 674 de Roma (82 a 80 a. De J.C.), pela lei de Sila, quando acontece a reforma no direito penal propriamente dito. O procedimento das *quaestiones* utilizado como arma de partido pela paixão política, se transforma no instrumento de renovação do direito penal romano. Sila aumenta as leis *Corneliae*, o número das *quaestiones* existentes, confere sua jurisdição de novo aos Senadores, e estende o procedimento das *quaestiones* aos delitos comuns. As leis *Juliae*, de César e Augusto, terminam provisoriamente este ciclo, com a criação de *ordo judiciorum publicorum* unitário. Por isso, ao lado dos *delitos privados* –

246 GARANTIAS FUNDAMENTAIS NA ÁREA CRIMINAL

precisamente desenvolvidos nessa época por Édito pretório –, que o ofendido perseguia ante a jurisdição civil a imposição de multas, se instala um novo grupo de delitos: os *crimina publica* (*legítima, ordinária*), que descansa em leis particulares, nas quais se estabelece o tipo de delito e a *pena legitima* (no mais das vezes, interdição), e se regula o procedimento[1].

Posteriormente à época das *quaestiones*, surgiu a *cognitio extra ordinem* (época do Império), houve a queda do antigo *ordo judiciorum publicorum*, ao final do século II da Era Cristina, deixando no momento intacto o direito penal material. Especialmente subsistiu a oposição entre os *crimina publica* e os *delicta privata*. Nessa época ocorreu o fortalecimento único do poder do Estado nos domínios do direito penal. Assim é que, à medida que a persecução de ofício avança, se reduz ainda mais o âmbito dos delitos privados.

Com o surgimento da *judicia extra ordinem*, os órgãos estatais conduzem o processo do princípio ao fim com a mais ampla liberdade de forma. Depois, os delitos privados se submetem ao mesmo procedimento.

Ademais, na época do Império aparece um novo e extenso grupo dos *crimina extraordinaria*, que foram muito importantes para o ulterior desenvolvimento do direito penal. Representam o grau intermediário entre *crimen publicum* e *delictum privatum*.

Com essa mudança operada no Direito romano imperial, deixou-se de prever a anterioridade do crime e da pena, a exemplo do que acontecia quando em vigor as *questiones perpetuae*, que cuidavam dos delitos privados.

Demonstrando autêntica e verdadeira regressão, os juízes romanos passaram a decidir por analogia: *ad exemplum legis*.

Sobre os aspectos que estão sendo historiados, de forma bastante precisa exorta Nélson Hungria:

> Com o advento, porém, do processo senatório consular e do concomitante tribunal imperial, repudiou-se o princípio da legalidade rígida. Instituiu-se o processo *extraordinário*, e as fontes do direito penal passaram a ser, além das antigas leis populares, a *Constitutio* imperial, o *rescriptum*, o direito municipal, o direito local, a *consuetudo* radicada no *usus fori*. Permitia-se a interpretação extensiva e mesmo a analogia, isto é, a pena podia ser, excepcionalmente, irrogada *ad exemplos legis* (Dig., XLVIII, IV, 7, § 3º). Entretanto, como no direito anterior, jamais uma ação (não previamente incriminada) podia incidir *sub poena* pelo simples fato de ser merecedora da pena. Ainda então se preceituava que

---

1 *Tratado de derecho penal*, v. 1, p. 282.

CAPÍTULO 4 – GARANTIAS PENAIS   247

"*poena non irrogatur nise quoe quaq lege vel alio jure* (referência às novas fontes do direito, acima referidas) *specialiter huic delicto imposita est*". Mesmo no regime das *penas extraordinárias,* não eram estas puramente *arbitrárias*, pois o tribunal, ao aplicá-las estava adstrito a consultar as fontes jurígenas acrescidas ao velho *jus legitimum*[2].

Passando para a Idade Média, quando o Direito consuetudinário, ou seja, costumeiro, fundado no hábito, no costume ou na tradição, substituía a lei escrita, seguindo os passos autoritários do processo romano extraordinário, na forma já analisada, admitiu-se o pleno arbítrio dos juízes, sendo que, inclusive, dispensava-se a aplicação analógica na criação de delitos (*exemplo legis*). O despotismo, quer por parte do juiz, quer por deliberação do rei, era inigualável e irrefreável. Não havia um mínimo de garantia ao cidadão a quem se queria punir. O desmando era absoluto e incontrolável.

O princípio da legalidade surgiu como fruto do direito natural e da filosofia política à época do Iluminismo. Montesquieu, com a teoria da separação dos Poderes (Legislativo, Executivo e Judiciário), afirma que compete ao Legislativo estabelecer crimes e sanções.

De outro lado, Cesare Beccaria também afirma que só as leis podem cominar penas e somente o legislador as pode cominar: "A primeira consequência destes princípios é que só as leis podem determinar as penas fixadas para os crimes e esta autoridade somente pode residir no legislador, que representa toda a sociedade unida por contrato social"[3].

Por sua vez, Paul Johann Anselm Ritter von Feuerbach foi quem elaborou os termos da regra latina: *nullum crimen, nulla poena sine lege*, que constitui o fundamento científico da reserva legal, cujos princípios a seguir expostos estão intimamente vinculados à teoria da *coação psíquica* por ele defendida.

Com efeito,

(I) Toda imposição de pena pressupõe uma lei penal (*nulla poena sine lege*). Portanto, só a cominação do mal por lei é o que fundamenta o conceito e possibilidade jurídica de uma pena; (II) A imposição de uma pena está condicionada à existência de ação cominada (*nulla poena sine crimine*). Portanto, é mediante a lei que se vincula a pena ao fato, como pressuposto juridicamente necessário. (III) O fato legalmente cominado (o pressuposto legal) está condicionado pela pena legal (*nullum crimen sine poena legale*). Consequentemente, o mal, como

---

2   *Comentários ao Código Penal*, v. 1, t. 1, p. 37-8.
3   *Dos delitos e das penas*, p. 30.

248 GARANTIAS FUNDAMENTAIS NA ÁREA CRIMINAL

consequência jurídica necessária, se vinculará mediante a lei a uma lesão jurídica determinada[4].

Nas legislações constitucionais, o princípio da legalidade surge expressamente na Magna Carta da Inglaterra, em 1215 ("nenhum homem pode ser preso ou privado de sua propriedade a não ser pelo julgamento de seus pares ou pela lei da terra"), e nas Petitions of Rights norte-americanas, porém foi ele formulado em termos precisos na Declaração dos Direitos do Homem e do Cidadão, na Revolução Francesa, em 1789, cujo art. 8º prescreve: "A lei apenas deve estabelecer penas estrita e evidentemente necessárias e ninguém pode ser punido senão por força de uma lei estabelecida e promulgada antes do delito e legalmente aplicada".

Tendo por via de consideração esse importante marco histórico do surgimento da reserva legal, verdadeira conquista como mecanismo de defesa da liberdade individual e importante instrumento para afastar a arbitrariedade e o despotismo na aplicação de sanções que, como regra, se mostravam injustificáveis e absurdas, realça Guilherme de Souza Nucci que

> Nasce o direito humano fundamental de somente haver punição quando o Estado joga às claras, criando figuras delituosas *antes* de qualquer fato lesivo ocorrer, conferindo segurança a todos os membros da sociedade. Ademais, a sanção penal também não será desmedida e inédita, visto igualmente respeitar o conteúdo prévio da lei. A legalidade faz o Estado Absoluto ceder e deixar-se conduzir pela vontade do povo, por meio de seus representantes, para a criação de delitos e penas. A tripartição dos Poderes da República coroa esse molde para o Estado, permitindo que o Legislativo faça nascer a lei penal, enquanto o judiciário a aplica, na prática, sob a força do Executivo, que garante a polícia estatal repressiva, sempre que necessário[5].

Na legislação comparada, vemos que o princípio da reserva legal apareceu no Código de José II, da Áustria, em 1787; no Código Prussiano de 1794 (§§ 9º, 11, e 20); e no Código Penal Francês de 1810 (art. 10).

Na legislação pátria, o princípio abordado surgiu a partir da Constituição de 1824, bem como foi ele prestigiado em todas as Cartas Políticas posteriores.

No Código Penal nacional, foi o princípio da legalidade encartado a partir do Código Criminal do Império do Brasil, instituído pela Lei de 16 de dezem-

---

4 *Tratado de derecho penal*, p. 63.
5 *Princípios constitucionais penais e processuais penais*, p. 93.

bro de 1839, que, em sua "Parte Primeira", "Dos Crimes e das Penas", Título I, "Dos Crimes", Capítulo I, "Dos Crimes, e dos Criminosos", deixou consignado o seguinte preceito: "Art. 1º Não haverá crime, ou delito [palavras sinônimas neste Código] sem uma Lei anterior, que o qualifique".

O fundamento jurídico do princípio da reserva legal está em que toda inflição de pena pressupõe uma lei penal (*nulla poena sine lege*). Portanto, sem que haja uma lei ameaçando aplicar uma *sanctio legis* a quem viola determinada norma sancionatória, esta não pode ser aplicada (*nulla poena sine crime*). Assim, a pena funciona como consequência jurídica da violação de um direito agasalhado pela norma penal. Logo, quem transgride um preceito sancionatório se sujeita à sanção prevista para sua violação. Em suma, em nenhum caso pode haver crime ou pena sem prévia cominação.

Diante disso, em consonância com o princípio discursado, não se pode obedecer ou violar senão o que é previamente imposto. Assim sendo, o *ius puniendi* do Estado não mais é absoluto e ilimitado, mas sim limitado e disciplinado, um verdadeiro poder jurídico, ou seja, a possibilidade ou faculdade de punir, desde que a ação tenha sido previamente incriminada.

Essa postura principiológica, que se traduz em verdadeira democracia em termos de Direito – e ele, indiscutivelmente, deve ser democrático, pois em sua essência deve ser regido pela equidade –, permite ao indivíduo orientar sua conduta de forma liberal, conduzindo-se em consonância com o que a lei lhe permite, somente se detendo quando há vedação expressa, que deve ser anterior à sua ação ou omissão.

Ante o que está sendo dissertado, não havendo a anterioridade da norma proibitiva, não existe liberdade de conduta, porquanto, como está expresso na própria história, ao alvedrio da autoridade poderia-se considerar um comportamento avesso ao Direito em conformidade com sua própria conveniência ou de qualquer grupo. O abuso se mostra, inclusive, irracional.

É de se ter em mente, como corolário de diretriz de convivência social respaldado no interesse público e mesmo individual, que deve ser permitido tudo o que não é vedado, pois nesse último caso podem estar sendo protegidos interesses de ordem coletiva que sempre suplantam os de cunho pessoal.

Enfim, o direito de liberdade de conduta deve ser a regra, enquanto a vedação de determinados comportamentos deve ser exceção, motivo pelo qual esse controle deve ficar a critério da lei de forma expressa e de conhecimento geral, que no campo criminal é imprescindível para a paz social e também fortalecedor para os anseios elementares e naturais do cidadão.

Consentâneo com o que está sendo discursado, aponta Álvaro Mayrink da Costa que

250 GARANTIAS FUNDAMENTAIS NA ÁREA CRIMINAL

O princípio da legalidade dos delitos e das penas constitui uma garantia essencial ao cidadão em virtude do poder punitivo do Estado, determina precisamente a esfera da ilicitude penal e assegura a irretroatividade da lei penal que prejudica os direitos do acusado, evitando a criação de normas penais postas em linguagem vaga e indeterminada. A tarefa básica consiste em levar ao conhecimento do cidadão os limites de espaço de seu atuar sem penalidade, objetivando que possa se orientar em sua conduta. O princípio da legalidade transcende os limites de uma garantia política modulada no curso da história, e o leva à condição de princípio científico imprescindível à racionalização de toda a atividade punitiva regida pelo direito e não pela força[6].

Emerge das considerações veiculadas por Aníbal Bruno que

o rigor dessa limitação e a força dessas garantias estão no princípio que faz da lei penal a fonte exclusiva de declaração dos crimes e das penas, o princípio da absoluta legalidade do direito punitivo, que exige a anterioridade de uma lei penal, para que determinado fato, por ela definido e sancionado, seja julgado para que determinado fato, por ela definido e sancionado, seja julgado e punido como crime[7].

Desponta dos ensinamentos de Bento de Faria que

todas as determinações do direito penal devem constituir – direito escrito. É a consagração do princípio da legalidade dos delitos e das penas [...]. *Nullum crimen, nulla poena sine lege*. Esse velho enunciado, que tem merecido o respeito dos sistemas jurídicos dos povos livres e civilizados, é expressivo de uma das fórmulas de garantia da liberdade individual e da sua segurança. Nem uma nem outra existiria se fosse permitido punir atos lícitos no momento em que foram praticados. Mas, ninguém pode ser punido senão em virtude de lei promulgada anteriormente ao delito, nem com penas sem prévia cominação legal[8].

Sem dúvida, em um Estado democrático de direito, a anterioridade do crime e da pena que lhe é consequente é exigência fundamental como instrumento de garantia de qualquer indivíduo.

---

6   *Direito penal*, v. 1, t. 1, p. 348.
7   *Direito penal*: Parte Geral, v. 1, p. 192.
8   *Código Penal brasileiro anotado*, v. 2, Parte Geral, p. 66.

Por questão de oportunidade, antecipando de maneira preliminar o que será posteriormente exposto de maneira mais ampla, é de se salientar, ainda, que essa legalidade conduz a uma outra conclusão: é vedado no Direito pátrio e em qualquer outra legislação moderna que contém em seu bojo essa garantia que se opõe ao arbítrio, ao desmando, estabelecer normas incriminadoras por intermédio da analogia, que, na esteira do que já se considerou, predominava na época imperial romana.

Não se pode conceber que, havendo a prática de qualquer conduta positiva ou negativa, se estabelecesse regramento posterior a ela de cunho incriminador. A responsabilidade criminal somente deve derivar de conduta previamente estabelecida, já que a cominação (ameaça de punição) é o cerne estabelecedor da reprovabilidade social que promana da prática da infração típica. Logo, se a conduta proibida não estiver expressamente prevista, não for anterior à ação ou omissão do agente, não há como se aduzir que ela se reveste de rejeição social.

Nas linhas doutrinárias postas por Ferdinando Puglia, "é princípio inconcusso que nenhuma ação pode ser considerada delito se não por expressa disposição da lei penal e essa lei preexistente ao delito deve ser promulgada na forma de praxe para ser no momento do crime obrigatória"[9].

Como se isso não bastasse, estabelecer posição em sentido contrário seria admitir que o direito penal pudesse servir de instrumento para perseguições pessoais, a exemplo do que anteriormente ocorria. Teria ele caráter de exceção, de discricionariedade, de abuso, e não de defesa dos interesses sociais. Haveria frontal violação do princípio da igualdade, insculpido em qualquer Carta de nação civilizada.

Diante disso, o princípio da anterioridade se eleva não só como garantia de ordem pessoal, mas também de conveniência social do ponto de vista político, da preservação de direitos fundamentais do cidadão.

Nesse aspecto, salienta Vicente Sabino Júnior em torno da garantia estudada, que "o seu conteúdo é eminentemente político. Representa uma conquista notável do individualismo liberal, com aplicação aos delitos, como às medidas de segurança"[10].

Assiste plena razão a Tullio Padovani, ao afirmar que

o princípio da legalidade representa um dos aspectos fundamentais do direito penal. Ele corresponde à exigência de que a produção e a aplicação da norma

---

9 *Manuale teorico-pratico di diritto penale*, p. 50.
10 *Direito penal*: Parte Geral, v. 1, p. 54.

252 GARANTIAS FUNDAMENTAIS NA ÁREA CRIMINAL

penal sejam submetidas ao monopólio da lei. O princípio expresso pelo brocardo latino conhecido no início de um mil e oitocentos, de Feuerbach: *nullum crimen, nulla poena sine lege* – é de derivação iluminista, ainda que tenha algum sinal de ter sido criado em época anterior (em particular: no art. 39 da Magna Carta de Re Giovanni, em 1215) [...][11].

Ainda, na esteira de lição provinda desse autor, agora com vistas à inspiração de fundo do princípio da legalidade no que diz respeito a seu significado funcional,

é ele destinado à garantia da liberdade da pessoa envolvida na aplicação de uma norma de direito penal. Isso explica a sua eliminação sob as leis dos Estados totalitários, onde não existe nenhuma entrada para assegurar uma liberdade contra a exigência pública ou coletiva, mas de submeter o cidadão a essa forma mais flexível e intensa (e, portanto, também procurando infligir punição por um comportamento desfuncional não expressamente estabelecido pela lei)[12].

Partindo da premissa de que só a lei é fonte do direito penal, expõe Eugenio Cuello Calón que

Esse porto domina como princípio fundamental da máxima *nullum crimen, nulla poena sine lege*. Esta, pese a sua vestimenta latina, não provém do direito romano, mas foi inspirada por Feuerbach. Ninguém poderá ser castigado senão por fatos que a lei tenha definido como delituosos, nem com outras penas que as estabelecidas legalmente. Assim é que nessa máxima se contém dupla garantia individual: não ser apenado senão por fatos previamente definidos em lei (*nullum crimen sine praevia lege poenali*), não ser punido com penas – nem em classe e nem em medida – diversa das estabelecidas previamente por lei para o fato em questão, garantia penal (*nulla poena sine praevia lege*). Portanto um fato não será punível mais do que quando pode incluir-se em alguns dos tipos de delito (figura de delito) descritas no Código ou lei penal, e nunca será punido com pena de classe diversa da estabelecida por lei, nem aquela poderá exceder da medida, nem abaixo da mínima nem superior ao máximo, fixado por essa[13].

---

11 *Diritto penale*, p. 16.
12 Ibidem, p. 16-7.
13 *Derecho penal*, t. 1, Parte General, p. 160-1.

Ao abordar o tema jurídico proposto à análise, Giuseppe Maggiore, após afirmar que o princípio da legalidade, previsto constitucionalmente, possui um valor absoluto, por ser diretivo, sendo, por conseguinte, norma vinculante, aduz:

> Com relação aos delitos, o princípio da legalidade implica que o juiz não pode condenar ninguém, se não verificar prejudicialmente a existência de uma lei que o incrimine. Respectivamente, o súdito pode desenvolver suas atividades a salvo de toda sanção, enquanto se mova em terreno que o ordenamento jurídico o tenha deixado livre. Enquanto às penas, este princípio implica não só que ninguém pode ser castigado sem ter cometido um delito previsto em lei, senão também que não pode ser punido com aquelas penas estabelecidas em lei, em qualidade, quantidade e duração. Por "ley" devemos entender a lei em seu sentido próprio (formal ou material)[14].

É importante ressaltar, tendo por escopo inclusive o que se tem defendido, que o indivíduo ostenta plena liberdade na sua conduta, não podendo ela ser reprimida ou obstada, desde que esteja sendo desenvolvida em campo que o Direito permite. Essa particular atenção inserida na doutrina mencionada lhe produz singular qualidade e sensibilidade em torno da garantia da reserva legal.

Partindo do postulado do Estado de direito e de que cumpre ao Estado proteger o indivíduo não só *mediante* o direito penal, e sim também *do* direito penal. É dizer que o ordenamento jurídico não só tem de dispor de métodos e meios adequados para a prevenção do delito, senão que também tem de impor limites, a exemplo do poder punitivo, para que o cidadão não fique desprotegido e à mercê de uma intervenção arbitrária ou excessiva do "Estado Leviatán". Sinaliza Claus Roxin que

> O princípio "não tem delito sem lei" se completa com a fórmula "não tem pena sem lei" (*nulla poena sine lege*). Isso quer dizer que não só as circunstâncias de que uma determinada conduta seja punível, senão também a classe de pena e sua possível quantia tem de estar legalmente fixadas antes do fato[15].

Sob a denominação de *principio de la legalidad estricta*, implicativa do princípio *nullum crimen, nulla poena sine lege*, Francesco Antolisei destaca as seguintes consequências que, em sua ótica, são sumamente importantes:

---

14 *El derecho penal*, v. 1, p. 144.
15 *Derecho penal*: Parte General – Fundamentos. La estructura de la teoría del delito, t. 1, p. 138.

254 GARANTIAS FUNDAMENTAIS NA ÁREA CRIMINAL

a) um fato não pode considerar-se delito nem ser submetido a sanção, se uma lei (entendendo essa no sentido não formal, senão material), não prevê como tal (princípio da reserva legal); b) ao fato previsto pela lei como delito não se pode aplicar mais que as penas fixadas pela lei em cada um dos casos; c) o fato que dá lugar a aplicação de uma pena tem de estar expressamente previsto por lei, portanto, enquanto não se pode inferir implicitamente das normas concernentes a outros fatos, a figura delitiva que o descreve tem de estar formulada com suficiente determinação (princípio da taxatividade)[16].

Observa-se em um panorama geral, tendo por escólio inclusive a doutrina mencionada, que é de suma importância a adoção exata dos critérios legais para a aplicação da pena. Se isso não acontecer, de forma direta ou indireta, haverá a quebra da garantia da legalidade, situação essa que será em seguida enfrentada com maior intensidade.

Com efeito, surge como primordial à garantia da anterioridade da lei (tipo penal) e da pena, quando de sua imposição que sejam obedecidos os parâmetros fixados pelo legislador.

Assim é que, na sistemática do Código Penal comum, o legislador confeccionou a figura delituosa com dois preceitos: no primeiro é descrita a conduta proibida; e no segundo, a sanção que lhe é consequente, sendo certo que ficou estabelecida a *sanctio legis* ante um mínimo e um máximo abstratamente cominado. É o que se denomina taxatividade.

Em circunstâncias desse matiz, não basta, para efeito de obediência ao princípio da anterioridade, que somente se respeite a conduta sublinhada como delituosa, mas também que no momento de ser efetivado o *ius puniendi in concreto* seja a dosimetria estabelecida conforme o *quantum* determinado pelo tipo penal violado, que deve ser entre o mínimo e máximo abstratamente ameaçado.

Dessa forma, inconcussamente, o propósito do legislador a título de garantia não foi somente descrever a conduta proibida, mas também que, ao ser ela violada, a sanção somente poder ser aplicada nos limites previamente estabelecidos. Se eles forem extrapolados, a transgressão dessa garantia se mostrará clara e evidente.

Portanto, a título de garantia somente poderá ser punido o fato tido como delituoso previamente descrito na norma sancionatória, assim como na medida quantitativa da *sanctio iuris* previamente determinada.

Mostra-se também bastante oportuna a colocação feita por Antonio Cristiani quando deixa registrado, tendo em linha de consideração o sentido amplo e geral do princípio da legalidade, que ele se vincula a um Estado de direito, em

---

16 *Manual de derecho penal*: Parte General, p. 43.

que "o adágio normativo deve harmonizar-se com alguma regra primária, que não pode tolerar comando legal, a esse respeito, contraditório"[17].

Diante da matéria que está sendo objeto de análise, revela-se de capital importância a verificação do modo e da maneira pelos quais os constitucionalistas encaram a garantia da legalidade ou da reserva legal, posto que muitas vezes os focos entre eles e os penalistas podem compreender dimensões um pouco diferentes, mas que, no final, desaguam em uma mesma finalidade sempre voltada ao interesse individual e público.

Na doutrina vertida por Gilmar Ferreira Mendes e Paulo Gustavo Gonet Branco,

> a reserva legal contempla, igualmente, o princípio da determinabilidade ou da precisão do tipo penal (*lex stricta*). O indivíduo há de ter condições de saber o que é proibido ou permitido. Embora não se possa impedir a utilização de conceitos jurídicos indeterminados ou cláusulas gerais, é certo que o seu uso não deve acarretar a não determinabilidade objetiva das condutas proibidas. O critério decisivo para aferir do respeito ao princípio da legalidade (e da respectiva constitucionalidade da regulamentação) residirá sempre – ensina Figueiredo Dias – em saber se, apesar da indeterminação inevitável resultante da utilização destes elementos, do conjunto da regulamentação típica deriva ou não *uma área e um fim de proteção da norma claramente determinados*[18].

Indubitavelmente, é condição axiomática da legalidade que o indivíduo, por questão de cidadania à qual todo o conjunto normativo deve se curvar e respeitar, tem o inarredável direito de saber qual conduta lhe é vedada, porquanto por meio dela cada indivíduo compreende quais são os limites de sua liberdade de agir. A reserva legal conduz, indefectivelmente, a essa conclusão no campo punitivo estatal. Assim, o sujeito somente poderá ser objeto de persecução criminal pelo Estado quando sabendo, tendo consciência de que seu comportamento é delituoso, e mesmo assim age *contra legis*, ou seja, transgredindo aquilo que o Direito permite.

Provém das considerações de Paulo Roberto de Figueiredo Dantas que

> no campo do direito penal, o princípio da legalidade "protege o indivíduo, evitando que seja surpreendido com qualquer incriminação, uma vez que não há crime sem lei anterior que o defina, nem pena sem prévia cominação legal (art.

---

17 *Istituzioni di diritto e procedura penale*, p. 29.
18 *Curso de direito constitucional*, p. 480.

256 GARANTIAS FUNDAMENTAIS NA ÁREA CRIMINAL

5º, XXXIX) [...]. Legalidade e reserva legal são conceitos que não se confundem, Como vimos o princípio da legalidade é aquele que, amparado pelo artigo 5º, inciso II, da Constituição, dispõe que somente a lei pode, legitimamente, criar obrigações ou restringir direitos. Já o *princípio da reserva legal*, também conhecido como *princípio da legalidade específica*, decorre de cláusula constitucional que indica as matérias que, pela sua natureza, só podem ser tratadas por lei formal (ou ato normativo equiparado), e não por um ato infralegal[19].

Independentemente de se perquirir em torno de eventual diferença entre reserva legal e princípio da legalidade, já que na visão do direito criminal é substancial que haja previsão típica para que a conduta seja punida, por isso se usa o termo *legalidade*, a verdade incontestável deve ser lavrada no sentido de que, mesmo na seara constitucional, essa legalidade é forma de proteção individual que, complementarmente, pode ser dito, é contra o abuso e a tirania em se pretender castigar alguém sem haver norma anterior que o permita.

Dimana desse entendimento avaliação de Alexandre de Moraes segundo a qual

> esses princípios, como garantia essencial de um Estado de Direito, asseguram que a regulamentação da amplitude do exercício do direito sancionador do Estado e, consequentemente, da liberdade do indivíduo, dependente exclusivamente da prévia manifestação de vontade dos representantes populares, detentores de mandados eletivos, diretamente eleitos pelo povo, conforme o art. 1º da Constituição Federal. Os princípios da reserva leal e da anterioridade no âmbito penal (*nullum crimen, nulla poena sine proevia lege*) exigem a existência de lei formal devidamente elaborada pelo Poder Legislativo, por meio das regras de processo legislativo constitucional (*lex scripta*) e que a lei descreva especificamente um fato determinado (*lex certa*). Essa previsão é tradicional nas Constituições que caracterizam os Estados de Direito, e foi consagrada pelo art. 8º da Declaração francesa dos Direitos do Homem e do Cidadão, de 26.08.1789, com a seguinte redação: "A lei apenas deve estabelecer penas estritas e evidentemente necessárias, e ninguém pode ser punido senão em virtude de uma lei estabelecida e promulgada antes do delito e legalmente aplicada"[20].

Em nível constitucional, com razão o precitado doutrinar. A garantia da anterioridade da lei, entre outras implicações de cunho pessoal, é fundamental

---

19 *Curso de direito constitucional*, p. 313.
20 *Constituição do Brasil interpretada*, p. 259-60.

em um Estado de direito, que deve ser regido por normas democráticas, e entre elas o respeito ao ser humano, notadamente no que diz respeito à sua insopitável liberdade física, que somente pode ser coarctada desde que exista no fundo preceito que o autorize e seus dizeres sejam devidamente cumpridos por aqueles que têm a função de aplicá-lo, a exemplo do que acontece quando há a prática de um fato proibido, que é aquele de índole delituosa.

Ensina, por seu turno, José Afonso da Silva:

> Tem-se aqui o princípio da legalidade, que se consubstancia no particular princípio da reserva legal. Vale dizer, portanto, que o princípio da legalidade penal não se satisfaz com a simples autorização genérica da lei; ou seja, não se trata de simples garantia formal da liberdade. Quer dizer que não basta a existência de lei anterior à conduta. É indispensável uma descrição específica da conduta tida como lesiva a um bem jurídico. Vale dizer que a ação humana, para ser crime, há de corresponder objetivamente a uma conduta descrita tipicamente pela lei. O "crime", assim, é a conduta humana lesiva a um bem jurídico protegido pela lei penal (vida, integridade física, patrimônio etc.). Mais ainda se requerer que a lesão seja produzida dolosa (intenção de produzir o resultado) ou culposamente (que o resultado provenha de negligência, imperícia ou imprudência). Ou seja, só existe o crime quando a comissão ou omissão seja típica, antijurídica e culpável [...][21].

É de se considerar que, na doutrina transcrita, o autor, além da tipicidade, que é o elemento essencial e estrutural da garantia da reserva legal, adentrou no conceito dogmático do crime, apontando a antijuridicidade, que é inerente e consequente ao próprio tipo penal, pois quem obra conforme aquilo que a lei formal não permite pratica uma conduta que a ela se impõe (antijuridicidade), bem como os elementos subjetivos da norma sancionatória, consistentes no dolo e na culpa.

Tendo por consideração a abordagem da garantia da anterioridade do crime e da pena em nível magno, é de assimilação incontrastável que a Constituição Federal, na qualidade de diploma estrutural, somente deve tratar de legislação que revela real importância para o país e para o cidadão por ele abrigado, deixando outras normas de menor importância para o legislador ordinário.

O que está sendo considerado não induz, absolutamente, ao entendimento de que os preceitos que não estejam contidos no Diploma Maior não sejam de importância. É que a Carta Política Federal, para ser considerada o berço de normas consideradas fundamentais, deve somente introduzir em seu bojo aqueles preceitos que se compatibilizem com essa finalidade. É exatamente em

---

21 *Comentário contextual à Constituição*, p. 138.

258 GARANTIAS FUNDAMENTAIS NA ÁREA CRIMINAL

defluência disso que há os estatutos ordinários, os infraconstitucionais, que, além de conterem normas inerentes a seu fim legislativo, também congregam preceitos regulamentadores de dispositivos constitucionais.

Nessa ordem de consideração, partindo-se da premissa de relevo da Constituição Federal em termos de legislação, a anterioridade do fato típico (crime) e da pena, que é seu resultado ou efeito indissolúvel, se projeta de máxima importância, motivo pelo qual deve constar do texto constitucional, a título de garantia fundamental.

A reserva legal em espécie é a base do direito penal, é seu pressuposto incindível, sua alma. Sem sua existência, pelo menos nas nações civilizadas e regidas pelo Estado democrático de direito, o *ius puniendi* estatal não ostenta nenhum significado, posto ser integralmente inerte, não podendo produzir nenhum efeito, nenhuma eficácia no campo jurídico.

Tendo por suporte a gama de considerações e informações, quer em nível de legislação, quer em termos de doutrina, que foram e estão sendo objeto de atenção, conclui-se, à saciedade, que o indivíduo só pode estar sujeito a uma persecução pela justiça penal se sua conduta, positiva ou omissiva, estiver descrita de forma objetiva no tipo penal; bem como só pode por ela ser punido se houver preceito contendo de forma expressa a quantia da pena cominada.

Sendo isso uma verdade inconteste, irrefutável, cumpre ao legislador constitucional, tendo por escólio a proeminência dessa situação, prever em seu texto o que ficou explicitado, a título de garantia fundamental, servindo como instrumento de tutela da liberdade de ir, vir e ficar do cidadão, de sua própria dignidade, na qualidade de ser humano, posto que qualquer medida contida contra ele imposta sem legítimo direito capaz de sustentá-la e admiti-la macula a precitada dignidade, o que se mostra avesso ao Estado democrático de direito.

Em termos de abrangência, o princípio entalhado no dispositivo legal objeto de considerações doutrinárias fixa a exigência de anterioridade da lei para a definição de crimes, e deve ser entendido em sentido abrangente, para compreender em seu bojo também as contravenções penais (crime-anão) e a cominação (ameaça) da pena:

> O conceito de crime do art. 5º da CF/88 envolve não só aquele fato como tal definido na lei penal, mas também as contravenções e as infrações disciplinares. Pena refere-se a toda e qualquer medida estatal caracterizável como reação a uma conduta culpável (direito sancionador)[22].

---

22 MENDES, Gilmar Ferreira; BRANCO, Paulo Gustavo Gonet. *Curso de direito constitucional*, p. 478.

CAPÍTULO 4 – GARANTIAS PENAIS   259

Ademais, a expressão "lei" compreende todas as normas jurídicas infraconstitucionais editadas da forma prevista pela Magna Carta da República. E não só a lei elaborada pelo Poder Legislativo (art. 22, I, da CF).

No que diz respeito às medidas provisórias editadas pelo Poder Executivo (art. 84, XXVI, da CF), a rigor não se pode tê-las como fonte da norma penal. Isso porque não é ela o instrumento normativo apropriado para dispor sobre direito penal, que exige sua regulamentação por lei em sentido estrito, como consequência do princípio da legalidade.[23] Essa lei somente pode ser instituída pelo Congresso Nacional. Trata-se de matéria legislativa privativa.

A expressão "pena", por seu turno, compreende as penas privativas de liberdade individual, as restritivas de direitos e a multa, na qualidade de sanção de caráter patrimonial.

No que tange à medida de segurança, não obstante poder-se até reconhecer seu caráter de *pena* – já que o indivíduo submetido à medida de segurança se vê compelido a ser internado em hospital de custódia e tratamento em hospital psiquiátrico, ou, na falta, em outro estabelecimento adequado –, à luz do sistema vicariante, não se pode equipará-la à sanção penal; são situações jurídicas diferentes.

De outro lado, ao se estabelecer que *nullum crimen, nulla poena sine lege scripta*, veda-se a possibilidade de criação de crimes e penas pelos costumes ou por meio de interpretação extensiva. Só a lei pode ser fonte das normas incriminadoras.

Ademais, repita-se a título de reforço, o princípio da legalidade proíbe o emprego da analogia em relação às normas incriminadoras para abranger casos por elas não expressamente contemplados (*nullum crimen, nulla poena sine lege scripta*). Embora a rigor a medida de segurança não tenha caráter de pena, a regra também a ela se aplica.

Com efeito, consubstanciado na exposição de Basileu Garcia,

> a questão da analogia é por vezes tratada a propósito da interpretação das leis penais. Entretanto, muito mais do que um meio utilizável na interpretação, a analogia é um método de aplicação e extensão no âmbito da norma jurídica: aplica-se a um fato, não previsto por lei, uma lei destinada a prever os fatos semelhantes. É suficiente esse conceito para se ver que a sua utilização no campo repressivo, para o fim de punir, aberra inteiramente do princípio da legalidade

---

23   STJ, REsp n. 66.024-7, 5ª T., rel. Min. Gilson Dipp, *DJU* 21.10.2002, p. 383. No mesmo sentido: REsp n. 2.476-7, 5ª T., rel. Min. Edson Vidigal, *DJU* 19.06.2005, p. 199.

260 GARANTIAS FUNDAMENTAIS NA ÁREA CRIMINAL

dos delitos e das penas, e que ela não pode ser consentida no Direto Criminal dos povos que o inscrevem no pórtico da legislação[24].

Reforçando substancialmente a doutrina sobre o tema jurídico que está sendo desenvolvido, Nélson Hungria, reportando-se aos idos de 1215, assenta que

fato notável é que na Inglaterra, diversamente da Europa continental, madrugou, para o direito positivo, o princípio da reserva legal em matéria de crimes e de penas. Já a Magna Charta do Rei João (1215), no seu art. 39, assim proclamava, consagrando a proibição da analogia *in malum partem*: "*Nullus liber homo capiatur, vel imprisonetur, aut disseisiatur aut utlagetur, aut exuletur, aut aliquo modo destruatur, nec super cum ibimus, nec super cum mittemus, nisi per legale judicium parium suorum vel per legem terre*". Este preceito continha, sem dúvida, a ideia fundamental de limitação da autoridade do Estado, em face da liberdade individual, que, no século XVII, John Locke haveria de desenvolver e, no século XVIII, Montesquieu retomaria cristalizando-a no seu famoso *Espírito das Leis* (1748). Foi com o grande publicista francês que se fixou o conceito de liberdade como o direito de fazer tudo quanto as leis permitem. O que não é proibido é permitido. O indivíduo orienta-se exclusivamente segundo a lei. Daí, como corolário necessário, a proibição da analogia e do direito costumeiro em matéria penal[25].

E mais: "A analogia tem forma integrativa das normas jurídicas e não simplesmente interpretativa. Assim, a analogia em matéria substantiva está vedada em consequência do princípio da reserva legal"[26].

Atento ao que se tem sustentado quanto à vedação da aplicação da analogia, que prevê semelhança entre situações distintas, coisas diferentes, para efeito de integração, ela não pode ser adotada para a criação de figura penal, posto que esta somente é admitida quando expressamente prevista em lei. Esse é o suporte da garantia da reserva legal ou da legalidade. O estabelecimento de figura típica prevê comando normativo expresso, não admitindo, em nenhuma situação, o uso de qualquer norma por semelhança, mesmo que seja a título de função integrante, que é o caso da analogia.

Procurando estabelecer um paralelo entre o direito penal e o processual penal, com precípua finalidade de cunho pedagógico, em sede processual, o

---

24 *Instituições de direito penal*, v. 1, t. 1, p. 144.
25 *Comentários ao Código Penal*, p. 42.
26 COSTA, Álvaro Mayrink da. *Direito penal*, 1998, p. 350.

emprego da analogia como forma de integração, de preenchimento de hiato ou vazio, desde que haja semelhança entre as normas, integrante e integrada, é plenamente plausível e usual. No campo do direito penal, é proibida a criação de norma punitiva por meio da semelhança. Não há nele hipótese de integração, de preenchimento de vazio, em face da garantia da reserva legal.

Portanto, a analogia, por sua função eminentemente criadora, embora calcada em uma presunção de que este seria o espírito ou o pensamento do legislador, na aplicação da lei penal não se admite seu emprego, e isso deve ficar definitivamente assentado no sentido de que é vedado criar delitos ou estabelecer penas não determinadas. Todo crime, indubitavelmente, deve ser apontado diretamente por lei, ou seja, a conduta tida como proibida deve ser descrita de maneira específica, e a pena que dela é consequência também deve ser posta de maneira bastante clara e objetiva no estabelecimento de seu *quantum* mínimo e máximo abstratamente cominado. É a junção lógica entre o preceito primário e o secundário que constitui a norma penal.

Revela-se tão aberrante a suposição ou a intenção da aplicação analógica no campo da reserva legal, que até mesmo na linha da filosofia essa ideia não é tolerada, consoante postura adotada por Carlos Cossio, posto que a analogia em matéria penal é a justiça racional, uma vez que o princípio do *nulla poena sine lege* é uma autêntica justiça no plano axiológico puro. Assim sendo, considerando-se, de forma geral, que a sanção penal é irracional, fica fundamentada a racionalidade no princípio.[27]

É importante deixar ressaltado que também não escapou da observação de Francesco Antolisei o assunto jurídico que está sendo esquadrinhado:

> O alcance prático do princípio está na proibição ao juiz de estender as normas que sancionam a aplicação de penas por via analógica: de irrogar tais sanções fora dos casos que tenham sido expressamente previstos pelo legislador. Esta reserva para si mesmo a faculdade de determinar os fatos que constituem delito, assim como também as sanções correspondentes. Portanto, o juiz não tem poder de infligir tais sanções a casos não considerados taxativamente por lei de aplicar penas assinaladas por ela, ainda que considere que isso é lógico, justo ou oportuno, sobre a base de exigências racionais ou de ideais éticos ou sociais. Segue-se disso que a única fonte do direito penal é o direito positivo, o qual, portanto, constitui um ordenamento cerrado[28].

---

27 "El principio nulla poena sine lege". In: *La axiologia egológica*. In: *Rev. La Ley*, t. 18, 1947, p. 1.135-52.

28 *Manual de derecho penal*: Parte General, p. 43.

262 GARANTIAS FUNDAMENTAIS NA ÁREA CRIMINAL

Muito embora se esteja concentrado em apontar fundamentos que não permitem que se empregue a analogia para efeito de criação de situação delituosa, por ter vínculo muito íntimo com a garantia que se está estudando, apresentam-se com bastante fecundidade ao presente estudo quatro consequências indicadas por Claus Roxin, concernentemente ao princípio da legalidade, em forma de proibição, sendo certo que as duas primeiras se dirigem ao juiz e as duas últimas, ao legislador. A saber:

l. A proibição de analogia (*nullum crimen, nulla poena sine lege scripta*). Analogia é trasladar uma regra jurídica a outro caso não regulado na lei via de argumento da semelhança (dos casos). [...] Dita argumentação por analogia, que em outros campos do Direito é um dos métodos usuais de aplicação do Direito, em Direito penal e para proteger o réu está proibida pelo art. 103, II, GG na medida em que opera em prejuízo daquele; pois para um suposto que só seja similar e regulado em lei, não está fixada ou determinada legalmente a punibilidade; 2. A proibição de Direito consuetudinário para fundamentar e agravar a pena (*nullum crimen, nulla poena sine lege scripta*). Entre outros campos do Direito se reconhece, junto ao Direto legal, o Direito consuetudinário (não escrito). Sem embargo, o fato de que a punibilidade não pode fundar-se ou agravar-se por Direito consuetudinário é uma consequência óbvia da norma que prescreve que a punibilidade só se pode determinar legalmente; 3. A proibição de retroatividade (*nullum crimen, nulla poena sine lege praevia*). São imagináveis diversas classes de retroatividade. Assim, um fato que não era punível no momento de sua comissão pode ser apenado retroativamente; ou respeito de uma ação que já é legalmente punível, se pode introduzir retroativamente em uma classe de pena mais grave [...]. Essas três formas de retroatividade são constitucionalmente inadmissíveis, pois a punibilidade (como tal, ou em sua classe ou quantia) não estava declarada e determinada legalmente antes do fato; 4. A proibição de leis penais e penas indeterminadas (*nullum crimen, nulla poena sine lege certa*). Um preceito penal que tiver, por exemplo, "o que infringir o bem comum de modo intolerável será castigado com pena de prisão de cinco anos", converteria em supérfluos múltiplos parágrafos do StGB (Código Penal), porém seria um preceito nulo, já que não permite reconhecer que características tem de ter a conduta punível. A punibilidade estaria "legalmente determinada" antes do fato [...][29].

---

29 *Derecho penal*: Parte General – Fundamentos. La estructura de la teoría del delito, p. 140-1.

2. RETROATIVIDADE, IRRETROATIVIDADE E ULTRA-ATIVIDADE EM MATÉRIA PENAL

A matéria jurídica sob inspeção, em uma de suas vertentes, encontra sua fonte no art. 5º, XL, da Constituição Federal, cujos termos normativos se encontram vazados com as seguintes letras: "a lei penal não retroagirá, salvo para beneficiar o réu".

O tema retroatividade no campo jurídico é assunto de peculiar importância em razão dos efeitos e das consequências que derivam da aplicação das normas de Direito e das garantias que dela redundam em relação não só ao indivíduo que figurou em relação jurídico-processual, bem como para o próprio Estado como ente político.

Do ponto de vista semântico, do latim *retroactus*, de *retroagere*, implicativo de fazer recuar, agir para trás, exprime a qualidade ou o caráter do ato ou da ação que possa exercer efeito em coisas passadas ou afetar coisas passadas.

A retroatividade, pois, importa na condução da eficácia, ou na influência, de um ato novo ou atual em fatos passados para que eles se sujeitem a seu império ou a seu regime.

No sentido próprio pretendido, o que interessa é a denominada retroatividade das leis em geral, partindo-se em seguida para essa particularidade no âmbito restrito da lei processual penal e penal.

No quadrante geral da expressão, consiste na indicação da condição ou da qualidade de certas leis que, promulgadas, exercem eficácia mesmo a respeito dos atos passados, regulando-os e os submetendo a seu regime.

Ab initio, embora no desenvolvimento da redação deste trabalho jurídico o assunto deva voltar à tona, é imperativo que se tracem linhas gerais que facilitarão a compreensão e o alcance do tema abordado, segundo o qual, em princípio, as leis são irretroativas; não retrocedem produzindo seus efeitos em atos pretéritos, que já foram levados a efeito, que já se realizaram de forma definitiva. É questão de garantia que deve gravitar em torno deles em termos de eficácia.

A rigor, salvo disposição expressa em sentido contrário, a lei somente provê para o futuro, somente alcança atos que ainda serão realizados. É aquilo que se chama de lei no tempo. É da própria natureza da lei que ela deva percutir sobre atos e fatos atuais, que se mostram presentes, uma vez que ela é edificada justamente acompanhando a necessidade atual da sociedade. Assim, é de inconcussa constatação que a norma não deve ter nenhuma inclinação com relação a situações pretéritas que, por sinal, já foram objeto de lei anterior que, com a *novatio legis*, deve perder sua eficácia, posto que em defluência do entendimento lavrado pelo legislador já não mais se mostram úteis ao corpo normativo.

264 GARANTIAS FUNDAMENTAIS NA ÁREA CRIMINAL

A imprescindibilidade e a necessidade imutáveis de a lei incidir, após ser devidamente promulgada e publicada (condição indispensável para sua validez), nos atos a partir de sua entrada em vigência, decorrem da indispensabilidade de manutenção dos direitos adquiridos, dos atos jurídicos perfeitos e das coisas julgadas.

Sem o menor resquício de dúvida, se fosse admitido que a nova lei pudesse retroagir para alterar os efeitos proporcionados pela lei velha, haveria a instabilidade normativa e o enfraquecimento da eficácia produzida pela lei revogada. Assim, pelo próprio equilíbrio do Direito e na conveniência daqueles que dele são destinatários, uma vez gerado o efeito por uma determinada lei, que venha a ser substituída por outra, por meio da revogação, como regra, não pode ser alterado.

No mundo jurídico, a estabilidade e mantença dos atos produzidos por determinada lei devem ser preservadas e prestigiadas em face da própria credibilidade que deve ser emprestada ao complexo normativo que tem por finalidade precípua reger as relações existentes entre as pessoas, a sociedade e o próprio Estado, também como sujeito de direitos. Se isso não acontecer, porque se permite que a nova lei incida sobre fatos, situações e relações de cunho jurídico já exauridos, estar-se-ia implantando o anarquismo normativo, o que se mostra bastante inconveniente em termos gerais.

De maneira geral, ao ser edificada, uma norma sempre deve atender ao anseio comum, às necessidades da sociedade, do Estado e, por isso, preferencialmente, deve ela ostentar caráter de permanência; os atos edificados quando de sua vigência devem ser mantidos perfeitos, inabaláveis, intocáveis. É uma exigência atinente ao bem comum, ao interesse de todos.

Todavia, embora a regra geral seja importantíssima, há certas situações em que se deve permitir que a lei retroaja para alcançar fatos praticados sob a vigência da lei anterior, porquanto a *novatio legis* servirá de fator de correção ou alteração de situação capaz de favorecer o indivíduo no campo penal, o que será objeto de análise e ponderação apropriadas no momento dissertativo oportuno.

Deduzidas essas considerações propedêuticas, o problema envolvendo a retroatividade da lei nova será primeiramente estudado em nível de legislação processual penal e, em seguida, penal, já que esse tema jurídico compreende as duas áreas, que se constituem a atenção aqui dispensada.

A norma de regência se encontra vertida no art. 2º do CPP, *verbis*: "A lei processual penal aplicar-se-á desde logo, sem prejuízo da validade dos atos realizados sob a vigência da lei anterior".

Infere-se da expressão "desde logo", contida no preceito processual penal comentado, que, decorrido o prazo da *vacatio legis* (tempo que medeia entre a

CAPÍTULO 4 – GARANTIAS PENAIS **265**

publicação da lei e sua entrada em vigor), a lei promulgada e publicada tem aplicação imediata: *tempus regit actum.*

O legislador pátrio consagrou o *princípio geral do efeito imediato*, comum a toda norma de processo, princípio que muitos confundem com a chamada retroatividade, ou seja, que a lei processual penal retroage, gera efeitos sobre fatos anteriores à sua vigência.

A lei processual penal é irretroativa, provê ela apenas para o futuro, incidindo nos atos processuais e procedimentos ainda não realizados durante sua vigência. O princípio geral do efeito imediato é uma antinomia relativamente à retroatividade, que se constitui autêntica excepcionalidade, anormalidade normativa, e somente pode ser autorizada em situação previamente demarcada. A retrocessão em termos de lei se apresenta de maneira tão equidistante da normalidade legal que coube ao legislador constituinte prevê-la de maneira unitária e expressa, quando a *novatio legis* beneficiar o autor do fato criminoso, conforme será ulteriormente abordado e estudado.

É de se ter atenção que a Constituição Federal, como será objeto de estudo específico, somente faz alusão à permissibilidade da retroatividade em se cuidando de norma penal que venha, de qualquer maneira, favorecer o acusado. Esse preceito, em sua significação global e mesmo sistemática, deixa plasmado, pelo menos de maneira indireta, que não se pode admitir, de forma geral, que qualquer norma tenha efeito retroativo, alcance fato pretérito. Esse comportamento normativo é anormal e se conflita com a própria natureza da lei, posto que ela, genericamente, se volta de maneira exclusiva para o futuro. Assim, por essa interpretação, a Magna Carta da República, embora fosse mais conveniente ter preceito expresso a respeito, não concebe que a lei tenha efeito retroativo, ressalvada a única situação por ela apontada.

Sem dúvida, "nenhum ato do processo poderá ser praticado a não ser na forma de lei que lhe seja anterior, mas nada impede que ela seja posterior à infração penal. Não há, neste caso, retroatividade da lei processual, mas aplicação imediata"[30].

A retroatividade da lei, reforçando o que foi precedentemente exposto e sustentado, implica a quebra do princípio da garantia e da estabilidade da ordem jurídica, o que efetivamente não acontece com o princípio geral do efeito imediato, porquanto se constitui ele elemento de efetiva segurança àquela ordem.

Tecendo comentários sobre o limite da aplicação da lei processual penal no tempo, Silvio Ranieri aduz que

---

30 TORNAGHI, Hélio. *Comentários ao Código de Processo Penal*, v. 1, t. 1, p. 89.

essa não tem efeito retroativo, enuncia o sabido princípio da não retroativida-de. Com tal expressão se tende a indicar que, da máxima, a lei se aplica ao fato processual ocorrido durante o período de sua validade. E, considerada no cam-po do direito processual penal, exprime o princípio pelo qual, se não estiver di-versamente estabelecido, a lei a ser aplicada é aquela que vige no momento do cumprimento do ato (*tempus regit actum*)[31].

De modo bastante direto, Virgilio Andrioli aduz que a lei não tem efeito retroativo, e isso significa o ditame de antiga sabedoria: *tempus regit actum*.[32]

Se, por um lado, a lei processual penal deve ser aplicada de imediato, pro-vendo para o futuro, de outro, os atos definitivamente praticados sob a vigên-cia da lei velha devem ser mantidos e, se já iniciados, devem terminar confor-me a lei revogada, que, no caso, terá ultra-atividade. Isso ocorre em função da proibição da retroatividade, a qual "haveria se a lei processual nova modificas-se ou invalidasse atos processuais praticados antes de sua entrada em vigor. Mas é o próprio dispositivo que os ressalva: *sem prejuízo da validade dos atos realizados sob a vigência da lei anterior*"[33].

Enfim, como sublinhado por Giovanni Leone, "os atos levados a cabo sob uma lei conservam vigência também posteriormente, sob o império de outra lei"[34].

Aspecto interessante que envolve a aplicação da lei no tempo diz respeito às chamadas normas mistas ou híbridas, ou seja, àquelas que trazem em seu conteúdo matéria de direito penal e processual penal. É o que acontece com a representação (p. ex., arts. 38 do CPP, 88 da Lei n. 9.099/95 e 291 da Lei n. 9.503/97 – Código de Trânsito Brasileiro) e com a suspensão condicional do processo (art. 89 da Lei n. 9.099/95).

A representação é instituto de direito processual penal por ser condição específica de procedibilidade. Sem ela não poderá haver persecução criminal extrajudicial, e o Ministério Público não estará revestido de parte legítima formal para propor a ação penal. Entretanto, é ela também matéria de direito penal, uma vez que está diretamente vinculada à extinção da punibilidade, ao *ius puniendi*, nos cânones do art. 107, IV, do CP, já que, não sendo exercida dentro do prazo legal, ocorrerá a decadência.

A suspensão condicional do processo é matéria de direito processual, já que possibilita, como o próprio nome está a indicar, uma vez preenchidos os requisitos legais, o feito criminal ser sobrestado, mediante certas condições,

---

31 *Manuale di diritto processuale penale*, p. 46.
32 *Appunti di procedura penale*, p. 63.
33 TORNAGHI, Hélio. *Comentários ao Código de Processo Penal*, v. 1, t. 1, p. 89.
34 *Tratado de derecho procesal penal*, v. 1, p. 83.

não se julgando o *meritum causae*. É, outrossim, matéria de direito penal, porquanto, expirado o prazo sem revogação, o juiz declarará extinta a punibilidade (art. 89, § 5º, da Lei n. 9.099/95).

Como a representação e a suspensão no campo penal sempre beneficiam o autor, o coautor ou o partícipe do fato punível, por conduzir à eventual extinção da punibilidade, haverá retroatividade de um ou de outro, alcançando fatos praticados anteriormente à vigência da *novatio legis*.

Com referência ao afirmado, observa-se a seguinte ementa:

> a suspensão do processo faz com que a ação penal seja encerrada, sem aplicação da pena, sendo mais benéfica ao réu, pois não haverá sentença condenatória e nem qualquer sanção penal imposta. Por esta razão e em face do disposto no parágrafo único do art. 2º do Código Penal e do inciso XL do art. 5º da Constituição Federal, o art. 89 e seus parágrafos, da Lei 9.099/95, devem ser aplicados aos processos já em andamento, oferecendo a oportunidade ao réu de ver suspenso o processo a que responde[35].

Ainda no contexto da matéria, enfoca-se o seguinte aresto:

> O art. 91 da Lei n. 9.099 regula a decadência. É um preceito de direito material penal. Sua aplicação aos processos em andamento se impõe a partir do momento em que a lei passa a vigorar. Outra interpretação não pode ser dada diante do próprio conteúdo desse artigo, do disposto no parágrafo único do art. 2º do Código Penal e do inciso XL do art. 5º da Constituição Federal[36].

Em arremate, os acórdãos transcritos servem de parâmetro jurisprudencial para outras situações de ordem normativa que venham a surgir no futuro.

Encerradas as manifestações sobre a retroatividade e irretroatividade no campo do direito processual penal, a segunda fase de análise deverá compreender o direito penal.

Primeiramente, há de se advertir que não devem ser confundidas, para efeito de retroatividade, a lei processual penal e a lei penal.

Embora, como regra, toda lei seja feita para o futuro, excepcionalmente, no âmbito do direito penal, permite-se a retroatividade quando a lei nova beneficiar o réu (*in mellius*).

---

35 *RT* 727/371. No mesmo sentido: *RT* 727/373-4 e 377 e 743/675.

36 *RT* 726/508. Adotou-se esta inteligência mesmo em se cuidando de processo com sentença condenatória formalmente transitada em julgado (*RT* 726/500), embora tenha havido dissidência pretoriana a respeito (*RT* 726/511-6).

268 GARANTIAS FUNDAMENTAIS NA ÁREA CRIMINAL

Após exaltar que ninguém pode ser punido por um fato que, segundo a lei do tempo em que foi cometido, não constitui crime, Eugenio Florian afirma que "tal princípio comporta uma exceção quando a lei nova seja mais branda: em tal caso é a lei nova que se deve aplicar: essa vem assim a adquirir eficácia retroativa (retroatividade da lei mais favorável)"[37].

Esse princípio, repetindo o que foi precedentemente transcrito, constitui, no *ius positium* pátrio, dogma constitucional, pelo que vem ele consagrado no art. 5º, XL, da Carta Política Federal, *ipsis verbis et virgulis*: "a lei penal não retroagirá, salvo para beneficiar o réu".

De maneira complementar, o legislador penal, ao cuidar da lei penal no tempo, insculpiu os seguintes preceitos:

> Art. 2º Ninguém pode ser punido por fato que lei posterior deixa de considerar crime, cessando em virtude dela a execução e os efeitos penais da sentença condenatória. Parágrafo único. A lei posterior, que de qualquer modo favorecer o agente, aplica-se aos fatos anteriores, ainda que decididos por sentença condenatória transitada em julgado.

No que tange à cessação da vigência de uma lei, esta como um todo suscetível de duração, tem um início e um fim. Assim, a existência da lei está condicionada ao tempo.

Há lei que vigora por prazo determinado. É o caso das leis temporárias e excepcionais. As temporárias estabelecem em seus textos os prazos de suas durações. As excepcionais vigem enquanto durarem os acontecimentos transitórios nelas previstos. Superados tais acontecimentos, perdem elas a razão de ser (p. ex., epidemia, guerra). As hipóteses sublinhadas são constitutivas de exceção.

Há, de outro lado, a lei que vigora por prazo indeterminado. Essa é a regra. Nesse caso, a lei terá sua vigência até que outro texto normativo a revogue. Logo, é por intermédio da revogação que a lei em vigor sem prazo certo se extingue.

A lei pode ser revogada parcial ou totalmente. Quando a revogação é parcial, ela se chama derrogação. Quando total, denomina-se ab-rogação.

A ab-rogação pode ser expressa quando a lei nova revogar expressamente a lei anterior. Pode ser expressa pela sentença "revogam-se as disposições em contrário". Ou tácita, quando há incompatibilidade entre a lei nova e a velha, ou quando a lei nova regular inteiramente a matéria legislativa tratada pela lei velha.

---

37 *Corso di diritto e procedura penale*: lezione sulla parte generale del diritto penale, p. 137.

Em tema de direito penal, a revogação ou ab-rogação pode ser denominada *abolitio criminis*, quando ela se prestar para extinguir uma norma penal que considera determinado fato criminoso. Como é notório, quando a lei nova não tem esse efeito, é evidente que a revogação ou ab-rogação não pode ser chamada de *abolitio criminis*.

É importante analisar a *vacatio legis*, que se constitui no espaço que medeia entre sua publicação e a entrada em vigência. Tem ela por finalidade levar ao conhecimento de seus destinatários o seu conteúdo.

De regra, a própria lei determina a data em que passará a ter eficácia. Se isso não ocorrer, ela deverá entrar em vigor 45 dias após a publicação oficial (art. 1º da LINDB).

A rigor, durante a vacância da lei, essa não pode gerar nenhuma eficácia, não produz seus efeitos normativos. Entretanto, Rogério Greco sustenta que em caso de *lex mitior* há a possibilidade de ser aplicada ao caso concreto antes de sua entrada em vigor (extra-atividade).[38]

A grande dificuldade que se observa para a aplicação imediata da lei que venha beneficiar, de qualquer maneira, o acusado, é que, se ela ainda não entrou em vigor, não pode ter eficácia e, isso ocorrendo, evidentemente, não pode gerar nenhum efeito.

Feitas essas considerações preambulares, há de se analisar o princípio da retroatividade ou ultra-atividade da lei mais benigna, consoante autorização provinda da Carta Política Federal a título de exceção.

Assim é que, praticado um fato típico sob a vigência de uma lei penal, pode acontecer que a lei do tempo em que esse fato foi concretizado não seja a mesma daquela da época em que a lide venha a ser solucionada por intermédio de regular sentença de mérito ou de quando começa a ser executada a pena. Dessa forma, havendo dois ou mais comandos normativos sucessivos, surge um conflito intertemporal de leis, devendo-se estabelecer qual delas deve ser aplicada, a nova ou a velha.

De modo geral, como regra aplicável a todas as leis, o princípio básico que domina a sucessão das leis e sua aplicação é o *tempus regit actum*: os fatos são regulados pela lei do tempo em que se verificam. Isso porque a lei, como regra, provê para o futuro.

Por intermédio do princípio precitado, a lei, como regra, não retroage. É ela feita para o futuro. A retroatividade implica, repetindo o que foi devidamente assentado, a quebra do princípio da garantia e da estabilidade da ordem jurídica, o que, inexoravelmente, acabaria por atingir e danificar a forma que

---

38 *Curso de direito penal*. Parte Geral, p. 102.

deve haver nas relações sociais e na segurança dos direitos dos indivíduos de modo geral.

Havendo conflito intertemporal entre a lei nova e a velha, no caso específico da norma penal, a divergência normativa é resolvida pelo critério mais favorável ao agente: se a lei penal anterior lhe for mais benéfica (*lex mitior*), esta será aplicável.

Deve-se entender por lei mais benéfica aquela que, de qualquer maneira, trouxer benefício ao acusado, quer, por exemplo, afastando qualificadora ou agravante, estabelecendo situação de privilégio ou atenuante e até mesmo o tipo de sanção penal (p. ex., reclusão para detenção). É o que se conclui tendo em vista o previsto no parágrafo único do regramento legal comentado.

No âmbito ainda da solução do conflito intertemporal analisado, se a lei posterior for mais benéfica relativamente àquela que foi revogada, retroagirá para alcançar fato anterior à sua entrada em vigência. Logo, a lei vigente abrange fatos passados para beneficiar o réu. É o que autoriza o comando constitucional anteriormente trasladado.

Em sentido contrário, somente para deixar lembrado, se a *novatio legis* for prejudicial ao acusado, ela não poderá alcançar fato anterior à sua vigência. Assim, é proibida a retroatividade in *peius* da *lex gravior*, com fundamento na regra do *tempus regit actum*.

Ainda, *ad argumentandum*, fazer com que a lei nova que se mostra mais prejudicial ao acusado tenha retroatividade implica, pelo menos de forma indireta, transgressão ao princípio da legalidade, pois alteraria a situação originária da cominação, o que se revela avesso aos princípios penais e constitucionais que norteiam o direito penal como ciência.

Sem o menor resquício de dúvida, a segurança jurídica que provém de um Estado democrático de direito não pode permitir que a lei, de forma geral, tenha eficácia retroativa no sentido de tornar típica conduta que era permitida na vigência da lei anterior, que foi objeto de revogação, e também agravar, de qualquer maneira, a situação daquele que praticou um evento típico.

A garantia da reserva legal, como um todo, não só impede que a *novatio legis* incida sobre comportamento anterior que era atípico para transformá-lo em típico, delituoso, assim como o que, de qualquer maneira, venha ocasionar gravame ao acusado, a exemplo de agravamento da sanção penal, de nova qualificadora do crime. A legalidade, em seu cerne, obsta qualquer influência da nova lei sobre fato pretérito, posto que isso significaria a quebra, a violação da própria segurança jurídica que deve ser conferida ao cidadão.

Diante disso, por força do princípio da reserva legal, é inadmissível a retroatividade da lei penal (*novatio legis in peius*), exceto se for para beneficiar o acusado (art. 5º, XI, da CF). Historicamente, o princípio surgiu para proibir a retroatividade. Não há crime nem pena sem lei anterior: *nullum crimen, nulla poena sine praevia lege.*

Antes de se adentrar em comentários e considerações específicas no quadrante da irretroatividade da *lex gravior*, é importante ressaltar que esse entendimento, a exemplo do que acontece com o pressuposto da tipicidade, ou seja, da legalidade ou da reserva legal, registra sua aplicabilidade desde épocas remotas, o que demonstra, *ab initio*, que essa conquista, hoje integralmente entranhada em um Estado democrático de direito, caminha há muito tempo com a humanidade.

Sem dúvida, a legalidade e a vedação à retroatividade da lei mais maléfica ao indivíduo, a par de outros argumentos trazidos à colação, afetam sobremaneira a segurança dos cidadãos e da própria coletividade, alcançando, inclusive, o Estado, pois a ele cumpre proteger as pessoas e as instituições sujeitas a seu império político. É uma exigência que se impõe à ordem jurídica e pública.

Desde os tempos romanos, onde foram plantados princípios que até hoje são aplicados, já havia certa resistência em permitir que a lei retroagisse, alcançando fatos que ocorreram antes de sua entrada em vigência. De maneira excepcional, conforme parêmia confeccionada por Cícero, no período republicano do Direito Romano, a lei, somente em casos excepcionais, poderia retroagir, isso quando a situação o exigisse.[39]

Quando do Império Romano, a regra também era da irretroatividade: "*Omnia constituta non praeteritis calumnian faciunt, sed futuris regulam ponunt*" (Todas as coisas constituídas não prejudicam às pretéritas, mas estabelecem regras para as futuras). A retroatividade poderia ser aplicada caso a própria lei dispusesse ao contrário: "*Leges et constitutiones futuris certum est dare formam negotiis, non ad facta praeterita revocari: nisi nominatum de praeterito tempore, et adhuc pendentibus negotiis cautum sit*" (É certo que as leis e constituições dão forma aos negócios futuros e não retrocedem aos fatos passados, a menos que disponham expressamente sobre o tempo pretérito e negócios ainda pendentes) (1.7 C. I, 14) – (Cod. XIV, 7). Nota-se, por conseguinte, que leis e constituição regulam os assuntos futuros sem recair sobre os fatos passados.

Dessa maneira, em conformidade com o texto escrito por Ulpiano, que se encontra vertido no Título XIX, que trata das penas, no Digesto de Justiniano, Livro XLVIII, quarta parte, sempre que se trata de um delito, a pena que o réu deve sofrer não é aquela que admite sua condição de réu no tempo em que é sentenciado, senão aquela que sofreria se tivesse sido sentenciado no tempo em que delinquiu.

---

39   "*Res sua sponte scelerata ac nefaria: neque in ulla (lege) praeteritum tempus reprehenditur, nisi ejus rei, quoe sua sponte tam scelerata ac nefaria est, ut etiam si lex non esset magno opere vitanda fuerit.*"

No direito canônico, é codificado o mesmo princípio: "*Leges respiciunt futura, non praeterita, nisi nominatim in eis de praeteritis caveatur*" (As leis visam o futuro, não o passado, a não ser que elas façam nominalmente referência ao passado) (Cod. Iur. Can., Can. 10).

Na Idade Média, ficou assentado em torno da proibição da retroatividade que "*poena criminis ex tempore legis est quae crimen inhibuit, nec ante legem nulla rei damnatio est, sed ex lege*" (A pena do crime é a do tempo da lei que proibiu o crime, nem há condenação antes da lei, mas pela lei).

A Declaração dos Direitos do Estado de Virgínia, de 12 de junho de 1776, em seu art. 9º, deixou inscrito que "Todas as leis que têm efeito retroativo e que tenham sido dadas para castigar delitos cometidos antes que elas existissem são opressivas, e deve-se rejeitar o estabelecimento de tais normas".

A Constituição Francesa de 1793 aduz, em linhas gerais, que o efeito retroativo dado à lei será um crime: "*La loi qui punirait des délits commis avant qu'elle ezistât, serait une tyrannie, et l'effet retroactif donné à loi serait un crime*" (A lei que pune os delitos cometidos antes de eles existirem seria uma tirania, e o efeito retroativo dado à lei seria um crime).

O Código Penal dos Estados Unidos do Brasil, instituído pelo Decreto n. 847, de 11 de outubro de 1890, disciplina em seu art. 3º que:

> A lei penal não tem efeito retroativo; todavia o fato anterior será regido pela lei nova: *a)* se não for considerado passível de pena; *b)* se for punido com pena menos rigorosa. Parágrafo único. Em ambos os casos, embora tenha havido condenação, se fará aplicação da lei nova, a requerimento da parte ou do Ministério Público, por simples despacho do juiz ou tribunal, que proferiu a última sentença.

Na feliz observação promovida por Giuseppe Maggiore,

> a regra da irretroatividade da lei brilha desde os tempos antigos, como estrela polar, nos caminhos do direito. Sem dúvida alguma, pode afirmar-se que é consentânea da ciência jurídica que haja alcançado um grau suficiente de madureza. Desde Grécia até Roma, desde a Idade Média e o Renascimento até os tempos modernos, nenhum ordenamento jurídico, salvo momentâneos desvios e aberrações, tem ousado separar-se dela negando o princípio de que a lei é para o futuro[40].

---

40 *El derecho penal*, v. 1, p. 194.

CAPÍTULO 4 – GARANTIAS PENAIS **273**

Lembra Aníbal Bruno que

> no decurso da sua evolução, a partir da Magna Carta, dos documentos norte-
> -americanos e da Revolução Francesa, o princípio da legalidade foi dissociado
> do seu contexto das várias funções de garantia que hoje apresenta: não há cri-
> me nem pena sem lei anterior, e então o princípio se opõe à retroatividade da
> norma penal incriminadora, trazendo a necessária precisão e segurança ao Di-
> reito[41].

Ao dissertar sobre a proibição da retroatividade na vigência temporal das leis penais e os fundamentos da proibição da retroatividade, Claus Roxin deixa consignado que

> A proibição da retroatividade goza de uma permanente atualidade político-ju-
> rídica pelo fato de que todo legislador pode cair na tentação de introduzir ou
> agravar *a posteriori* as previsões da pena sob a impressão de fatos especialmen-
> te escandalosos, para aplicar estados de alarma e excitação politicamente inde-
> sejáveis. Pois bem, impedir que se produzam tais leis *ad hoc*, feitas na medida
> do caso concreto e que em sua maioria são também inadequadas em seu con-
> teúdo como consequência das emoções do momento, é uma exigência irrenun-
> ciável do Estado de Direito[42].

Procede integralmente a observação feita pelo encimado doutrinador, por ser tendência natural do ser humano querer, tendo por suporte fatos isolados e que causem clamor público, fazer repentina alteração legislativa, passando a incriminar fato que não era delituoso quando da vigência da velha lei, com efeito retroativo, o que não pode ser aceito frente ao Estado de direito, em que o cidadão tem assegurada uma multiplicidade de garantias, entre as quais a irretroatividade da *lex gravior*.

Por seu turno, anota Sebastián Soler o seguinte:

> Teorias da irretroatividade – 1ª *Da irretroatividade absoluta*: Segundo ela, a re-
> lação jurídico-penal se mantém firme e definitivamente estabelecida pelo pró-
> prio delito, com referência à lei vigente na época de seu cometimento, e essa re-
> lação não pode em nenhum sentido ser alterada pelo direito posterior. Fala-se
> ainda em um direito do sujeito à pena estabelecida na lei transgredida. 2ª *Teo-*

---

41 *Direito penal*: Parte Geral, v. 1, p. 194.
42 *Derecho penal*: Parte General, p. 161.

274   GARANTIAS FUNDAMENTAIS NA ÁREA CRIMINAL

ria da irretroatividade da lei, salvo que seja mais benigna. A lei aplicada, em princípio, é a da data do cometimento do fato: essa é a lei que o delinquente conhecia e em consequência a que transgrediu. Porém, a par dessa consideração, que como se vê deriva do princípio da reserva, não pode olvidar-se e de mínima suficiência, se a lei posterior declara excessiva uma pena e estabelece outra mais benigna, a ela deve ajustar-se a sanção; por equidade, segundo alguns; por razões de caráter jurídico fundamental, segundo outros[43].

É integralmente procedente o argumento utilizado por Enrico Pessina quando assevera que "pelo contrário, se a lei posterior é mais severa, não se pode violar o direito adquirido pelo delinquente a ser castigado pela lei que estava vigente no tempo de realizar o delito"[44].

Leciona Giulio Battaglini, ao discorrer sobre o princípio da não extra-atividade, que compreende em seu cerne a irretroatividade e não ultra-atividade, que em torno da irretroatividade da lei penal, "se um fato é considerado crime pela lei nova, mas não o era pela lei do tempo em que foi praticado, vale o princípio fundamental da irretroatividade"[45].

Dando mostras de como a legislação alemã cuidou do tema sob discurso, Franz Von Liszt escreve:

O império ou a validade de uma lei quer dizer que os efeitos jurídicos que ela liga a um certo fato se produzem desde que o fato é dado. Daí segue-se que toda lei é somente aplicável aos fatos que ocorreram sob o seu império, salvo se o legislador declarar o contrário em relação a fatos ocorridos, quer antes, quer depois de vigorar uma lei. Este princípio prevalece também em matéria de direito penal. Também a lei penal não tem efeito retroativo ou ulterior, senão quando o legislador lhe dá expressamente. Daí a regra, aliás implicitamente contida no art. 2º, § 1º, al., do CP: "As disposições penais são aplicáveis aos atos praticados sob o seu império, e inaplicáveis aos atos praticados antes ou depois que a lei penal começou a vigorar ou cessou de vigorar". Atendendo porém às exigências de uma benignidade que não se funda em razões jurídicas, mas que é digna de aprovação, o legislador, sem revogar esta regra como princípio, abre-lhe a seguinte exceção: "Se desde a época em que a infração foi cometida até a época do respectivo julgamento a lei penal for alterada, aplicar-se-á a disposição mais branda" (CP, art. 2º, § 2º, al.). Assim, dá-se efeito retroativo à lei mais branda e

---

43   *Derecho penal argentino*, t. 1, p. 208.
44   *Elementos de derecho penal*, p. 214.
45   *Direito penal*: Parte Geral, v. 1, p. 81.

ao mesmo tempo admite-se este princípio: "Depois que uma lei penal cessa de vigorar, ninguém pode ser mais condenado por ato que a mesma lei qualifica e que tenha sido praticado anteriormente à época revogação". (Exemplo, abolição da lei sobre os socialistas). Uma vez admitido este ponto de vista, segue-se logicamente que os tribunais devem ter em atenção não só as leis vigentes: a) ao tempo da ação e b) ao tempo do julgamento, senão também c) as leis penais que foram decretadas no período intermediário (considera-se a abolição transitória da pena de morte em alguns estados da Alemanha)[46].

Por seu turno, Giuseppe Santaniello, em relação ao princípio da irretroatividade, aduz que se

aplica tal princípio: a) – quando a lei incrimina *ex novo* um fato que primeiramente não era considerado como crime: em tal caso o fato cometido sob o vigor da lei anterior não é punível. Dispõe o art. 2º: "Ninguém pode ser punido por um fato que, segundo a lei do tempo em que foi cometido, não constituía crime". Tal disposição é um corolário do princípio assim enunciado: *nullum crimen sine lege*; b) – quando a lei posterior não é criativa de um figura de crime, mas somente modifica uma norma incriminadora preexistente em sentido menos favorável ao réu (*reformatio in pejus*) se aplicando a disposição mais favorável ao imputado (art. 2º, § 2º)[47].

Em linhas gerais, Vincenzo Manzini sublinha que a lei não tem efeito retroativo, salvo se o legislador dispuser de maneira diversa. Essa regra geral constitui uma preciosa garantia à liberdade, uma vez que proíbe a aplicação da lei a um fato anterior à sua entrada em vigor. Veda que se assegure ao fato consequência diversa daquela que teria sob a lei abolida. Ainda, afirma o precitado doutrinador que a lei adquire força obrigatória somente no momento no qual entra em vigor; é natural que esta não estenda sua eficácia ao fato verificado antes de tal momento e menos ainda àquele feito ocorrido antes de sua existência.

Em arremate, afirma Vincenzo Manzini, com razão, "que a regra da não retroatividade da lei é estabelecida sobretudo para a salvaguarda da liberdade; é ainda conforme a razão que à regra seja feita exceção quando a lei nova seja mais favorável à liberdade da precedente"[48].

---

46 *Tratado de direito penal Allemão*, v. 1, p. 144-5. No atual Código Penal alemão, as normas mencionadas nos §§ 1º e 2º citados estão reproduzidas, respectivamente, nos §§ 2º e 3º.
47 *Manuale di diritto penale*, p. 24.
48 *Trattato di diritto penale italiano*, v. 1, p. 325-6.

GARANTIAS FUNDAMENTAIS NA ÁREA CRIMINAL

Salienta com precisão Nélson Hungria que

A irretroatividade da lei penal menos favorável é um corolário do *nullum crimen, nulla poena sine lege*. As mesmas razões que fundamentam o veto à criação de crimes ou aplicações de penas à margem da lei (pelo *arbitrium judicis* ou pela analogia) militam para a interdição da lei penal *ex post facto*, quer no caso da *novatio legis*, quer no de acréscimo de punibilidade em desfavor ao réu. Em ambos os casos, a retroatividade encontra o obstáculo de autêntico *direito adquirido* na órbita da liberdade individual, isto é, o direito que o indivíduo adquiriu, vigente a lei anterior, de não ser punido ou ser punido menos severamente (Carrara, Pessina). Ferri (e com ele alguns autores neoclássicos, notadamente alemães) negam que se possa falar em *direito adquirido* no campo do direito público, principalmente no direito penal. Mera *superstição*, que, por desgraça, acabou inspirando o despejado penalismo soviético e nazista. Tanto que na esfera judiciária do *patrimônio*, o *direito adquirido* é perfeitamente reconhecível na esfera da *liberdade individual*. O *permittitur quod non prohibetur*, inscrito à porta do Estado demoliberal, assegura o direito do indivíduo contra o recuo de uma *novatio legis*. E também irrefutável é o *direito* do criminoso contra a ulterior agravação da pena. Com a prática do crime, estabelece-se entre o seu autor e o Estado indissimulável *relação jurídica* (idêntica à que se apresenta entre particular e particular, quando da prática de um *delito civil*): o Estado adquire o direito de punir o indivíduo e este, ao mesmo tempo que surge para ele a obrigação de sofrer a pena, adquire o direito de não sofrer pena mais grave do que a cominada pela lei então vigente (do mesmo modo que o autor de um ilícito civil, de par com a obrigação de reparar o dano, adquire o direito de não suportar consequências jurídicas mais onerosas do que as estabelecidas pela lei contemporânea aos fatos). O interesse da tutela social não pode jamais autorizar "emboscadas" à liberdade jurídica do indivíduo, isto é, que o Estado ultrapasse os limites que, com a lei do *tempus patrati delicti*, solenemente traçou à reação penal. Ao criminoso não pode ser imposta uma pena que lhe era *desconhecida* ao tempo do crime. Colidiria isto, aliás, com o *monet priusquam feriat*, ou seja, com a própria função *preventiva* e *intimidativa*, que, segundo o critério do direito positivo (precisamente quando exige a *anterioridade* da lei penal), realiza um dos fins da pena; pois é de presumir que, se esta já tivesse, ao tempo do crime, o rigor que só veio a assumir depois, o agente se teria abstido de violar a lei. Argumenta-se que, a falar-se em *direito adquirido* do crime estar-se-ia igualmente de reconhecer ao Estado, no caso inverso de maior benignidade da lei posterior, *direito adquirido* de impor a pena cominada ao tempo do crime, de modo que, logicamente, estaria excluída a retroatividade da *lex mitior*. Para a não ultra-atividade da *lex gravior* (que é o lado avesso da retroatividade da *lex mitior*), há uma irrecusável razão de *justiça*: se a nova lei, afeiçoando-se a uma mudança de *cons-*

ciência jurídica geral ou a uma nova "concepção jurídica" (*opinio juris*, ponto de vista ético-jurídico-social) em torno de determinado fato, suprime sua incriminação ou atenua sua punição, a eficácia póstuma da lei antiga redundaria numa opressão iníqua e inútil. Como diz Pietro Mirto, qualquer que seja a função finalística que se atribua à pena (defensiva, intimidativa, corretiva, retributiva etc.), evidentemente cessa tal função quando os fatos que lhe dão motivo não são mais considerados penalmente antijurídicos ou merecedores de pena rigorosa. E desde que o próprio Estado reconhece *desnecessária* a punibilidade ou maior punibilidade, não tem interesse algum em invocar *direito adquirido* à continuidade da punição ou ao *plus* da pena[49].

Por outro lado, ressalta, com razão, Bento de Faria que

Se é certo que ninguém pode ser obrigado a fazer ou deixar de fazer alguma coisa senão em virtude de uma determinação legal, é óbvio que o respectivo decreto somente pode dispor em relação ao tempo posterior, e não com referência ao anterior à sua existência. Não poderia ser reconhecida ou afirmada, com justiça, a intenção de desrespeitar proibição inexistente, nem considerada a existência de delito. Sem lei anterior que o qualifique e reprima [...]. Certo que quem praticou um ato mau, em si, é merecedor de castigo, mas se assim procedeu sob o império de uma legislação pública, pela qual esse ato não era punido, não pode sofrer pena alguma, embora o ato seja qualificado como crime punível pela lei posterior, porque sob o ponto de vista da responsabilidade criminal e em relação à sociedade, que não previu as suas consequências ou efeitos nocivos à ordem e bem públicos e não o incriminou, adquiriu o agente direito a não ser perseguido por tal motivo[50].

A propósito do que está sendo exortado, sinalizam Gilmar Ferreira Mendes e Paulo Gustavo Gonet Branco que, "quanto à *lex gravior*, aquela que agrava o tratamento do fato no que concerne ao crime ou à pena, impera o princípio da irretroatividade absoluta"[51]. Em sua linha de consideração, José Afonso da Silva exalta em relação à irretroatividade da lei penal que

O princípio da legalidade não estaria satisfeito se se admitisse a retroatividade da lei penal. Pois "retroatividade da lei" significa lei que alcança fato anterior à sua entrada em vigor. Se isso fosse admitido, o princípio da anterioridade da lei

---

49 *Comentários ao Código Penal*, p. 115-6.
50 *Código Penal brasileiro anotado*, v. 2, Parte Geral, p. 72.
51 *Curso de direito constitucional*, p. 483.

penal, visto acima, estaria sendo rompido. De tal sorte que, a rigor, a irretroatividade da lei penal sequer precisava constituir-se em norma expressa, conforme consta do inciso XL, ora em comentário. Quer dizer, se "não há crime sem lei anterior que o defina", isso também significa que a lei penal não pode retroagir para alcançar fato que antes dela não era considerado crime[52].

É de se ressaltar, seguindo o já dito em passagens anteriores, que o mencionado doutrinador de modo pedagógico e claro liga o princípio da irretroatividade com o da legalidade. De forma indubitável, se o indivíduo somente pode ser punido por fato que a lei considera delituoso e se sua conduta não se ajusta a nenhuma norma penal, sendo, por conseguinte, permitida, surgindo nova lei que prevê como sendo aquele comportamento punível, em homenagem e obediência à reserva legal, a *novatio legis* não pode alcançar fato pretérito. O mesmo raciocínio deve ser convergido quando a nova lei, embora mantendo a tipicidade de conduta, de qualquer maneira torna mais gravosa a situação do acusado.

No tangente à retroatividade benéfica, o precitado doutrinador deixa enfatizado que

> De fato, diz o inciso que "a lei penal não retroagirá, *salvo para beneficiar o réu*". Tem-se, no caso, a exceção da lei mais benéfica – ou seja, entre a lei nova e a lei anterior verificar-se-á qual é a mais benéfica ao réu. Isso constatado, aplica-se a que o beneficia[53].

Nas palavras de Francesco Antolisei,

> o art. 2º do Código acolhe o princípio geral da não retroatividade da lei. Não o segue, sem embargos, de forma exclusiva, pois introduz notáveis exceções, que se inspiram em outro princípio, afirmado há tempos no âmbito do direito penal, a saber, o princípio da *retroatividade da lei mais favorável ao réu*. Esse princípio, como salta à vista, implica exceção ao cânon *tempus regit actum*, já que estende a eficácia da lei a fatos ou relações surgidas antes de entrar ela em vigor[54].

Na mesma diretriz doutrinária, enfatiza Enrico Pessina que

> Uma exceção à retroatividade tem lugar no caso em que a lei posterior seja mais benigna que a anterior. O Código napolitano de 1819 estabeleceu dita exceção,

---

52 SILVA, José Afonso. *Comentário contextual à Constituição*, p. 138.
53 Ibidem, p. 138.
54 *Manual de derecho penal*: Parte General, p. 72.

reproduzida sucessivamente por muitos Códigos, a qual não é uma declaração *humanitatis causa*, mas um dever de justiça, já que a maior suavidade com que se sanciona o mesmo delito por uma lei nova implica o reconhecimento que o Estado faz da severidade injusta da lei anterior, e estaria em contradição consigo mesmo o Estado que aplicasse ao delinquente o que a ciência jurídica tem declarado ser em parte injusto[55].

De maneira singular, Giuseppe Maggiore aponta as características da lei mais favorável:

a) pela diversa configuração do crime; a diversidade pode referir-se à natureza deste delito (ou contravenção), aos seus elementos integrantes (ação, antijuridicidade, culpabilidade) ou aos seus elementos acidentais (circunstâncias); b) pela diversa configuração das formas (tentativa, participação, unidade e pluralidade de crimes, reincidência, habitualidade, profissionalismo, tendência de delinquir etc.); c) pela diversa determinação da gravidade material da lesão jurídica constitutiva do crime; d) pela diversa determinação das condições de punibilidade positiva ou negativa (querela, extinção do crime e da pena); e) pela diversa determinação da espécie, da duração da pena e dos efeitos penais[56].

Adicionando outras considerações relativamente ao que foi exortado, aliado que seja aos fragmentos doutrinários anteriormente transcritos, é assente na doutrina que se a *novatio legis* desconsidera como típico fato que o era na vigência da lei revogada ou de qualquer maneira, embora mantendo a incriminação, beneficia o acusado, a lei nova deve retroagir para alcançar o fato pretérito.

É de se ponderar, entretanto, que a rigor, se no passado o fato era tido como típico e houve a mudança de tratamento penal, deve, inexoravelmente, beneficiar o acusado, mesmo que esteja cumprindo pena. O motivo de relevo para essa situação se encarna principalmente em política de índole criminal. Ora, *in casu*, não se justifica que o réu fique atrelado à lei revogada quando a nova lhe confere um tratamento mais benéfico. É questão, inclusive, que se mostra bastante harmônica com os próprios direitos humanos e assim também com um Estado democrático de direito, não obstante no passado o indivíduo tenha causado lesão a direito alheio com seu comportamento delituoso, o que, a rigor, não pode ser sanado pela nova diretriz jurídica. É exatamente em função disso que se está sustentando a ideia da política criminal.

---

55 *Elementos de derecho penal*, p. 214.
56 *El derecho penal*, p. 201.

280 GARANTIAS FUNDAMENTAIS NA ÁREA CRIMINAL

De maneira mais particularizada, esse assunto e outros que lhe são correlatos serão individualizados e mais bem explicados quando do estudo da sucessão das leis.

Por se constituir questão de política criminal, seus efeitos somente incidem no processo-crime, quer esteja em andamento, quer tenha havido a preclusão das vias recursais (trânsito em julgado do pronunciamento jurisdicional condenatório).

O que está sendo dissertado significa que a retroatividade cuidada não gera influência ou eficácia no campo da responsabilidade civil. Isso se justifica, porquanto, se o ofendido sofreu gravame decorrente da prática delituosa, a *novatio legis mitior* não possui o condão de fazer desaparecer as consequências do crime na área civil.

Assim, o fato de o agente que delinquiu ter sido beneficiado pela nova lei, que tornou aquela conduta anterior atípica, não pode isentá-lo de responsabilidade civil no concernente à reparação e ao ressarcimento do dano causado pelo comportamento criminoso. Isso porque somente foi abolido o crime, subtraindo da conduta do agente o cunho delituoso do fato, porém o caráter da antijuridicidade da ação anterior continua, não sendo afastado pelo reconhecimento da atipicidade de comportamento.

Não bastasse isso, além de a *novatio legis*, que afasta a figura típica, não vincular à sua retroatividade eventual isenção no campo civil, a verdade incontestável é que responsabilidades criminal e civil são plenamente independentes, somente havendo vínculo entre uma e outra quando houver norma expressa a respeito, a exemplo do que acontece com o art. 65 do Código de Processo Penal, que cuida da ação civil *ex delito*: "Faz coisa julgada no cível a sentença penal que reconhecer ter sido o ato praticado em estado de necessidade, em legítima defesa, em estrito cumprimento do dever legal ou no exercício regular de direito".

Diante disso, é de irreparável conclusão que a retroatividade da lei mais benigna somente gera efeito no campo criminal, não extirpando a lesão jurídica determinada na órbita civil.

Ao lado da retroatividade *in mellius* se alinha a ultra-atividade ou extra-atividade, em que a lei revogada alonga seus efeitos, sua eficácia, para além do momento de sua revogação.

Ad argumentandum, a ultra-atividade é um princípio de Direito que guarda relação estreita com os princípios constitucionais da reserva legal (legalidade) e da anterioridade da lei penal, sendo normalmente estudada quando se aborda o âmbito temporal de atuação das normas jurídicas, ganhando especial relevância no direito penal. Diz-se que uma lei é ultra-ativa quando é aplicada posteriormente ao fim de sua vigência. No direito penal, quando uma lei posterior pune mais gravemente ou severamente um fato criminoso (*lex gravior* ou *lex severior*), revogando de forma expressa a lei anterior que o punia mais brandamente (*lex mitior*), prevalece a lei mais benéfica. Desse modo, diz-se que a lei anterior é ultra-ativa, mas somente para os fatos ocorridos durante sua vigência. Do contrário, se a lei anterior for a mais gravosa, ela não será ultra--ativa, ao contrário, a lei posterior é que retroagirá.

Em outros termos, a lei, embora objeto de revogação por substituição ou não de outra lei, sendo benéfica ao acusado, tem seus efeitos prorrogados; eles continuam gerando eficácia no caso específico de sua incidência. A exemplo do que acontece com a irretroatividade da lei mais severa, em relação à ultra--atividade também se aplica a parêmia do *tempus regit actum*.

Sem dúvida,

> quando a lei nova, sem abolir ou criar novas figuras delitivas, altera os preceitos legais anteriores, estes serão ultra-ativos se a *lex posterior* for mais rigorosa e menos favorável ao réu ou delinquente. Nesse caso, não retroage a lei penal e vigora a regra de superdireito de que *tempus regit actum*[57].

Disserta Rogério Greco que "temos, portanto, a extra-atividade como gênero, de onde seriam espécies a *ultra-atividade* e a *retroatividade*. Fala-se em ultra-atividade quando a lei, mesmo depois de revogada, continua a regular os fatos ocorridos durante a sua vigência [...]"[58].

O mesmo matiz doutrinário se encontra assentado nas palavras de Alberto Silva Franco e Rui Stoco, *verbum ad verbum*:

> Do mesmo modo como a *lex mitior* retroage para efeito de favorecer o acusado que praticou fato criminoso antes de sua vigência, pode ocorrer o movimento inverso, ou seja, a ultra-atividade da lei penal mais benéfica, que ocorre na hipótese em que a lei posterior, em lugar de favorecer, agrava a posição do réu que realizou o delito na vigência de lei mais favorável. Nessa hipótese, os efeitos da lei mais benigna projetam-se para o futuro e tal lei, apesar de revogada, continua a regrar os fatos ocorridos na sua vigência[59].

O fundamento ontológico da ultra-atividade da lei mais benéfica está em que, se quando o fato foi praticado havia norma penal de regência mais bené-

---

57 MARQUES, José Frederico. *Tratado de direito penal*, v. 1, p. 252.
58 *Curso de direito penal*: Parte Geral, v. 1, p. 109.
59 *Código Penal e sua interpretação*, p. 65.

282 GARANTIAS FUNDAMENTAIS NA ÁREA CRIMINAL

fica ao autor do fato típico e, posteriormente, há nova norma sancionatória tornando aquele mesmo fato mais gravoso, pela questão do tempo, a norma antiga deverá projetar seus efeitos para além de sua revogação.

Para efeito de paradigma,

> embora o art. 3º da Lei n. 9.983/2000 traga em sua redação a revogação expressa do art. 95 da Lei n. 8.212/91, há que se ter em mente que esta lei, que vigia ao tempo do delito, é mais benéfica para os acusados. Diante do advento de lei posterior mais gravosa, incumbe ao magistrado aplicar a lei anterior, eis que sob o seu império deu-se o fato criminoso. Aplicabilidade do princípio do *tempus regit actum*[60].

Em consequência do que foi objeto de considerações doutrinárias, de maneira prática e pedagógica, buscando sistematizar o tema jurídico tratado, mostra-se oportuno agrupar as hipóteses de sucessão das leis penais da seguinte maneira: a) lei posterior incrimina fato que era antecedentemente lícito; b) lei posterior deixa de considerar ilícito penal fato incriminado anteriormente; c) lei posterior, sem suprimir a incriminação do fato, beneficia o agente, quer cominando pena menos rigorosa, quer de qualquer forma tornando menos grave a situação do réu; d) lei posterior mantendo a incriminação do fato torna mais grave a situação do réu.

Na hipótese de a lei posterior, que é a nova, incriminar fato antecedentemente lícito, atípico, ou seja, a conduta do agente não era proibida, quando da regência da lei revogada, a *novatio legis* não pode retroagir para alcançar a ação ou omissão do agente. Essa lei só pode ter validade para os fatos praticados a partir de sua entrada em vigor: *tempus regit actum*.

O fundamento do que está sendo sustentado encontra seu ancoradouro no princípio da reserva legal. Assim é que, se não existia a ameaça penal, o cidadão poderia praticar o fato livremente, não estando ele obrigado à observância de preceito inexistente. Tal garantia, portanto, se abriga por meio do princípio do *nullum crimen sine lege* (art. 1º do CP).

De outro lado, se a lei posterior deixa de considerar crime fato que o era na vigência da lei anterior, ocorre o que se denomina *abolitio criminis*. Essa lei retroage para fazer cessarem os efeitos advindos da lei revogada (art. 2º, *caput*, do CP).

José Afonso da Silva, em torno do tema jurídico enfocado, registra que

> Isso se dá nos casos em que a lei nova descrimina fato anteriormente considerado crime – ou seja, a lei considera não punível fato que a lei revogada consi-

---

60 TRF-3ª Região, Ap. n. 98.03.096618-9, *DJU* 14.01.2003.

derava crime. É nessa hipótese que temos uma típica retroatividade benéfica da lei: a lei nova retroage, tornando legítima a conduta praticada pelo réu. Justifica-se o benefício, pois se o Estado reconhece, pela lei nova, não mais necessária à defesa social a definição penal do fato, não seria justo nem jurídico alguém ser punido, e continuar executando a pena cominada em relação a alguém, só por haver praticado o fato anteriormente. A lei nova também retroage se altera o regime anterior em favor do réu – seja, por exemplo, cominando uma pena menor ou estabelecendo atenuante, ou qualquer outro benefício[61].

No mesmo diapasão de inteligência,

Cuida-se da hipótese da supressão da figura criminosa, por ter o legislador considerado que a ação, antes prevista como delituosa, não é mais idônea a ferir o bem jurídico que pretende tutelar. Com a descriminalização do fato, não teria sentido nem o prosseguimento da execução da pena, nem a manutenção de sequelas penais da sentença condenatória [...]. É evidente, nessa situação, que a retroatividade da lei penal mais favorável provocará a sustação do inquérito ou do processo em andamento, a cessação da execução do condenado por qualquer desses crimes, se estiver cumprindo pena e o desaparecimento dos efeitos penais da sentença condenatória[62].

Acresce trazer à colação o magistério provindo de Julio Fabbrini Mirabete, *in integrum*:

Em consonância com esse princípio da *retroatividade da lei mais benéfica*, de aplicação obrigatória por se tratar de imposição constitucional, dispõe o artigo sobre a denominada *abolitio criminis*, prevendo que ninguém será punido por fato que lei posterior deixa de considerar crime. A nova lei, que se presume ser mais perfeita, mais adequada que a anterior, demonstrando não haver mais, por parte do Estado, interesse na punição do autor de determinado fato, sempre retroage para alcançá-lo. Pode ocorrer a *abolitio criminis* antes ou durante o inquérito policial ou da ação penal, ou mesmo depois desta. De forma expressa, o dispositivo alcança inclusive os fatos definitivamente julgados, ou seja, a execução da sentença condenatória e todos os efeitos penais dessa decisão condenatória[63].

---

61 *Comentário contextual à Constituição*, p. 138.
62 FRANCO, Alberto Silva; STOCO, Rui. *Código Penal e sua interpretação*, p. 64.
63 *Código Penal interpretado*, p. 6.

Na esteira do lembrado por Ferdinando Puglia, "se a lei do tempo em que foi cometido o delito e a posterior forem diversas, aplica-se aquela cuja disposição é mais favorável ao imputado"[64].

É oportuno deixar devidamente assentado que, na *abolitio criminis*, não há o emprego do princípio da não ultra-atividade da lei antiga, mas sim a retroatividade da *novatio legis*.

Uma vez ocorrida *abolitio criminis*, deve o juiz, do processo de conhecimento ou da execução, declarar extinta a punibilidade do acusado ou condenado, extinguindo a punibilidade do agente (art. 107, III, do CP; art. 66, II, da Lei n. 7.210/84 – LEP).

Sem o menor resquício de dúvida, se o Estado reconhece com a nova lei, para efeito de defesa social, a não incriminação do fato, nada justifica que alguém venha a ser punido ou continue a ter a pena aplicada por ter praticado anteriormente o fato que era típico. Trata-se de mero corolário do princípio da reserva legal. É o que ocorre com o adultério, que não mais constitui infração penal, posto que o art. 240 do Código Penal foi revogado pela Lei n. 11.106, de 28 de março de 2005; e com a sedução, já que o art. 217 do Código Penal também foi revogado pela lei citada. É de se tecer considerações em torno da lei posterior que, mantendo a incriminação do fato, beneficiar o agente, quer cominando pena menos rigorosa, quer de qualquer forma tornando menos grave a situação do réu.

Em tal cenário, a nova lei mantém a incriminação do fato, porém prevê sanção penal mais amena (*v.g.*, substitui a pena privativa de liberdade pela patrimonial; diminui sua quantidade ou torna menos grave a situação do réu: reduz o prazo prescricional; elimina circunstância agravante ou qualificadora anteriormente considerada; institui novas circunstâncias atenuantes ou privilégio; cria causa de exclusão do crime ou de isenção da pena). Em qualquer das hipóteses, a nova lei retroage para beneficiar o acusado.

Pode ocorrer, todavia, situação que se mostra inversa à considerada. É o que se dá quando a lei posterior, mantendo a incriminação do fato, torna mais grave a situação do réu, por exemplo, impõe pena mais severa; não permite o *sursis*; estabelece nova qualificadora. *In casu*, a *novatio legis* não retroage. Isso porque, por ser a lei mais grave (*gravior*), ela passa a regular os fatos verificados a partir de sua entrada em vigor (*tempus regit actum*). Nesse caso, sendo lei anterior (velha) mais favorável ao agente (*lex mitior*), sua eficácia é alongada para além do momento de sua revogação (ultra-atividade).

Ademais, há de se considerar a sucessão de leis penais e crimes permanentes, continuados e habituais.

---

64 *Manuale teorico-pratico di diritto penale*, p. 50.

Entende-se por crime permanente aquele cuja consumação se protrai, se prolonga no tempo (p. ex., sequestro); crime continuado é o que, embora havendo pluralidade de violações jurídicas, a lei por ficção lhe confere unidade delitiva (art. 71 do CP); e crime habitual é aquele em que o agente o pratica reiteradamente como meio de vida (p. ex., curandeirismo – art. 284 do CP).

Em todas essas modalidades delitivas, aplica-se a lei nova, mesmo que seja mais severa, porquanto sob seu império continuou sendo praticada a ação antijurídica: *tempus regit actum*.

Nos termos da Súmula n. 711 do Supremo Tribunal Federal, "a lei penal mais grave aplica-se ao crime continuado ou ao crime permanente, se a sua vigência é anterior à cessação da continuidade ou da permanência".

Concernentemente à combinação das leis e os princípios da retroatividade e ultra-atividade da lei mais benéfica, não tem havido harmonia, quer por parte da jurisprudência, quer para a doutrina sobre a conjugação de duas normas para se chegar a uma resultante que se mostre mais benéfica ao acusado a título de retroatividade e ultra-atividade.

Há corrente jurisprudencial admitindo essa conjugação, posto que beneficia o acusado[65], enquanto outra converge em sentido contrário, porquanto os princípios da ultra e da retroatividade da *lex mitior* não autorizam a conjugação abordada para obter uma terceira mais benéfica[66].

Como paradigma, procurando estabelecer mecanismo para se entender a combinação tratada, fazer a conjugação da pena privativa de liberdade prevista em outra lei se mostra viável, posto que isso redundará em benefício para o acusado.

No campo da doutrina, a maioria dos autores entende como inadmissível a combinação das regras mais benignas de uma lei com as disposições favoráveis de outra norma.

Para Aníbal Bruno,

> não é lícito tomarem-se na decisão elementos de leis diversas. Não se pode fazer uma combinação de leis de modo a tomar de cada uma delas o que pareça mais benigno. A lei considerada mais benévola será aplicada em totalidade. Nota-se que se trata exclusivamente de aplicar uma ou outra das leis existentes, no seu integral conteúdo, não sendo lícito ao juiz compor, por assim dizer, uma lei nova com os elementos mais favoráveis das que realmente existam[67].

---

65 *RT* 509/393, 515/360 e 533/366.
66 *RTJ* 98/561; STF, *HC* n. 68.416 (*DJU* 30.10.1992, p. 19.515).
67 *Direito penal*: Parte Geral, p. 270.

O autor afirma ser essa a opinião dominante, apontando como seguidores V. Maurach, Ritler, Ranieri e Nélson Hungria.

No que diz respeito a Nélson Hungria, assim se posiciona ele em relação ao tema discursado:

O *crime permanente* (em que a atividade antijurídica, positiva ou negativa, se protrai no tempo) incide sob a lei nova, ainda que mais severa, desde que prossiga na vigência dela a *conduta* necessária à *permanência* do resultado. É o que a cada momento de tal *permanência* está presente e militando, por ação ou omissão, a vontade do agente (ao contrário do que ocorre nos *crimes instantâneos com efeito permanente*), nada importando assim que "estado de permanência" se haja iniciado no regime da lei antiga, ou que esta incriminasse, ou não, o fato. Em relação ao *crime continuado* (pluralidade de crimes da mesma espécie, sem intercorrente punição), que a lei unifica em razão de sua homogeneidade objetiva), se os atos sucessivos já foram iniciados pela lei antiga, se não há duas *séries* (uma anterior, outra posterior à nova lei), mas uma única (dada a unidade jurídica do crime continuado). Que incidirá sob a lei nova, ainda mesmo que esta seja mais favorável que a antiga, pois o agente já estava advertido da maior severidade da sanção, caso persistisse a "continuação". Se, entretanto, a incriminação sobreveio com a lei nova, segundo esta responderá o agente, a título de crime continuado, somente se os atos posteriores (subsequentes à entrada em vigor da lei nova) apresentarem a homogeneidade característica da "continuação", ficando inteiramente abstraídos os atos anteriores[68].

Também não deixa de apontar seguidores que perfilham sentido oposto, ou seja, de que se apliquem os elementos mais favoráveis das duas leis, pelo menos em casos especiais em que resulta iníquo aplicar uma só delas, como sustentado por V. Petrocelli, José Frederico Marques e Basileu Garcia.

Na lição professada por Basileu Garcia,

critério que tem sido preconizado é o de evitar-se combinar a lei antiga com a lei nova; ou se aplica a lei antiga, ou a nova. Misturá-las, para extrair um resultado mais favorável, equivaleria – tem-se ponderado – a criar uma terceira lei, com a qual o juiz se sobreporia à autoridade do legislador. Da simbiose dos textos adviria, com efeito, uma norma que tanto seria diferente da antiga como da atual. Esse critério, como orientação geral, é exato. Mas há caso em que a sua

---

68 *Comentários ao Código Penal*, v. 1, t. 1, p. 136.

observância estrita leva a consequências clamorosamente injustas e será necessário temperá-lo com um pouco de equidade[69].

Por seu turno, José Frederico Marques aponta que

dizer que o juiz está fazendo lei nova, ultrapassando assim suas funções constitucionais, é argumento sem consistência, pois o julgador, em obediência a princípios de equidade consagrados pela própria Constituição, está apenas movimentando-se dentro dos quadros legais para uma tarefa de integração perfeitamente legítima[70].

Em sua inteligência, Rogério Greco afirma que "entendemos que a combinação de leis levada a efeito pelo julgador, ao contrário de criar um terceiro gênero, atende aos princípios constitucionais da ultra-atividade e retroatividade benéficas"[71].

O precitado, em abono ao que defende, traz como exemplo julgado provindo do Superior Tribunal de Justiça sobre a nova Lei de Drogas (Lei n. 11.343/2006).

Com seu advento, a *novatio legis* agravou o delito de tráfico de entorpecentes, já que pelo art. 12 da Lei n. 6.368/76, a pena cominada era de até três anos, enquanto pelo art. 33, *caput*, do novo diploma essa sanção penal aumentou para cinco anos. Entretanto, o § 4º do art. 33 previu um caso especial de redução da reprimenda legal, que não constava na lei revogada.

Passou-se a entender que o novo dispositivo, por ser mais benéfico ao acusado, retroagiu para beneficiar aquele que cometeu tráfico ilícito de entorpecentes quando da vigência da lei velha, concedendo-lhe essa diminuição especial da *sanctio legis*.

Em princípio, a singular circunstância de se fazer com que uma lei interaja com outra não é implicativa de criação de um terceiro comando normativo. Trata-se de se procurar a adequação de ambas as normas, até mesmo por intermédio de um processo interpretativo. Logo, o argumento da criação de um novo texto legal não pode ser aceito.

Do ponto de vista constitucional e mesmo do direito penal, como dogma, sempre que se puder beneficiar o acusado, isso deve ser levado a efeito, já que existe, como é evidente, norma que o autoriza. O que não se pode fazer em sede de combinação de leis é piorar a situação do réu.

---

69 *Instituições de direito penal*, v. 1, t. I, p. 150.
70 *Tratado de direito penal*, p. 256.
71 *Curso de direito penal*, p. 116.

288 GARANTIAS FUNDAMENTAIS NA ÁREA CRIMINAL

Como se isso não bastasse, deve ser levado em consideração, no âmbito do que está sendo analisado, também o fator política criminal, que se mostra instrumento capaz idôneo de justificar a combinação de leis quando dela resultar benefício ao autor do fato punível.[72]

Também guarda pertinência com o que está sendo objeto de avaliação doutrinária, o tema envolvendo lei excepcional ou temporária, na forma normatizada pelo art. 3º do Código Penal: "A lei excepcional ou temporária, embora decorrido o período de sua duração ou cessadas as circunstâncias que a determinaram, aplica-se ao fato praticado durante sua vigência".

Do ponto de vista conceitual, lei temporária é aquela que vigora durante certo tempo por ela própria fixado.

Em outras palavras,

> por lei temporária deve-se entender aquela que o legislador predeterminou o período de tempo de sua validade: não se deve confundir a lei temporária com o caráter contingente e transeunte, que certa lei possa apresentar, caráter social e político que não atende a natureza da lei[73].

Nos dizeres de Giuseppe Santaniello, a lei excepcional é aquela determinada por situação social excepcional (guerra, epidemia, terremoto etc.) ou emitida para cumprir necessidade essencial do Estado.[74]

Pela disposição contida no regramento legal esquadrinhado, uma vez violada a lei excepcional ou temporária, será o agente punido mesmo depois de cessada sua vigência. Daí ser ela ultra-ativa, ou seja, sua eficácia permanece ou se prolonga após sua autorrevogação.

Dessa forma, as leis temporárias e as excepcionais são ultra-ativas, pois aplicam-se aos fatos ocorridos durante sua vigência, mesmo após autorrevogadas.

Na ótica de Giuseppe Maggiore, na hipótese tratada se aplica o princípio da retroatividade:

> O princípio da retroatividade rege também as leis excepcionais e temporais. Sob o Código de 1889 se discutia se essas normas eram aplicáveis com o cânon da irretroatividade ou da retroatividade. A opinião mais livre estava para a primeira solução: a mais austera sustentava (especialmente com relação à legislação de

---

72 MOSSIN, Heráclito Antônio; MOSSIN, Júlio César de O.G. *Comentários ao Código Penal*: à luz da doutrina e da jurisprudência, p. 50 e segs.
73 SANTANIELLO, Giuseppe. *Manuale di diritto penale*, p. 25-6.
74 Ibidem, p. 25.

CAPÍTULO 4 – GARANTIAS PENAIS 289

guerra) que essas normas sobreviviam à abolição do delito. O Código atual se declara pela retroatividade, quando dispõe (art. 2, § 3º): "Se se trata de leis excepcionais e temporárias, não se aplicam as disposições dos parágrafos precedentes". A razão está expressada assim na Exposição de Motivos sobre o projeto definitivo: "Se assim não for (no caso de leis abolitivas), se sancionará o absurdo de condenar as disposições de ditas leis a uma espécie de ineficácia preventiva, com relação àqueles fatos, por elas validamente proibidos, que se tenham cometido já na eminência de cumprir-se o término, se se trata de leis temporais. Ou no último período do estado excepcional (estado de guerra, estado de sítio, tempo de peste)"[75].

Pela dicção dos termos normativos contidos no precitado regramento legal ("embora decorrido o período de sua duração ou cessadas as circunstâncias"), a hipótese é de ultra-atividade.

Com efeito,

A lei excepcional ou temporária é ultra-ativa. Superada a sua fase, pautará a apreciação dos fatos ocorridos sob a sua vigência. Se assim não se tivesse estabelecido, os autores de delitos por ela abrangidos procurariam, por todos os meios, procrastinar o seu julgamento, visto que a impunidade seria apenas questão de tempo. Além disso, a possibilidade de cessação da eficácia punitiva da lei desarmá-la-ia da sua intimidativa. O reconhecimento de tal ultra-atividade parece importar em recusa de retroatividade à lei posterior mais benigna, ao que se opõe a já referida norma constitucional. Que é de toda vantagem propiciar a ultra-atividade da lei excepcional ou temporária, não há dúvida. Se assim não fosse, os processos pelas respectivas infrações e mesmo o cumprimento das penas teriam de iniciar-se e consumar-se antes do término da vigência da lei, o que é quase sempre inexequível. Resta averiguar se o que convém é permitido. Pode suceder que, ao período de vigência da lei excepcional ou temporária, não se siga lei alguma sobre a matéria, ou inversamente, que uma sobrevenha, mais favorável. Nessa última hipótese, será impossível impedir a aplicação da *lex mitior*. Se, todavia, como é frequente, não houver lei ulterior mais benigna, inexistirá razão para negar-se aplicabilidade à lei excepcional ou temporária, com a qual não colide lei alguma. Não se pode, pela simples falta de preceito novo regulador da relação jurídica, impedir a incidência de uma lei penal que, oportunamente, abrangeu precisamente o caso e que conserva a sua atividade em virtude da regra genérica do Código, consubstanciada no seu art. 3º. Ao agir assim,

---

75 *El derecho penal*, p. 200.

então, a lei antiga não estará sendo retroativa – o que o preceito constitucional abraçaria, por não ser ela favorável – mas ultra-ativa, o que é bem diferente. Consiste a retroatividade na ação da lei nova sobre o passado, regulando os efeitos e consequências de atos nascidos antes de sua publicação. Lei retroativa é, pois, a lei *em vigor* que rege fato *antecedente* à sua vigência. Não é o que se dá com a ultra-atividade, em que se aplica a lei já *extinta*, mas *contemporânea* ao caso, com pontual observância do postulado *tempus regit actum*. Assim, a hipótese não incorre na censura da norma constitucional[76].

Oportuno também se mostra o enfoque posto por Nélson Hungria em relação ao tema *sub examine*:

> O princípio da *retroatividade benigna* da lei penal, ainda quando incluído entre as *garantias individuais* [...], *não é irrestrito*. Sob pena de conduzir *ad absurdum*, não pode ser aplicado quando a *lex gravior*, diversamente da posterior *lex mitior*, seja das chamadas *temporárias* ou *excepcionais*, entendendo-se como tais as que são editadas para atender a anormais condições da vida social (locais ou gerais) e têm o prazo de vigência prefixado no seu próprio texto ou subordinado à duração do excepcional estado de coisas que as ocasiona. Ainda no caso (mais frequente) de maior severidade dessas leis, em cotejo com a lei *ordinária* ulteriormente restituída à plenitude de sua vigência, sobrevivem elas à extinção da própria obrigatoriedade. É o que dispõe (aliás, superfluamente) o art. 3º do Código Penal brasileiro [...]. Decidir-se de outro modo seria colocar essas leis em contraste com a sua própria *ratio*, além de que, praticamente, na quase totalidade dos casos, resultariam irrisoriamente inócuas. A severidade delas (confrontadas com a lei ordinária ou normal) em relação a tais ou quais fatos, incriminando-os *ex novo* ou exasperando sua punibilidade, corresponde à acidental gravidade ou maior gravidade que assumem esses fatos nas *presentes condições* sociais de caráter *extraordinário* (*in exemplis*: o estado de guerra ou de sítio, uma calamidade pública). A prática de qualquer desses fatos, enquanto duram tais condições exteriores de cunho excepcional, não pode ser jamais identificada com a prática do mesmo fato após o desaparecimento delas. Não há distinguir, como queria Ferri, entre lei *temporária* e lei *excepcional*, para admitir-se a ultra--atividade à primeira e não à segunda. Tanto num caso como noutro, o fato é incriminado *ex novo* ou tem sua punibilidade majorada porque é praticado *ao tempo* de um *especial* estado de coisas, que *ex acidente* o torna antissocial ou acresce sua antissociabilidade; de modo que o retorno da lei ordinária, passado

---

76 GARCIA, Basileu. *Instituições de direito penal*, v. 1, t. 1, p. 152-3.

esse tempo, não pode jamais significar que o fato, com o seu *inseparável* elemento cronológico, deixa de ser crime ou de ser mais severamente punível[77].

O fundamento da ultra-atividade está em que, conforme estabelecido na própria Exposição de Motivos do Código Penal, "essa ressalva visa impedir que, tratando-se de leis previamente fixadas no tempo, possam ser frustradas as suas sanções por expedientes astuciosos".

No que diz respeito à norma penal em branco, principalmente em relação à matéria envolvendo economia popular, bem como contrabando ou descaminho (art. 334 do CP), a jurisprudência tem sido lavrada no sentido de que impera a ultra-atividade.[78]

Para que o assunto jurídico seja mais bem entendido, há de ser observar o seguinte aresto provindo do Supremo Tribunal Federal:

> No caso do art. 334 é norma penal em branco que é complementada por portarias administrativas que estabelecem quais são as mercadorias proibidas tendo em vista circunstâncias que variam no tempo em face de circunstâncias políticas ou econômicas temporárias ou excepcionais, sendo de aplicar-se, portanto, o preceito do art. 3º do Código Penal, quer pelo fato de que a variação da norma complementar não implica real modificação da figura abstrata do direito penal (esta não veda a importação ou exportação de mercadoria X, mas de mercadoria proibida, quer pela circunstâncias de que a norma complementar varia por motivo temporário ou excepcional[79].

O posicionamento se mostra correto, porquanto as normas que regem a complementação do preceito dos tipos penais em branco podem ser excepcionais, variando em conformidade com as necessidades sociais e comerciais entre outras.

Portanto, na modalidade abordada, não se pode sustentar a tese da *abolitio criminis* quando houver o desaparecimento do motivo ensejador da norma de conduta proibida (p. ex., mercadoria cuja exportação era vedada quando da ação do agente, que passou a não mais ser proibida), inclusive porque nada impede que, posteriormente, essa vedação torne a preponderar. Assim, de qualquer forma, continua a existir o crime, por exemplo, de contrabando, somente havendo variação na norma complementar que o integra.

---

77 *Comentários ao Código Penal*, v. 1, t. 1, p. 140.
78 *RTJ* 73/661, 74/590, 116/16.
79 *HC*, *Informativo STF* n. 41, de 28.08.1996.

292 GARANTIAS FUNDAMENTAIS NA ÁREA CRIMINAL

Sem dúvida, para que exista a *abolitio criminis*, no caso *sub examine*, que tem efeito pedagógico, deveria ser revogado o art. 334 do Código Penal. Eventual alteração de sua norma integradora não implica sua ausência normativa.

3. INDIVIDUALIZAÇÃO DA PENA

A matéria sob espécie, do ponto de vista legislativo, se encontra distribuí-da nos incisos XLVI, XLVII e XLVIII do art. 5º da Carta Política Federal.

Nos termos do inciso XLVI, "a lei regulará a individualização da pena e adotará, entre outras, as seguintes: *a)* privação ou restrição da liberdade; *b)* perda de bens; *c)* multa; *d)* prestação social alternativa; *e)* suspensão ou inter-dição de direitos".

A expressão "a lei regulará", contida no texto sob análise, implica entender que o legislador constituinte deixou ao ordinário a incumbência de definir os critérios normativos que deverão ser adotados para que a *sanctio legis* seja in-dividualizada. É o que na linguagem constitucional é denominado eficácia li-mitada e de aplicação concreta diferida, posto que ficará a cargo da lei regula-mentadora a indicação dos elementos objetivos e subjetivos que deverão ser levados em consideração pelo magistrado quando da aplicação da *sanctio poenalis* no caso concreto. É o que acontece, *exempli pare*, com as circunstâncias judiciais que se encontram alinhadas no art. 59 do Código Penal.

A individualização da pena, pela dicção do texto constitucional sob ins-peção, se revela como autêntica garantia de cunho constitucional, mesmo que entendida sob o ponto de vista da relatividade. Não basta, entretanto, a singu-lar circunstância de os elementos dessa individualização serem diferidos ao legislador infraconstitucional, mas que, efetivamente, haja norma em torno dessa individualização, que se mostra muito relevante, não só em termos de direito penal, bem como de execução penal.

Nas precisas palavras colocadas por José Afonso da Silva, sobre a indivi-dualização da sanção penal *in concreto*,

> seu fundamento está no *princípio da justiça*, segundo o qual se deve distribuir a cada um o que lhe cabe, de acordo com as circunstâncias do seu agir – o que em matéria penal significa a aplicação da pena levando em conta não a nor-ma penal em abstrato, mas especialmente, os *aspectos subjetivos* e *objetivos do crime*[80].

---

80 *Comentário contextual à Constituição*, p. 145.

CAPÍTULO 4 – GARANTIAS PENAIS **293**

Ensina, por sua vez, Alexandre de Moraes que

> O princípio da individualização da pena exige estreita correspondência entre a responsabilização da conduta do agente e a sanção a ser aplicada, de maneira que a pena atinja suas finalidades na prevenção e repressão. Assim, a imposição da pena depende do juízo individualizado da culpabilidade do agente (censurabilidade de sua conduta)[81].

De maneira bem prática, concisa e objetiva, individualizar a pena é aplicá-la em conformidade com o indivíduo que praticou a infração típica. Contém ela, por conseguinte, caráter de pessoalidade que se ajusta plenamente ao princípio de justiça que pretende impor o legislador constituinte na condição de garantia; bem como se revela como fator positivo com sua própria finalidade, que tem caráter repressivo, preventivo e de recuperação do delinquente. Aliás, no aspecto por último lembrado, o art. 10 da Declaração de Direitos Constitucionais francesa, de 1946, declara: "As penas privativas de liberdade devem tender à reeducação do culpado".

Assinala José Frederico Marques que "a individualização da pena tem de ser equacionada de maneira integral, de forma a compreender em seu âmbito o aspecto objetivo do crime, como fato violador de um bem jurídico penalmente tutelado, e a pessoa do delinquente"[82].

Por sua vez, Guilherme de Souza Nucci preleciona que

> A individualização da pena tem o significado de eleger a justa e adequada sanção penal, quanto ao montante, ao perfil e os efeitos pendentes sobre o acusado, tornando-o único e distinto dos demais infratores, ainda que coautores ou mesmo corréus[83].

De forma pedagógica e lógica, José Frederico Marques afirma que a individualização da pena se desenvolve em três planos distintos, sendo certo que os três se interpenetram e se completam: o plano legislativo, o judicial e o executório.

Com certeza absoluta, a individualização da reprimenda legal não se esvai unicamente em um momento, mas faz ela parte integrante de um sistema, motivo pelo qual deve esse assunto jurídico ser visto e tratado de maneira ampla em razão de sua complexidade e peculiaridade.

---

81 *Constituição do Brasil interpretada*, p. 276.
82 *Curso de direito penal*, v. 3, p. 235.
83 *Individualização da pena*, p. 30.

294 GARANTIAS FUNDAMENTAIS NA ÁREA CRIMINAL

A individualização legislativa

é a que o legislador estabelece quando discrimina as sanções cabíveis, delimita as espécies delituosas e formula o preceito sancionador das normas incriminadoras ligando a cada um dos fatos típicos uma pena que varia entre um mínimo e um máximo claramente determinados[84].

É relevante anotar e ponderar que essa denominada individualização legislativa se mostra conexa com os princípios da legalidade e da reserva legal, principalmente no que tange ao preceito secundário da norma sancionatória, que é o estabelecimento da cominação da *sanctio iuris* entre um mínimo e um máximo. Portanto, nesse particular, a individualização abordada complementa o princípio encimado.

No grande âmbito da individualização que está sendo cuidada, o legislador especifica o tipo de sanção prevista no preceito violado, a exemplo de detenção, reclusão, pena restritiva de direitos, prisão simples, que são ajustadas em conformidade com o bem-interesse violado e o elemento subjetivo que animou a conduta do agente (dolo, culpa, preterdolo).

É exatamente dentro dos limites oferecidos pelo legislador ordinário que o juiz individualizará a reprimenda legal, buscando com isso atender o próprio anseio do legislador constituinte, que é a justa distribuição da justiça, aliada que seja às necessidades pessoais do destinatário concreto da sanção penal.

No que diz respeito à individualização judicial, para que esta

possa atender a esse *desideratum* da justiça e aplicação reta da lei, dando a cada um o que é seu, não basta ao juiz graduar a pena entre os limites constantes do preceito sancionador do caso a ser julgado. Cumpre-lhe, ao demais, saber jogar com os elementos que a lei lhe fornece para a repressão e prevenção da criminalidade. Dosar a pena em função dos elementos subjetivos que os autos e o processo fornecem é tarefa que deve ser feita em harmonia com outros setores de aplicação da lei penal[85].

O norte que deve orientar o magistrado na primeira fase de determinação da pena, chamada base, está consubstanciado no art. 59 do Código Penal, sob a rubrica "Fixação da pena". São as denominadas circunstâncias judiciais:

---

84 MARQUES, José Frederico. *Curso de direito penal*, v. 3, p. 236.
85 Ibidem, v. 3, p. 239.

O juiz, atendendo à culpabilidade, aos antecedentes, à conduta social, à personalidade do agente, aos motivos, às circunstâncias e consequências do crime, bem como ao comportamento da vítima, estabelecerá, conforme seja necessário e suficiente para reprovação e prevenção do crime: I – as penas aplicáveis dentre as cominadas; II – a quantidade de pena aplicável, dentro dos limites previstos; III – o regime inicial de cumprimento da pena privativa de liberdade; IV – a substituição da pena privativa da liberdade aplicada, por outra espécie de pena, se cabível.

O preceito integrante copiado é o mais importante da Parte Geral do Código Penal e o mais significativo no âmbito da Constituição Federal, que impõe como garantia a individualização da pena, porquanto é por intermédio das circunstâncias que se encontram em seu bojo que o juiz do processo de conhecimento passará a fixar o tempo de reprimenda legal que o condenado deverá descontar. Além disso, presta-se ela a servir de mecanismo para o estabelecimento do regime inicial de cumprimento da pena privativa de liberdade, bem como, quando for o caso, para sua substituição por outra *sanctio legis*.

No campo da aplicação da pena, o preceito *sub examine* tem por função cardeal a fixação da pena-base.

O legislador, de forma expressa e precisa, determina quais são os elementos que o magistrado deve analisar para determinar a *sanctio poenalis* entre o mínimo e o máximo abstratamente cominado. Tais elementos são conhecidos como circunstâncias judiciais.

De posse desses elementos, o juiz individualiza a pena, pois, na esteira do magistério provindo de Eugenio Cuello Calón, "o verdadeiro momento da individualização da pena é a individualização judicial, a ser realizada pelos julgadores, que determinarão, se a lei o permite, a classe de pena e, em todo caso, sua duração"[86].

Para se ter uma melhor noção quanto aos critérios à disposição do juiz quando da aplicação da pena, procurando estabelecer uma inteligência quanto ao preceito constitucional que determina essa individualização, de maneira bastante singela e breve, far-se-á análise dessas circunstâncias judiciais.

No âmbito da **culpabilidade** do condenado, deverá ser avaliado o grau de reprovabilidade de sua conduta, não só em razão de suas condições pessoais – subjetivas –, bem como relativamente à ocorrência fática, aliada que seja à intensidade do dolo ou da culpa. Logo, para o fator individualização, quanto maior for a culpabilidade do autor do fato punível, proporcionalmente maior

---

86 *Derecho penal*, p. 682.

deverá ser a determinação da pena-base. Assim, não se pode promover um tratamento paritário em termos de *sanctio legis* entre acusados com graduação diferente de culpabilidade, porquanto esse comportamento jurisdicional implicaria quebra do princípio de justiça orientado pelo legislador constituinte.

De forma geral, "o princípio da proporcionalidade da pena exige que a valoração da ação e a sanção sejam proporcionais e que haja equilíbrio entre a prevenção geral e a especial para o comportamento do agente que vai ser submetido à sanção penal"[87].

No que concerne aos seus **antecedentes**, estes devem ser compreendidos, exclusivamente, no quadrante da vida pregressa do agente no campo criminal. Isso porque, como se verá oportunamente, o vetor *conduta social* tem conceito abrangente, compreendendo o comportamento pretérito do agente no campo extrapenal.

Nessa ordem de consideração, expõe Guilherme de Souza Nucci que os antecedentes a que se está fazendo menção "trata-se de tudo o que existiu ou aconteceu, no campo penal, ao agente antes da prática do fato criminoso, ou seja, sua vida pregressa em matéria criminal"[88]. Sua **conduta social** diz respeito ao comportamento do agente no ambiente em que ele vive: social, de trabalho, estudantil etc.

Sua **personalidade** se vincula às qualidades morais: boas ou más, seu temperamento (agressivo ou não), seu senso moral.

Os **motivos do crime** dizem respeito às razões que conduziram o condenado a cometer o crime. Convém observar, por outro lado, que os motivos como torpe, fútil ou qualquer causa de aumento da pena neste momento de fixação da pena base não podem ser catalogados, porque implicariam dupla valoração, uma vez que são tidos como circunstâncias legais, causas de aumento ou de diminuição da reprimenda legal ou mesmo qualificadoras.

Os motivos do crime devem ser verificados com bastante precisão e atenção do magistrado, na determinação da pena-base, por se constituírem fatores importantes na quantidade da reprovabilidade da conduta do agente, tendo, portanto, peso significativo na individualização da reprimenda legal.

As **circunstâncias do crime** referem-se à duração do tempo do delito, principalmente nos crimes permanentes, local de sua prática, revelando periculosidade ou não, atitude durante ou após a prática delitiva (insensibilidade, frieza etc.), o relacionamento entre autor e vítima e o comportamento do agente quando da prática delitiva.

---

87 *RT* 820/608.
88 *Código Penal comentado*, p. 401.

CAPÍTULO 4 – GARANTIAS PENAIS **297**

Advirta-se, por oportuno, em razão da proibição da dupla valoração, que, na circunstância judicial sob análise, não devem ser levadas à guisa de consideração agravantes, atenuantes e circunstâncias judiciais, que deverão ser levadas em consideração na outra fase, de determinação da pena.

Quanto às **consequências do crime**, deve ser sopesado pelo magistrado o maior ou menor dano causado à vítima ou o perigo de dano. Também deve ser considerado o prejuízo ou sua ameaça à própria coletividade. Evidente, *ad argumentandum*, a ação delituosa atinge não somente a pessoa que dela é objeto, mas pode também alcançar, direta ou indiretamente, todo o corpo societário, pois o crime gera como desdobramento prejuízo ou potencialidade de dano de caráter difuso. Trata-se de conduta perniciosa que alcança a sociedade como um todo, já que sempre atinge interesse coletivo.

O termo *consequências do crime* é bastante genérico e amplo, compreendendo em seu bojo qualquer alteração pessoal, pública, patrimonial, familiar, social, causada pela prática infração típica.

Relativamente ao **comportamento da vítima**, deve o magistrado examinar se a vítima concorreu para o crime mediante provocação para que a prática do delito ocorresse, por ter ela personalidade insuportável, por ser criadora de caso, por ser atrevida, por ser irritante e outros assemelhados.

Dessa maneira, havendo a contribuição do sujeito passivo para que fosse ele vítima do delito, haverá menor reprovabilidade da conduta do autor do fato punível.

Tendo em vista o sistema trifásico adotado pelo Código Penal, o magistrado está obrigado a analisar todas as variáveis do art. 59 do predito *Codex*. Trata-se de formalidade essencial para a validez da sentença como ato jurídico[89], sob pena de nulidade[90].

Deve-se concluir, por tudo o que foi exposto, que o legislador ordinário cumpriu de maneira satisfatória o encargo a ele atribuído pelo constituinte no que diz respeito à regulamentação da individualização da pena. Assim sendo, quando do édito condenatório, o encarregado de fixar a *sanctio legis* nos limites mínimo e máximo abstratamente cominados no preceito penal de regência, deve ater-se, de forma rigorosa e fundamentada, a dados pessoais que informam a pessoa do condenado, aos elementos que gravitam em torno da prática delitiva, bem como daquele que foi vítima da incursão delituosa. Essas são as referências obrigatórias que devem ser observadas pelo magistrado para que,

---

89 *RT* 622/345.
90 *RT* 612/301, 671/299 e 712/461.

298 GARANTIAS FUNDAMENTAIS NA ÁREA CRIMINAL

dessa forma, faça cumprir os ditames constitucionais da individualização da *sanctio legis* concretamente aplicada.

Pela inteligência prestada ao dispositivo contido no art. 59 do Código Penal, ainda dentro do critério da individualização da pena, cumpre ao juiz fixar o regime inicial de seu cumprimento, podendo ser o fechado (pena superior a oito anos); semiaberto (condenado não reincidente, cuja pena seja superior a quatro anos e não exceda a oito); aberto (condenado não reincidente, cuja pena seja igual ou inferior a quatro anos) (art. 33, § 2º, *a*, *b*, *c*). Mostra-se necessário o estabelecimento do regime inicial do cumprimento da reprimenda legal em face do sistema de progressão de regime adotado pela legislação penal pátria.

A substituição da pena privativa de liberdade também se integra no amplo conceito da individualização da pena, sendo certo que nessa modalidade de sanção penal é integralmente permitida a substituição da pena privativa de liberdade (corporal) pela restritiva de direitos (arts. 43 e segs. do CP).

No pertinente à individualização executória da pena, assenta José Frederico Marques que

> É a que se opera na fase do cumprimento da sanção imposta pelo juiz. Ela se realiza através do tratamento penitenciário adotado pelo legislador e das providências complementares que sucedem muitas vezes à sentença de condenação. Para Siracusa, é no campo da execução da pena que o "princípio da individualização da pena se afirma como conquista admirável da legislação moderna"[91].

Conforme preceito encartado no art. 5º da Lei n. 7.210, de 11 de julho de 1984, "os condenados serão classificados, segundo os seus antecedentes e personalidade, para orientar a individualização da execução penal". Portanto, pelo contido na Exposição de Motivos da Lei de Execução Penal,

> A classificação dos condenados é requisito fundamental para demarcar o início da execução científica das penas privativas de liberdade. Além de constituir a efetivação de antiga norma geral do regime penitenciário, a classificação é o desdobramento lógico do princípio da *personalidade da pena*, inserido entre os direitos e garantias constitucionais. A exigência dogmática da *proporcionalidade da pena* está igualmente entendida no processo de classificação, de modo que a cada sentenciado, conhecida a sua personalidade e analisado o fato cometido corresponda o tratamento penitenciário adequado (n. 26).

---

91 *Curso de direito penal*, p. 240.

CAPÍTULO 4 – GARANTIAS PENAIS   **299**

Para efeito da classificação a que se está referindo, que se volta à individualização na execução da reprimenda legal, é de suma importância o denominado exame criminológico "seja para efeito da classificação citada, seja para os fins de progressão do regime prisional, consistente na constatação médico-psicológica e social do delinquente"[92].

Pelas normas contidas na Lei de Execução Penal, será (obrigatoriedade) submetido ao exame o condenado que tiver de cumprir pena privativa de liberdade em regime inicialmente fechado (art. 8º, *caput*). Para aquele que tiver de cumprir a reprimenda legal inicial em regime semiaberto, é facultado a realização do exame objeto de considerações (art. 8º, parágrafo único, da LEP).

Sob outro ângulo analítico, verte como elemento de prova para fins da classificação que está sendo dissertada

> o *exame da personalidade* que se obtém através de um estudo social, só se consegue de maneira empírica pelo próprio juiz, quando deve atender à culpabilidade, aos antecedentes, à conduta social, à personalidade do agente, aos motivos, às circunstâncias e consequências do crime para a fixação da respectiva pena[93].

Resulta da lição exposta o que precedentemente se afirmou sobre a integração, para efeito de individualização da *sanctio legis*, de todas as suas fases que estão sendo apontadas e analisadas e da real e singular importância da observância dos vetores contidos no art. 59 do Código Penal, que não só são empregados para determinar o regime inicial de cumprimento da reprimenda legal a cargo do juiz do processo de conhecimento de natureza condenatória, bem como para classificação (individualização) do condenado para efeito da respectiva execução que ficará, como regra, a cargo de outro magistrado (competência funcional pelas fases do processo).

Na linha doutrinária por ele abraçada, Julio Fabbrini Mirabete, quando aborda o assunto jurídico sob o título de "Individualização da Pena e Classificação dos Condenados", deixa assente que

> é norma constitucional, no Direito brasileiro, que "a lei regulará a individualização da pena" (art. 5º, LVI, 1ª parte, da CF). A individualização é uma das chamadas garantias repressivas, constituindo postulado básico de justiça. Pode ela ser determinada no plano legislativo, quando se estabelecem e disciplinam-se as sanções cabíveis nas várias espécies delituosas (individualização *in abstrato*), no

---

92 MOSSIN, Heráclito Antônio; MOSSIN, Júlio César de O. G. *Execução penal*: aspectos processuais, p. 21.
93 NOGUEIRA, Paulo Lúcio. *Comentários à Lei de Execução Penal*, p. 10.

300 GARANTIAS FUNDAMENTAIS NA ÁREA CRIMINAL

plano judicial, consagrada no emprego do prudente arbítrio e discrição do juiz, e no momento *executório*, processada no período de cumprimento da pena e que abrange medidas judiciais e administrativas, ligadas ao regime penitenciário, à suspensão da pena, ao livramento condicional etc.[94]

Não se pode perder de horizonte que, se, de um lado, a pena tem caráter retributivo, de outro ela também ostenta cunho reeducativo, de reinserção social.[95] Com efeito, aponta Renato Marcão que

> A execução penal deve objetivar a integração social do condenado ou internado, já que adotada a teoria mista ou eclética, segundo a qual a natureza retributiva da pena não busca apenas a prevenção, mas também a humanização. Objetiva-se, por meio da execução, punir e humanizar[96].

É ponto pacífico na linha do Estado democrático de direito que o fator humanização, que se prende aos direitos humanos, é consagrado em todos os países democráticos. É esse tratamento direcionado, de forma notória, a todo aquele que pratica infração típica, quer esteja sendo objeto de persecução criminal, quer esteja em fase de cumprimento da pena, o que aliás, já foi aqui pontilhado.

Enfim, o princípio da classificação dos presos, que se encontra inserido nas Regras Mínimas para Tratamento do Preso da ONU (n. 8) e do Conselho da Europa (n. 7), constitui proposição fundamental da garantia constitucional da individualização da pena.

Complementando o inciso *sub examine*, o legislador constituinte também deixa a critério do legislador ordinário regular a matéria envolvendo: a) privação ou restrição da liberdade; b) perda de bens; c) multa; d) prestação social alternativa; e) suspensão ou interdição de direitos.

Relativamente à "privação ou restrição de liberdade", a matéria legislativa foi tratada pelo Código Penal nos arts. 32 e seguintes.

Em consonância com o art. 32 do mencionado *Codex*, as penas se classificam em privativas de liberdade (corporais), restritivas de direitos e multa.

Pela sistemática eleita pelo Código Penal, não mais se distinguem as penas em principais e acessórias. Todas elas, independentemente de sua natureza, são tidas como principais.

---

94 *Execução penal*, p. 48.
95 MOSSIN, Heráclito Antônio; MOSSIN, Júlio Cesar de O. G. *Execução penal*: aspectos processuais, p. 16.
96 *Curso de execução penal*, p. 1.

Alusivamente às penas privativas de liberdade, a que o texto constitucional faz menção de *privação da liberdade*, o objetivo primário dessa modalidade de sanção é retirar do condenado o direito de liberdade corpórea de ir, vir e ficar.

Portanto, uma vez aplicada sanção dessa natureza, o condenado tem sua liberdade limitada, embora, a rigor, possa não ser encarcerado em virtude de algum benefício legal, a exemplo do que acontece com o *sursis* (suspensão condicional da pena) ou com sua substituição por sanção restritiva de direitos.

Essa modalidade de sanção penal se divide em reclusão, detenção e prisão simples.

De modo bastante sumário, a pena de reclusão é cominada para as infrações penais mais graves. Aquelas que ofendem de maneira mais contundente os bens jurídicos tutelados pela norma penal sancionatória, notadamente quando a infração é praticada mediante o uso do dolo em quaisquer de suas modalidades. Há, aqui, a presença de maior reprovabilidade social.

A pena de detenção é reservada para as transgressões penais menos graves, não só relativamente à espécie de bem-interesse tutelado pela norma penal, mas também levando-se em consideração o elemento subjetivo no tipo penal, que no caso é a culpa, em quaisquer de suas formas. A reprovação social, pela ótica do legislador, é mais suave.

É importante ressaltar, tendo por via de consideração o aspecto da execução da pena, que também se integra na denominada individualização da reprimenda legal, que o tipo da pena é fundamental para estabelecer o regime inicial de sua execução.

De forma procedente, Guilherme de Souza Nucci enumera as diferenças básicas e fundamentais das penas corporais: "(a) – A reclusão é cumprida inicialmente nos regimes fechado e semiaberto e aberto; a detenção somente pode ter início no regime semiaberto (art. 33, *caput*, do CP) [...]"[97].

Em se cuidando da pena de reclusão, esta pode ser inicialmente cumprida em regime fechado, semiaberto e aberto, conforme regras legais que serão posteriormente examinadas.

Tratando-se de pena de detenção, esta terá seu início de cumprimento em regime semiaberto ou aberto. Portanto, em hipótese alguma essa modalidade de reprimenda legal pode ser iniciada em regime fechado.

Por força do que dispõe a segunda parte do preceito comentado, a pena de detenção será cumprida em regime semiaberto ou aberto "salvo necessidade de transferência a regime fechado". Portanto, não se aplica o regime fechado

---

97 *Código Penal comentado*, p. 317.

àquele que foi condenado a detenção, pois "o art. 33 do CP exclui expressamente o regime inicial fechado para o cumprimento de pena detentiva"[98].

No que diz respeito à prisão simples, esta fica reservada à punição envolvendo contravenção penal.

Ao lado das penas privativas de liberdade, há aquelas denominadas restritivas de direitos. Considerando que a prisão somente pode ser recomendada em casos de suma gravidade, nos demais casos de menor gravidade serão estipuladas outras penas substitutivas das privativas de liberdade, tais como as restritivas de direitos.

Assinala Celso Delmanto que

> a prisão é uma medida extrema que deve ser aplicada somente para criminosos violentos, que representam efetivo perigo para a sociedade. Para os crimes menos graves, deve ser evitada por levar à total desagregação do sujeito em relação à sua comunidade. Isso porque, com o isolamento prisional do condenado, ele é retirado não só do convívio social (como clara medida de neutralização), mas também privado do "tempo social", deixando, enquanto preso, de participar da evolução e da história daquela comunidade. Se e quando retorna, é um estranho, por vezes não mais reconhecido pelos outros[99].

Com certeza, levando em consideração o estágio atual do sistema prisional, não só do ponto de vista pedagógico, bem como de acomodação física, ressalvados os estabelecimentos que cumprem a finalidade da execução da pena privativa de liberdade individual, não é recomendável que os condenados com reprimendas legais de pouca consideração tenham contato com aquele ambiente deletério, posto que podem de lá saírem contaminados.

Essas espécies de sanção podem ser classificadas em prestação pecuniária, perda de bens e valores, prestação de serviços à comunidade ou entidades públicas, interdição temporária de direitos e limitação de fim de semana (art. 43 do CP).

A pena de multa consiste na imposição do pagamento de um valor econômico àquele que cometeu a infração típica, de forma isolada, cumulativa ou alternativa, conforme dispuser o dispositivo sancionatório em que ela tem incidência (art. 49 do CP).

É oportuno observar que o legislador constituinte, no inciso que está sendo inspecionado, faz uso da seguinte expressão: "Privação ou restrição da liberdade". A conjunção alternativa "ou" deve ser interpretada com a devida

---

98 *RT* 781/559.
99 *Código Penal comentado*, p. 241.

reserva. Assim, pode ela significar que "privação" e "restrição" são a mesma coisa. Pode também conduzir a situação diversa.

Etimologicamente, "privação" é indicativa de supressão da liberdade corpórea, o que é compatível com as penas de reclusão, detenção e mesmo prisão simples.

Por sua vez, o sentido vocabular de "restrição" conduz ao sentido de limitação, que no campo do Direito é uma condição que a lei impõe ao livre exercício de um direito. Logo, "privação" e "restrição" possuem acepções diferentes, não se confundem.

Nessa ordem de consideração, em sentido amplo, a restrição não guarda nenhum liame com a pena privativa de liberdade, porém constitui uma espécie de pena restritiva de direitos, a exemplo do que acontece com a interdição temporária de direitos, a saber:

> I – proibição do exercício de cargo, função ou atividade pública, bem como de mandato eletivo; II – proibição do exercício de profissão, atividade ou ofício que dependam de habilitação especial, de licença ou autorização do poder público; III – suspensão de autorização ou de habilitação para dirigir veículo; IV – proibição de frequentar determinados lugares; V– proibição de inscrever-se em concurso, avaliação ou exame públicos (art. 47 do CP).

Assim sendo, o indivíduo nas condições precitadas não tem suprimida sua liberdade física, porém esta fica limitada às condições impostas pela lei quando da execução penal, já que não só as penas privativas de liberdade são objeto de execução, mas também o são as restritivas de direitos, bem como sua espécie, que é a interdição temporária de direitos.

Também foi delegado ao legislador ordinário disciplinar a "perda de bens", cujo preceito em espécie se encontra previsto no art. 43, II, c/c art. 45, § 3º, do Código Penal, que trata das penas restritivas de direitos.

O § 3º mencionado contém a seguinte redação:

> A perda de bens e valores pertencentes aos condenados dar-se-á, ressalvada a legislação especial, em favor do Fundo Penitenciário Nacional, e o seu valor terá como teto – o que for maior – o montante do prejuízo causado ou do provento obtido pelo agente ou por terceiro, em consequência da prática do crime.

A etimologia de "perda" tem o sentido de confisco (*confiscatio*), ou seja, de apreensão.

O legislador deixou expressamente definido o que pode ser objeto da apreensão judicial: "bens", que tem sentido amplo, compreendendo em seu bojo móveis e imóveis; e "valores", que podem compreender dinheiro, ações negociáveis em bolsas de valores, títulos da dívida pública.

O confisco, como é de evidência cristalina, somente pode incidir sobre os bens pertencentes ao autor da infração típica, quer estejam ou não em sua posse. Basta que ele tenha seu domínio, sua propriedade.

A exemplo do que acontece com o arresto (arts. 136 e 137 do CPP), o confisco pode incidir sobre qualquer bem do condenado adquirido licitamente.

A apreensão também pode incidir sobre bem conseguido com o provento do crime (*producta sceleris*), ou seja, com o proveito do delito, a exemplo da venda de bem furtado; de dinheiro conseguido com estelionato. A vantagem, *in casu*, pode ser fruída pelo condenado ou por terceiros, pois em nenhuma hipótese é retirada a ilegalidade que contamina a aquisição. É necessário se observar, por outro lado, que o produto ou valor que constitua proveito do crime pode ser devolvido ao lesado ou terceiro de boa-fé desde que haja pedido a respeito (art. 119 do CPP).

Nota-se, por outro lado, que o legislador não faz menção à apreensão do produto do crime para efeito de pena restritiva, mesmo porque, de regra, ele deve ser devolvido a seu proprietário ou terceiro de boa-fé. O legislador, no dispositivo examinado, não faz alusão aos instrumentos do crime (usados para a prática delitiva).

Como regra, o valor dos bens confiscados é destinado ao Fundo Penitenciário Nacional, ressalvada previsão outra encontrada em legislação especial, a exemplo do Fundo Nacional Antidrogas (Funad). Devem ser incluídos na ressalva bens e valores que devem ser destinados ao lesado ou terceiro de boa-fé, conforme disposição expressa no inciso II do art. 91 do Código Penal.

O valor do bem objeto do confisco deve ser medido tendo em linha de consideração o *quantum* do dano causado em virtude da prática delitiva ou, então, o valor do lucro conseguido como decorrência da incursão típica (provento).

A multa, também prevista no dispositivo constitucional comentado, teve sua regulamentação diferida ao legislador ordinário, o que foi objeto de disciplinamento pelo art. 49 do Código Penal:

A pena de multa consiste no pagamento ao fundo penitenciário da quantia fixada na sentença e calculada em dias-multa. Será, no mínimo, de 10 (dez) e, no máximo, de 360 (trezentos e sessenta) dias-multa. § 1º O valor do dia-multa será fixado pelo juiz não podendo ser inferior a um trigésimo do maior salário mínimo mensal vigente ao tempo do fato, nem superior a 5 (cinco) vezes esse salário. § 2º O valor da multa será atualizado, quando da execução, pelos índices de correção monetária.

A pena pecuniária propicia várias vantagens: respeita a personalidade do condenado, preservando-o do cárcere; não lhe atinge a dignidade nem o estigmatiza perante a comunidade, pois a pena de multa não tem conotação infamante, não afasta o condenado de sua família e não acarreta ônus para o Estado.

Anota Sebastián Soler que "modernamente, a pena de multa tem alcançado grande desenvolvimento, pois apresenta a vantagem de substituir, com eficácia, muitas penas privativas de liberdade de curta duração"[100].

De outro lado, em tema de caráter retributivo e educativo, a sanção pecuniária também apresenta sua eficácia, posto que reduz economicamente o patrimônio do condenado, bem como serve de estímulo para que este não volte a delinquir.

A pena de multa, na legislação atual, é tida como principal. Tem ela, em nível nacional, a mesma posição das demais reprimendas.

Lembra Edmundo Mezger que "a pena pecuniária é a única pena contra o patrimônio, porém se pode aplicar também junto com outras penas"[101].

Aduz, por sua vez, Giuseppe Santaniello que a multa é uma pena pecuniária principal, prevista para o delito, seja em via exclusiva, seja em via alternativa com a pena detentiva, seja cumulativamente com a detentiva.[102]

Na sistemática penal nacional, a sanção pecuniária pode ser cominada de forma isolada, alternada ou cumulada.

Do ponto de vista conceitual, a multa é a obrigação imposta ao condenado de pagar ao Estado certa soma em dinheiro ou "o pagamento de uma soma"[103].

De maneira bastante sucinta e objetiva, devem ser feitas algumas considerações em torno do valor da pena de multa, centradas em garantias constitucionais.

Evidentemente, a pena pecuniária, como qualquer outra modalidade de sanção, deve ater-se aos princípios da anterioridade e da legalidade, os princípios da reserva legal: "Não há pena sem prévia cominação legal" – *Nullum crimen, nulla poena sine praevia lege* (art. 1º, segunda parte, do CP). E, como

---

100 *Derecho penal argentine*, v. 2, p. 438.
101 *Derecho penal*: Parte General, p. 357.
102 *Manuale di diritto penale*, p. 265.
103 ANTOLISEI, Francesco. *Manual de derecho penal*: Parte General, p. 507. No mesmo sentido: FLORIAN, Eugenio. *Trattato di diritto penale*. Dei reati e delle pene in generale, v. 1, p. 143; PADOVANI, Tullio. *Diritto penale*, p. 397.

306 GARANTIAS FUNDAMENTAIS NA ÁREA CRIMINAL

se isso não bastasse, o valor em questão também é critério de individualização da pena de multa, principalmente levando-se em consideração a regra relativa à situação econômica no réu (art. 60, *caput*, do CP).

O dia-multa, nos termos do art. 49, *caput*, do Código Penal, deve ser entendido como a unidade de cálculo que o juiz fixa como sanção nos limites previstos no regramento legal comentado que é, no mínimo, de 10 e, no máximo, de 360. Portanto, para efeito de cálculo, devem ser obedecidos pelo juiz quando da sentença o patamar mínimo e o máximo legislativamente fixado.

Por sua vez, o valor do dia-multa será fixado pelo juiz, não podendo ser inferior a um trigésimo do maior salário mínimo mensal vigente ao tempo do fato, nem superior a cinco vezes esse salário (art. 49, § 1º, do CP).

Pelos dizeres normativos encontrados neste preceito de regência, em conformidade com o princípio da legalidade, o juiz, quando do pronunciamento jurisdicional, não pode fixar o valor mínimo da sanção patrimonial aquém de um trigésimo, ou seja, que corresponda a cada uma das trinta partes em que pode ser dividido o maior salário-mínimo em vigência quando da prática da infração penal; bem como é-lhe vedado, também, determinar o valor máximo da sanção patrimonial além do limite de 360 dias-multa.

Ademais, também como mecanismo de individualização da pena, repetindo o que já foi mencionado de passagem, por expressa disposição de cunho normativo encontrada no art. 60, *caput*, do Código Penal, o juiz deve levar em consideração na fixação da pena de multa, principalmente, a situação financeira do réu. Assim é que, em decorrência dela, a multa pode ser aumentada a até o triplo (art. 46, § 1º, do CP).

Outra previsão encontrada no inciso constitucional examinado diz respeito à "prestação social alternativa", que se encontra disciplinada nos arts. 44 e 46 do Código Penal.

A expressão "prestação social alternativa" diz respeito às penas restritivas de direito que, além de serem autônomas, substituem as privativas de liberdade, conforme preceito encartado no art. 44 do Código Penal.

O legislador de forma precisa previu em quais situações a mencionada troca pode ser efetivada.

No inciso I do mencionado regramento legal, sendo aplicada pena privativa de liberdade não superior a quatro anos se o crime não for cometido com violência ou grave ameaça à pessoa ou, qualquer que seja a pena aplicada, se o crime for culposo.

Rigorosamente, somente quando a pena aplicada tiver como resultante o patamar de até quatro anos, o juiz do processo de conhecimento deverá proceder à substituição da pena corporal pela restritiva de direitos. Por outro lado, não basta unicamente, para a troca em questão, que a reprimenda legal tenha sido determinada no patamar acima mencionado, mas que concorrente a ela o crime tenha sido praticado sem violência contra a pessoa (inciso I, segunda parte).

Em outros termos, se o delito pelo qual houve condenação tiver sido praticado com violência ou grave ameaça à pessoa, tal substituição não terá cabimento.

O termo "violência", empregado pelo legislador penal na norma de regência, é a denominada *vis corporalis*, ou seja, violência real, aquela que é produzida fisicamente, a exemplo das lesões corporais (art. 129 do CP).

A "grave ameaça" compreende a *vis compulsiva*. Tem ela cunho moral. Ela se aperfeiçoa quando há constrangimento ilegal sobre a pessoa, a exemplo do roubo (art. 157, *caput*, do CP); esbulho possessório (art. 161, § 1º, I, do CP); ou constrangimento ilegal (art. 146, *caput*, do CP). É de se observar, por outro lado, que há delito em que o legislador somente faz menção à "ameaça", a exemplo do que acontece com o crime de ameaça, contido no art. 147 do Código Penal.

Diante disso é forçoso convir que, em hipótese semelhante à do fato típico exemplificado, é permitida a substituição examinada, já que o legislador, como visto, faz menção expressa à grave ameaça. Logo, deve-se concluir que existe diferença quantitativa entre "grave ameaça" e "ameaça", já que esta última hipótese de violência moral não comporta a gravidade. Assim, independentemente de a pena efetivamente aplicada estar compreendida no *quantum* de até quatro anos, a substituição, em nenhuma hipótese, poderá ser viabilizada.

Tratando-se de crime culposo, qualquer que seja sua modalidade e independentemente do montante da pena aplicada (requisito objetivo), desde que a "culpabilidade, os antecedentes, a conduta social e a personalidade do condenado, bem como os motivos e as circunstâncias indicarem que essa substituição seja suficiente" (requisito subjetivo – art. 44, III, do CP), a substituição da pena privativa de liberdade pela restritiva de direitos será admitida.

Outra situação de ordem legal que veda a substituição da pena corporal pela restritiva de direitos ocorre quando o condenado for "reincidente em crime doloso", nos cânones do inciso II do preceito comentado. É a regra.

Nota-se que o legislador, ao fazer menção à recidiva em crime doloso, não proíbe a substituição analisada quando esta ocorrer em termos de crime culposo. Além disso, não se exige a ocorrência da reincidência específica.

A sanção penal, no âmbito geral, sempre visa não só à retribuição, bem como tem como propósito, inclusive em sede de execução penal, conforme já exposto, a ressocialização do condenado.

Diante disso, o condenado que praticou anteriormente crime doloso e, posteriormente, veio a cometer esse mesmo tipo de delito, após o trânsito em julgado formal da sentença que acolheu a pretensão punitiva pública ou privada, não merece, absolutamente, o benefício da troca objeto de considerações.

De outro lado, a vedação abordada é mitigada na forma estabelecida pelo § 3º do art. 44 do regramento legal telado, *in verbis*: "Se o condenado for reincidente, o juiz poderá aplicar a substituição desde que, em face de condenação anterior, a medida seja socialmente recomendável e a reincidência não se tenha operado em virtude da prática do mesmo crime".

Pelo dispositivo, que se constitui em uma exceção ou regra especial sobre o inciso II, mesmo que tenha sido constatada a reincidência, pode ainda assim ser concedida a troca da pena corporal pela restritiva de direitos.

Nota-se que a recidiva prevista é a geral, não podendo ser considerada a específica, ou seja, aquela que diga respeito ao mesmo crime: "Para a reincidência genérica em crime doloso, a substituição é cabível uma vez presentes os requisitos legais, enquanto para a reincidência específica em crime doloso ela não é permitida"[104].

No pertinente à matéria envolvendo a reincidência, não se pode deixar de considerar o normatizado no art. 64, I, do Código Penal, *verbo ad verbum*:

> Para efeito de reincidência, não prevalece a condenação anterior, se entre a data do cumprimento ou extinção da pena e a infração posterior tiver decorrido período de tempo superior a 5 (cinco) anos, computado o período de prova da suspensão ou do livramento condicional, se não ocorrer revogação.

Na esteira do que pode ser interpretado do texto legal copiado, os efeitos da condenação não podem ser eternos. Assim é que, vencido o termo de cinco anos da data do cumprimento da reprimenda legal ou da extinção da pena advinda da condenação, a situação de recidiva não mais prevalece em relação ao delito praticado subsequentemente. Isso ocorrendo, o agente volta à situação de primário. Esse dispositivo se justifica plenamente, uma vez que, tendo em vista o que se encontra sublinhado no correr deste trabalho, um dos fins da pena é a ressocialização do infrator da norma sancionatória. Assim, o legislador considera que, completados cinco anos dentro dos marcos mencionados, se o indivíduo não voltar a delinquir, isso implica reconhecer que ele se recuperou e, como prêmio – trata-se de política criminal –, deve retornar à situação de primário.

---

104 DELMANTO, Celso. *Código Penal comentado*, p. 247.

CAPÍTULO 4 – GARANTIAS PENAIS 309

Essa situação de primariedade, como não poderia deixar de ser, tem ampla aplicação no campo da substituição da pena privativa de liberdade pela restritiva de direitos. Por outro lado, não basta a presença dos requisitos até agora analisados, que se encontram inseridos nos incisos I e II e § 3º do comando normativo esquadrinhado, para que a substituição seja efetiva, porquanto o legislador também exige a configuração de alguns requisitos subjetivos: "A culpabilidade, os antecedentes, a conduta social e a personalidade do condenado, bem como os motivos e as circunstâncias indicarem que essa substituição seja suficiente". Enfim, devem também ser levadas em consideração as circunstâncias judiciais contidas no art. 59 do Código Penal.

Com alusão à "suspensão ou interdição de direitos", o legislador penal cuidou desse assunto jurídico no art. 47, já transcrito. De maneira sucinta, no que diz respeito ao dizeres contidos no inciso I, cargo público na técnica do direito administrativo designa todo emprego ocupado em repartição ou estabelecimento público. Função pública, no mesmo campo, é designação dada especialmente à função que emana do Poder Público e outorgada para desempenhar encargo de ordem pública ou referente à administração pública.

A atividade pública tem sentido abrangente, compreendendo os serviços e negócios públicos, sejam de ordem meramente administrativa ou de ordem política.

Por seu turno, mandato eletivo é a atividade exercida por aqueles que foram escolhidos por meio de voto popular, em nível de chefia executiva municipal, estadual e federal, bem como aqueles que ocupam função legislativa, a exemplo de vereadores, deputados estaduais, federais e senadores.

Com pertinência ao inciso II, trata-se da proibição temporária do exercício de profissão, atividade ou ofício, como de advogado, médico, professor, despachante, corretor, a exemplo da proibição temporária do exercício de cargo, função ou atividade pública e de mandato eletivo.

Com atinência ao inciso III em espécie, deve ser observado o conteúdo normativo do art. 292 do Código de Trânsito Brasileiro: "A suspensão ou a proibição de se obter a permissão ou a habilitação para dirigir veículo automotor pode ser imposta como penalidade principal, isolada ou cumulativamente com outras penalidades".

Verifica-se, à luz do precitado Código, que relativamente aos crimes culposos de trânsito o legislador previu não só a sanção privativa de liberdade individual e pecuniária, como ainda a suspensão ou proibição, conforme as modalidades reproduzidas.

Diante disso, é forçoso convir que o art. 57 do Código Penal – prevendo que "a pena de interdição prevista no inciso III do art. 47 deste Código aplica-

-se aos crimes culposos de trânsito" –, particularmente nesse caso, foi tacitamente revogado pelo art. 292 do Código de Trânsito Brasileiro. É o que resulta da combinação dos dispositivos precitados.

Há de se observar, por outro lado, que a revogação telada só tem incidência nos crimes culposos de trânsito praticados na direção de veículo automotor, não incidindo em outras hipóteses em que se exige habilitação para dirigir veículo.

A expressão "veículo" compreende, genericamente, todo instrumento ou aparelho que, dotado de certos requisitos, serve ao transporte de coisas ou pessoas de um para outro lugar, tais como: carros, caminhões, camionetas, furgões, ônibus, bicicletas, carruagem, trólebus, barcos, aviões, entre outros.

Com referência ao inciso IV, no concernente à proibição abordada, que também integra a interdição temporária de direitos, deve o magistrado da execução especificar os locais que o condenado não pode frequentar. Seguindo a tônica das demais restrições, essa limitação deve guardar pertinência com a modalidade de delito praticado, bem como com a pessoa do autor da infração típica. Por exemplo, se o indivíduo foi condenado porque praticou delito no interior de um estádio de futebol, deve ele ficar proibido de frequentar aquele lugar pelo tempo de duração da pena corporal (art. 55 do CP).

Ad conclusam, a suspensão ou interdição de direitos a que faz alusão o legislador constituinte é o que restou dissertado.

Preceitua o inciso XLVII do art. 5º da Constituição que não haverá penas: "*a)* de morte, salvo em caso de guerra declarada, nos termos do art. 84, XIX; *b)* de caráter perpétuo; *c)* de trabalhos forçados; *d)* de banimento; *e)* cruéis".

Do ponto de vista da pena de morte no Brasil, teve grande predominância no Código Criminal de 1830, o primeiro Código Penal brasileiro, sancionado poucos meses antes da abdicação de D. Pedro I, em 16 de dezembro de 1830. Vigorou de 1831 até 1891, quando foi substituído pelo Código Penal dos Estados Unidos do Brasil (Decretos n. 847, de 11 de outubro de 1890, e n. 1.127, de 6 de dezembro de 1890).

Consoante dizeres normativos inseridos no art. 38 do supradito Diploma legal: "A pena de morte será dada na forca".

Está assinalado na história que a última execução determinada pela Justiça civil brasileira foi a do escravo Francisco, em Pilar, Alagoas, em 28 de abril de 1876. A última execução de um homem livre foi – provavelmente, pois não há registros de outras – a de José Pereira de Sousa, condenado pelo júri de Santa Luzia, Goiás, e enforcado no dia 30 de outubro de 1861. Até os últimos anos do Império, o júri continuou a condenar pessoas à morte, ainda que, a partir do ano de 1876, o imperador comutasse todas as sentenças de punição capital, tanto de homens livres como de escravos.

CAPÍTULO 4 – GARANTIAS PENAIS 311

Todavia, a prática só foi expressamente abolida para crimes comuns após a Proclamação da República. A pena de morte continuou a ser cominada para certos crimes militares em tempos de guerra.

Em conformidade com o que se encontra expresso no § 21 do art. 72 da Constituição Republicana de 24 de fevereiro de 1891: "Fica igualmente abolida a pena de morte, reservadas as disposições da legislação militar em tempo de guerra".

A Constituição do Estado Novo, outorgada em 10 de novembro de 1937 por Getúlio Vargas, admitiu a possibilidade de se instituir, por lei, a pena de morte para outros crimes além de militares cometidos em tempo de guerra. O Decreto n. 4.766, de 1º de outubro de 1949, instituiu a pena capital como pena máxima para inúmeros "crimes militares e contra a segurança do Estado". A lei retroagia à data do rompimento de relações do Brasil com o Eixo, em janeiro de 1942, e, nesse caso de retroação, não se aplicaria a pena de morte.

Durante o regime militar, a Lei de Segurança Nacional, decretada em 29 de setembro de 1969 (e revogada pela nova Lei de Segurança, de 17 de dezembro de 1978) estabeleceu a pena capital para vários crimes de natureza política quando deles resultasse morte. Alguns militantes da esquerda armada até foram condenados à morte, mas suas penas foram comutadas pelo Superior Tribunal Militar em prisão perpétua. Não houve, assim, qualquer execução legal; mas, como se sabe, mais de trezentos militantes foram assassinados antes mesmo de terem a oportunidade de serem julgados, segundo informações coletadas durante anos de trabalhos por comissões de anistia e direitos humanos oficialmente reconhecidas pelo Estado brasileiro.

A pena de morte foi abolida para todos os crimes não militares na Constituição de 1988 (art. 5º, XLVII). Atualmente, é prevista para crimes militares somente em tempos de guerra (no entanto, vale notar que o País não se engajou em um grande conflito armado desde a Segunda Guerra Mundial). O Brasil é o único país de língua portuguesa que prevê a pena de morte na Constituição. Observa com certa percuciência José Afonso da Silva que

Executar alguém já dominado pela prisão constitui uma bárbara covardia, seja isso um mero ato arbitrário da Polícia – que não raro ocorre –, seja um ato formalmente legal. Não há muita diferença entre essas duas formas de eliminar alguém. O suplício nunca melhorou a qualidade dos homens; mais o revolta, porque nele nunca se traduz um princípio de autêntica justiça. Atrás da postulação da pena de morte sempre estará a ideia de vingança, e – o que é pior – de vingança particular por via de atuação do Poder Público[105].

---

105 *Comentário contextual à Constituição*, p. 148-9.

GARANTIAS FUNDAMENTAIS NA ÁREA CRIMINAL

Sem pretender discutir o caráter sociológico e religioso envolvendo a pena capital, que é a morte, e até mesmo os gravíssimos erros judiciários em nível mundial que recomendaram seu desemprego[106], a verdade incontrastável é que ela, na atualidade, se mostra incompatível com o Estado democrático de direito e com os próprios direitos humanos, que constituem as pilastras das normas e legislações constitucionais, incluindo, como é de notória evidência, a brasileira. Em decorrência disso, o legislador constituinte, como regra, elevou à categoria de dogma, de garantia, a não permissibilidade da pena de morte.

Excepcionalmente, seguindo mesmo a tradição nacional, previu-se a pena capital, que jamais foi executada, quando acontecer guerra declarada (art. 84, XIX, da CF).

A forma de execução da pena capital está regulamentada pelo Código Penal Militar (CPM): "Art. 56. A pena de morte é executada por fuzilamento". Ademais, conforme preceito estampado no art. 57 do referido diploma militar: "A sentença definitiva de condenação à morte é comunicada, logo que passe em julgado, ao Presidente da República, e não pode ser executada senão depois de sete dias após a comunicação".

Ainda, tendo em linha de consideração o que se encontra normatizado no parágrafo único do supradito dispositivo penal, "se a pena é imposta em zona de operações de guerra, pode ser imediatamente executada, quando o exigir o interesse da ordem e da disciplina militares".

De outro lado, em termos de legislação constitucional, restou consignado na Carta Política Federal, na qualidade de cláusula pétrea, que não haverá pena "de caráter perpétuo" (art. 5º, XLVIII, b).

Um dos grandes estorvos relacionados com o tipo de sanção tratado está em que ele impossibilita a recuperação do preso, uma vez que este não tem a esperança de retorno ao convívio social.

Nos lindes do direito penal brasileiro, à luz do que se encontra disciplinado pelos arts. 34, 35 e 36, o legislador consagrou o regime de progressão de cumprimento da pena com início no fechado, passando pelo semiaberto, aberto e chegando no livramento condicional.

Um dos elementos de caráter subjetivo indicativo do merecimento da passagem de um regime mais gravoso para um mais benéfico é o do merecimento, tendo em vista principalmente o comportamento carcerário do preso. Em tese, a progressão de regime implica entender que o detento está se ressocializando, o que é o escopo buscado pelo legislador pátrio, e, *ex abundantia*, dificilmente aconteceria se a pena fosse perpétua.

---

106 MOSSIN, Heráclito Antônio. *Revisão criminal no direito brasileiro*, p. 21.

CAPÍTULO 4 – GARANTIAS PENAIS   **313**

Tendo por suporte o princípio da proporcionalidade, de ampla aplicação no direito penal pátrio, o legislador limitou o máximo de duração da pena em trinta anos: "O tempo de cumprimento das penas privativas de liberdade não pode ser superior a 30 (trinta) anos" (art. 75, *caput*, do CP).

Com efeito,

> o que se encontra normatizado se mostra compatível com garantia constitucional, uma vez que pelos dizeres normativos encontrados no art. 5º, XLVII, *b*, da Magna Carta da República, *verbis*: "não haverá penas: de caráter perpétuo". A limitação estabelecida elo legislador tem fim pedagógico, porquanto estimula o encarcerado a procurar com disciplina cumprir o mais rapidamente as fases da pena (progressão de regime prisional), para alcançar sua liberdade e seu retorno ao convívio social, presumivelmente ressocializado[107].

Quanto aos trabalhos forçados, igualmente proibidos pelo legislador constituinte, é implicativo de espécie de pena instituída para certos crimes, com conotação aflitiva e infamante, que conduzem ao desnobrecimento de quem os realiza. Trata-se, de forma inescusável, de sanção que macula a personalidade, a dignidade da pessoa humana, privando-a da honra, o que não é mais concebido pelas legislações adotadas por países civilizados.

A Magna Carta da República obsta, outrossim, a pena de banimento, cujo emprego era bastante comum sob a égide do Código Penal Imperial (1830), sendo certo que dispunha em seu art. 50: "A pena de banimento privará para sempre os réus dos direitos de cidadão brasileiro, e os inibirá perpetuamente de habitar o território do Império – Os banidos, que voltarem ao território do Império, serão condenados à prisão perpétua".

A expressão "banido", originária do *banir* (do latim *banire*), tem, na linguagem jurídica, o mesmo sentido que sempre estivera anotado nas Ordenações à pessoa que, sofrendo pena de banimento, é condenada a sair do país com proibição de retornar a ele. É equivalente a *exilado*.

Assim sendo, banimento se diz da pena imposta a alguém para sair do país em que se encontra, com a proibição de voltar a ele, enquanto durar a pena, no caso do banimento temporário; ou então não mais retornar, quando se cuidar de banimento perpétuo.

---

107 MOSSIN, Heráclito Antônio; MOSSIN, Júlio Cesar de O. G. *Comentários ao Código Penal*: à luz da doutrina e da jurisprudência – doutrina comparada, p. 422.

GARANTIAS FUNDAMENTAIS NA ÁREA CRIMINAL

Com o advento da Constituição da República dos Estados Unidos do Brasil, nos termos do § 20 do art. 72, "fica abolida a pena de galés e a de banimento judicial".

Nas palavras de Alexandre de Moraes, "banimento ou desterro é a retirada forçada de um nacional do país, em virtude da prática de determinado fato no território nacional"[108].

O inciso esquadrinhado também não permite a utilização de penas cruéis, assim entendida toda sanção que determinar sofrimento, maltrato, que for impiedosa, desumana, bárbara.

Essa modalidade de sanção, que transgride e macula o princípio da humanidade, se mostra coibida desde os tempos do *Bill of Rights* (1689), do Direito inglês: "Que não devem ser exigidas cauções demasiadamente elevadas. Não devem ser aplicadas multas excessivas, nem infligidas penas cruéis e fora do comum" (item 10).

A Constituição dos Estados Unidos da América, em sua Emenda n. VIII, aprovada em 25 de setembro de 1789 e ratificada em 15 de dezembro de 1791, normatizava que "não seriam exigidas cauções demasiadamente elevadas, nem aplicadas multas excessivas, nem infligidas penas cruéis ou aberrantes". Também no aspecto enfocado, determinava a Constituição de Portugal (1822), em seu art. 11: "Toda pena deve ser proporcionada ao delito; e nenhuma passará da pessoa do delinquente. Fica abolida a tortura, a confiscação de bens, a infâmia, os açoites, o baraço e pregão, a marca de ferro quente e todas as mais penas cruéis ou infamantes". No Brasil, quando havia a predominância da legislação reinol, verifica-se, na última delas, que foram as Filipinas, a pena de açoites e mutilações.

A Constituição Política do Império do Brasil, de 25 de março de 1824, ao disciplinar as "Garantias dos Direitos Civis e Políticos dos Cidadãos Brasileiros", deixou assentado em seu art. 179, XIX, o seguinte preceito:

A inviolabilidade dos Direitos Civis e Políticos dos Cidadãos Brasileiros, que tem por base a liberdade, a segurança individual e a propriedade, é garantida pela Constituição do Império, pela maneira seguinte: [...] XIX – desde já ficam abolidos os açoites, a tortura, a marca de ferro quente e todas as penas cruéis e infamantes.

---

108 *Constituição do Brasil interpretada*, p. 282.

Lendo-se atentamente a legislação trasladada, é possível perceber o imenso alcance que pode ser atribuído às denominadas penas cruéis, que, indubitavelmente, não podem ser aceitas e concebidas em hipótese alguma, em qualquer legislação civilizada que tende, escorreitamente, a proteger e tutelar qualquer princípio da humanidade.

A sanção penal, em qualquer que seja sua natureza, tipo de crime, reprovabilidade social dele decorrente e até mesmo as graves consequências suportadas pela vítima e pela sociedade, não pode ser de natureza a aviltar, a causar danos físicos às pessoas, como resposta do Estado a título de punição.

O conceito de penas cruéis deve ser verificado em sentido bastante amplo, compreendendo em seu bojo a tortura e os tratamentos desumanos e degradantes, que, inexoravelmente, revelam crueldade, indicativa de padecimento físico ou psíquico imposto de maneira avessa a qualquer modalidade de norma legislativa, já que não pode ser tido como existente qualquer comando legal que cause vexame àquele que o sofre. A impiedade e a inclemência não podem ter lugar nas nações civilizadas.

Arrematando o tema jurídico *sub examine* e aumentando sua expressão em termos de sanções que não mais merecem retornar ao seio da sociedade moderna, cumpre ainda lembrar alguns dispositivos do Código Imperial de 1830, para se ter uma melhor visão da multiplicidade de penas insustentáveis que estavam previstas em seu seio.

Assim é que o art. 51 previa que

A pena de degredo obrigará os réus a residir no lugar destinado pela sentença, sem poderem sair dele, durante o tempo, que a mesma lhes marcar. A sentença nunca destinará para degredo lugar, que se compreenda dentro da comarca, em que morar o ofendido.

Por seu turno, o art. 52 deixou sublinhada a seguinte regra jurídica:

A pena de desterro, quando outra declaração não houver, obrigará os réus a sair dos termos dos lugares do delito, da sua principal residência, e da principal residência do ofendido, e a não entrar em algum deles, durante o tempo marcado na sentença.

O art. 53 dispunha que "os condenados à galés, à prisão com trabalho, à prisão simples, a degredo ou a desterro, ficam privados do exercício dos direitos políticos de cidadão brasileiro, enquanto durarem os efeitos da condenação".

316 GARANTIAS FUNDAMENTAIS NA ÁREA CRIMINAL

Por sua vez, o art. 54 continha a seguinte regra:

> Os condenados à galés, à prisão com trabalho, ou à prisão simples, que fugirem das prisões; os degradados, que saírem do lugar do degredo, e os desterrados, que entrarem no lugar, de que tiverem sido desterrados, antes de satisfeita a pena, serão condenados na terça parte mais o tempo da primeira condenação.

É recomendável traçar algumas considerações em torno da pena de galés, palavra que se origina do grego bizantino *galés*, por meio do latim *galea* e do francês antigo *gallée*. No grego tem a significação de lugar ou banco de muitos assentos colocados em certas embarcações para que neles se sentassem os remadores.

Tornou-se hábito, no correr dos tempos, colocar condenados nos bancos dos remos para servirem de remadores das galés. Daí o surgimento dessa modalidade de sanção penal. Tais galés poderiam ser temporárias ou perpétuas.

De outro lado, encontra-se normatizado no inciso XLVIII do art. 5º da Constituição Federal que "a pena será cumprida em estabelecimentos distintos, de acordo com a natureza do delito, a idade e o sexo do apenado".

Em princípio, não bastaria a exigência da individualização da execução da pena corporal se não se estabelecesse um local que fosse ideal para o desconto pertinente, sempre buscando seu fim último, que é a ressocialização do preso.

A clara realidade do sistema prisional brasileiro, no entanto, converge no sentido de que essa garantia constitucional, na prática, não é adotada.

Nessa ordem de consideração, assiste plena razão a José Afonso da Silva quando promove a seguinte crítica:

> Exige-se que os estabelecimentos destinados ao cumprimento da pena sejam diferenciados em função da natureza do delito, da idade, do sexo do apenado. A diferenciação, portanto, não é arbitrária. Está vinculada a esses elementos objetivos (natureza do delito) e subjetivos (idade e sexo do condenado). Essas exigências constitucionais só se têm aplicado em relação ao sexo, separando os estabelecimentos prisionais *femininos* e *masculinos*. Os demais fatores não têm sido atendidos. A confusão e promiscuidade são a regra. Jovens delinquentes, inclusive os primários, são atirados às masmorras, tanto quanto a penitenciárias asseadas, de mistura com velhos e renitentes condenados. Que, não raro, passam a ser seus instrutores da vida criminosa[109].

---

109 *Comentário contextual à Constituição*, p. 150.

O legislador ordinário regulamentou a garantia constitucional enfocada na Lei n. 7.210, de 11 de julho de 1984 – Lei de Execução Penal (LEP), que se constitui o diploma encarregado de conter normas quanto aos locais e as condições de cumprimento da *sanctio legis* privativa de liberdade.

Diante disso, no Título IV do sobredito Diploma extravagante, há disposições normativas sobre os estabelecimentos penais.

Vários são os estabelecimentos prisionais, que são classificados, basicamente, conforme o tipo de regime de cumprimento da pena e sua gravidade.[110]

A penitenciária, nos pórticos do art. 87, *caput*, da LEP, "destina-se ao condenado à pena de reclusão, em regime fechado".

A mesma modalidade de estabelecimento prisional deverá albergar presos provisórios e condenados que estejam em regime fechado, sujeitos ao regime disciplinar diferenciado (RDD), que se encontra previsto no art. 52 da LEP.

O legislador, de forma expressa, no art. 88 do Diploma de regência, estabelece os requisitos que deve ter uma penitenciária: alojamento em cela individual que conterá dormitório, aparelho sanitário e lavatório.

Determina, de outro lado, os requisitos básicos da unidade celular: salubridade do ambiente pela concorrência dos fatos de aeração, insolação e condicionamento térmico adequado à existência humana e área mínima de seis metros quadrados.

Em se cuidando de penitenciária feminina, além dos requisitos mencionados, deve conter seção para gestante e parturiente e creche com a finalidade de assistir ao menor desamparado cuja responsável esteja presa.

Sensível à mulher que se encontra encarcerada, o legislador constituinte, no art. 5º, L, dispôs que "às presidiárias serão asseguradas condições para que possam permanecer com seus filhos durante o período de amamentação".

De maneira geral, não se pode deixar de considerar que, estando a mãe presa, seu encarceramento acaba atingindo a própria prole. Diante disso, o legislador procura suavizar esse problema e solucioná-lo dentro do possível, sem prejuízo do cumprimento da reprimenda legal e da própria recuperação da mulher que delinquiu.

Não obstante as previsões normativas mencionadas, que procuram estabelecer local de confinamento mais apropriado para o preso conseguir sua reabilitação, não se pode deixar de lado que o Estado não cumpre com as determinações legais, razão pela qual

---

110 MOSSIN, Heráclito Antônio; MOSSIN, Júlio César O. G. *Execução penal*: aspectos processuais, p. 76 e segs.

318 GARANTIAS FUNDAMENTAIS NA ÁREA CRIMINAL

no recinto das prisões, respira-se um ar de constrangimento, repressão e verdadeiro terror, agravado pela arquitetura dos velhos presídios em que há confinamento de vários presos em celas pequenas, úmidas, de tetos elevados e escassas luminosidade e ventilação[111].

De outro lado, por expressa previsão de cunho normativo, a penitenciária masculina deverá ser construída em local afastado do centro urbano, desde que tal distância não restrinja a visitação.

A razão pela qual o legislador fez essa previsão em torno do local da edificação do presídio masculino tem caráter de segurança da população instalada próximo ao estabelecimento prisional, mormente em se cuidando de motim, rebelião e fugas, que poderão causar situação de perigo real às pessoas da coletividade.

Nos termos do preceito processual penal transcrito, a penitenciária, que no fundo é estabelecimento prisional reservado basicamente aos condenados mais perigosos, de regra albergará aquele apenado com reclusão, cujo regime de cumprimento da *sanctio legis* seja o fechado.

A colônia agrícola, industrial ou similar eleva-se também à condição de estabelecimento prisional que se destina a cumprimento de pena em regime de semiliberdade (art. 91 da LEP), imposto ao condenado que praticou crime menos grave e àquele que passa pelo sistema de progressão do regime fechado para o semiaberto.

Como assinalado por Jason Albergaria,

no estabelecimento semiaberto, o condenado já fez opção pela mudança de sua conduta. Há participação ativa do interno nas atividades de sua reeducação. Há maior aproximação entre o recluso e o pessoal penitenciário. Atribui-se ao preso mais confiança em face de sua aquiescência à execução do programa de tratamento. Transpôs-se o período de crise, rompidos a desconfiança e o endurecimento afetivo, para o reaparecimento da consciência do outro ou da consciência moral, como notam Pinatel e Bouzar[112].

Sem dúvida, dependendo do tipo da condenação que não enseja o confinamento do preso em estabelecimento prisional com maiores garantias quanto a eventuais fugas e conflitos internos, a exemplo do que acontece com a penitenciária, há presídios intermediários.

---

111 MIRABETE, Julio Fabbrini. *Execução penal*, 270.
112 *Comentários à Lei de Execução Penal*, p. 203.

CAPÍTULO 4 – GARANTIAS PENAIS   319

O albergamento pode ocorrer, dada a quantidade da pena aplicada ao preso permitindo a aplicação do regime semiaberto, à semelhança do que já foi visto quando houver a passagem do regime fechado para o semiaberto.

Assentado está que para os próprios fins colimados pela execução penal, que é a ressocialização do preso, o cumprimento efetivo de reprimenda legal deve ser em estabelecimento prisional mais liberal ao preso, sem os aparatos de segurança tidos nas penitenciárias, quanto ao detento que mostrou expressiva progressão de um regime prisional para outro. Mostra-se necessário deixá-lo em colônia agrícola, industrial ou similar, lugares com maior liberdade, a fim de colocá-lo à prova relacionada à medição de seu senso de responsabilidade, que é o mecanismo que lhe permite chegar ao regime aberto e ao livramento condicional.

Manoel Pedro Pimentel observou que a prisão semiaberta, que se destina a receber o preso em sua transição do regime fechado tradicional para o regime aberto ou de liberdade condicional, se tornou necessária em virtude da evolução da pena, que recomenda a maior redução possível do período de encarceramento na prisão de segurança máxima.[113]

A Casa do Albergado destina-se ao cumprimento da sanção privativa de liberdade em regime aberto e da pena de limitação de fim de semana, conforme normatizado no art. 93 da LEP.

Nos dizeres de Guilherme de Souza Nucci,

denomina-se casa do albergado o lugar destinado ao cumprimento da pena em regime aberto, bem como para a pena de limitação de final de semana (art. 93, LEP). O prédio deverá situar-se em centro urbano, separado dos demais estabelecimentos, sem obstáculos físicos impeditivos de fuga. A medida é correta, uma vez que, não só o albergado fica fora o dia todo, trabalhando, como também o regime conta com sua autodisciplina e senso de responsabilidade (art. 36, CP)[114].

Na verdade,

a denominação Casa do albergado (ou seja, prisão *albergue*), para designar o estabelecimento destinado ao condenado em regime aberto, é uma expressão feliz porque se refere a uma simples prisão noturna, sem obstáculos materiais ou físicos contra a fuga. A segurança, em tal estabelecimento, resume-se no senso de responsabilidade do condenado. A prisão albergue constituiu-se em uma modalidade ou espécie do gênero prisão aberta, experiência que em outros países

---

113 *O crime e a pena na atualidade*, p. 141.
114 *Manual de processo penal e execução penal*, p. 1.033.

320 GARANTIAS FUNDAMENTAIS NA ÁREA CRIMINAL

é conhecida com denominações que equivalem, em português, a prisão noturna ou semiliberdade[115].

Em torno dessa modalidade de prisão, é oportuno lembrar as considerações feitas por Manoel Pedro Pimentel no sentido de que

a personalidade do preso é uma estrutura complexa de fatores que agiram negativamente sobre ele, essa experiência real de liberdade real, sob a motivação de readquirir a liberdade plena, permite que essa fatoração seja posta em xeque, reavaliada e substituída por comportamento diverso, o que jamais seria possível no ambiente da prisão fechada, porque é impossível treinar o homem preso para viver em liberdade[116].

A exposição feita pelo supradito doutrinador se mostra plenamente compatível com o próprio espírito do legislador posto nos lindes da execução penal. Isso porque, à medida que o condenado vai galgando a progressão do regime prisional até chegar ao livramento condicional, vai tendo a grata oportunidade de ficar próximo da liberdade plena. Para que isso ocorra, é evidente que tem de passar por vários estágios, que lhe permitem demonstrar, por esforço próprio e específico, que está reunindo condições pessoais de retornar ao momento em que se encontrava antes de ser preso.

Dessa forma, subordina-se o sentenciado a uma série de obrigações e compromissos que, uma vez descumpridos, acarretam sanção capaz de reconduzi-lo ao regime anterior, a exemplo do que acontece com o cometimento de falta grave, que é causa determinante da progressão de regime prisional.

Em linhas gerais, não obstante alguns incidentes que possam ocorrer com determinados presos que na prática ainda não se mostram formados e preparados para retornar à liberdade plena, é verdade incontrastável que, no regime nacional de cumprimento de pena, deve haver a progressão por constituir uma esperança de se conseguir reabilitar aquele que seguiu a seara do crime.

Não seria crível, e menos ainda plausível, que não se permitisse que o preso partisse de um regime mais rigoroso e conseguisse chegar a um regime mais ameno, posto que isso implicaria, de forma geral, não colocar à sua disposição mecanismo concorrente para sua reinserção social.

Em sentido oposto, é imperativo que se deixe consignado, se eventualmente o preso fosse colocado em liberdade total, sem passar pelos estágios dos

---

115 MIRABETE, Julio Fabbrini. *Execução penal*, p. 276.
116 *O crime e a pena na atualidade*, p. 144.

vários regimes, somente após cumprir de forma plena a *sanctio legis* a ele imposta, em nada contribuiria para sua ressocialização. Além disso, não haveria como se medir e avaliar sua readaptação para viver em sociedade. Isso ocorrendo, evidentemente, a execução da pena, do ponto de vista pedagógico, seria totalmente inútil, incidindo única e exclusivamente em seu critério retributivo, que não deixa, em última análise, de ter caráter vingativo.

Sob outro quadrante analítico, a observação cotidiana está a demonstrar, de maneira irrebatível, que a administração pública pouco tem investido no sistema prisional, procurando albergar o preso nas condições ideais do desconto da pena na forma preconizada pelo legislador. Assim é que há falta considerável de estabelecimento prisionais específicos e não há a menor preocupação de construí-los. Essa ausência de interesse governamental, em hipótese alguma, pode se converter em prejuízo do encarcerado.

Em tema de casa do albergado, à luz da realidade, dificilmente se encontra essa modalidade de estabelecimento prisional. Em razão disso, o preso não pode ser prejudicado quanto a seu direito de tê-la em virtude da passagem para o regime aberto.

Nessa ordem de consideração, o Superior Tribunal de Justiça, corretamente, decidiu que

Esta Corte Superior tem entendido pela concessão de benefício da prisão domiciliar, a par daquelas hipóteses contidas no art. 117 da Lei de Execução Penal, àqueles condenados que vêm cumprindo pena em regime mais gravoso do que o estabelecido na sentença condenatória, por força de ausência de vaga em estabelecimento compatível[117].

Mais recentemente, a mesma Corte decidiu:

O Superior Tribunal de Justiça tem entendido que a inércia do Estado em disponibilizar vagas ou até mesmo estabelecimento adequado ao cumprimento de pena no regime semiaberto autoriza, ainda que em caráter excepcional, o cumprimento da reprimenda no regime aberto, ou, na sua falta, em prisão domiciliar[118].

De outro lado, "o paciente submetido a regime aberto faz jus a prisão domiciliar quando verifica-se a absoluta impossibilidade de cumprir sua pena

---

117 *HC* n. 162.054/RS, 5ª T., rel. Min. Napoleão Nunes Maia, *DJe* 21.06.2010.
118 Ag. Reg. no REsp n. 1.367.274/SE, 5ª T., rel. Min. Marco Aurélio Bellizze, *DJe* 10.06.2013.

322 GARANTIAS FUNDAMENTAIS NA ÁREA CRIMINAL

em estabelecimentos públicos compatíveis. Precedentes da 2ª Turma do STF. Ordem deferida"[119].

Não obstante os posicionamentos precitados, que se mostram escorreitos, há julgados da Suprema Corte colocando-se em situação diametralmente oposta:

> Nada justifica, fora das hipóteses taxativamente previstas na Lei de Execução Penal (art. 117), a concessão de prisão albergue domiciliar, sob o fundamento de inexistência, no local da execução da pena, de Casa do Albergado ou de estabelecimento similar – a norma legal consubstanciada no art. 117 da Lei de Execução Penal instituiu situações subjetivas de vantagens, que apenas beneficiam aqueles sentenciados cujas condições pessoais estejam nela previstas. Constituindo regra de direito singular, torna-se ela inexistente e inaplicável a situações outras que lhe sejam estranhas – As normas legais positivadoras do regime penal aberto revestem-se de conteúdo programático e só do momento em que se torne materialmente possível a Casa do Albergado, ou de estabelecimento similar, a execução da pena nesse regime[120].

Por outro lado, a casa do albergado não se destina somente ao preso em regime aberto, mas também àquele que deverá cumprir pena de limitação de fim de semana, resultante da substituição da pena privativa de liberdade individual, conforme autoriza o art. 43, VI, do Código Penal.

A exemplo do que acontece com preso em regime aberto, não existindo casa do albergado no local do cumprimento da reprimenda legal, esta será descontada no domicílio do condenado.

Assim,

> tendo o paciente sido condenado à pena de limitação de final de semana, não pode ser compelido a permanecer em cadeia pública, local destinado aos presos provisórios e similar ao regime fechado, sob pena de afronta aos arts. 48 do Código Penal e 93 e seguintes da Lei n. 7.210/84. Recurso parcialmente provido para que o paciente cumpra limitação no final de semana em casa de albergado ou, não havendo estabelecimento congênere, em prisão domiciliar[121].

Outra modalidade de prisão, conforme já anunciado, é a prisão domiciliar.

---

119 STF, *RT* 657/377.
120 *HC* n. 680.012/SP, *DJU* 02.10.1992, p. 16.844. No mesmo sentido: STF, *JSTF* 163/349, 176/291 e 184/317.
121 RHC n. 26.741/MG, 5ª T., rel. Min. Esteves Lima, *DJe* 17.05.2010.

CAPÍTULO 4 – GARANTIAS PENAIS **323**

Percebe-se claramente, pelo que ficou exposto no item precedente, que prisão albergue não se confunde com prisão domiciliar, sendo certo que esta última, por outorga jurisprudencial majoritária, somente recebe preso em regime aberto quando não há aquela modalidade de prisão.

A prisão ora cuidada se encontra disciplinada no art. 117 da LEP. Por expressa disposição de ordem normativa,

> somente se admitirá o recolhimento do beneficiário de regime aberto em residência particular quando se tratar de: I – condenado maior de setenta anos; II – condenado acometido de doença grave; III – condenada com filho menor ou deficiente físico ou mental; IV – condenada gestante.

A expressão "somente" contida no preceito copiado é indicativa de *numerus clausus*, de situação tarifária. Assim, a rigor, a prisão domiciliar será aplicada de forma particularizada e exclusiva nas situações previamente previstas pelo legislador; embora, como visto anteriormente, a jurisprudência majoritária tenha conferido o direito a essa modalidade prisional também ao preso que chegou ao regime aberto e que não tenha casa do albergado para continuar a cumprir sua reprimenda legal, bem como àquele que cumpre pena limitativa de fim de semana.

Dentro desse norte traçado, não discrepa Julio Fabbrini Mirabete ao ponderar que

> a enumeração legal é taxativa e não exemplificativa, não podendo o julgador estender o alcance da prisão domiciliar a hipóteses não previstas em lei, admitindo-se apenas, na jurisprudência, como já mencionado, que se coloque nessa situação, excepcionalmente, o condenado que deva cumprir a pena em regime aberto quando inexiste casa do albergado ou estabelecimento similar[122].

No fundo, esse entendimento pretoriano preponderante em nada prejudica ou torna inócua a regra da taxatividade comentada, uma vez que tanto a casa do albergado como a prisão domiciliar são estabelecimentos comuns para albergar preso em regime aberto. Há, portanto, no fundo, uma causa comum que contempla ambas as modalidades de encarceramento. Aliás, em princípio, o que o legislador não quer conceber, e menos ainda admitir, é que haja em-

---

122 *Execução penal*, p. 480.

prego indiscriminado da prisão domiciliar, o que não seria nada profícuo no campo do cumprimento da pena.

Nota-se, no preceito de regência, que a preocupação primária do legislador foi estabelecer de forma precisa as situações que podem ser encartadas em nível de prisão domiciliar para exatamente não criar uma regra geral em torno dela, o que poderia, até certo ponto, não se mostrar benéfico ao regime aberto de cumprimento de pena.

Com efeito,

> com a finalidade de evitar a concessão indiscriminada de prisão domiciliar, fato que contribui para o descrédito do regime aberto, com graves prejuízos à defesa social, a Lei de Execução Penal destinou-a exclusivamente aos condenados que estejam nas condições especiais previstas expressamente, distinguindo as duas espécies de prisão em regime aberto: a prisão albergue e a prisão domiciliar[123].

Embora a prisão cuidada somente tenha emprego estando o encarcerado em regime aberto, o Superior Tribunal de Justiça chegou a decidir que também pode ser por ela beneficiado o acusado com doença grave, mesmo se encontrando em regime semiaberto.[124] Na realidade, por se constituir um privilégio específico àquele que está cumprindo a reprimenda legal em regime aberto, jamais a outorga poderia ser feita ao encarcerado que se encontra em outro regime, quer semiaberto, quer fechado. Cuida-se da aplicação da lei nos parâmetros exatos determinados pelo legislador. Se a lei quisesse contemplar outras situações, evidentemente o teria feito.

A primeira hipótese autorizativa do encarceramento domiciliar diz respeito ao condenado "maior de 70 anos". Essa idade deve ser verificada na época da execução da sentença.

À luz da realidade, o móvel que levou o legislador a conceder essa modalidade de prisão ao encarcerado nessa faixa etária reside na singular circunstância de que o preso já se encontra em estado de senilidade, em franca situação de debilidade física e mental, e que, além de não mais apresentar uma situação de periculosidade acentuada, não mais consegue suportar o rigor do cumprimento da pena a exemplo dos encarcerados mais novos.

Deve-se levar à guisa de consideração, posto que indispensável, que o emprego da norma de regência deve ser específico para o septuagenário que cumpre pena em regime aberto.

---

123 Ibidem, p. 467.
124 STJ, HC n. 106.291/RS, 5ª T., rel. Min. Laurita Vaz, DJe 16.03.2009.

CAPÍTULO 4 – GARANTIAS PENAIS   325

Diante disso, "se o condenado, ainda que septuagenário, cumpre pena em regime fechado e não atende o requisito objetivo temporal para a progressão de regime prisional, não tem direito à prisão domiciliar, conforme interpretação do art. 117 da Lei 7.210/84"[125].

Ademais, "a idade avançada, por si só, não garante ao condenado ao regime semiaberto o direito à prisão domiciliar [...]"[126].

Faz certo observar, por outro lado, que o § 1º do art. 82 da LEP confere ao condenado maior de 60 anos o direito de recolhimento em estabelecimento adequado e separado dos demais presos. Porém, isso não significa que pode ele, mesmo não tendo estabelecimento adequado ao cumprimento da pena em regime aberto, ficar em prisão albergue domiciliar.[127]

Também, o legislador confere o direito à prisão albergue domiciliar ao "condenado acometido de doença grave".

A expressão "doença grave" não deixa de ser uma norma em branco. Diante disso, para efeito da concessão desse benefício de cumprimento da pena em local privilegiado, há de se ter um parecer, um laudo, por meio do qual o profissional da medicina sustente que o paciente está acometido de moléstia cujo tratamento, a princípio, não pode ser feito dentro do estabelecimento prisional onde se encontra confinado.

Nada impede, ademais, que a Comissão Técnica de Classificação do Departamento do Sistema Penitenciário demonstre a necessidade de tratamento e acompanhamento do preso, em razão da doença que o acomete e carecendo de hospitais do órgão, de unidade de tratamento ostensivo.[128]

Não padece de dúvida, em linhas gerais, que a prova relacionada à doença grave é ônus do preso. Em circunstâncias desse matiz, se o condenado deixa de trazer aos autos prova incontroversa de que depende de tratamento médico que não pode ser administrado nos locais e horas pela autoridade responsável, deve ser negado o benefício da prisão domiciliar.[129]

A jurisprudência tem reconhecido que, mesmo estando o indivíduo preso provisoriamente, desde que portador de moléstia grave, pode ser-lhe conferida a modalidade de prisão estudada.[130]

Pelo que está sendo discursado, deve ficar expressamente anotado e entendido que a doença grave, por si só, não autoriza a prisão domiciliar. Isso só

---

125 STJ, *RT* 764/519.
126 *RSTJ* 160/441.
127 *RT* 750/626.
128 Ag. Reg. no *HC* n. 3.408/RJ, rel. Min. Adhemar Maciel, *DJU* 08.04.1996, p. 57.813.
129 *RT* 799/541.
130 *JTJ* 212/328.

será possível quando no local prisional onde o preso se encontrar encarcerado não exista possibilidade de tratamento adequado, o que deverá ficar regiamente comprovado.

A propósito do que está sendo sustentado, o Superior Tribunal de Justiça

> assentou o entendimento de que, excepcionalmente, concede-se regime prisional mais benéfico ao condenado portador de doença grave, quando demonstrada a impossibilidade de prestação da devia assistência médica pelo estabelecimento penal em que se encontra recolhido[131].

Finalmente, a comprovação da ocorrência de doença grave somente tem por escopo permitir que o condenado tenha o benefício da prisão domiciliar e não também o de progredir de regime prisional.[132] Essa situação particular do indivíduo não é causa objetiva concorrente para a passagem de um regime prisional rigoroso para um mais ameno.

Por expressa previsão de ordem normativa, o benefício abordado também pode ser outorgado à "condenada com filho menor ou deficiente físico ou mental".

O propósito legal do legislador visa à proteção da criança cuja idade seja inferior a 18 anos; ou, sendo maior, apresente qualquer tipo de anormalidade física que a faça depender dos cuidados maternos; ou quando o filho tiver qualquer modalidade de ausência de higidez mental.

A teor do que já restou anotado, as causas determinantes para prisão domiciliar são taxativas. Diante disso, não autoriza o privilégio em se cuidando de situação envolvendo a amamentação.[133]

Ademais, estando a mulher condenada em fase de gestação, também tem direito à prisão domiciliar. *In casu*, tendo ocorrido o nascimento da criança, essa modalidade de encarceramento deverá ter continuidade em razão do outro requisito, que é o filho menor.

Finalmente, com a adoção do sistema de monitoração eletrônica do condenado, provindo da Lei n. 12.258, de 15 de junho de 2010, na eventualidade de o condenado, que está cumprindo pena em prisão domiciliar e que está sendo objeto de fiscalização, deixar de cumprir as determinações do juiz da execução, sua prisão domiciliar poderá ser revogada (art. 164-C, VI, da LEP).

---

131 *HC* n. 131.199/ES, 5ª T., rel. Min. Laurita Vaz, *DJe* 03.08.2009.
132 *RSTJ* 25/55.
133 STJ, *RT* 814/545.

Nos exatos dizeres do art. 102 da Lei de Execução Penal, "a Cadeia Pública destina-se ao recolhimento de presos provisórios".

Consoante a legislação processual penal, são presos provisórios o autuado em flagrância delitiva (art. 304 do CPP); o preso preventivamente (art. 311 do CPP); o preso em virtude da pronúncia (art. 408, § 1º); e o condenado por sentença recorrível (art. 393, I, do CPP).

À evidência, deve ser incluído no predito rol aquele que é objeto de prisão temporária (art. 2º, § 2º, da Lei n. 7.960/89 c/c art. 2º, § 3º, da Lei n. 8.072/90).

Na esteira do anotado por Odilon Pinto da Silva e José Antônio Paganella Boschi,

> enquanto não definitivamente condenado, o preso não deve ser afastado de seu ambiente social e familiar nem participar do convívio com os reclusos para cumprimento da pena, no próprio resguardo da presunção de inocência, apanágio de todo o cidadão[134].

Na atualidade, em sua grande maioria já desapareceram as cadeias públicas, surgindo em seus lugares os Centros de Detenção Provisória (CDP), que passaram a albergar os presos provisórios. Tais estabelecimentos prisionais normalmente são dotados de locais (celas) mais adequados, bem como providos de estrutura que favorece a assistência ao encarcerado.

4. INTRANSCENDÊNCIA OU PESSOALIDADE

O art. 5º, XLV, da Carta Política Federal, detém em seu bojo a seguinte garantia: "Nenhuma pena passará da pessoa do condenado".

Procurando atribuir uma visão mais panorâmica à inteligência que deve ser emprestada à garantia copiada, a intranscendência ou incontagiabilidade da *sanctio iuris* compreende a vedação de qualquer outra pessoa que não seja a condenada sofrer sua incidência, já que a reprimenda legal no campo delitivo deve ter cunho personalíssimo.

De outro lado, mesmo antes da imposição de qualquer sanção penal, a persecução criminal, quer em sua primeira fase, da *informatio delicti*, quer em seu segundo momento, da ação penal, somente pode ser instaurada em relação àquele que, efetivamente, cometeu o delito, foi seu coautor ou partícipe. Assim, não pode compreender outra pessoa que não tenha nenhum vínculo com o comportamento delituoso.

---

134 *Comentários à Lei de Execução Penal*, p. 92.

O princípio abordado, que modula o direito punitivo do Estado, é comum à ação penal pública e à privada.

A história do direito penal, à evidência, acompanha o homem desde os tempos primitivos. A pena sempre se mostrou presente nos primeiros relacionamentos entre os membros de um determinado grupo. A reprovação de determinada conduta é ínsita da própria natureza humana, independentemente de ter havido qualquer norma de controle sobre ela, o que não poderia ter sido exigido nas priscas eras em face da plena ignorância sobre situações comportamentais que se elevam à condição elementar no campo do Direito.

O aparecimento do Direito como instituto que veio estabelecer regras de conduta, originariamente entre grupos e tribos e, posteriormente, ao que pode ser modernamente denominado sociedade, demorou uma quantidade significativa de décadas. Tal aparecimento decorreu de um amadurecimento mais acentuado em termos de costumes e do avanço de conhecimento das pessoas integrantes da comunidade.

A *sanctio legis*, como qualquer outro instituto de Direito, no fluir dos tempos, passou por sérias e rigorosas transformações, notadamente com a evolução lenta da formação de uma sociedade mais organizada e disciplinada, principalmente em termos do devido respeito que informa a base, o fundamento de uma convivência comunitária.

Diante disso, de maneira indubitável, à medida que há a constituição de grupos, inicialmente rudes, que foram se modificando, dando origem a uma sociedade tida como primitiva e após sofrendo um processo de agrisolamento, o sistema de pena também acompanhou essa evolução, posto que se mostrou indispensável ao próprio controle dos interesses coletivos. Punir quem não tivesse uma conduta compatível com o interesse coletivo era de suma importância como fator de conservação do grupo.

Entretanto, a pena, em sua origem, não ostentava um critério estrito, mas tinha sua aplicabilidade ampla em relação às pessoas. Assim é que a sanção, no tempo antigo, em sua multiplicidade de formas, como castigos corporais, penas infamantes e pecuniárias, poderia atingir não somente a pessoa que deveria ser castigada, como também membros de sua família ou grupo de indivíduos. Era o que, invariavelmente, ocorria nos tempos primitivos, quando predominava o critério da vingança a cargo do particular.

A pena do *talião* surgiu exatamente para combater a vingança, delimitando-a, não mais permitindo que fosse arbitrária e desproporcionada. Foi o primeiro passo legislativo procurando equacionar, de forma mais racional para aquela época, a incidência da *sanctio iuris* de forma mais seletiva, embora não fosse a ideal. Procurou-se, assim, estabelecer certo controle de ordem punitiva,

CAPÍTULO 4 – GARANTIAS PENAIS   **329**

limitando sua aplicabilidade, que poderia atender aos padrões daquela época, restringindo sua amplitude, embora seu excessivo rigor continuasse a preponderar, como, aliás, ocorreu no passar dos séculos.

Essa forma de controle da punição foi inserida em várias legislações da época. Assim é que, no Código de Hamurabi, rei da Babilônia, no século XXIII a.C., o *talião* se mostra presente, a exemplo do que também ocorreu com a legislação hebraica, no Êxodo (23, 24 e 25) e no Levítico (17 a 21), que consagraram olho por olho, dente por dente, mão por mão, pé por pé.

No pertinente ao Código de Hamurabi, lembra E. Magalhães Noronha que

> a preocupação com a justa retribuição era que, se um construtor construísse uma casa e esta desabasse sobre o proprietário, matando-o, aquele morreria, mas, se ruísse sobre o filho do dono do prédio, o filho do construtor perderia a vida. São prescrições que se encontram nos §§ 196, 197, 229, 230[135].

A noção de justiça não pode admitir que seja objeto de qualquer tipo de sanção penal a pessoa que não tenha nenhum envolvimento com a prática delitiva, pois o comportamento positivo ou negativo que faz nascer a transgressão do tipo penal é de natureza personalíssima. Tolera-se, quando muito, a responsabilidade criminal concorrente daquele que não executou o núcleo do tipo, como acontece com o partícipe, cuja ação foi exatamente no sentido de cooperar, contribuir para que houvesse êxito a incursão delituosa. Essa previsão do legislador, indubitavelmente, não afronta a garantia da pessoalidade a que faz menção o preceito constitucional ora esquadrinhado. É o que pode ser designado de responsabilidade criminal de forma indireta.

As situações que permitem a corresponsabilidade, de forma excepcional e não muito racional, somente tem incidência em se cuidando de obrigação de reparação do dano por sucessores por ato cometido por seu predecessor. Logo, a regra somente guarda pertinência com matéria de cunho civil, que, inexoravelmente, é forçoso conceber, não encerra nenhum caráter de ordem personalíssima em face da transmissibilidade.

Para destacar melhor o que está sendo sustentado e fazer sentir de maneira bastante contundente a implicação que exsurge da regra da intranscendência, seria um absurdo, verdadeira excrescência, que nos idos tempos em que se impunha a pena de morte ou qualquer outra de natureza cruel, o filho do autor do crime sofresse a sanção capital juntamente com o pai ou em substituição a ele.

---

135 *Direito penal*, v. 1, p. 21.

Tendo por norte o que está sendo alvo de discurso, complementando tudo o que até agora foi assentado, há certos comportamentos próprios e específicos de determinada pessoa, não podendo, na seara criminal, ser transferidos para outras; são de natureza eminentemente individuais. É o que acontece, insista-se, quando há a prática de um delito. O crime é pessoal e intransferível, somente devendo por ele responder quem cometeu o fato punível ou concorreu para que ele se efetivasse (partícipe).

No Brasil, sem qualquer preocupação mais especulativa em termos históricos, é suficiente deixar aclarado, desde a Constituição Política do Império do Brasil, de 25 de março de 1824, restou insculpido em seu art. 179, XX, que "nenhuma pena passará da pessoa do delinquente". Isso significa, à luz da evidência, que desde época remota se encontra consagrado na legislação constituinte local o princípio da pessoalidade.

Sem dúvida, corroborando o que foi anteriormente dissertado, Guilherme de Souza Nucci deixa sublinhado que

A personalidade de uma pessoa é o espelho fiel de sua individualidade, atributo que a torna singular, única e exclusiva em sua comunidade. Preservar a pessoalidade é dever do Estado Democrático de Direito, furtando-se à padronização de condutas e imposições, mormente no campo penal. Ademais, ainda que advenha condenação, com base em crime praticado, a individualização da pena – outro princípio constitucional – assegura a justa e personalista aplicação da pena. Dentre os fins democráticos da República Federativa do Brasil encontra-se a preservação da dignidade da pessoa humana, que possui, dentre seus astros, o foco da liberdade individual, com vistas a abonar a busca incessante pela paz de espírito e felicidade interior. Seres humanos não se sentem realizados quando tratados, pelo Estado, com desdém e de forma estandardizada. Não é à toa que se tem por meta afiançar a liberdade de pensamento e de crença. Culto, ir e vir, reunir-se, além de sustentar a inviolabilidade de espaços privativos e exclusivos de construção da personalidade humana, como a intimidade, a vida privada, o domicílio, o sigilo das comunicações, dentre outros. [...] Na órbita penal, a sanção converge para um único ponto: a pessoa do condenado. As penas aplicadas devem respeitar, na absoluta precisão do termo, a individualidade humana. Portanto, ao autor do crime destina-se a medida repressiva e preventiva do Estado, fundando-se em fatores variados. Preservar-se a família e todos os demais, que possuam vínculo com o acusado[136].

---

136 *Princípios constitucionais penais e processuais penais*, p. 168-9.

Por questão de sistema, sem o qual nenhuma ciência jurídica se revela plenamente edificada, se por um lado há a garantia da reserva legal ou da legalidade, por outro deve haver, a título de sua complementação, que a pena não pode passar da pessoa do delinquente. É de constatação indubitável que, se assim não ocorrer, haverá um enfraquecimento contundente da primeira garantia. Dessa forma, a rigor, não basta unicamente que o indivíduo possa ser objeto de persecução criminal se sua conduta estiver prevista com anterioridade como delituosa, assim como havendo a cominação da sanção penal que lhe é consequente, mas que, em linhas gerais, a responsabilidade criminal em espécie é individual, é personalíssima, não podendo ser transferida a terceiros. Logo, a reserva legal, além da anterioridade a que se está fazendo alusão, deve também estar vinculada à personalização da *sanctio iuris*.

Na linha doutrinária abraçada por Rogério Lauria Tucci,

> Sob variadas denominações – *e.g.* "princípio da pessoalidade", "princípio da responsabilidade pessoal", princípio da personalidade da pena" – apresenta-se outro postulado limitativo do *ius puniendi* do Estado, qual seja o da personalização da sanção penal. Consiste ele em que a pena ou medida de segurança estabelecida na sentença de acolhimento da acusação seja infligida exclusivamente ao condenado, sem qualquer extensão subjetiva; e traduz-se, corretamente, na asserção de que "nenhuma pena passará da pessoa do condenado"[137].

Anota José Afonso da Silva que

> A norma principal contém um princípio fundamental do direito penal moderno: o da *personalização da pena*. Era costume no direito penal autoritário a extensão de algum efeito da pena aos membros da família do condenado. As *Ordenações Filipinas* eram repletas de disposições penais extensivas para além do criminoso. Assim, nos crimes de heresia e de apostasia, além das penas corporais (estrangulamento e queima do cadáver), teriam os bens confiscados, "posto que filhos tenhao" (Livro V, Título I); do mesmo modo, a traição cometida contra a pessoa do rei (crime de lesa-majestade) "condena quem a comete, e empece e infama os que sua linha descendem posto que não tenhao culpa" (idem Título VI); quem cometesse o crime de sodomia (sexo anal), além de ser queimado "e feito per fogo em pó", teria seus bens confiscados, e seus filhos e netos ficariam inábeis e infames (idem Título XIII); e essa lei se estendia também às mulheres "que humas com as outras commettem pecado contra a natura" – ou

---

137 *Direitos e garantias individuais no processo penal brasileiro*, p. 329.

seja, o lesbianismo. O confisco de bens patrimoniais do criminoso era, na verdade, a forma mais corriqueira de pena que alcançava também toda a família do criminoso (lembre-se dos punidos da Inconfidência Mineira)[138].

Como desdobramento da morte do agente que cometeu o delito e a obediência ao princípio da pessoalidade da *sanctio juris*, o legislador penal, no art. 107, I, do Código Penal, deixou inscrito que "extingue-se a punibilidade: I – pela morte do agente".

Com razão enfatizam Aloysio de Carvalho Filho e Jorge Alberto Romeiro que "o princípio da personalidade da responsabilidade penal se impõe hoje por tal forma, que seria desnecessário, ao ver de alguns autores, enumerar, entre as causas extintivas de punibilidade, a morte do agente"[139].

Assinala Giuseppe Bettiol, ao indicar a morte como causa de "extinção do crime", que

se trata de conquista relativamente recente porque, no passado, especialmente no direito intermédio, o morto podia ser também citado para comparecer no processo penal. Entretanto, com a afirmação do princípio da personalidade no processo penal, a aberrante concepção desaparece. Se o réu morrer antes da condenação, o crime deve ser considerado extinto. Nota-se: o crime, isto é, a pretensão punitiva, não a ação penal, quer dizer, um momento estritamente processual[140].

Com escólio na doutrina de Galdino Siqueira,

pelo princípio dominante no direito penal moderno, de que somente o delinquente fica sujeito aos efeitos penais do delito, ou que a responsabilidade criminal é exclusivamente pessoal, resulta que a morte ocorrida em qualquer fase processual, acarreta a extinção do poder de punir[141].

Sem dúvida, *mors omnia solvit* (a morte a tudo resolve) ou *morte crimina extinguuntur* (a morte extingue todos os crimes).

Aduz com precisão Aníbal Bruno que

a causa mais geral de exclusão da punibilidade é a morte do agente. Com ela cessa toda a atividade destinada à punição do crime, no que respeita ao morto: en-

---

138 *Comentário contextual à Constituição*, p. 143.
139 *Comentários ao Código Penal*, p. 72.
140 *Direito penal*, v. 3, p. 189.
141 *Tratado de direito penal*, v. 2, p. 791.

CAPÍTULO 4 – GARANTIAS PENAIS **333**

cerra-se o processo penal em curso ou impede-se que ele tenha início, e a pena pronunciada ou em execução deixa de existir. Isso decorre naturalmente do princípio da personalidade da pena, preceito constitucional entre nós, que não permite que ela passe da pessoa do delinquente, e, então, não pode ser sofrida por outrem nem prevalecer depois da sua morte[142].

Sobre isso, Eugenio Florian também faz alusão ao princípio da personalidade da pena, afirmando que a pena não pode passar da pessoa do culpado, sendo certo que, se a pessoa vier a morrer, a pena não mais tem razão de ser aplicada.[143]

Diante disso, à eloquência, sobrevindo a morte do indiciado, não poderá ter início a ação penal, pois falta uma condição da ação, denominada punibilidade. Se o óbito for do acusado, a ação penal haverá de se paralisar, posto que não existe razão para que a relação processual continue, pois a punição perdeu seu objeto. Se a morte for do condenado, não há razão para prosseguir na execução, posto que lhe falta objeto e objetivo.[144]

Finalmente, a garantia da intranscendência foi a forma encontrada pelo legislador constituinte para não permitir que a sanção penal, e a própria persecução criminal, venha atingir pessoa que não tenha tido nenhum envolvimento com a prática delitiva, protegendo, dessa maneira, a própria personalidade humana, a dignidade individual, que é própria e específica do Estado democrático de direito.

É inaceitável, por qualquer ângulo que se analise o assunto constitucional cuidado, que se puna alguém por fato criminoso cometido por outra pessoa. Trata-se, sem qualquer dúvida, de responsabilidade subjetiva, individual, que não pode ser transferida para outra pessoa, a exemplo do que ocorria em épocas anteriores, como foi na oportunidade ressaltado. Sustentar posição em sentido oposto é o mesmo que negar o individualismo que deve ser sempre respeitado e cultivado pelo Direito moderno na área criminal.

5. INVIOLABILIDADE DO DOMICÍLIO

Dispõe o inciso XI do art. 5º da Carta Política Federal a seguinte garantia: "A casa é asilo inviolável do indivíduo, ninguém nela podendo penetrar sem

---

142 *Direito penal*: Parte Geral, v. 3, p. 198
143 *Trattato de diritto penale*. Dei reati e delle pene in generale, p. 410.
144 MOSSIN, Heráclito Antônio; MOSSIN, Júlio Cesar de O. G. *Comentários ao Código penal*: à luz da doutrina e da jurisprudência – doutrina comparada, p. 506.

consentimento do morador, salvo em caso de flagrante delito ou desastre, ou para prestar socorro, ou, durante o dia, por determinação judicial".

O legislador constituinte elege expressamente situações em que não pode haver violabilidade. O termo *violação*, do latim *violatio*, de *violare*, de maneira geral é indicativo de quebra, transgressão, infração. Em sentido mais estrito, como é o caso da garantia dissertada, a violação indica, normalmente, um atentado ou uma ofensa à coisa.

Nessa ordem de consideração, violência de domicílio é a introdução ou a penetração em domicílio de outrem sem o consentimento deste ou sem autorização legal.

É de se deixar assentado que a integridade física das pessoas é inviolável. Sendo certo que a todos, do ponto de vista de garantia fundamental, são reconhecidos os direitos à reserva da intimidade, da vida privada e familiar. Dessa forma, o domicílio, o sigilo de correspondência e outros meios de comunicação, como regra, são invioláveis.

Assim sendo, de modo inescusável, a inviolabilidade do domicílio está intimamente vinculada à intimidação da pessoa. É parte integrante e inseparável de sua própria liberdade, que deixaria de existir caso pudesse ser alvo de violação, de atentado, de ofensa.

Ademais, a garantia sob referência é também indispensável à dignidade da pessoa, a sua própria reserva a título de intimidade e de autonomia de sua manifestação.

Não bastasse isso, a garantia tratada se mostra conexa ao direito de personalidade individual, de sua própria conservação. Essa personalidade, é importante frisar, deve ser autônoma, porquanto não pode existir dignidade sem autonomia.

A tutela que o legislador constituinte procura outorgar ao cidadão na qualidade de garantia se revela tão contundente, que no texto de regência é feito o uso da expressão "asilo" com referência à casa do indivíduo. Isso significa, em letras bem coloridas, que a moradia deve ter o máximo de proteção, de amparo, contra qualquer modalidade de invasão indevida, injusta e antijurídica, exatamente por ser o local onde o indivíduo se recolhe, devendo ali permanecer com a máxima tranquilidade e não ser maculado em sua intimidade e de sua família.

Assim é que Galdino Siqueira expõe:

A observação da vida social dos diferentes povos civilizados, especialmente da civilização ocidental, mostra neles identidade substancial de sentimentos e opiniões, quanto à habitação ou moradia do homem, originando o mesmo conceito jurídico da inviolabilidade domiciliar, com referente a um interesse, não já à propriedade e à posse, mas à *personalidade individual*. Assim, a proteção é dada à casa, como asilo do homem nas múltiplas manifestações de sua atividade individual, enquanto recebe o cunho desta ou participa da esfera de sua aplicação. O objeto [...] é a liberdade individual quanto à morada [...][145].

Sob o quadrante histórico, volvendo as vistas à legislação reinol, encontra-se nas Ordenações Afonsinas (1446), Título LXXIII, dispositivo em que o Rei D. Afonso II, de forma bastante genérica, deixou assentado que

> coutamos as casas em esta maneira, quer sejam d'homeens nobres, quer d'outros: convém a saber, que nenhum não seja ousado de matar, nem de talhar membro, nem em nenhuma guisa de malfazer a seu inimigo em sua casa. E outrossim não seja ousado de lh'a romper em nenhuma guisa [...].

Lembra Galdino Siqueira que

> em remotos tempos, a proteção concedida à casa tinha aspecto mais religioso do que propriamente social, pois era proteção ao *fogo sagrado* aos *Penates*, aos deuses *Lares*; em tempos posteriores, a proteção foi outorgada à pessoa e a violação do domicílio considerada uma das espécies de *injúria*[146].

Compatível com a doutrina encimada, no que diz respeito à proteção do *fogo sagrado*, na época do Direito romano, afirmava Cícero (*Pro domo sua*, cap. 41): "*Quid est sanctius, quid omni religione munitius quam domus uniuscujusque civium? Hic area sunt, hic foci, hic perfugium est ita sacrum pmnibus, ut inde abripi neminem fat sit*".

Somente em tempo posterior é que a casa passou a ser o local de tutela da própria pessoa, como se observa nas palavras de Gaio: "*domus tutissimum cuique refugium atque receptaculum*". Portanto, havia o reconhecimento da casa como sendo o lugar seguro para o refúgio.

Ulteriormente, com a já conhecida *Lex Cornelia*, ao lado da *pulsatio* e da *verberatio*, a violação da casa passou a ser uma espécie de injúria.[147]

Explica Heleno Cláudio Fragoso que

---

145 *Tratado de direito penal*, v. 4, p. 194.
146 Ibidem, v. 4, p. 194.
147 "*Lex Cornelia [de injuriis] competit ei, qui injuriarum agere volet ob eam rem, quod se pulsatum verberatumque, domumve suam vi introitam esse dicat [...] Lex itaque Cornelia ex tribus causis dedit actionem: quod quis pulsatus, verberatusve, domusve ejus vi introita sit*" (Dig., XLVII, 10, 5. Princ.).

Puniam os romanos a invasão do domicílio como uma das formas de injúria, com fundamento na *lex Cornelia de injuriis* (D. 47, 10, 5 pr.). É sabido que os antigos consideravam o lar coisa sagrada, altar dos antepassados, sendo a violação da paz doméstica concebida, desde remota antiguidade, com ofensa à pessoa, e não à posse ou à propriedade[148].

Naquela oportunidade, a garantia da inviolabilidade destinava-se ao morador, independentemente de ser ele proprietário ou não da casa.[149]

No antigo Direito germânico, somente era punida a invasão armada da casa alheia. A perturbação da paz doméstica (*Heimsuchung*) era título especial de delito. O mesmo acontecia no Direito canônico e permaneceu no fluir da Idade Média, tendo havido de forma iterativa o reconhecimento da casa como asilo e refúgio do morador; e, havendo sua violação, o invasor era condenado à morte.

Por ocasião da Revolução Francesa, o domicílio passou a ser considerado garantia da liberdade individual, o que restou consagrado, de maneira geral, pelas constituições mais modernas.

Indo diretamente para a Constituição Republicana de 1891, verifica-se, no § 11 do art. 72, o seguinte regramento legal:

A Constituição assegura a brasileiros e a estrangeiros residentes no país a inviolabilidade dos direitos concernentes à liberdade, à segurança individual e à propriedade, nos termos seguintes: A casa é o asilo inviolável do indivíduo; ninguém pode aí penetrar, de noite, sem consentimento do morador, senão para acudir a vítimas de crimes, ou desastres, nem de dia, senão nos casos e pela forma prescritos na lei.

O legislador infraconstitucional, procurando tutelar a inviolabilidade da casa alheia, passou a edificar tipos penais nesse sentido, a criminalizar a conduta do invasor, quando indevida e contrária ao Direito.

O Código Penal francês de 1810 deixou insculpido em seu art. 184 o seguinte:

Tout juge, tout procureur-général ou impérial, tout substitut, tout administrateur ou tout autre officier de justice ou de police, qui se sera introduit dans le domicile

---

148 *Lições de direito penal*: Parte Especial, p. 199.

149 "*Domus accipere debemus, non proprietatem domus, sed domicilium. Quare sive in propria domu quis habitaverit, sive in conducto, vel gratis, sive hospitio, haec lex locum habetit*" (Dig. XLVII, 10, 5, § 2º).

d'un citoyen hors les cas prévus par la lei et sans les formalités qu'elle a prescrites, sera puni [...].

Verifica-se que a proibição somente compreendia as pessoas que exerciam cargos públicos, a exemplo de juiz, procurador (MP), administradores, oficiais de justiça ou de polícia.

Ulteriormente, por intermédio da lei de 28 de abril de 1832, a previsão penal compreendeu as pessoas de maneira geral, além de ficar condicionada a ameaça e violência: "*Tout individu qui se sera introduit à l'aide de menaces ou de violences dans domicile d'un citoyen*".

Nas cercanias nacionais, o Código Criminal do Império do Brasil de 1830 previu, em seu art. 209, que

> Entrar na casa alheia de noite, sem consentimento de quem nela morar. Penas – de prisão por dois a seis meses, e multa correspondente à metade do tempo. Não terá porém lugar a pena: 1º No caso de incêndio, ou ruína atual da casa, ou das imediatas. 2º No caso de inundação. 3º No caso de ser de dentro pedido socorro. 4º No caso de se estar ali cometendo algum crime de violência contra pessoa.

A figura delitiva em espécie também foi prestigiada pelo Código Penal de 1890, tendo sido dedicado todo o Capítulo V para normatizar "Dos Crimes Contra a Inviolabilidade do Domicílio", cujas normas serão reproduzidas:

> Art. 196. Entrar à noite na casa alheia, ou em quaisquer de suas dependências, sem licença de quem nela morar: Pena – de prisão celular por dois a seis meses. Parágrafo único. Se o crime for cometido exercendo-se violência contra a pessoa, ou usando-se de armas, ou por duas ou mais pessoas que se tenham ajuntado para aquele fim: Pena – de prisão celular por três meses a um ano, além daquelas em que incorrer pela violência.
> Art. 197. É permitida a entrada de noite em casa alheia: § 1º No caso de incêndio; § 2º No de imediata e iminente ruína; § 3º No de inundação; § 4º No de ser pedido socorro; § 5º No de se estar ali cometendo algum crime, ou violência contra alguém.
> Art. 198. Entrar de dia na casa alheia, fora dos casos permitidos, e sem as formalidades legais; introduzir-se nela furtivamente ou persistir em ficar contra a vontade de quem nela morar: Pena – de prisão celular por um a três meses.
> Art. 199. A entrada de dia em casa alheia é permitida; § 1º Nos mesmos casos em que é permitida à noite; § 2º Naqueles em que, de conformidade com as leis, se tiver de proceder à prisão de criminosos; à busca ou apreensão de objetos ha-

vidos por meios criminosos; à investigação dos instrumentos ou vestígios do crime ou de contrabandos, à penhora ou sequestro de bens que se ocultarem; § 3º Nos de flagrante delito ou em seguimento de réu achado em flagrante.

Art. 200. Nos casos mencionados no § 2º do artigo antecedente se guardarão as seguintes formalidades: § 1º Ordem escrita da autoridade que determinar a entrada na casa; § 2º Assistência de escrivão ou qualquer oficial de justiça com duas testemunhas.

Art. 201. Se o oficial público, encarregado da diligência, executá-la sem observar as formalidades prescritas, desrespeitando o recato e o decoro da família, ou faltando à devida atenção aos moradores da casa: Penas – de prisão celular por um a dois meses e multa de 50$ a 100$000.

Art. 202. Da diligência se lavrará auto assinado pelos encarregados da mesma e pelas testemunhas.

Art. 203. As disposições sobre a entrada na casa do cidadão não se aplicam às estalagens, hospedarias, tavernas, casas de tavolagem, e outras semelhantes, enquanto estiverem abertas.

Mantendo a tradição legislativa penal pátria, o Código Penal em vigor deixou inscrito em seu art. 150, sob a rubrica "Dos Crimes Contra a Inviolabilidade do Domicílio", o seguinte preceito:

Art. 150. Entrar ou permanecer, clandestina ou astuciosamente, ou contra a vontade expressa ou tácita de quem de direito, em casa alheia ou em suas dependências: Pena – detenção, de um a três meses, ou multa. § 1º Se o crime é cometido durante a noite, ou em lugar ermo, ou com o emprego de violência ou de arma, ou por duas ou mais pessoas: Pena – detenção, de seis meses a dois anos, além da pena correspondente à violência. § 2º Aumenta-se a pena de um terço, se o fato é cometido por funcionário público, fora dos casos legais, ou com inobservância das formalidades estabelecidas em lei, ou com abuso do poder. § 3º Não constitui crime a entrada ou permanência em casa alheia ou em suas dependências: I – durante o dia, com observância das formalidades legais, para efetuar prisão ou outra diligência; II – a qualquer hora do dia ou da noite, quando algum crime está sendo ali praticado ou na iminência de o ser. § 4º A expressão "casa" compreende: I – qualquer compartimento habitado; II – aposento ocupado de habitação coletiva; III – compartimento não aberto ao público, onde alguém exerce profissão ou atividade; § 5º Não se compreendem na expressão "casa": I – hospedaria, estalagem ou qualquer outra habitação coletiva, enquanto aberta, salvo a restrição do n. II do parágrafo anterior; II – taverna, casa de jogo e outras do mesmo gênero.

Ressaltam Gilmar Ferreira Mendes e Paulo Gustavo Gonet Branco que o objeto da tutela da inviolabilidade do domicílio está vinculada "com a proteção à intimidade do indivíduo e à privacidade das atividades profissionais"[150].

O mesmo aspecto mencionado do amparo constitucional se vê reconhecido por Luiz Alberto David Araujo e Vidal Serrano Nunes Júnior: "Portanto, apesar de estarmos na área de liberdade específica, a de inviolabilidade do domicílio, a proteção não pode deixar de estar ligada ao direito à intimidade e à privacidade"[151].

Promovendo inteligência em torno do dispositivo constitucional *sub examine*, José Afonso da Silva, consubstanciado em lição provinda de Pierre Kayser, exorta que

> A constituição está reconhecendo que o homem tem direito fundamental a um lugar em que, só ou com sua família, goze de uma esfera jurídica privada e íntima, que terá que ser respeitada como sagrada manifestação da pessoa humana. Aí o *domicílio*, com sua carga de valores sagrados que lhe dava a religiosidade romana. Aí também o direito fundamental da *privacidade*, da *intimidade*, a vida privada. O recesso do lar, assim, o ambiente que resguarda a privacidade. A casa como *asilo inviolável* comporta o direito de vida doméstica livre de intromissão estranha – o que caracteriza a liberdade das relações entre pais e seus filhos, as relações entre os dois sexos (intimidade sexual)[152].

De modo indubitável, o que se disse precedentemente da tutela da privacidade e da intimidade que deve haver no âmago do casa do indivíduo se mostra patenteado nas lições doutrinárias colacionadas.

Na esteira da doutrina proclamada por Rogério Lauria Tucci,

> justifica-se plenamente a enfática asserção inicial, em que se traduz vetusta parêmia, cultivada pelo liberalismo inglês – "*my house is my castle*" – e elevada, como dogma, à eminência constitucional. E evidencia, ao mesmo tempo, a exigência de "proteção da esfera íntima da vida individual e familiar", *erga omnes*: e o seu íntimo relacionamento "com outros direitos que protegem a individualidade", como, por exemplo, o sigilo de correspondência[153].

---

150 *Curso de direito constitucional*, p. 289.
151 *Curso de direito constitucional*, p. 207.
152 *Comentário contextual à Constituição*, p. 102.
153 *Direitos e garantias individuais no processo penal brasileiro*, p. 421.

340 GARANTIAS FUNDAMENTAIS NA ÁREA CRIMINAL

Fazendo remissão a dispositivo revogado da Magna Carta da República de 1946 (art. 141, § 15), Nélson Hungria deixa enfatizado que

> Tutelando a casa de habitação, está a lei penal defendendo um dos redutos da liberdade individual. Estaria esta frustrada, em uma de suas relevantes manifestações, se não fosse garantido ao indivíduo o direito de agir segundo sua própria vontade, e a coberto de interferência de outrem, no âmbito espacial de sua vida doméstica. Com a indébita ou arbitrária incursão do domicílio alheio, é lesado o interesse da tranquilidade e segurança da vida íntima ou privada do indivíduo, ou seja, das condições indeclináveis à livre expansão da personalidade humana. Dentro dos limites da ordem jurídica, a casa deve ser o asilo imperturbável do cidadão. *Domi suae qualibet rex*. O direito de livre atividade do indivíduo completa-se com a liberdade domiciliar, de modo que incensurável é a inclusão da *violação do domicílio* entre os crimes *contra a liberdade individual*[154].

Aproveitando o ensejo dissertativo, o legislador penal, ao elevar a violação do domicílio a fato típico, procurou dar uma largueza maior à garantia proclamada pela Carta Política Federal, porquanto, havendo a cominação de *sanctio legis* específica, evidenciou-se uma possibilidade maior de ser respeitada a intimidade do indivíduo e de sua família no recesso do lar. *In casu*, a *ultima ratio* do direito penal se justifica tendo por suporte a importância do bem jurídico constitucionalmente protegido.

Fazendo um cotejo entre o dispositivo constitucional e aquele do Código Penal, enquanto o legislador constituinte faz o emprego da palavra "casa", o ordinário optou pela expressão "violação de domicílio", na condição de *nomen iuris*, embora, no texto penal, faça alusão a "em casa alheia".

A semântica desses termos deve ser devidamente compreendida como maneira de se dar uma inteligência mais apropriada em torno da garantia constitucional protetora da intimidade e, ao mesmo tempo, da liberdade individual do cidadão.

A palavra *domicílio*, derivada do latim *domicilium*, implicativo de moradia, habitação, de *domus* (casa, morada, residência), é, em sentido lato, empregada para designar o lugar em que há habitação ordinária ou em que se mantém a residência. Entretanto, na acepção propriamente jurídica, domicílio tem significação mais estrita. E, assim, indica centro ou sede de atividade de uma pessoa, o lugar em que mantém seu estabelecimento ou fixa sua residência com ânimo definitivo.

---

154 *Comentários ao Código Penal*, v. 4, p. 207-8.

CAPÍTULO 4 – GARANTIAS PENAIS   341

Para efeito de ordem penal, *residência* tem o sentido de casa, que indica o edifício em que se habita ou de que se utiliza para o exercício de qualquer atividade. É sentido genérico e designa qualquer espécie de habitação.

Observa Galdino Siqueira

> que o domicílio cuja inviolabilidade se refere este título e que se garante penalmente, não tem a mesma acepção admitida em direito civil, onde denota o lugar em que a pessoa natural estabeleceu a sua *residência* com ânimo definitivo; em direito penal, significa *casa ou lugar de habitação*, moradia *permanente* ou *ocasional*[155].

Convém salientar que o próprio legislador penal se incumbiu de definir o que se deve compreender por casa: "I – qualquer compartimento habitado; aposento ocupado de habitação coletiva; compartimento não aberto ao público, onde alguém exerce profissão ou atividade" (art. 150, § 4º).

Esse conceito deve ser ampliado para compreender também as dependências da casa: jardins, pátios, garagens, quintais, ou seja, seus anexos.

Do ponto de vista constitucional, com apoio inclusive em decisão provinda do Supremo Tribunal Federal, Gilmar Ferreira Mendes e Paulo Gustavo Gonet Branco procuram estabelecer um conceito bastante abrangente do vocábulo *casa*, sem, entretanto, afastar o conceito que lhe deu o legislador penal, conforme reproduzido:

> (a) qualquer compartimento habitado, (b) onde alguém exerce profissão ou atividade, (c) qualquer aposento e habitação coletiva e (d) qualquer compartimento privado onde alguém exerce profissão ou atividade. Assim o conceito de domicílio abrange "todo lugar privativo, ocupado por alguém com direito próprio e de maneira exclusiva, mesmo sem caráter definitivo ou habitual". O conceito constitucional de domicílio é, assim, mais amplo do que aquele do direito civil. Afirma-se, em doutrina, que a abrangência do termo *casa* do direito constitucional deve ser ampla, entendida como "projeção espacial da pessoa", alcançando não somente o escritório de trabalho como também o estabelecimento industrial e o clube recreativo. O domicílio, afinal, coincide com "o espaço isolado do ambiente externo utilizado para o desenvolvimento das atividades da vida e do qual a pessoa ou pessoas titulares pretendem normalmente excluir a presença de terceiros". O lugar fechado em que o indivíduo exerce atividades pessoais está abrangido pelo conceito de domicílio. Esse lugar pode ser o da residência da

---

155 *Tratado de direito penal*, v. 4, p. 194.

342 GARANTIAS FUNDAMENTAIS NA ÁREA CRIMINAL

pessoa, independentemente de ser própria, alugada ou ocupada em comodato, em visita etc. É irrelevante que a moradia seja fixa na terra ou não (um *trailer* ou um barco, *e.g.*, podem qualificar-se como protegidos pela inviolabilidade de domicílio. Da mesma sorte, o dispositivo constitucional apanha um aposento de habitação coletiva (quarto de hotel, pensão ou de motel [...]). Não será domicílio a parte aberta às pessoas em geral de um bar ou de um restaurante. A provisoriedade da permanência no recinto não lhe subtrai a característica de casa. No conceito de casa incluem-se, ainda, o jardim, a garagem, as partes externas, muradas ou não, que se contém nas divisas espaciais da propriedade[156].

Verifica-se, pelo que restou transcrito, que se procura, em nível constitucional, atribuir um conceito amplíssimo sobre casa, o que não se afina com o texto insculpido na Magna Carta da República. A amplitude da interpretação, quando se mostra desarrazoada, a torna ineficaz e incompatível com o texto de regência.

Por exclusão, o legislador penal, de modo prudente, procurando regulamentar o próprio texto constitucional, deixa explicitado o que não se deve entender por casa: "I – hospedaria, estalagem ou qualquer habitação coletiva, enquanto aberta, salvo a restrição do n. II do parágrafo anterior; II – taverna, casa de jogo e outras do mesmo gênero" (art. 150, § 5º, do CP). Se os mencionados estabelecimentos se encontram abertos, é livre a entrada do público, o que veda qualquer tipo de imunidade no que diz respeito a privacidade e intimidade individual. O mesmo se diga em torno dos estabelecimentos alinhados no inciso II daquele preceito.

O conceito do que seja casa ou domicílio deve se ater ao fim colimado pela garantia constitucional, que é, no fundo, a proteção da intimidade e da privacidade: "Assim sendo, mesmo a residência ocasional, a unidade de habitação coletiva, ou o local de exercício profissional não acessível ao público, devem ser considerados como domicílio para fins constitucionais"[157].

Trilhando o mesmo caminho, José Afonso da Silva assevera que

"Casa", aí, é o espaço ocupado como moradia e residência (casa, apartamento, palácio, palacete, cabana, choça, choupana, barraco, o quarto de hotel ou de pensão) ou em que alguém tem sua instalação particular (escritório, oficina). Não são casas no sentido do texto, os cafés, restaurantes, bares, cabarés, mercados, lojas – ou seja, quaisquer estabelecimentos abertos ao público enquanto perma-

---

156 *Curso de direito constitucional*, p. 289-90.
157 ARAUJO, Luiz Alberto; NUNES JUNIOR, Vidal Serrano. *Curso de direito constitucional*, p. 207.

CAPÍTULO 4 – GARANTIAS PENAIS   343

necerem abertos; mas, desde que se cerrem as partes e neles haja domicílio, prote-ge-os o princípio da inviolabilidade. O objeto de tutela não é, porém, a proprieda-de, mas o respeito à personalidade de que a esfera privativa e íntima é aspecto saliente[158].

Por oportuno, é integralmente aberrante pretender-se incluir no conceito de casa ou domicílio os lugares apropriados para recreação, a exemplo de clubes, campos de futebol e outros congêneres, porquanto não se pode conceber que neles esteja ínsito o aspecto intimidade e privacidade.

Sob outro aspecto analítico, embora dispensável, de forma indireta, o legislador constituinte explicita que, se houver a autorização do morador, qualquer pessoa pode adentrar na casa. Sem dúvida, se isso ocorrer, não poderá ser alegada qualquer quebra de privacidade e intimidade, pois esta pressupõe que a penetração no domicílio alheio foi contra a vontade do morador (chefe da família, mulher, filhos, parentes ou subordinados – empregados). O residente na casa é absolutamente livre para dispor o ingresso nela de qualquer pessoa. Trata-se de direito subjetivo seu.

Diante de outra vertente, o legislador constituinte sublinhou, de modo expresso, as situações em que a casa perde sua inviolabilidade. *In casu*, de maneira geral, o interesse ou direito pessoal do morador cede lugar a um interesse maior de natureza pública, que sempre deve suplantar o do particular. Assim, a garantia da inviolabilidade se mostra relativa e não absoluta. Ela somente prepondera enquanto não surgir um interesse coletivo.

A primeira exceção diz respeito a caso de flagrante delito.

Nos cânones da chancela constitucional instituída pelo inciso LXI do art. 5º, qualquer pessoa que for encontrada em flagrância delitiva está sujeita a ser presa.

O preceito constitucional em questão não estabelece nenhuma exceção ou condição para que esse tipo de detenção seja concretizada. Seu emprego é amplo e irrestrito.

Diante disso, deve ser lavrada a convicção segundo a qual a garantia da inviolabilidade do domicílio não tem o condão de impedir que autoridade policial, seus agentes ou qualquer pessoa do povo se introduza em domicílio alheio, como autoriza a Constituição Federal, independentemente de horário.

Assim, o regramento legal que permite a prisão daquele que for encontra-do cometendo delito, desde que concorrentes os permissivos processuais que

---

158 *Comentário contextual à Constituição*, p. 102-3.

344 GARANTIAS FUNDAMENTAIS NA ÁREA CRIMINAL

a admitem, nos termos dos arts. 302 e 303 do Código de Processo Penal, sobrepõe-se àquele concernente à inviolabilidade do domicílio.

A supremacia telada encontra justificativa plena, uma vez que a prisão do agente quando da transgressão típica está acobertada por interesse público no que diz respeito à persecução criminal e no próprio interesse punitivo do Estado (*ius puniendi*), que deve se sobrepor ao interesse individual atinente à inviolabilidade do domicílio.

Tendo como norte a relevância que está sendo sustentada e destacada, a expressão "salvo em caso de flagrante delito" deve ser compreendida em sentido amplo, abrigando em seu bojo não só a hipótese de a vítima do delito ter moradia naquele domicílio ou local de trabalho, de o autor do fato punível ali ser residente ou exercer sua atividade profissional e, até mesmo, de alguém estranho àquele ambiente familiar transgredir preceito penal e, sendo perseguido, ingressar na casa ou no local de trabalho (flagrante ficto ou presumido). O perseguidor, quer seja policial, quer se trate de qualquer pessoa do povo, poderá promover o ingresso pertinente sem que isso configure quebra de garantia constitucional relativa à casa.

A segunda exceção para penetração em casa onde o indivíduo mantém residência ou local de trabalho, independentemente do horário, é verificada quando estiver ocorrendo desastre, assim entendido qualquer evento que ponha em risco a vida de moradores ou outros, ocorrido na casa ou que teve efeito sobre ela e que requeira ajuda de terceiros ou intervenção da autoridade pública.[159]

A terceira exceção pela qual a Constituição Federal autoriza o ingresso em casa alheia, de autoridade ou de qualquer pessoa, independentemente de horário, visa a prestar ajuda a alguém que se encontra em situação de perigo dentro propriamente da casa ou em suas dependências.

A quarta exceção, independentemente de autorização do morador, somente durante o dia, é por determinação judicial, ou seja, deve o agente estar provido de ordem judicial, de mandado expedido pela autoridade judiciária competente.

Esse tipo de procedimento se impõe, uma vez que

> retirada de autoridade administrativa qualquer possibilidade de fazê-lo, *sponte sua* (a não ser, evidentemente, quando da perseguição do autor de infração penal imediatamente em seguida à sua prática), somente o órgão jurisdicional competente poderá autorizá-la a invadir o local fechado em que more ou tra-

---

159 Ibidem.

CAPÍTULO 4 – GARANTIAS PENAIS   345

balhe o indivíduo. Como anota Celso Ribeiro Bastos, houve, nesse particular, "uma alteração sensível em face do direito anterior, que reservava à lei o definir as hipóteses de instrução domiciliar diurna. Vigia o que se chamava uma reserva da lei. Vige atualmente o que pode ser tido por uma reserva jurisdicional. É portanto o magistrado que analisará se está diante ou não de um caso que comporte invasão. Ele o fará dentro de uma ampla discricionariedade que a Constituição lhe confere". Esse poder dos agentes da Justiça Criminal deve ser balizado, contudo, segundo entendemos, pelas circunstâncias de cada caso concreto. Com efeito, tornando-se necessária a efetuação de busca domiciliar, a autoridade administrativa, especialmente a policial, gera necessidade de obter a correspondente ordem judicial para efetuá-la. E, para obtê-la, terá que justificar devidamente o respectivo pleito, demonstrando sua imprescindibilidade, oportunidade e conveniência[160].

Normalmente, essa situação acontece quando há expedição de mandado de busca e apreensão de coisa ou pessoas para fins de ordem investigatória (inquérito policial), processual (ação penal) ou com o objetivo de cautelaridade de forma geral, incluindo o procedimento executório. A efetivação da determinação judicial pode ser realizada por autoridade policial (polícia judiciária) ou seus agentes, assim como por auxiliar do juízo, a exemplo do oficial de justiça.

De maneira bastante específica, o legislador processual penal elenca as situações relativas à busca domiciliar: prender criminosos; apreender coisas achadas ou obtidas por meios criminosos; apreender instrumentos de falsificação ou contrafação e objetos falsificados ou contrafeitos; apreender armas e munições, instrumentos utilizados para a prática de crime ou destinados a fim delituoso; descobrir objetos necessários à prova da infração ou à defesa do réu; apreender cartas, abertas ou não, destinadas ao acusado ou em seu poder, quando haja suspeita de que o conhecimento do seu conteúdo possa ser útil à elucidação dos fatos; apreender pessoas vítimas de crime; colher qualquer elemento de convicção (art. 240, § 1º, *a usque h*).

Nessa hipótese, o ingresso no domicílio somente pode ser verificado durante o dia, assim entendido o horário das 6 às 18 horas, ou em qualquer horário, desde que haja consentimento do morador.

De outro lado, não se pode perder de vista que a diligência deverá ser cumprida dentro dos limites estabelecidos pela ordem judicial. A propósito do que está sendo exposto, o inciso II do art. 243 do Código de Processo Penal é

---

160 TUCCI, Rogério Lauria. *Direitos e garantias individuais no processo penal brasileiro*, p. 424-5.

muito claro ao normatizar que o mandado de busca deverá "mencionar o motivo e os fins da diligência", que, a rigor, deverá especificar de maneira precisa o que deverá ser objeto da busca e consequente apreensão.

O que está sendo discursado implica entender que a violação deve ser quebrada com certas reservas, não se concebendo a extrapolação dos limites contidos na determinação judicial, o que descamba para o abuso de autoridade. A diligência exige responsabilidade de quem a realiza.

6. INVIOLABILIDADE DA CORRESPONDÊNCIA E DE OUTRAS COMUNICAÇÕES

Outra garantia individual, que encontra escólio no inciso XII do art. 5º da Constituição Federal, é a que diz respeito a correspondência e comunicações, *in integrum*:

> é inviolável o sigilo da correspondência e das comunicações telegráficas, de dados e das comunicações telefônicas, salvo, no último caso, por ordem judicial, nas hipóteses e na forma que a lei estabelecer para fins de investigação criminal ou instrução processual penal.

Sempre houve uma atenção especial do legislador, em uma sociedade civilizada, em proteger a intimidade das pessoas, a liberdade de seus meios de comunicação, que fazem parte integrante de sua própria personalidade. As liberdades em sentido amplo são inerentes a qualquer ser humano na expressão de modo e meio de agir na sociedade.

Lembra com propriedade Robert Alexy que

> toda a liberdade fundamental é uma liberdade que existe com relação ao Estado. Toda liberdade fundamental que existe em relação ao Estado é protegida, no mínimo, por um direito, garantido diretamente e subjetivamente, a que o Estado não embarace o titular da liberdade no fazer aquilo para o qual lhe é constitucionalmente livre[161].

Os meios de comunicação, de forma geral, também integram a intimidade das pessoas, mormente porque envolvem assuntos de cunho individual e privativo, que não estão sujeitos ao conhecimento público.

---

161 *Teoria dos direitos fundamentais*, p. 234.

CAPÍTULO 4 – GARANTIAS PENAIS   347

Todo indivíduo, indistintamente, tem o direito, deve ter a garantia, de se comunicar livremente com outras pessoas sem que haja qualquer tipo de intervenção, quer por parte do Estado, quer por determinação de qualquer outra pessoa, ressalvadas as hipóteses em que se deve ter conhecimento da comunicação em virtude de interesse relevante, de cunho público, principalmente quando vinculado à persecução do Estado. É o que acontece com a comunicação telefônica que pode ser objeto de interceptação, tema jurídico esse que será dissertado e mais bem esclarecido em momento oportuno.

Há de se deixar ponderado e assentado que o interesse coletivo deve se sobrepor ao particular, o que, inclusive, já restou evidenciado no fluir deste trabalho jurídico, muito embora o dispositivo constitucional *sub examine* trace cláusula expressa no sentido de que a correspondência e as comunicações telegráficas de forma geral não podem ser devassadas, sendo, por conseguinte, integralmente invioláveis.

Merece atenção e destaque o que se encontra disposto em lição externada por Álvaro Mayrink da Costa, *in verbis*: "A proteção penal do segredo apresenta uma evolução jurídica esculpida nos princípios mais íntimos do exercício dos direitos relativos à livre manifestação do pensamento"[162].

Diante disso, nada mais coerente, evidente e lógico ser dever da Legislação Maior amparar e proteger os meios de comunicação pessoal como exercício lídimo do direito de cidadania do indivíduo, aliado que seja às liberdades individuais e o sigilo.

Ademais, a prerrogativa *sub examine*, em sentido amplo, também se funda no direito de personalidade, já que há um liame muito íntimo entre ela e a intimidade:

> Muito embora tenha sido apontada a relatividade do conceito de "liberdades fundamentais", no regime das liberdades públicas, existe uma acentuada tendência doutrinária no sentido de considerar como "inatos" os direitos de personalidade, mesmo do ponto de vista do direito positivo, sob o prisma de exigência de ordem ética, a que a evolução do Estado moderno deu força jurídico-positiva. Ao estremar os direitos de personalidade de natureza física dos de natureza intelectual e moral, as classificações divergem. Mas o que importa, além de qualquer classificação que se queira adotar, é o reconhecimento da categoria dos direitos da personalidade, sobre o qual a doutrina é unânime: o homem, pelo fato de viver em sociedade, não deixa de ser indivíduo, e consequentemente assim pode e deve ser considerado em diversas das suas relações com o Estado e com

---

162 *Direito penal*, v. 2, t. 1, 1990, p. 497.

outros indivíduos; é em razão desta consideração que o ordenamento jurídico lhe confere a titularidade de situações de vantagem em relação aos demais componentes do grupo. Todos os direitos subjetivos, enquanto destinados a conferir um determinado conteúdo à personalidade jurídica, poderiam dizer-se "direitos da personalidade". [...] A categoria dos direitos da personalidade integra as liberdades públicas; apesar das diferenças das classificações, não há discordância em doutrina. E, por sua vez, o direito à intimidade faz parte integrante dos direitos de personalidade[163].

Com relação à intimidade, que é um direito de toda pessoa humana e, como consequência, faz parte das liberdades públicas, também tem sido prestigiada por normas de direito internacional, notadamente por intermédio de tratados ou pactos.

Assim é que, em conformidade com o art. 9º da Declaração Americana dos Direitos e Deveres do Homem, ficou prescrito que "toda pessoa tem direito à inviolabilidade e a circulação de sua correspondência".

Em consonância com o Pacto sobre Direitos Civis e Políticos, de 1966, na forma de seu art. 17,

1. Ninguém poderá ser objeto de ingerências arbitrárias ou ilegais em sua vida privada, em sua família, em seu domicílio ou em sua correspondência, nem de ofensas ilegais à sua honra e reputação. 2. Toda pessoa terá direito à proteção da lei contra essas ingerências ou ofensas.

A Convenção para a Proteção dos Direitos do Homem e das Liberdades Fundamentais (modificada nos termos das disposições dos Protocolos ns. 11 e 14), ao cuidar, em seu art. 8º, do direito ao respeito pela vida privada e familiar, deixou consignados os seguintes preceitos:

1. Qualquer pessoa tem direito ao respeito da sua vida privada e familiar, do seu domicílio e da sua correspondência.
2. Não pode haver ingerência da autoridade pública no exercício deste direito senão quando esta ingerência estiver prevista na lei e constituir uma providência que, numa sociedade democrática, seja necessária para a segurança nacional, para a segurança pública, para o bem-estar econômico do país, a defesa da ordem e a prevenção das infrações penais, a proteção da saúde ou da moral, ou a proteção dos direitos e das liberdades de terceiros.

---

163 GRINOVER, Ada Pellegrini. *Liberdades públicas e processo penal*. As interceptações telefônicas, p. 97 e segs.

CAPÍTULO 4 – GARANTIAS PENAIS **349**

Em razão do que se está exortando, desde o Direito romano o homem já conquistou a inviolabilidade de sua correspondência. É o que se nota no 1. I, § 38 D. 16, 3, 11, 41, *proem* D. 9, 2.

No mencionado Direito, a interceptação de cartas era considerado furto, conforme se vê na seguinte passagem de Ulpiano: "*Si epistula quam ego tibi misi intercepta sit, quis furti actionem habeat?* [...] *is cujus interfuit eam non subripi, id est ad cujus utilitatem pertinebant ea quae scripta sunt*" (Dig., *De furtis*, 14, § 17).

No Direito intermediário, deixa sublinhado Nélson Hungria que

> Considerava-se *falsum* não só o fato de rasgar (*lacerare*), queimar (*comburere*) ou ocultar (*celare*) cartas alheias, como também o de abri-las (*aperire, desigillare*), para revelar (*ostendere*) o seu texto. Neste último caso, se não havia revelação a outrem configurava-se o *crimen stellionatus* (Bartolo: "*Si vero aperit, et ipsemet vidit, et alteri non ostendit, et tunc putata, quod debeat punire extraordinarie crimine stellionatus*")[164].

À luz da realidade, somente com a Revolução Francesa, oportunidade em que surgiram múltiplas conquistas sociais, a indevassabilidade da correspondência, como liberdade individual, se efetivou de maneira precisa.[165]

A Constituição Política do Império do Brasil de 1824, em seu art. 179, XXVII, dispunha que "o segredo das cartas é inviolável. A Administração do Correio fica rigorosamente responsável por qualquer infração deste Artigo".

A mesma imunidade também foi proclamada pela Constituição da República dos Estados Unidos do Brasil de 1891. Estava inscrito no § 18 do art. 72 o seguinte preceito de garantia: "É inviolável o sigilo de correspondência".

Procurando garantir a prerrogativa imanada da Constituição, o legislador ordinário passou a erigir tipos penais ameaçando de punição qualquer atentado inicialmente ao meio de comunicação feito por intermédio de cartas.

Assim é que o Código Criminal do Império do Brasil, de 1830, deixou assentado em seu art. 129, § 9º, o seguinte comando normativo: "Subtraírem, suprimirem, ou abrirem carta depois de lançada no correio; ou concorrerem para que outrem o façam. Penas – de perda do emprego; de prisão".

O Código Penal de 1890, em seu Capítulo IV, sob a rubrica "Dos Crimes Contra a Inviolabilidade dos Segredos", em vários regramentos procurou tutelar a imunidade da correspondência:

---

164 *Comentários ao Código Penal*, v. 6, p. 229.

165 "*Le secret des lettres est inviolable et que sous aucun prétexte, il ne pouvait y être porté atteinte, ni par les individus, ni par les corps administratifs*" (Decreto de 10 de agosto de 1790 da Assembleia Nacional).

350 GARANTIAS FUNDAMENTAIS NA ÁREA CRIMINAL

Art. 189. Abrir maliciosamente carta, telegrama, ou papel fechado endereçado a outrem, apossar-se de correspondência epistolar ou telegráfica alheia, ainda que não esteja fechada, e que por qualquer meio lhe venha às mãos; tirá-la de repartição pública ou do poder de portador particular, para conhecer-lhe o conteúdo: Pena – de prisão celular por um a seis meses. Parágrafo único. No caso de ser revelado em todo, ou em parte, o segredo da correspondência violada, a pena será aumentada de um terço.

Art. 190. Suprimir correspondência epistolar ou telegráfica endereçada a outrem: Pena – de prisão celular por um a seis meses.

Art. 191. Publicar o destinatário de uma carta, ou correspondência, sem consentimento da pessoa que a endereçou, o conteúdo não sendo em defesa de direitos, e de uma ou outra resultando dano ao remetente: Pena – de prisão celular por dois a quatro meses.

Art. 192. Revelar qualquer pessoa o segredo de que tiver notícia, ou conhecimento, em razão de ofício, emprego ou profissão: Penas – de prisão celular por um a três meses e suspensão do ofício, emprego ou profissão por seis meses a um ano.

Art. 193. Nas mesmas penas incorrerá o empregado do Correio que se apoderar de carta não fechada, ou abri-la, se fechada, para conhecer-lhe o conteúdo, ou comunicá-lo a alguém, e bem assim o do telégrafo que, para fim idêntico, violar telegrama, ou propagar a comunicação nele contida. Parágrafo único. Se os empregados suprimirem ou extraviarem a correspondência, ou não a entregarem ou comunicarem ao destinatário: Penas – de prisão celular por um a seis meses e perda do emprego.

Art. 194. A autoridade que de posse de carta ou correspondência particular utilizá-la para qualquer intuito, seja, embora, o da descoberta de um crime, ou prova deste, incorrerá na pena de perda do emprego e na de multa de 100$ a 500$000.

Art. 195. As cartas obtidas por meios criminosos não serão admitidas em juízo.

O Código Penal em vigor, no Título I, Seção III, tratou dos "Crimes Contra a Inviolabilidade de Correspondência" insculpindo os seguinte preceitos punitivos:

Violação de correspondência – Art. 151. Devassar indevidamente o conteúdo de correspondência fechada, dirigida a outrem: Pena – detenção, de um a seis meses, ou multa. **Sonegação ou destruição de correspondência** – § 1º Na mesma pena incorre: I – quem se apossa indevidamente de correspondência alheia, embora não fechada e, no todo ou em parte, a sonega ou destrói; **Violação de comunicação telegráfica, radioelétrica ou telefônica** – II – quem indevidamente divulga, transmite a outrem ou utiliza abusivamente comunicação telegráfica ou radioelétrica dirigida a terceiro, ou conversação telefônica entre outras pessoas; III – quem impede a comunicação ou a conversação referidas no número anterior; IV – quem instala ou utiliza estação ou aparelho radioelétrico, sem observância de disposição legal. § 2º As penas aumentam-se de metade, se há dano para outrem. § 3º Se o agente comete o crime, com abuso de função em serviço postal, telegráfico, radioelétrico ou telefônico: Pena – detenção, de um a três anos. § 4º Somente se procede mediante representação, salvo nos casos do § 1º, IV, e do § 3º.

Com pertinência à violação de correspondência, em termos legislativos, a Lei n. 6.538, de 22 de junho de 1978, que dispõe sobre os serviços postais, em seu Título V, sob a rubrica "Dos Crimes Contra o Serviço Postal e o Serviço de Telegrafia", criou tipos penais sobre serviço postal (arts. 36 *usque* 39) e violação de correspondência (art. 40) compreendendo a carta e o telegrama.

O regramento legal está redigido da seguinte maneira: "Devassar indevidamente o conteúdo de correspondência fechada dirigida a outrem: Pena – detenção, até 6 (seis) meses, ou pagamento não excedente a 20 (vinte) dias-multa". Por seu turno, seu § 1º dispõe que "incorre nas mesmas penas quem se apossa indevidamente de correspondência alheia, embora não fechada, para sonegá-la ou destruí-la". O § 3º normatiza que "as penas aumentam-se da metade se há dano para outrem".

Diante disso, é forçoso convir que o *caput* e o § 1º do art. 151 foram tacitamente revogados pela supracitada Lei, perdendo integralmente sua eficácia, já que a lei especial prepondera sobre a ordinária, sendo certo que parcialmente ainda se encontram em vigor os dispositivos contidos nos incisos II, III e IV da mencionada norma legal.

Ao dissertar sobre a segurança das comunicações pessoais, José Afonso da Silva deixa anotado que

> trata-se de garantia constitucional que visa a assegurar o sigilo da correspondência e das comunicações telegráficas e telefônicas, que são meios de comunicação interindividual, formas de manifestação do pensamento de pessoa a pessoa, que entram no conceito mais amplo de "liberdade de pensamento" em geral (art. 5º, IV). Garantia também do sigilo das comunicações de dados pessoais, a fim de proteger a esfera íntima do indivíduo. Ao declarar que é *inviolável* o sigilo da correspondência e das comunicações telegráficas, de dados e telefônicas, a Constituição está proibindo que se abram cartas e interceptem telefonemas[166].

---

166 *Comentário contextual à Constituição*, p. 104.

352 GARANTIAS FUNDAMENTAIS NA ÁREA CRIMINAL

Sem dúvida, se *violar*, do latim *violare*, é implicativo de infringir, ofender, devassar, nada mais evidente do que o legislador constituinte vedar a quebra do sigilo da carta e da própria comunicação telefônica, visando a proteger o direito individual do cidadão, que é o sigilo, o segredo, o conteúdo da comunicação.

Nas precisas palavras lançadas por Gilmar Ferreira Mendes e Paulo Gustavo Gonet Branco, que se mostram harmônicas e compatíveis com o que tem sido mencionado e sustentado,

> sigilo das comunicações é não só um corolário da garantia da livre expressão de pensamento; exprime também aspecto tradicional do direito à privacidade e à intimidade. A quebra de confidencialidade da comunicação significa frustrar o direito do emissor de escolher o destinatário do conteúdo da sua comunicação[167].

Na mesma sintonia doutrinária, afirmam Luiz Alberto David Araujo et al. que

> na verdade, estamos diante, novamente, da proteção do direito a privacidade e intimidade. Ao proteger o sigilo das comunicações, o constituinte teve em mente a tutela do direito de se comunicar sem que houvesse qualquer interferência, preservando, em última análise, o direito do indivíduo em relação a sua privacidade e intimidade[168].

É relevante observar, por oportuno, a lição externada por Paulo Roberto de Figueiredo Dantas, que também se mostra nas mesmas diretrizes sintonizadas pelos magistérios reproduzidos, que estão plenamente corretos e plasmados no pensamento do legislador constituinte:

> A inviolabilidade do sigilo de correspondência guarda inequívoca relação com o direito à livre manifestação do pensamento, que neste caso ocorrerá de forma sigilosa. Guarda relação, ademais, com a inviolabilidade da intimidade, da vida privada, da honra e da imagem das pessoas, prevista no artigo 5º, inciso X, de nossa Lei Maior[169].

Complementando a inteligência emprestada ao texto constitucional *sub examine*, o legislador estabeleceu uma ressalva: "Salvo, no último caso, por

---

167 *Curso de direito constitucional*, p. 293.
168 *Curso de direito constitucional*, p. 209.
169 *Curso de direito constitucional*, p. 328.

CAPÍTULO 4 – GARANTIAS PENAIS   353

ordem judicial, nas hipóteses e na forma que a lei estabelecer para fins de investigação criminal e instrução processual penal" (art. 5º, XII).

A ressalva legislativa observada somente tem incidência com as "comunicações telefônicas", não sendo, por conseguinte, admitidas em se cuidando das outras formas de comunicação previstas no regramento constitucional sob consideração.

Compatível com o que está sendo discursado, que se mostra de acordo com as letras do texto constitucional, observa Vicente Greco Filho:

> Antes de enfrentar a questão, consigne-se que, em qualquer das interpretações, fica sempre excluída a interceptação de correspondência, considerando-se que, quanto a esta, tendo em vista a absoluta impossibilidade de se compreender o sigilo da correspondência como "último caso", a garantia é plena e incondicionada, aliás segundo o princípio *inclusio unius fit exclusio alterius*[170].

O devassamento somente será reconhecido quando tiver por finalidade coletar prova com o objetivo de investigação criminal, ou seja, em sede de inquérito policial ou no fluir da instrução processual, isto é, durante a coleta judicial de prova.

Conclui-se da interpretação literal do texto constitucional que o legislador constituinte, ao fazer alusão a "que a lei estabelecer", delegou ao legislador ordinário confeccionar norma a respeito da exceção constitucionalmente autorizada.

Atendendo à determinação constitucional, coube à Lei n. 9.296, de 24 de julho de 1996 (regulamenta o inciso XII, parte final, do art. 5º da Constituição Federal), dispor sobre os critérios que devem ser obedecidos para efeito da quebra do sigilo telefônico.

Na inteligência de Luiz Francisco Torquato Avolio, "captação telefônica em sentido estrito é a captação da conversa por um terceiro, sem o conhecimento dos interlocutores"[171]. A captação mencionada, à luz da legalidade, consoante a seguir será exposto, somente poderá ocorrer por quem tiver permissão judiciária para fazê-lo.

Em sentido abrangente da comunicação telefônica em espécie, devem também ser compreendidas as transmissões em sistemas de informática e telemática (parágrafo único do art. 1º). A expressão *telemática* implica conjunto de serviços informáticos fornecidos por meio de uma rede de teleco-

---

170 *Interceptação telefônica*, p. 11.
171 *Provas ilícitas*: interceptações telefônicas, ambientais e gravações clandestinas, p. 94.

municações; é a ciência que trata da transmissão a longa distância de informação computadorizada.

Visando a estabelecer rigoroso controle sobre a interceptação abordada, o legislador ordinário deixou expresso que ela somente poderá ser levada a efeito por "ordem do juiz competente da ação principal, sob segredo de justiça" (art. 1º, *caput*).

A determinação do legislador é clara e específica. Somente o juiz que for competente para julgar o pedido condenatório contido na futura ação penal, se a quebra for postulada antes do exercício da ação penal, ou seja, ainda estando em fluência a *informatio delicti*, ou, evidentemente, quando já tiver sido instaurado o procedimento criminal, é que a lei chancela essa providência, que não deixa de ter natureza cautelar, uma vez que envolve a coleta de elementos de convicção buscados no sentido de estabelecer a verdade real.

Diante disso, para que não haja dúvida a respeito, se houver requerimento da autoridade policial ou do Ministério Público (art. 3º, I e II), na fase investigatória, ele deverá ser regularmente distribuído para se determinar o juiz territorialmente competente para o futuro processo penal, caso haja o exercício da *actio poenalis*, salvo se já tiver havido a prévia distribuição do inquérito policial pedindo a prorrogação do prazo para sua conclusão, quando, então, o juízo fica prevento.

Na hipótese de decretação da interceptação de ofício, ou seja, pelo juiz, que também é permitida pelo art. 3º supradito, esta somente poderá ser levada a efeito se estiver correndo a ação penal ou se tiver havido pedido de prorrogação do prazo para o encerramento do inquérito policial.

O legislador ordinário, no art. 2º do Estatuto extravagante de regência, em situações previamente estabelecidas não permite a captação da comunicação quando: "I – não houver indícios razoáveis da autoria ou participação em infração penal; II – a prova puder ser feita por outros meios disponíveis; III – o fato investigado constituir infração penal punida, no máximo, com pena de detenção".

A palavra "indício" é empregada no sentido de probabilidade, possibilidade, desde que razoável. Isso significa que, para a imposição da interceptação, não é exigida certeza ou quase certeza da autoria (aquele que executou o núcleo do tipo ou praticou a conduta proibida) ou participação (aquele que somente concorreu, que contribuiu para que o crime fosse realizado).

A expressão "infração penal" tem seu sentido estrito, não envolvendo a contravenção penal, uma vez que a interceptação pressupõe, quando muito, crime punido com detenção, sendo certo que a contravenção penal é sancionada com prisão simples.

De maneira prudente, o dispositivo em apreço não admite a devassa em termos da comunicação enfocada quando a prova puder ser obtida por outro meio. Trata-se de mecanismo legal de restrição da transgressão do privilégio que somente poderá ter cabimento em último caso, quando for estritamente necessário. Logo, constatando o magistrado que a prova pode ser conseguida por outra via, deverá indeferir o pedido de captação ou se abster de determinar a medida *ex officio*.

Tendo em vista a gravidade da quebra da imunidade, que somente pode acontecer de maneira excepcional, aquele que pedir essa providência judicial deverá demonstrar de maneira cabal que sua realização é necessária à apuração de infração penal, com indicação dos meios a serem empregados. Nada impede que a postulação pertinente seja feita de maneira oral. É o que se encontra normatizado no *caput* do art. 4º do supramencionado Diploma regulamentador.

É também imposição normativa que o juiz competente decida o requerimento no prazo máximo de 24 horas, de maneira fundamentada, sob pena de nulidade (art. 4º, § 2º). Trata-se do cumprimento do dispositivo encartado no inciso IX do art. 93 da Constituição Federal.

Fazendo com que todo o controle da devassa nos meios de comunicação fique a cargo do magistrado que autorizou a medida cautelar, uma vez cumprida a diligência, os dados colhidos serão encaminhados à autoridade judiciária, acompanhados de auto circunstanciado, que deverá conter o resumo das operações realizadas (art. 6º, § 2º).

Por se cuidar de procedimento incidental, este deverá correr em autos apartados, que, posteriormente, serão apensados nos autos do inquérito policial ou, se for o caso, do processo criminal, preservando-se o sigilo das diligências, gravações e transcrições respectivas (art. 8º, *caput*).

Finalmente, o legislador ordinário previu como crime, punido com reclusão de 2 a 4 anos, a realização de interceptação de comunicações telefônicas, de informática ou telemática e a quebra de qualquer segredo de justiça sem autorização judicial ou com objetivos não autorizados (art. 10).

No concernente à correspondência, a imunidade que gravita em torno dela é absoluta, indevassável. Trata-se de privilégio, na esteira do que foi suficientemente dissertado, que não comporta exceção. Logo, qualquer quebra dessa garantia constitucional é implicativa de prática de crime, previsto no art. 151 do Código Penal, cujo tipo em espécie restou anteriormente transcrito.

O que é importante deixar assinalado, para efeito de entendimento da garantia constitucional abordada, é o que se deve entender por correspondência.

O termo *correspondência* se encontra conceituado no art. 47 da Lei n. 6.538/78, assim se entendendo "toda comunicação de pessoa a pessoa, por meio de carta, através da via postal, ou por telegrama".

Sem que se afaste de seu sentido literal (o de não violação), estende-se a prerrogativa assegurada a toda espécie de correspondência, em virtude da qual não pode ser devassado o conteúdo de carta, telegrama ou comunicação radioelétrica por pessoas estranhas, ou seja, pessoas que não sejam seus destinatários ou sem autoridade ou permissão para devassar o dito conteúdo.

Qualquer tipo de violação dentro do contexto posto sob análise implica a quebra da intimidade da pessoa, constitucionalmente assegurada.

Considerações finais

Tendo por suporte as diretrizes recomendáveis a todo trabalho científico, em qualquer nível de dissertação, nestas considerações finais somente serão alvo de enfoque os pontos mais importantes, mais relevantes dos temas que foram o centro de interesse desta pesquisa. Eles servem de base e informação ao leitor sobre o que foi objeto do estudo levado a efeito na presente obra jurídica, principalmente porque ela contém abrangência ampla, encampando em seu conteúdo matéria alusiva ao direito internacional, constitucional, processual penal e penal.

O que se pretende revelar e destacar, mesmo na apertada síntese que se constitui o encerramento desta obra jurídica, é que o texto científico que a compõe não deixa de ser uma novidade em termos de doutrina, tendo por escólio a maneira como os vários institutos foram alvo de consideração, sempre perseguindo o objetivo, o desiderato, de entrelaçá-los, de coordená-los, com o fim último de demonstrar a eficácia e utilidade que eles devem representar para a exata compreensão do direito a eles inerente, não só no campo teórico, mas também em nível de aplicação.

Tecidas essas considerações de nível preliminar, verifica-se pelo conteúdo daquilo que foi dissertado que realmente o fim buscado por este livro foi plenamente coroado de êxito.

As garantias fundamentais que se encontram encartadas no Diploma Maior e que guardam pertinência com a área criminal foram detidamente apontadas e examinadas, assim como procedeu-se aos devidos e indeclináveis apontamentos em termos de suas regulamentações, como mecanismo legal objetivando fazer com que estas sejam cumpridas e observadas.

358 GARANTIAS FUNDAMENTAIS NA ÁREA CRIMINAL

Uma leitura atenta do texto faz espelhar de forma clara e evidente a importância de tais garantias nos lindes dos direitos individuais, que, em última análise, têm por objetivo a proteção do ser humano, do indivíduo como sujeito de direitos. É a democratização do direito, que se projeta de forma justa e racional visando à proteção individual e à própria personalidade do cidadão, não só em torno de sua liberdade física ou corpórea, mas também com incidência, notadamente, em sua honra e dignidade.

Nesse campo integrativo, trouxeram-se à colação tratados e pactos internacionais, que de forma contínua são omitidos e esquecidos pelo aplicador do Direito e, até mesmo, pelos *iuris scriptores*, o que não se justifica tendo por consideração que esses documentos, na dicção constitucional, são tidos como emendas constitucionais, quando recepcionados pelo Brasil. Assim sendo, essas convenções integram a legislação nacional, na qualidade de cooperação internacional entre os vários países que delas participam ou são signatários.

Lembre-se, outrossim, como foi devidamente assinalado, que tais tratados serviram também de fonte legislativa, notadamente em nível constitucional.

Não se perdeu de horizonte que os princípios, na qualidade de origem de uma determinada norma, acabam se afinando com as garantias constitucionais postas pela Magna Carta da República.

Coeso com o que foi mencionado na **Introdução** deste livro, deu-se um elastério maior ao conceito de cidadania. Alerta-se que ele não incide de forma única e exclusiva na seara eleitoral, mas também tem grande projeção e significação nas garantias fundamentais, no que concerne às liberdades individuais e aos direitos de defesa que devem ser rigorosamente observados a todo aquele que é alvo de qualquer modalidade de processo, notadamente a criminal, que concorre, de forma precípua, para o cerceamento da liberdade física individual, e esta constitui um bem insopitável de qualquer cidadão, que dele somente pode ser subtraído nos casos legalmente previstos e mediante a garantia da ampla defesa e do contraditório.

De forma mais objetiva e didática, verifica-se no conteúdo desta obra que se deu realce, distinção bastante eloquente ao denominado devido processo legal (*due process of law*), expondo-se que ele se constitui e se eleva como garantia básica da sistemática processual penal.

Frisou-se, diga-se de passagem, a suma importância do *law of the land*, instituído pela Magna Carta de 1215 e confirmado pelo texto dessa mesma legislação imposta ao rei João Sem-Terra (*per legem terrae*) em 1225, que, injustificavelmente, somente compôs a legislação nacional a partir da Constituição Federal vigente.

CONSIDERAÇÕES FINAIS **359**

Teceram-se considerações específicas sobre o **contraditório**, que deflui do devido processo legal, enfatizando-se não só sua previsão constitucional, bem como sua real utilidade para a defesa daquele que é objeto de persecução criminal, deixando à sua disposição promover a contestação da imputação que sobre ele é lançada (acusação). De forma indubitável, o processo atual é de partes, deve conter, irrefutavelmente, a bilateralidade, e nessa seara é compulsório o emprego da máxima *audiatur et altera pars*.

É exatamente em função da participação ativa dos sujeitos processuais que serão coletados elementos de prova que servirão para o juiz natural formar seu livre convencimento, lavrar sua persuasão racional, sua razão de decidir, compondo o conflito intersubjetivo de interesses, um dos fins colimados pela relação processual.

Essa garantia fundamental foi regulamentada pelo Código de Processo Penal, prevendo que todo acusado deve ser citado (*vocatio iudicium*) para responder à acusação.

Outra garantia que deflui do devido processo legal é a **ampla defesa**, que na forma analítica posta neste livro é complementar à garantia do contraditório. Por intermédio dela é assegurada aos acusados em geral a produção de toda prova, desde que lícita e legítima, para a defesa de seu direito de liberdade, que, pelo menos de forma indireta, se mostra ameaçada pelo processo criminal.

A ampla defesa, consoante o que foi consignado, tem emprego abrangente, compreendendo não só sua aplicação em nível processual originário, bem como nos cânones impugnativos em sede de recurso ordinário.

Destacou-se, de forma oportuna, a importância do advogado (representação postulatória) diante da ampla defesa. A paridade de armas é de vital importância, porquanto corresponde ao equilíbrio entre a acusação e a defesa. Em razão disso, se o réu não tiver defensor, o juiz ou tribunal deverá nomear-lhe advogado, denominado dativo.

Outra garantia que dimana do devido processo legal é a do **juiz natural**, aquele previsto constitucionalmente para compor determinada lide, constituído antes da prática delitiva e que, segundo ficou exposto, a história sempre o consagrou, desde os idos de 1215 (Magna Carta), inserindo-se no processo penal brasileiro a partir da Constituição Imperial de 1824.

A garantia abordada, além de não admitir o exercício da jurisdição por qualquer órgão não investido constitucionalmente do poder de julgar, não permite a criação de tribunais de exceção.

A **fundamentação da decisão judicial**, que também compõe o devido processo legal, é garantia prevista na Carta Política Federal. Regulamentando essa garantia, o legislador ordinário editou normas exigindo do magistrado a

360 GARANTIAS FUNDAMENTAIS NA ÁREA CRIMINAL

fundamentação de todas as suas deliberações, a exemplo de indicação dos motivos de fato e de direito em que se fundar a decisão e a indicação da materialidade e da existência de indícios suficientes de autoria ou participação.

Essa fundamentação é uma decorrência lógica do Estado democrático de direito. Todo cidadão, principalmente o acusado, deve saber os motivos que levaram o magistrado a decidir de determinada forma, possibilitando, inclusive, fundamentar a sua impugnação, seu inconformismo. Logo, é indispensável que se saiba como o juiz desenvolveu seu raciocínio, como estabeleceu sua convicção e como valorou as provas carreadas aos autos.

O **sistema acusatório**, que também se encontra inserido no devido processo legal, foi objeto de análise, ressaltando-se que as atividades daqueles que integram a relação jurídico-processual, principalmente em nível de acusação e julgamento, são distintas, o que, inclusive, provém do Direito romano.

Na atual sistemática processual penal, foi concebido o sistema acusatório puro, não permitindo, por conseguinte, que o juiz cumule função acusatória e decisória. O vigente Diploma Maior conferiu ao órgão do Ministério Público a função institucional de promover, privativamente, a ação penal pública.

A **presunção de inocência** é também um corolário significativamente importante do *due process of law*, uma vez que por intermédio dele não se permite a consideração prévia da culpabilidade do autor do evento típico.

Diante disso, a rigor, o indivíduo somente será tido como culpado e obrigado a cumprir a sanção penal que lhe foi imposta quando estiverem preclusas todas as vias impugnativas, ou seja, quando a sentença condenatória contiver o selo da *res iudicata formal*. Trata-se, *ex abundantia*, de autêntico *favor libertatis*, uma vez que, não havendo a plena certeza da culpabilidade do acusado, não há como considerá-lo culpado. É um direito subjetivo do réu. Essa constatação é tão soberana que, havendo dúvida sobre a culpabilidade do agente, o juiz deverá absolvê-lo por falta de prova: *in dubio pro reo*.

Nesse específico tema jurídico, como não poderia deixar de ser, não se deixou de considerar que a medida cautelar pessoal, a exemplo do que acontece com a prisão preventiva, prisão temporária, prisão domiciliar, que é implicativa de restrição à liberdade física do investigado ou acusado, pode ser livremente empregada, tendo em vista seu interesse de cunho processual e que isso, absolutamente, não afronta nem contamina a garantia da presunção de inocência. Logo, a garantia abordada não constitui óbice para a prisão processual sob enfoque.

A **justa causa** também se alinha com o *due process of law*. Somente com sua concorrência é que se justifica a instauração do procedimento criminal.

CONSIDERAÇÕES FINAIS **361**

Sem dúvida, não se poderia admitir a formação da relação jurídico-processual quando houvesse a ausência de pressuposto processual, condições da ação, inclusive a justa causa, e a não observância dos requisitos exigidos para a denúncia ou queixa. Isso porque o processo, como forma de composição do litígio, deve ser conforme o Direito determina, deve estar cercado pela justa causa, deve ser *secundum ius*, sob pena de causar constrangimento ilegal ao acusado.

O **tratamento paritário dos sujeitos processuais** também guarda pertinência com o devido processo legal. Na relação processual, a igualdade é o cerne, o arcabouço do Direito como forma de expressão da democracia. Sem que haja a isonomia entre os sujeitos processuais, não se pode afirmar quanto à existência de qualquer direito. Assim, não existe direito sem igualdade de tratamento, sem paridade. Isso é imposto pela bilateralidade no campo processual.

Não se deve descurar, outrossim, conforme explicitado no correr deste trabalho, que a isonomia mencionada tem vínculo com o contraditório, com a motivação das decisões, com a publicidade, com a proibição da prova ilícita, com a presunção de inocência, com a imparcialidade do juiz. Um exemplo característico da igualdade a que se está fazendo menção é verificado na real necessidade de serem as partes devidamente intimadas dos atos praticados na instância penal (comunicação dos atos processuais), possibilitando a manifestação daqueles que se encontram envolvidos na relação processual, além de manejar os meios impugnativos que se mostrarem adequados. Esse tratamento paritário também diz respeito ao tempo, que deve ser igual às partes para suas manifestações de caráter oral ou escrito e impugnações. Assim é que nem a defesa e nem a acusação têm privilégio.

O **prazo razoável de duração do processo** é matéria jurídica que também está implicitamente contida no campo do *due process of law*. O prazo razoável em questão significa que todo processo, inclusive, como é evidente, o criminal, deve ter duração moderada, principalmente quando incide sobre o acusado medida cautelar pessoal, como sói acontecer com a prisão preventiva.

Cumpre ao Poder Judiciário, na qualidade de aplicador da norma jurídica de regência, solucionar da forma mais breve possível o litígio penal, porquanto o processo-crime sempre diz respeito ao direito de liberdade do réu que está sendo objeto de persecução criminal. A demora na composição da lide penal é indicativa de negativa de existência do direito.

Não bastasse isso, deixar o acusado à mercê do Poder Judiciário por espaço de tempo não razoável demonstra arbitrariedade, discricionariedade ilimitada, culminando em afetar, de maneira indevida, a vida psicológica, familiar

362 GARANTIAS FUNDAMENTAIS NA ÁREA CRIMINAL

e social daquele que é objeto de persecução criminal, acarretando-lhe, inclusive, danos irreparáveis à sua vida social, familiar e na relação do trabalho. Diante disso, a celeridade do procedimento criminal se mostra imperiosa, de necessidade cogente.

O **silêncio** e a **não autoincriminação** também gravitam em torno do devido processo legal. No que tange à não autoincriminação, embora não haja previsão nesse sentido no texto constitucional, ela decorre do próprio direito ao silêncio. Sem dúvida, não se pode compreender como sendo certo e justo que o autor do fato típico produza prova contra si mesmo, contra o próprio interesse de sua liberdade. Ademais, como restou consignado, o Brasil assinou pacto internacional garantindo ao acusado, de forma geral, que ele tem o direito de não produzir prova contra si próprio: *nemo tenetur se detegere.*

Nessa ordem de consideração, o precitado princípio, consignado na parêmia copiada, tem sua manifestação cristalina no direito ao silêncio. A garantia do silêncio significa que o indiciado, investigado ou acusado tem o direito de optar, quando da oportunidade de seu interrogatório extrajudicial ou judicial, por não responder às questões que a ele forem formuladas. Logo, não está ele compelido a trazer para os autos provas que comprometam a sua ampla defesa.

De outro lado, registre-se que, se o acusado abrir mão de sua prerrogativa constitucional e responder às questões formuladas, não está ele obrigado a dizer a verdade; pode mentir, sem que isso constitua crime ou seja tido como comportamento delituoso.

Ademais, o fato de o indivíduo se manter silente não importa em confissão e também não poderá ser interpretado em prejuízo da sua defesa.

A garantia do silêncio é tão importante na dicção constitucional que o indiciado ou acusado, quando de seu interrogatório policial ou judicial, deve ser advertido de que não está obrigado a responder às perguntas a ele formuladas. Com isso o legislador infraconstitucional procura garantir a eficácia da supradita garantia. É forma de reforçar o efetivo cumprimento do comando maior.

As garantias, os direitos, que até o presente momento foram apontados e resumidos, se encontram, como se disse, diretamente vinculados ao devido processo legal. Todavia, outras garantias constitucionais que não guardam um liame próximo com o *due process of law* também foram objeto de análise. Assim é que se apreciou e analisou a **publicidade**, de regra, como meio de permitir que qualquer pessoa tenha acesso às audiências e sessões dos tribunais, mesmo porque no campo criminal a apuração do crime e de sua autoria é de interesse coletivo.

A fiscalização gerada pela publicidade concorre de maneira bastante eficaz para que os atos processuais praticados pelo Poder Judiciário sejam fiscalizados, forçando a devida imparcialidade. É aquilo que sempre foi reivindicado pelo pensamento liberal, como instrumento de garantia contra as manipulações da Justiça, que predominava na época do absolutismo.

A publicidade, indubitavelmente, se constitui uma das mais sólidas garantias do direito de defesa. Assim é que a fiscalização exercida por aqueles que assistem às audiências, por exemplo, impõe ao juiz a necessária obrigação de preservar na íntegra todos os direitos do réu em contrariar a acusação contra si lançada.

De outro lado, é forçoso convir que a publicidade tem seus limites; não pode ser reconhecida e mantida de maneira incontrolável, quando, principalmente, se mostra avessa aos interesses sociais, contrária à moralidade pública e à própria normalidade da audiência. Daí porque a Constituição Federal, ao elegê-la, deixou assentado que sua aplicabilidade se limita aos casos em que a defesa da intimidade ou o interesse social o exigem.

Nessa ordem de consideração, não se adota e menos ainda se tolera a publicidade quando da audiência, sessão ou do ato processual puder resultar escândalo, inconveniente grave ou perigo de perturbação da ordem, oportunidade em que deverá haver o limite de número de pessoas que possam estar presentes.

A **oficialidade** e **ação penal privada subsidiária da pública** também se revelam como garantias constitucionais.

A oficialidade se constitui forma de garantia do sistema acusatório puro, consagrado na legislação brasileira. Por intermédio dele o Ministério Público tem a função institucional de promover, privativamente, a ação penal pública, conforme dispuser a lei ordinária. Isso significa, em outros termos, que a *actio poenalis* é conferida a órgão distinto daquele que promoverá o julgamento do pedido nela contido (juiz ou tribunal).

Embora a ação penal pública tenha como titular absoluto a instituição precitada, o legislador constituinte, seguido pelo ordinário, por medida de precaução, conferiu ao particular a titularidade de promover a ação penal privada em substituição da pública, quando houver desídia do Ministério Público, não oferecendo a denúncia no espaço temporal previsto pelo legislador processual penal.

Esse comportamento legislativo se justifica, mesmo porque é fruto da reserva e preocupação do legislador na garantia dissertada, não somente o interesse do particular, que figura como vítima da prática delitiva, bem como de toda a sociedade, mesmo porque os bens atingidos que reclamam a atuação do Ministério Público ostentam profundo interesse de ordem coletiva.

O **julgamento pelo tribunal do júri** é também garantia de ordem constitucional. Assim é que o legislador previu que todo crime doloso contra a vida, consumado ou tentado, deve ser julgado pelos pares do acusado, pela magistratura popular. É a democracia do Direito colocada nas mãos da coletividade.

De forma irrecusável, o legislador, ao disciplinar que compete ao tribunal do júri julgar os precitados fatos puníveis, consagra esse colegiado heterogêneo como juiz constitucional, natural.

Entretanto, é importante que se deixe registrado que esse juiz natural não é pleno, mas relativo, uma vez que o juiz de Direito, na fase do sumário de culpa, pode absolver sumariamente o acusado, quando estiverem presentes os requisitos legais que o autorizem. Essa absolvição implica julgamento de mérito. Por meio dela o réu é declarado inocente. Logo, a sentença tem caráter de definitiva, uma vez que aprecia e resolve o *meritum causae*.

Em circunstâncias desse matiz, é de evidente conclusão que a decisão do juiz de Direito subtrai a competência do tribunal do júri para o julgamento dos crimes dolosos contra a vida consumados ou tentados.

A **garantia da inadmissibilidade no processo das provas obtidas por meios ilícitos** também foi uma preocupação do legislador constituinte.

A Constituição Federal contém regra rígida em torno da inadmissibilidade das provas obtidas por meios ilícitos. Todavia, o legislador infraconstitucional procurou amenizar os rigores contidos na Magna Carta, ao admitir, na hipótese da prova derivada da prova ilícita, ser acolhida, ser revestida de legalidade, quando essa prova derivada não tiver nenhum vínculo com a prova inicial ilícita ou puder ser obtida por fonte independente dessa prova ilegítima.

A teor de dispositivo constitucional específico, as provas ilícitas, acertadamente, não podem produzir nenhuma eficácia, por serem absolutamente nulas. Para a formação do livre convencimento do magistrado, o elemento de convicção empregado deve ter sido conseguido de maneira lícita, conforme o que o Direito determina.

Não estaria no âmago do sentido ético do Direito a recepção de prova que fosse obtida ao arrepio das garantias fundamentais, notadamente em termos humanos, a exemplo do que acontece com a tortura e outros expedientes afins, como a quebra de sigilo telefônico, bancário e fiscal, sem que houvesse a devida autorização judicial. A privacidade de qualquer indivíduo somente pode ser violada em hipóteses devidamente elencadas em lei.

A **liberdade provisória** e a **fiança**, na qualidade de garantias constitucionais, estabelecem-se como mecanismos de ordem legal, agindo como reforço da presunção de inocência, não permitindo que o indivíduo preso e autuado em flagrante seja levado à prisão quando tiver adequação a contracautela enfocada.

O legislador constituinte delegou ao ordinário a regulamentação do texto constitucional. Assim sendo, de maneira específica, coube ao Código de Processo

Penal a construção de normas processuais para atender ao que foi determinado pela *Lex Maxima*.

O termo "liberdade provisória" significa que esta pode ser revogada no curso do processo, principalmente quando for ela vinculada, ou seja, condicionada a determinadas exigências previamente estabelecidas pelo juízo e não cumpridas pelo beneficiário.

Por seu turno, a fiança se concentra também no amplo sentido da liberdade provisória. Assim é que o autor do fato punível preso e autuado em flagrante pode, mediante o pagamento do valor arbitrado pela autoridade policial ou pelo juiz, conforme o caso, responder solto ao processo criminal. Trata-se de medida cautelar de natureza real, mantida durante todo o processo, até o trânsito em julgado formal da sentença.

Essa modalidade de liberdade provisória também se subordina a determinados vínculos, obrigação previamente determinada pelo legislador ordinário, que uma vez transgredidos (quebramento), torna-se ela insubsistente.

O legislador constituinte limitou a incidência da garantia real da fiança, não a admitindo em se cuidando de determinados crimes: hediondos, resultantes de preceitos de raça ou de cor, tortura, tráfico ilícito de entorpecentes, terrorismo, ação de grupos armados, civis ou militares, contra a ordem constitucional e o Estado democrático.

A **prisão em flagrante ou por ordem escrita e fundamentada da autoridade judiciária competente** também se eleva à condição de garantia constitucional. É de se deixar assentado que uma das grandes virtudes da Carta Política Federal em vigor foi disciplinar a prisão de qualquer cidadão, com isso evitando possíveis abusos.

Foi delegado ao legislador ordinário estabelecer os requisitos sobre a prisão em flagrante (*numerus clausus*), bem como as formas e espécies de prisões condicionadas à ordem escrita e fundamentada da autoridade judiciária competente.

Em linhas gerais, essa medida coativa, autorizada pelo comando constitucional, justifica-se não só pelos graves inconvenientes que todo crime causa ao equilíbrio social, mas também como forma de preservar a eficácia da futura persecução penal em juízo.

De outro lado, o legislador constitucional exigiu: rigoroso controle, a cargo do Poder Judiciário, sobre qualquer tipo de prisão; que a detenção do indivíduo seja comunicada a seus familiares ou a pessoa por ele indicada; o direito ao silêncio; a assistência de advogado e dos próprios familiares; a identificação do responsável por sua prisão.

No que tange à prisão por ordem escrita e fundamentada da autoridade judiciária competente, essa modalidade se encontra prevista em lei ordinária especial, a exemplo do que acontece com a temporária, e no Código de Processo Penal: prisão preventiva, prisão domiciliar, propriamente dita ou substitutiva da preventiva.

Em todas as hipóteses elencadas, o legislador foi bastante preciso em estabelecer os permissivos que devem ser observados para imposição de tais medidas limitativas da liberdade corpórea individual.

O **duplo grau de jurisdição** se mostra também como garantia, tendo seu liame com o procedimento recursal. Trata-se, inconcussamente, de desdobramento da garantia da ampla defesa.

O juiz de Direito, um ser humano, está sujeito a engano, a erro, o que pode se verificar quando da entrega da prestação jurisdicional. Assim é que, em decorrência da falibilidade humana, legislações foram criadas prevendo o reexame por magistrados superiores de questões de fato e de direito submetidas à apreciação dos juízes de jurisdição inferior. Trata-se de mecanismo legalmente previsto, tendo por meta melhorar os provimentos jurisdicionais, a qualidade das decisões, procurando sanar seus eventuais erros, dessa forma contribuindo de maneira eficaz para a melhora da administração da Justiça e da distribuição do Direito.

Os **direitos humanos e suas implicações** surgiram no curso da humanidade de maneira oportuna, mesmo porque a História está a narrar com páginas vivas e marcantes, dando conta da violência praticada contra as pessoas, com finalidades várias, inclusive a título de proteção de divindades. O homem, inquestionavelmente, sempre foi alvo e objeto de afronta à sua dignidade, à sua personalidade, à sua espiritualidade.

As legislações mais modernas procuram traçar normas de proteção e tutela da dignidade humana, visando a apoiar o indivíduo contra qualquer tipo de violência que possa sobre ele recair, quer seja ela física, quer se cuide de moral. Procura-se, dessa maneira, tratar o homem, incluindo aquele que praticou crime, como sujeito de direitos e não como objeto dos poderosos.

Hodiernamente, não se concebe que qualquer ser humano seja submetido a tortura, tratamento ou castigo cruel ou degradante. Isso se contrapõe aos princípios da humanidade e da dignidade humana.

Em razão da amplitude dos direitos humanos, ao próprio preso é assegurada a integridade física e moral, mesmo estando ainda em curso a persecução criminal. Logo, é integralmente vedada a causação de dano à integridade corporal da pessoa encarcerada, a exemplo do que ocorre com ferimentos, equimoses, luxações, mutilações, entre outros. Também é proibido que o encarcerado seja sujeito a humilhações, ameaças ilegais, a qualquer comportamento contrário aos bons costumes, à sua formação em qualquer nível, até mesmo religiosa.

CONSIDERAÇÕES FINAIS 367

É de indubitável clareza que o fato de o ser humano estar preso não implica, por si só, que ele deve ser abandonado e a ele imposto, por via de consequência, tratamento não compatível com a dignidade de qualquer pessoa, independentemente de sua condição geral e de liberdade.

Ao lado das garantias processuais, estão as **garantias penais**, que também se mostram compreendidas no denominado Estado democrático de direito.

A **reserva legal** se mostra representada pela parêmia latina *nullum crimen, nulla poena sine lege*. No direito penal moderno não existe crime sem lei anterior que o defina, nem pena sem prévia cominação legal. Em linguagem corrente, é denominado princípio da legalidade. Esse princípio prega que toda inflição de pena pressupõe uma lei. Assim é que, sem que haja uma norma ameaçando aplicar uma *sanctio iuris*, esta não pode ser aplicada. Diante disso, é de realidade insofismável que a pena funciona como consequência jurídica da violação de um direito agasalhado pela norma sancionatória.

De maneira geral, em hipótese alguma pode haver fato punível ou sanção penal sem prévia cominação. Isso implica exortar que o poder do Estado não é absoluto e ilimitado, mas sim tem ele a faculdade de punir desde que a ação tenha sido previamente incriminada. Trata-se de autêntica democracia em termos de Direito.

É de se deixar assentado que essa postura legislativa permite ao indivíduo ter um comportamento totalmente liberal, conduzindo-se em consonância com o que o Direito permite e autoriza, somente se detendo quando há vedação expressa, que deve ser anterior à sua ação ou omissão.

O direito de liberdade de conduta deve ser regra, enquanto sua vedação deve ser tida como exceção. Trata-se de verdadeira garantia essencial ao cidadão em virtude do poder de punir do Estado. É o que dimana da reserva legal, da legalidade.

Enfim, em um Estado democrático de direito, a anterioridade do crime e da pena que lhe é consequente é exigência fundamental como instrumento de garantia de qualquer cidadão.

A **retroatividade, irretroatividade** e **ultra-atividade em matéria criminal** se constituem também temas jurídicos de vital importância no âmbito das garantias fundamentais. Como regra geral, salvo disposição expressa em sentido contrário, toda lei deve prover para o futuro, somente alcançando atos que ainda não foram realizados. É a denominada lei no tempo.

A regra geral, que sempre deve prevalecer, é que as leis não devem retroagir. Devem se projetar unicamente para o futuro. Essa postura nas cercanias do Direito é plenamente sustentável, porquanto a retroatividade representa a quebra da garantia da estabilidade da ordem jurídica, o que acabaria por atingir e danificar a forma que deve haver nas relações sociais e na segurança dos direitos do indivíduo de forma geral.

Não bastasse isso, de modo inexorável, há certas situações em que se deve permitir que a lei seja retroativa, incidindo sobre fatos levados a efeito sob a vigência da lei anterior (revogada), porquanto a nova lei servirá de fator de correção ou alteração de situação apta a favorecer o indivíduo no campo penal. Diante disso, se por um lado a lei processual penal é irretroativa (princípio geral do efeito imediato – *tempus regit actum*), a lei penal, por seu turno, embora de maneira excepcionalíssima, pode ser objeto de retroatividade.

A única hipótese, nos lindes do direito penal, permitindo que a *novatio legis* gere seus efeitos "para trás" (*retroactus*) é quando o novo dispositivo for mais favorável ao autor do fato punível (*lex mitior*). Entende-se por "melhor lei" o preceito que, de qualquer maneira, traz benefício ao acusado.

Tendo por norte o preceito constitucional de regência, se a *novatio legis* for prejudicial ao réu, esta não poderá alcançar fato anterior à sua vigência. Logo, é proibida a retroatividade *in peius* da *lex gravior*, que somente poderá prover para o futuro, com fundamento na regra *tempus regit actum*.

A ultra-atividade, ou extra-atividade, significa que a lei revogada alonga seus efeitos, sua eficácia para além do momento de sua revogação. É aplicada posteriormente ao fim de sua vigência. Trata-se de princípio que guarda relação estreita com os princípios constitucionais da reserva legal e da anterioridade da lei penal. A lei, embora revogada, sendo ela mais benéfica ao acusado, tem seus efeitos prorrogados, estes continuam gerando eficácia no caso específico de sua incidência.

Nota-se, outrossim, que tanto a retroatividade como a ultra-atividade somente ostentam aplicação quando forem benéficas, favorecerem o autor do fato delituoso.

A **individualização da pena** é imposição de cunho constitucional. Em apertada síntese, individualizar a reprimenda legal é aplicá-la em conformidade com o indivíduo que praticou a infração típica, que se revela como fator positivo com a sua própria finalidade, que tem caráter repressivo, preventivo e de recuperação do delinquente. De maneira inescusável, principalmente a pena privativa de liberdade tem por escopo a reeducação do condenado.

Em uma concepção mais ampla, a garantia da individualização da pena implica deixar assentado que o juiz do processo de conhecimento fixará o tempo de reprimenda legal que o condenado deverá descontar, o que se torna mecanismo para o estabelecimento do regime inicial de cumprimento da pena privativa de liberdade, bem como, quando for o caso, para sua substituição por outra *sanctio legis*.

Para efeito de individualização da *sanctio iuris*, o legislador ordinário traçou as suas balizas no art. 59 do Código Penal, em que se encontram insculpidas as chamadas circunstâncias judiciais (culpabilidade, antecedentes, conduta social, personalidade, motivos do crime, circunstâncias do crime, consequências do crime, comportamento da vítima). Por intermédio desses vetores o magistrado determina a pena-base e, em consonância com o encimado preceito integrante, deve ser determinado o regime inicial de cumprimento da pena privativa de liberdade.

A pena também deve ser individualizada para fins de execução, atendendo à classificação dos condenados, segundo seus antecedentes e sua personalidade. Esses são os vetores que orientam a individualização da execução penal. Essa classificação é requisito fundamental para demarcar o início da execução científica das penas privativas de liberdade.

Não se deve descurar, por outro lado, que para a individualização tratada se mostra de grande importância a realização obrigatória do denominado exame criminológico do condenado que deverá cumprir a pena corporal em regime inicialmente fechado. Em termos de regime inicial semiaberto, essa inspeção é legislativamente facultativa.

Resulta do que está sendo vertido que existe verdadeira integração, para efeito de individualização da reprimenda legal, dos vetores contidos no art. 59 do Código Penal, que não só são empregados para determinar o regime inicial de cumprimento da pena a cargo do juiz do processo de conhecimento de natureza condenatória, bem como para classificação (individualização) do condenado para efeito da respectiva execução, que ficará, como regra, a cargo de outro magistrado (competência funcional por fases do processo).

No que diz respeito à **intranscendência** ou **pessoalidade**, é de constatação constitucional que "nenhuma pena passará da pessoa do condenado". Ela é personalíssima. Trata-se de dogma, de garantia constitucional. Diante disso, em virtude da incontagiabilidade da *sanctio iuris*, não se permite que qualquer outra pessoa que não seja o condenado sofra sua incidência, porquanto a reprimenda legal no campo delitivo deve ter cunho personalíssimo. Há certas condutas, certos comportamentos, que são próprios e específicos de determinadas pessoas, não podendo, na seara criminal, ser transferidas para outras; são de natureza eminentemente individual.

O crime, insista-se, é pessoal e intransferível, somente devendo por ele responder quem cometeu o fato punível ou concorreu para que ele se efetivasse, que é o caso do partícipe. Não seria tolerável e menos ainda concebível, a exemplo do que ocorria em priscas eras, que pessoa que não tivesse nenhum envolvimento com a prática delituosa também por ela fosse responsável. A

370 GARANTIAS FUNDAMENTAIS NA ÁREA CRIMINAL

punição deve ser personalíssima, a responsabilidade criminal é pessoal, não podendo ser transferida a terceiro que não praticou nenhum ato de índole criminosa, típica. Revela-se como autêntica personalização da sanção penal.

A **inviolabilidade do domicílio** é também garantia de cunho constitucional. É vedada a introdução ou penetração em domicílio alheio, sem o consentimento do morador ou sem autorização legal. Trata-se do reconhecimento do direito à reserva da intimidade, da via privada e familiar pelo que o domicílio é, de regra, inviolável.

Ademais, a inviolabilidade do domicílio está intimamente vinculada à intimidade da pessoa, à sua própria liberdade, sua intimidade e autonomia de sua manifestação, que deixariam de existir caso pudessem ser alvo de atentado.

Pela dicção constitucional, a casa, na qualidade de "asilo" inviolável, implica entender que a moradia deve ter amparo contra qualquer invasão que se revele indevida, injusta e *contra ius*.

A importância da preservação da intimidade da moradia mereceu atenção especial, inclusive, do legislador penal, que insculpiu preceito incriminando a conduta de quem de maneira antijurídica penetra na casa alheia ou nela se mantém em oposição à vontade expressa ou tática de quem de direito.

A inviolabilidade do domicílio não é uma regra imutável, porquanto ela deve ceder quando o demonstrar o interesse público, que, em qualquer circunstância, sempre deve preponderar em relação ao interesse pessoal, à própria liberdade e intimidade do cidadão.

Nessa ordem de consideração, coube à própria Constituição sublinhar de modo tarifário, ou seja, constitutivo de *numerus clausus*, quando a própria garantia por ela afirmada pode ser quebrada: em caso de flagrante delito ou desastre; para prestar socorro; durante o dia, por determinação judicial.

A **inviolabilidade da correspondência e de outras comunicações** também foi objeto de atenção, em termos de garantia, pelo legislador constituinte. A correspondência em geral, agregada que seja a outros meios de comunicação, à evidência, integra a intimidade das pessoas, a liberdade de suas comunicações, que, enfim, compõem a própria personalidade do cidadão.

O sigilo das comunicações, além de corolário da garantia da livre expressão de pensamento, exprime também o direito à privacidade, à intimidade. É de indubitável clareza de constatação que toda pessoa tem o sagrado direito de se comunicar livremente com outras pessoas, sem que haja qualquer modalidade de intervenção, quer por parte do Estado, quer por atitude de terceiros, ressalvadas as hipóteses em que se deve ter conhecimento da comunicação em virtude de interesse relevante, de cunho público, principalmente quando vinculado à persecução criminal a cargo do Estado, a exemplo do que acontece com a interceptação telefônica.

Essa modalidade de intimidade é tão significativa e de interesse coletivo que o legislador penal criou norma punitiva, quando houver devassa indevida de conteúdo de correspondência (violação de correspondência), sonegação ou destruição de correspondência ou violação de comunicação telegráfica, radioelétrica ou telefônica.

No que diz respeito, de modo exclusivo e reservado, às comunicações telefônicas, o legislador constituinte, a título excepcional, permitiu sua quebra. Para que a devassa não seja abusiva, deve haver determinação judicial, obedecendo o que dispuser a lei, que na espécie é a ordinária, desde que seja para fins de investigação criminal ou instrução processual penal. Trata-se de situação tarifária, o que permite concluir que não há suporte legal capaz de sustentá-la se tiver outro desiderato, mesmo que seja judicial, estranho à atividade penal.

A realização de interceptação telefônica, de informática ou telemática, ou quebra de qualquer segredo de justiça, sem autorização judicial ou com objetivos não autorizados, foi elevada pelo legislador ordinário à condição de crime.

Bibliografia

ABREU, Florêncio de. *Comentários ao Código de Processo Penal*. Rio de Janeiro, Forense, 1945.

ALBERGARIA, Jason. *Comentários à Lei de Execução Penal*. Rio de Janeiro, Aide, 1987.

ALEXY, Robert. *Teoria dos direitos fundamentais*. 2.ed. São Paulo, Malheiros, 2012.

ALMEIDA, Joaquim Canuto Mendes. *Princípios fundamentais do processo penal*. São Paulo, Revista dos Tribunais, 1975.

_____. *Processo penal*: ação e jurisdição. São Paulo, Revista dos Tribunais, 1975.

ALMEIDA JÚNIOR, João Mendes de. *O processo criminal brasileiro*. 4.ed. São Paulo, Freitas Bastos, 1959.

ANDRIOLI, Virgilio. *Appunti di procedura penale*. Nápoles, Casa Editrice Dott. Eugenio Jovene, 1965.

ANTOLISEI, Francesco. *Manual de derecho penal*: Parte General. 8.ed. Colômbia, Editorial Temes, 1988.

AQUINO, José Carlos C. Xavier; NALINI, José Renato. *Manual de processo penal*. São Paulo, Saraiva, 1997.

ARANHA, Adalberto José Q. T. de Camargo. *Da prova no processo penal*. 3.ed. São Paulo, Saraiva, 1994.

ARAUJO, Luiz Alberto David; NUNES JÚNIOR, Vidal Serrano. *Curso de direito constitucional*. 17.ed. São Paulo, Verbatim, 2012.

ARRUDA ALVIM, José Manoel de; ASSIS, Araken; ARRUDA ALVIM, Eduardo Pellegrini. *Comentários ao Código de Processo Civil*. 2.ed. São Paulo, Revista dos Tribunais, 2012.

ASÚA, Luis Jiménez de. *Tratado de derecho penal*. 5.ed. Buenos Aires, Editorial Losada, v. 1º, 1950.

AVOLIO, Luiz Francisco Torquato. *Provas ilícitas*: interceptações telefônicas, ambientais e gravações clandestinas. 3.ed. São Paulo, Revista dos Tribunais, 2003.

BARREIROS, José Antônio. *Processo penal*. Coimbra, Almedina, 1981.

BARROS, Romeu Pires de Campos. *Sistema do processo penal brasileiro*. Rio de Janeiro, Forense, 1987.

_____. *Processo cautelar*. Rio de Janeiro, Forense, 1982.

BASTOS, Celso Ribeiro. *Curso de direito constitucional*. 16.ed. São Paulo, Saraiva, 1995.

_____. *Comentários à Constituição do Brasil*. São Paulo, Saraiva, 1989.

BATTAGLINI, Giulio. *Direito penal*: Parte Geral. São Paulo, Saraiva, 1973.

BAUMANN, Jürgen. *Derecho procesal penal*: conceptos fundamentales y principios procesales. Buenos Aires, Depalma, 1968.

BECCARIA, Cesare. *Dos delitos e das penas*. 2.ed. Trad. J. Cretella Jr. e Agnes Cretella. São Paulo, Revista dos Tribunais, 1997.

BERTOLINO, Pedro J. *El debido proceso penal*. La Plata, Platense, 1986.

BETTIOL, Giuseppe. *Direito penal*. São Paulo, Revista dos Tribunais, 1976.

BONAVIDES, Paulo. *Curso de direito constitucional*. 28.ed. São Paulo, Malheiros, 2013.

BONFIM, Edílson Mougenot. *Curso de processo penal*. 8.ed. São Paulo, Saraiva, 2013.

BRUNO, Aníbal. *Direito penal*: Parte Geral. 3.ed. Rio de Janeiro, Forense, 1967.

BUENO, José Antônio Pimenta. *Apontamentos sobre o processo criminal brasileiro*. Rio de Janeiro, Garnier, s.d.p., Jacintho Ribeiro dos Santos, 1922.

CALÓN, Eugenio Cuello. *Derecho penal*. Parte General. 8.ed. T. 1, Barcelona, Bosch, 1947.

CAMARA LEAL, Antônio Luiz da. *Comentários ao Código de Processo Penal brasileiro*. São Paulo, Freitas Bastos, 1942.

CANOTILHO, J. J. Gomes. *Direito constitucional e teoria da constituição*. 7.ed. 11ª reimpressão, Coimbra, Almedina, 2003.

CARNELUTTI, Francesco. *Derecho procesal civil y penal*: principios del proceso penal. Buenos Aires, EJEA, 1971.

_____. *Lezione di diritto processuale civile*. Pádua, Cedam, 1933.

CARVALHO FILHO, Aloysio; ROMEIRO, Jorge Alberto. *Comentários ao Código Penal*. 5.ed. Rio de Janeiro, Forense, 1979.

CASTILHO, Niceto Alcalá-Zamora Y. *Estudios diversos de derecho procesal*. Barcelona, Bosch, 1987.

CORDERO, Franco. *Procedura penale*. 8.ed. Varese, Giuffrè, 1985.

COSSIO, Carlos. "El principio nulla poena sine lege". In: *La axiologia egológica*. In *Rev. La Ley*, t. 18, 1947, p. 1.135-52.

COSTA, Álvaro Mayrink da. *Direito penal*. 6.ed. Rio de Janeiro, Forense, 1998.

_____. *Direito penal*. 3.ed. Rio de Janeiro, Forense, 1990.

COSTA MACHADO, Antônio Cláudio da. *Código de Processo Civil interpretado e anotado*. Barueri, Manole, 2006.

COUCEIRO, João Cláudio. *Garantia constitucional ao direito de silêncio*. São Paulo, Revista dos Tribunais, 2004.

COUTURE, E. J. *Fundamentos del derecho procesal civil.* Buenos Aires, Depalma, 1981.

_____. *Las garantias constitucionales del proceso civil.* Estudios de derecho procesal civil. 2.ed. Buenos Aires, Depalma, 1978.

_____. *Introdução ao estudo do direito processual civil.* 3.ed. Rio de Janeiro, José Konfino, s.d.p.

CRETELA JÚNIOR, José. *Revista de Informação Legislativa,* v. 97, p. 7.

CREUS, Carlos. *Derecho procesal penal.* Buenos Aires, Astrea, 1996.

CRISTIANI, Antonio. *Istituzioni di diritto e procedura penale.* Milão, Giuffrè, 1983.

CRUZ, Rogério Schietti Machado. *Garantias processuais nos recursos criminais.* São Paulo, Atlas, 2002.

CUNHA, Joaquim Bernardes. *Primeiras linhas sobre o processo criminal de primeira instância.* Rio de Janeiro, Eduardo & Henrique Laemmert, 1865.

DANTAS, Paulo Roberto de Figueiredo. *Curso de direito constitucional.* 2.ed. São Paulo, Atlas, 2013.

DELMANTO, Celso. *Código Penal comentado.* 8.ed. São Paulo, Saraiva, 2010.

DIAS, Jorge de Figueiredo. *Direito processual penal.* Coimbra, Coimbra, 1984.

ESPÍNOLA, Eduardo. *Código de Processo Penal Brasileiro anotado.* Rio de Janeiro, Rio, 1980.

FAGUNDES, Seabra, *RT* 253/3.

FARIA, Bento de. *Código Penal brasileiro anotado.* Rio de Janeiro, Distribuidora Record Editora, 1958.

_____. *Código de Processo Penal.* Rio de Janeiro, Record, 1960 e 1958.

FENECH, Miguel. *El proceso penal.* 2.ed. Madrid, Artes Gráficas e Ediciones, 1974.

FERRAJOLI, Luigi. *Por uma teoria dos direitos fundamentais e dos bens fundamentais.* Porto Alegre, Livraria dos Advogados, 2011.

FEUERBACH, Paul Johann Anselm Ritter von. *Tratado de derecho penal.* Buenos Aires, Hammurabi, S.R.L., 1989.

FLORIAN, Eugenio. *De las pruebas penales.* Bogotá, Temis, 1990.

_____. *Corso di diritto e procedura penale:* lezione sulla parte generale del diritto penale. Torino G. Giappichelli, 1932.

_____. *Trattato de diritto penale.* Dei reati e delle pene in generale. Milão, Casa Edetrice Dottor Francesco Vallardi, s.d.p.

FRAGOSO, Heleno Cláudio. *Lições de direito penal:* Parte Geral. 2.ed. São Paulo, José Bushatsky, Editor, 1977.

_____. *Lições de direito penal:* Parte Especial. 2.ed. São Paulo, José Bushatsky, 1962.

FRANCO, Alberto Silva; STOCO, Rui. *Código Penal e sua interpretação.* 8.ed. São Paulo, Revista dos Tribunais, 2007.

FRANCO, Ary de Azevedo. *O júri e a Constituição Federal de 1946.* São Paulo, Freitas Bastos, 1950.

_____. *Código de Processo Penal.* 3.ed. Rio de Janeiro, Jacinto, 1946.

BIBLIOGRAFIA   375

GARCIA, Basileu. *Instituições de direito penal*. 4.ed. São Paulo, Max Limonad, 1976.

_____. *Comentários ao Código de Processo Penal*. Rio de Janeiro, Forense, 1945.

GOMES FILHO, Antonio Magalhães. *O direito à prova no processo penal*. São Paulo, Revista dos Tribunais, 1997.

GONÇALVES, Rios Marcus Vinicius. *Novo curso de direito processual civil*. 6.ed. São Paulo, Saraiva, 2009.

GRECO, Rogério. *Curso de direito penal*: Parte Geral. 11.ed. Rio de Janeiro, Impetus, 2009.

GRECO FILHO, Vicente. *Interceptação telefônica*. São Paulo, Saraiva, 1996.

_____. *Manual de processo penal*. São Paulo, Saraiva, 1991.

GRINOVER, Ada Pellegrini. "O princípio do juiz natural e sua dupla garantia". In: *Revista de Processo*, v. 29, jan./mar., 1983.

_____. *Liberdades públicas e processo penal*. As interceptações telefônicas. São Paulo, Saraiva, 1976.

GRINOVER, Ada Pellegrini; FERNANDES, Antonio Scarance; GOMES FILHO, Antonio Magalhães. *As nulidades no processo penal*. 7.ed. São Paulo, Malheiros, 2001.

HUNGRIA, Nélson. *Comentários ao Código Penal*. 5.ed. Rio de Janeiro, Forense, 1977.

JARDIM, Afrânio. *Direito processual penal*. 11.ed. Rio de Janeiro, Forense, 2002.

LEONE, Giovanni. *Tratado de derecho procesal penal*. Buenos Aires, Ejea, 1989.

_____. *Manuale di diritto processuale penale*. 11.ed. Nápoles, Jovele 1982.

LEVENE (h), Ricardo. *Manual de derecho procesal penal*. 2.ed. Buenos Aires, Depalma, 1993.

LISZT, Franz von. *Tratado de direito penal alemão*. Rio de Janeiro, F. Briguiet, 1899.

MACHADO, Antônio Alberto. *Curso de processo penal*. 3.ed. São Paulo, Atlas, 2010.

_____. *Teoria geral do processo penal*. São Paulo, Atlas, 2009.

MAGGIORE, Giuseppe. *El derecho penal*. Bogotá, Themis, 1954.

MAIER, Julio B. J. *La ordenanza procesal penal alemana*. Buenos Aires, Depalma, 1982.

MANZINI, Vincenzo. *Istituzioni di diritto processuale penale*. 12.ed. Padova, Cedam, 1967.

_____. *Trattato di diritto penale italiano*. Torino, UTET, 1950.

_____. *Tratado de derecho procesal penal*. Buenos Aires, El Foro, 1949.

MARCÃO, Renato. *Curso de execução penal*. 7.ed. São Paulo, Saraiva, 2009.

MARCATO, Antônio Carlos. "Preclusões: limitação ao contraditório?" In: *Revista de Processo*, São Paulo, ano 5, n. 17, 1980.

MARICONDE, Alfredo Vélez. *Derecho procesal penal*. 3.ed. 2ª reimpressão. Cordoba, Marcos Lener Editora Cordoba, 1986.

MARMELSTEIN, George. *Curso de direitos fundamentais*. São Paulo, Atlas, 2008.

MARQUES, José Frederico. *A instituição do júri*. Campinas, Bookseller, 1997.

_____. *Tratado de direito penal*. Campinas, Bookseller, 1997.

_____. *Tratado de direito processual penal*. São Paulo, Saraiva, 1980.

_____. *Manual de direito processual civil*. São Paulo, Saraiva, 1976.

376 GARANTIAS FUNDAMENTAIS NA ÁREA CRIMINAL

_____. *Elementos de direito processual penal.* Rio de Janeiro, Forense, 1965.

_____. *Curso de direito penal.* São Paulo, Saraiva, 1956.

MARTINS, Jorge Henrique Schaefer. *A prova criminal:* modalidades e valoração. Curitiba, Juruá, 1996.

MEDEIROS, Hortencio Catunda de. *Esquema de teoria geral do processo.* 4.ed. Rio de Janeiro, Renovar, 2001.

MELLO, Celso Bandeira de. *Elementos de direito administrativo.* São Paulo, Revista dos Tribunais, 1986.

MENDES, Gilmar Ferreira; BRANCO, Paulo Gustavo Gonet. *Curso de direito constitucional.* 8.ed. São Paulo, Saraiva, 2013.

MEZGER, Edmundo. *Derecho penal:* Parte General. 2.ed. México, Cardenas Editor y Distribuidor, 1990.

MIRABETE, Julio Fabbrini. *Código Penal interpretado.* 7.ed. São Paulo, Atlas, 2011.

_____. *Execução penal.* 11.ed. São Paulo, Atlas, 2004.

_____. *Código de Processo Penal interpretado.* 11.ed. São Paulo, Atlas, 2003.

MOM, Jorge R. Moras. *Manual de derecho procesal penal.* Buenos Aires, Abeledo-Perrot, s.d.p.

MONTENEGRO FILHO, Misael. *Código de Processo Civil comentado e interpretado.* 3.ed. São Paulo, Atlas, 2013.

MORAES, Alexandre de. *Constituição do Brasil interpretada.* 7.ed. São Paulo, Atlas, 2007.

MORAES, Maurício Zanoide de. *Interesse e legitimação para recorrer no processo penal brasileiro.* São Paulo, Revista dos Tribunais, 2000.

MOREY, Jaime Suau. *Tutela constitucional de los recursos en el proceso penal.* Barcelona, J. M. Bosch, 1995.

MOSSIN, Heráclito Antônio. *Comentários ao Código de Processo Penal:* à luz da doutrina e da jurisprudência – doutrina comparada. 3.ed. Barueri, Manole, 2013.

_____. *Habeas corpus.* Barueri, Manole, 2013.

_____. *Compêndio de processo penal.* Barueri, Manole, 2010.

_____. *Júri:* crimes e processo. 3.ed. Rio de Janeiro, Forense, 2009.

_____. *Nulidades no direito processual penal.* 3.ed. Barueri, Manole, 2005.

_____. *Revisão criminal no direito brasileiro.* 2.ed. São Paulo, Atlas, 1997.

MOSSIN, Heráclito Antônio; MOSSIN, Júlio Cesar de Oliveira Guimarães. *Comentários ao Código Penal:* à luz da doutrina e da jurisprudência – doutrina comparada. Leme, JHMizuno, 2012.

_____. *Execução penal:* aspectos processuais. Leme, JHMizuno, 2010.

MOUGENOT BONFIM, Edilson. *Curso de processo penal.* 8.ed. São Paulo, Saraiva, 2013.

NERY JÚNIOR, Nelson. *Princípios do processo civil na Constituição Federal.* 7.ed. São Paulo, Revista dos Tribunais, 2002.

_____. *Princípios do processo civil na Constituição Federal.* 2.ed. São Paulo, Revista dos Tribunais, 1995.

NOGUEIRA, Carlos Frederico Coelho. *Comentários ao Código de Processo Penal.* Bauru, Edipro, 2002.

NOGUEIRA, Paulo Lúcio. *Curso completo de processo penal.* São Paulo, Saraiva, 1991.

_____. *Comentários à Lei de Execução Penal.* São Paulo, Saraiva, 1990.

NOJIRI, Sérgio. *O dever de fundamentar as decisões judiciais.* 2.ed. São Paulo, Revista dos Tribunais, 2000.

NORONHA, E. Magalhães. *Direito penal.* 38.ed. São Paulo, Editora Rideel, 2009.

_____. *Curso de direito processual penal.* 28.ed. São Paulo, Saraiva, 2002.

NUCCI, Guilherme de Souza. *Princípios constitucionais penais e processuais penais.* 2.ed. São Paulo, Revista dos Tribunais, 2012.

_____. *Código Penal comentado.* 10.ed. São Paulo, Revista dos Tribunais, 2010.

_____. *Código de Processo Penal comentado.* 9.ed. São Paulo, Revista dos Tribunais, 2009.

_____. *Manual de processo penal e execução penal.* 5.ed. São Paulo, Revista dos Tribunais, 2008.

_____. *Individualização da pena.* 2.ed. São Paulo, Revista dos Tribunais, 2007.

OLIVEIRA FILHO, João de. *Código de Processo Penal de Minas Gerais.* São Paulo, Casa Duprat e Casa Mayença, 1927.

ORBANEJA, Emilio Gomez; QUEMADA, Vicente Herce. *Derecho procesal penal.* 11.ed. Madri, Artes Gráficas y Ediciones, 1984.

PACELLI, Eugênio; FISCHER, Douglas. *Comentários ao Código de Processo Penal e sua jurisprudência.* 5.ed. São Paulo, Atlas, 2013.

PACHECO, Denilson Feitoza. *Direito processual penal*: teoria, crítica e práxis. 4.ed. Niterói, Impetus, 2006.

PADOVANI, Tullio. *Diritto penale.* 2.ed. Milão, Giuffrè, 1993.

PERROT, Roger. "Le principe de la publicité dans le procedure civile". In: *Le principe de la publicité de la justice.* Paris, Libre Téchniques, 1969.

PESSINA, Enrico. *Elementos de derecho penal.* 4.ed. Madri, Editorial Reus, 1936.

PESSOA, Paulo. *Código do Processo Criminal de primeira instância do Brazil.* Rio de Janeiro, Jacintho Ribeiro dos Santos, 1899.

PIMENTEL, Manoel Pedro. *O crime e a pena na atualidade.* São Paulo, Revista dos Tribunais, 1983.

PORTANOVA, Rui. *Princípios do processo civil.* 4.ed. Porto Alegre, Livraria do Advogado, 2001.

PORTO, Hermínio Marques. *Júri.* 8.ed. São Paulo Malheiros, 1996.

PORTO, Sérgio Gilberto; LONGO, Luís Antônio et al. *As garantias do cidadão no processo civil*: relações entre constituição e processo. Porto Alegre, Livraria dos Advogados, 2003.

378 GARANTIAS FUNDAMENTAIS NA ÁREA CRIMINAL

PRADO, Geraldo. *Sistema acusatório*: a conformidade constitucional das leis processuais penais. 2.ed. Rio de Janeiro, Lumen Juris, 2001.

PUGLIA, Ferdinando. *Manuale teorico-pratico di diritto penale*. 2.ed. Nápoles, Cav. A. Tocco, 1895.

_____. *Manuale di procedura penale*. 2.ed. Nápoles, Ernesto Anfossi, 1889.

QUEIJO, Maria Elizabeth. *O direito de não produzir prova contra si mesmo* (O princípio *nemo tenetur se detegere* e suas decorrências no processo penal). São Paulo, Saraiva, 2003.

RAMAJOLI, Sergio. *La prova nel processo penale*. Padova, Cedam, 1995.

RANIERI, Silvio. *Manuale di diritto processuale penale*. 5.ed. Pádua, Cedam Dott Antonio Milani, 1965.

RIQUELME, Rafael Fontecilla. *Tratado de derecho procesal penal*. 2.ed. Santiago, Editorial Jurídica de Chile, 1978.

ROSA, Borges da. *Comentários ao Código de Processo Penal*. 3.ed. São Paulo, Revista dos Tribunais, 1982.

ROSSEAU, Jean Jacques. *O contrato social*. 7.ed. São Paulo, Editora Brasil, 1952.

ROXIN, Claus. *Derecho penal*: Parte General – fundamentos. La estructura de la teoría del delito. Madri, Civitas, 2007.

RUBIANES, Carlos J. *Manual de derecho procesal penal*. Buenos Aires, Depalma, 1983.

SABATINI, Guglielmo. *Principe di diritto processuale penale*. 3.ed. Catania, Casa Del Libro, 1948.

SABINO JÚNIOR, Vicente. *Direito penal*: Parte Geral. São Paulo, Sugestões Literárias, 1967.

SANTANIELLO, Giuseppe. *Manuale di diritto penale*. 3.ed. Milão, Giuffrè, 1967.

SILVA, Germano Marques da. *Curso de processo penal*. 2.ed. Lisboa, Verbo, 1994.

SILVA, José Afonso da. *Comentário contextual à Constituição*. 2.ed. São Paulo, Malheiros, 2006.

_____. *Curso de direito constitucional positivo*. 19.ed. São Paulo, Malheiros, 2000.

SILVA, Odilon Pinto da; BOSCHI, Antônio Paganella. *Comentários à Lei de Execução Penal*. Rio de Janeiro, Aide, 1986.

SILVA, Paulo Thadeu Gomes da Silva. *Direitos fundamentais*: contribuição para uma teoria geral. São Paulo, Atlas, 2010.

SILVEIRA, Paulo Fernando. *Devido processo legal*: due process of law. Belo Horizonte, Del Rey, 1996.

SIQUEIRA, Galdino. *Tratado de direito penal*. Parte Geral. 2.ed. Rio de Janeiro, José Konfino, 1950.

_____. *Curso de processo criminal*. São Paulo, Malheiros, 1937.

SIRACUSANO, D. et al. *Diritto processuale penale*. 2.ed. Milão, Giuffrè, 1996.

SOLER, Sebastián. *Derecho penal argentine*. Buenos Aires, La Ley, 1945.

BIBLIOGRAFIA   379

STEFANI, Gaston; LEVASSEUR, Georges; BOULOC, Bernard. *Procédure pénale*. 14.ed. Paris, Dalloz, 1990.

TARZA, Giuseppe. "Parità delle armi tra la parti e poteri del giudice nel processo civile". In: *Studi Parmensi*, 18 (1977).

TÁVORA, Nestor; ANTONNI, Rosmar. *Curso de direito processual penal*. 2.ed. Salvador, Editora JusPodivm, 2009.

THEODORO JÚNIOR, Humberto. "Princípios gerais de direito processual civil". In: *Revista de Processo*, São Paulo, ano 6, n. 23, 1981.

TORRES, Margarino. *Processo penal do jury no Brasil*. Rio de Janeiro, Jacintho, 1939.

TORNAGHI, Hélio. *Curso de processo penal*. 6.ed. São Paulo, Saraiva, 1989.

_____. *Instituições de processo penal*. 2.ed. São Paulo, Saraiva, 1977.

_____. *Compêndio de processo penal*. Rio de Janeiro, José Konfino, 1967.

_____. *Comentários ao Código de Processo Penal*. Rio de Janeiro, Forense, 1956.

TOURINHO FILHO, Fernando da Costa. *Manual de processo penal*. 8.ed. São Paulo, Saraiva, 2006.

_____. *Processo penal*. 26.ed. Saraiva, 2004.

_____. *Processo penal*. 25.ed. São Paulo, Saraiva, 2003.

_____. *Código de Processo Penal comentado*. São Paulo, Saraiva, 1996.

TUCCI, Rogério Lauria. *Direitos e garantias individuais no processo penal brasileiro*. São Paulo, Saraiva, 1993.

_____. *Princípios e regras orientadoras do novo processo penal brasileiro*. Rio de Janeiro, Forense, 1986.

_____. *Lineamentos do processo penal romano*. São Paulo, José Bushatsky, 1976.

UBERTAZZI, Giovana Maria. "Divieto di discriminazione e eguaglianza delee armi nel processo civile". In: *Revista Trimestrale di Diritto e Procedura Civile*, 1977 (2).

VANINI, Otorino; COCCIARDI, Giusepe. *Manuale di diritto processuale penale italiano*. Milão, Giuffrè, 1986.

WHITAKER, Firmino. *Jury*. 2.ed. São Paulo, Duprat, 1910.

Índice alfabético-remissivo

A

Ameaças ilegais 237, 366
Ampla defesa 7, 22, 27, 29, 30, 31, 32,
34, 36, 37, 39, 45, 66, 67, 91, 94,
101, 107, 113, 123, 127, 129, 132,
133, 137, 138, 143, 149, 155, 178,
182, 183, 184, 191, 217, 222, 223,
358, 359, 362, 366
Anterioridade 244
Arbitrariedade 118, 218, 245, 248, 361
Autoincriminação 122, 123, 124, 128,
132, 133, 135, 136, 137, 192, 362
Autonomia 187, 334, 370

B

Bill of Rights 17, 38, 135, 314

C

Cidadão 1, 2, 3, 12, 13, 14, 15, 16, 21,
41, 43, 52, 80, 81, 122, 132, 146,
149, 150, 197, 199, 200, 213, 239,
247, 249, 250, 251, 252, 253, 257,
258, 270, 273, 282, 313, 315, 327,
334, 338, 340, 352, 358, 360, 365,
367, 370
Código de Processo Penal 20, 26, 27,
28, 29, 31, 32, 43, 44, 45, 49, 50,
51, 56, 58, 59, 60, 61, 63, 64, 65,
70, 74, 90, 92, 93, 94, 95, 96, 107,
108, 109, 112, 113, 114, 115, 116,
120, 126, 130, 131, 136, 145, 151,
152, 153, 155, 157, 158, 161, 163,
164, 168, 177, 178, 179, 180, 184,
186, 188, 189, 192, 194, 197, 198,
202, 203, 205, 207, 208, 211, 212,
216, 220, 221, 222, 223, 224, 226,
227, 229, 265, 266, 280, 344, 345,
359, 364, 366
Código Penal 128, 135, 136, 137, 142,
148, 151, 158, 159, 166, 169, 208,
220, 234, 244, 247, 248, 250, 254,
260, 262, 267, 272, 275, 277, 281,
283, 284, 286, 288, 290, 291, 292,
294, 295, 296, 297, 298, 299, 300,
301, 302, 303, 304, 306, 307, 308,
309, 310, 312, 313, 322, 332, 336,
337, 338, 340, 349, 350, 355, 369
Common law 17, 98, 137
Comunicações 195, 330, 346, 347, 351,
352, 353, 355, 370, 371
Constituição Federal 2, 8, 11, 19, 21,
41, 42, 44, 46, 53, 56, 60, 64, 93,
95, 116, 120, 128, 136, 138, 149,
151, 154, 155, 173, 176, 189, 190,
191, 194, 196, 204, 205, 217, 221,
223, 237, 242, 244, 256, 257, 258,

ÍNDICE ALFABÉTICO-REMISSIVO   381

263, 265, 267, 295, 316, 343, 344, 346, 353, 355, 358, 363, 364

Constrangimento ilegal 109, 120, 307, 361

Contraditório 22

Convenções internacionais 8–14

Correspondência 7, 107, 194, 196, 198, 293, 334, 339, 346, 347, 348, 349, 350, 351, 352, 353, 355, 356, 370, 371

Criminal 4, 7, 12, 18, 20, 28, 31, 40, 47, 48, 52, 58, 72, 75, 76, 79, 83, 88, 89, 92, 93, 94, 95, 96, 100, 105, 108, 110, 116, 117, 118, 119, 120, 121, 123, 133, 134, 138, 146, 153, 157, 159, 160, 162, 163, 173, 189, 190, 191, 193, 195, 196, 197, 199, 201, 203, 207, 208, 210, 218, 220, 224, 229, 236, 249, 251, 255, 256, 266, 277, 279, 280, 288, 296, 300, 308, 312, 327, 329, 330, 331, 332, 333, 344, 346, 353, 354, 355, 357, 358, 359, 360, 361, 362, 365, 366, 367, 369, 370, 371

Culpabilidade 7, 71, 87, 98, 99, 100, 101, 102, 103, 104, 105, 107, 123, 132, 169, 200, 205, 213, 239, 279, 293, 295, 296, 299, 307, 309, 360, 369

D

Democracia 6, 110, 145, 146, 147, 185, 190, 249, 361, 364, 367

Devido processo legal 15, 16, 17, 18, 19, 20, 21, 23, 29, 32, 40, 45, 57, 71, 75, 101, 107, 110, 113, 116, 128, 142, 144, 149, 153, 155, 191, 358, 359, 360, 361, 362

Devido processo penal 20, 24, 37, 40, 46, 98, 122, 143, 196

Dignidade humana 2, 4, 5, 122, 231, 238, 366

Direito coletivo 1

Direito individual 1, 77, 100, 352

Direito internacional 194, 236

Direito penal 9, 160, 232, 250, 251, 260, 262, 273, 274, 285, 329, 332, 333, 347

Direito processual penal 9, 11, 12, 23, 27, 33, 49, 60, 66, 74, 89, 90, 101, 108, 111, 112, 114, 154, 158, 162, 168, 207, 210, 230, 244, 266, 267

Direito romano 75, 77, 83, 84, 252

Direitos fundamentais 2, 3, 4, 5, 10, 13, 14, 122, 124, 134, 141, 142, 194, 237, 251, 346

Direitos humanos 4, 5, 6, 7, 8, 13, 34, 110, 116, 146, 200, 213, 230, 232, 233, 235, 238, 241, 279, 300, 311, 312, 366

Discricionariedade 118, 251, 345, 361

Due process of law 15, 18, 19, 20, 21, 22, 23, 40, 41, 48, 58, 75, 98, 101, 107, 113, 116, 122, 128, 138, 143, 144, 148, 154, 191, 358, 360, 361, 362

Duplo grau de jurisdição 36, 63, 68, 79, 87, 193, 222, 223, 366

E

Equidade 7, 31, 33, 68, 107, 111, 112, 115, 116, 235, 249, 274, 287

Estado democrático de direito 3, 4, 60, 239, 330

Extra-atividade 269, 274, 280, 281, 368

F

Fiança 92, 204, 205, 208, 209, 210, 211, 212, 219, 364, 365

G

Garantias constitucionais 1, 9, 53, 118, 122, 144, 190, 197, 298, 305, 358, 362, 363, 364

Garantias fundamentais 1, 2, 3, 4, 7, 12, 13, 14, 111, 116, 119, 127, 194, 230, 244, 357, 358, 364, 367

H

Habeas corpus 17
Humilhações 237, 366

I

Imparcialidade 26, 41, 46, 47, 50, 113, 146, 147, 152, 224, 361, 363
Indevassabilidade 349
Individualização da pena 292
In dubio pro reo 12, 101, 102, 107, 360
Informatio delicti 20, 93, 94, 103, 153, 164, 167, 168, 195, 327, 354
Integridade 198, 199, 230, 236, 237, 238, 239, 243, 257, 334, 366
Intimidade 4, 145, 149, 151, 152, 195, 196, 197, 330, 334, 339, 340, 342, 343, 346, 347, 348, 352, 356, 363, 370, 371
Intranscendência 327
Inviolabilidade do domicílio 333
Irretroatividade 250, 267, 271, 272, 273, 274, 275, 276, 277, 278, 281, 288, 367
Isonomia 31, 33, 106, 110, 111, 112, 113, 115, 118, 361
Ius libertatis 12, 24, 107, 117, 118, 190, 210, 211

J

Juiz natural 7, 12, 37, 38, 39, 40, 41, 42, 44, 45, 46, 47, 48, 51, 53, 54, 55, 56, 177, 214, 359, 364
Justa causa 107

L

Lei anterior 38, 39, 244, 255, 257, 263, 264, 266, 268, 270, 271, 273, 275, 276, 277, 278, 279, 281, 282, 284, 367, 368
Lex gravior 270, 271, 273, 276, 277, 281, 290, 368
Lex mitior 269, 270, 276, 281, 284, 285, 289, 290, 368

Liberdade 1, 3, 4, 6, 7, 13, 14, 15, 16, 18, 19, 20, 21, 30, 33, 38, 39, 40, 48, 62, 65, 69, 70, 71, 75, 91, 94, 100, 101, 102, 103, 104, 105, 106, 108, 109, 114, 118, 120, 121, 122, 132, 133, 137, 147, 172, 173, 184, 187, 189, 190, 191, 199, 201, 204, 205, 206, 207, 208, 209, 210, 211, 212, 213, 214, 215, 216, 217, 218, 220, 221, 223, 226, 234, 236, 237, 238, 241, 245, 246, 248, 249, 250, 252, 253, 255, 256, 257, 258, 259, 260, 275, 276, 284, 285, 292, 293, 295, 298, 299, 300, 301, 302, 303, 305, 306, 307, 309, 313, 314, 317, 319, 320, 322, 330, 334, 335, 336, 339, 340, 346, 349, 351, 358, 359, 360, 361, 362, 364, 365, 366, 367, 368, 369, 370
Liberdade provisória 204, 205, 206, 207, 208, 209, 210, 211, 212, 364, 365
Livre convencimento 23, 25, 46, 63, 65, 67, 68, 70, 96, 112, 127, 130, 194, 359, 364

M

Magna Carta 1, 5, 7, 8, 12, 16, 17, 27, 37, 38, 40, 43, 44, 46, 52, 60, 73, 90, 91, 92, 111, 126, 129, 150, 158, 169, 176, 185, 196, 205, 212, 216, 223, 239, 248, 252, 259, 265, 273, 313, 340, 342, 358, 359, 364
Magna Charta 37, 213, 260
Medida cautelar 20, 21, 103, 105, 121, 211, 220, 221, 355, 360, 361, 365
Ministério Público 25, 49, 87, 92, 96, 97, 107, 114, 115, 139, 147, 151, 152, 154, 155, 157, 158, 159, 160, 161, 162, 163, 164, 165, 166, 167, 168, 180, 195, 206, 266, 272, 354, 360, 363

N

Nullum crimen, nulla poena sine lege 244, 247, 252, 253, 259, 262, 276, 367

P

Penas cruéis 192, 242

Persecução criminal 4, 12, 31, 75, 83, 95, 100, 108, 110, 123, 133, 134, 153, 157, 159, 160, 162, 163, 197, 207, 208, 236, 255, 266, 300, 327, 331, 333, 344, 359, 361, 362, 366, 371

Pessoalidade 293, 329, 330, 331, 332, 369

Pressuposto processual 109, 165, 178, 361

Presunção de inocência 7, 20, 21, 98, 100, 101, 102, 103, 104, 107, 113, 117, 119, 121, 139, 141, 204, 205, 327, 360, 361, 364

Prisão domiciliar 21, 103, 119, 221, 321, 322, 323, 324, 325, 326, 360, 366

Prisão em flagrante 127, 211, 213, 215, 216, 217, 218, 222, 365

Prisão preventiva 20, 54, 76, 77, 78, 82, 91, 92, 103, 105, 106, 119, 121, 140, 204, 205, 208, 209, 211, 220, 221, 237, 360, 361, 366

Prisão temporária 20, 103, 219, 327, 360

Progressão de regime prisional 220, 313, 320, 325

Provas 24, 26, 28, 29, 46, 54, 63, 64, 65, 68, 70, 71, 72, 73, 78, 80, 81, 82, 83, 88, 89, 91, 92, 94, 96, 101, 102, 107, 115, 125, 127, 133, 134, 135, 136, 178, 184, 188, 191, 195, 197, 198, 199, 201, 202, 234, 360, 362, 364

Publicidade 7, 80, 81, 83, 84, 86, 92, 93, 113, 145, 146, 147, 148, 149, 150, 151, 152, 153, 163, 185, 187, 361, 362, 363

R

Relação processual 25, 31, 33, 47, 61, 113, 115, 333, 359, 361

Reprimenda legal 24, 106, 164, 287, 293, 294, 295, 296, 298, 299, 301, 307, 308, 317, 319, 322, 323, 324, 327, 368, 369

Reserva legal 7, 244, 247, 248, 249, 253, 254, 255, 256, 257, 258, 260, 261, 270, 271, 278, 280, 282, 284, 294, 305, 331, 367, 368

Res iudicata formal 100, 360

Retroatividade 262, 263, 264, 265, 266, 267, 268, 269, 270, 271, 272, 273, 275, 276, 277, 278, 280, 281, 283, 284, 285, 287, 288, 289, 290, 367, 368

S

Sigilo 149, 150, 153, 169, 176, 185, 186, 187, 194, 195, 196, 330, 334, 339, 346, 347, 349, 351, 352, 353, 355, 364, 370

Silêncio 122

Sistema acusatório 23, 25, 26, 46, 58, 64, 68, 74, 75, 77, 80, 81, 82, 84, 90, 91, 93, 94, 95, 96, 128, 145, 154, 155, 162, 185, 360, 363

Sistema inquisitorial 78, 83, 84, 185

T

Tratados internacionais 6, 8, 98

Tratamento paritário 110

Tribunal do júri 46, 51, 152, 169, 170, 177, 179, 186, 190, 363, 364

U

Ultra-atividade 263